Georg Weigl

W0065267

Zu diesem Buch

Am 2. Juni 1967 wurde in Berlin Benno Ohnesorg erschossen. Vor zehn Jahren! Ungläubig und verblüfft, melancholisch und resigniert werden 1977 Tausende von Angestellten, Beamten, Lehrern, Hochschullehrern, Ingenieuren und Architekten (die mittlere Generation in zumeist bürgerlichen Berufen), aber auch die Vereinsamten und Ausgeflippten ihre eigenen Erinnerungen plötzlich als Geschichte wahrnehmen. Das zentrale Umbruchereignis der deutschen Nachkriegszeit scheint mit seinem ersten Jahrzehnt endgültig abgeschlossen.

Peter Mosler hat ein subjektives Buch geschrieben: er ist durch die Bundesrepublik gereist und hat Genossen von einst, solche, die er kannte und solche, von denen er hörte, aufgespürt und mit ihnen geredet, oft tagelang. Nicht die bekannten Führer der Revolte hat er interviewt, sondern die exemplarischen Unbekannten: den Schriftsteller, den die existentielle Erfahrung der Revolte zum Islam brachte, den Journalisten, der sich in Kuba vom Sozialismus abwandte; Jungarbeiter, die in Berlin ins Getriebe der Revolte und aus dem Gleis ihrer Berufstätigkeit gerieten, etablierte Akademiker, der ehemalige Polizist.

Der Autor hat aus den Gesprächen die Erinnerung der Befragten behutsam herausgefiltert, hat das Tonband nicht nur laufen lassen, sondern aus den gesprochenen Texten die Geschichte nicht eines Einzelfalls, sondern eine jeweils eigene Entwicklungslinie aufgezeichnet: so ist ein spannendes und häufig melancholisches Buch entstanden, in dem die subjektive Seite der Revolte den Rahmen gibt für die Darstellung einer ganzen von der Jugend geprägten Epoche: «In meinen über sieben Monate andauernden Recherchen habe ich mit Leuten gesprochen, in denen ein bestimmter Typus von Lebensschicksalen repräsentiert ist: den Revolutionären in Anti-Institutionen, den Linken in einer etablierten institutionellen Arbeit, den Renegaten, den – heute – Unpolitischen und anderen. In den Kapiteln sind verschiedene Sektoren der Revolte repräsentiert, wie sich individuelle Lebensgeschichte und politische Zeitgeschichte aneinander wetzen. Bei denen, die sich auch heute als Genossen verstehen, ist es der Wind der Revolte, der sie in einen Hafen einfahren läßt. Für fast alle gilt, daß ihr Lebensschicksal von jener Mischung von Kontinuität und Bruch geprägt ist, und die Kontinuität der Rebellion überwiegt. Das betrifft nicht nur die achtzehn, von denen in den Kapiteln die Rede ist, sondern die Mehrheit derer, die ich gesprochen habe.»

Peter Mosler, geb. 1944, Studium in Erlangen, Athen und Frankfurt. 1965 Eintritt in den SDS Tübingen, Beginn der Studentenrevolte, «in der das trockene Stroh unseres Daseins lichterloh verbrannte». Besuch von Philosophie-Seminaren bei Ernst Bloch – die einzige nachhaltige Lernerfahrung seines Studiums. 1970 Examen in Frankfurt, wo er heute als freier Schriftsteller und Journalist «mit aktiven Überzeugungen lebt und an sozialistischen Projekten arbeitet».

Peter Mosler

Was wir wollten, was wir wurden

Studentenrevolte – zehn Jahre danach

Mit einer Chronologie von Wolfgang Kraushaar

Rowohlt

rororo aktuell – Herausgegeben von Freimut Duve
ORIGINALAUSGABE

Veröffentlicht im Rowohlt Taschenbuch Verlag GmbH,
Reinbek bei Hamburg, Mai 1977
© Rowohlt Taschenbuch Verlag GmbH, Reinbek bei Hamburg, 1977
Alle Rechte vorbehalten
Redaktion Klaus Humann
Umschlagentwurf Werner Rebhuhn (Foto Barbara Klemm)
Titelvignette Helga Knüppel
Satz Aldus (Linotron 505 C)
Gesamtherstellung Clausen & Bosse, Leck/Schleswig
Printed in Germany
780-ISBN 3 499 14119 1

Inhalt

Für Ernst Bloch

Vorwort

Bei der Arbeit an den Protokollen, Gesprächen, Dokumentationen, Erzählungen dieses Buches stieß ich auf eine Broschur: ‹Subkultur Berlin. *Esoterik der Kommunen Rocker subversiven Gruppen*›, darin die Seite «Die neue Massenlinie aus dem Berliner Telefonbuch = Vorwahl 0311» – Jürgen Beverfoerden 8864859, RA Eschen 872671, Sigrid Fronius 135342, K II 321282, K I 351383, Dieter Kunzelmann, Rainer Langhans z. Z. 350111, RA Mahler 881664, Peter Neitzke 883178, Astrid Proll 784810, Helke Sander, Marianne Herzog 306280, Peter Paul Zahl 687290, Bernward Vesper 344215, Semler, Gäng 883361, Tilman Fichter 301279. Und viele andere.

Heute, zehn Jahre nach der Erschießung des Demonstranten Benno Ohnesorg durch den Polizisten Kurras – wo sind die Genossen?

Im Knast, tot, in den neuen Parteien, in sozialistischen Projekten, an der Hochschule oder in anderen Berufen der bürgerlichen Gesellschaft.

1967 liefen wir hüpfend, keuchend und schreiend die Straßen herunter, unter roten Fahnen und Vietcong-Flaggen. Auf dem Wege gab es Schlägereien mit stämmigen Polizisten, und wir trugen blutige Augen und Beulen auf der Stirn davon – aber wir hatten keine Angst, und morgen begann ein neuer Tag.

Nach den Demonstrationen kehrten wir zum Campus zurück, zur Universität, die voll war von Ignoranten, Fachidioten, Sozialisten, Kommunisten, Anarchisten und anderen Engeln.

1977 – WO SIND DIE LUSTIGEN FEUER?

Vor zehn Jahren reisten wir in Jeans und Parka mit leichtem Gepäck, breiteten den Schlafsack in einer Wohngemeinschaft aus und drehten uns eine Zigarette, das rote Buch von Mao in der Tasche und Sartre, Camus im Kopf. Später, als die meisten von uns ihr Universitätsexamen hatten, viele einen Beruf, einige eine Frau, ein Kind und eine Lebensversicherung, wurden wenige unkenntlich, zerfressen von den Angeboten der Bestechung, die die Gesellschaft für sie bereithielt, jene Gesellschaft, die sie zuvor bekämpft hatten, und sie glichen den Arrivierten mit den rosigen Wangen in ihren schnellen Autos, die sie zuvor verspottet hatten. Die sich wollüstig ihrem Beruf hingaben, eignen sich den Opportunismus der Entwurzelten an.

Aus den Genossen des SDS sind von den hageren, asketischen, hektischen Robespierres der ersten Stunde der Revolte ruhige beleibte Dantons geworden. Doch eine Mischung von Kontinuität und Bruch ihres Lebensschicksals gibt es bei fast allen, noch heute. Es sind nur wenige, bei denen der Bruch mit ihrer aufsässigen, rebellischen Vergangenheit überwiegt, wie bei jenem, Mitglied der Kommunistischen Partei Deutschlands/Marxisten-Leninisten (KPD/ML), der ersten Parteisekte, von der Studentenbewegung am 31. Dezember 1968 hervorgebracht, heute für den westdeutschen Vertrieb von Krim-Sekt arbeitend, oder jener, früher Mitglied des Kommunistischen Arbeiterbunds Deutschland (KABD), heute im Amerikahaus einer südwestdeutschen Großstadt angestellt. Solche Menschen sind Ausnahme, nicht Regel. Sie sind nur Ausdruck dessen, daß sich nach dem politischen Rausch der Revolte die schwärmerischen Mitläufer von den Linken getrennt haben.

Dieses Buch ist kein Notizbuch für den Verfassungsschutz. Die meisten Namen sind fiktiv. Fiktiv sind manchmal auch Situationen, Ereignisse, Bilder, die nicht aus der beschriebenen Lebensgeschichte herrühren. Doch sie haben sich während der Revolte ereignet, und ihre Authenzität ist dadurch verbürgt, daß sie das Klima der Rebellion in den Städten beschreiben, auch mit dem Ehrgeiz notiert, die politische Geographie der Städte einzufangen.

Ich will keine Bilanz der Studentenbewegung ziehen. Das ist eine Aufgabe von linken Buchhaltern in einer revolutionären Ebbe. Für diesen Beruf tauge ich nicht. Wenn linke Fraktionen um das Erbe der Studentenrevolte streiten, erinnert es oft an die gruselige Szene, in der Verwandte des verstorbenen Erblassers kiefernmahlend im Nebenzimmer des Toten sitzen, um der besten Stücke aus seinem Nachlaß habhaft zu werden.

Dieses Buch ist nicht eine «objektive» politikwissenschaftliche Abhandlung über die Studentenrevolte. Der Dämon Objektivität und die schlammige Krake Subjektivität, diese beiden Ungeheuer sind nur friedlich, wenn sie nebeneinander gehen. Das versuchen sie in den Kapiteln.

Ich will beschreiben, was los war – für die sympathisierenden Bürger, die es in der *Bild-Zeitung* und im Fernsehen nicht erfahren durften; für die jungen Genossen, damit wir uns einiger Stärken besinnen, die wir leichtfertig aufgegeben haben.

In meinen über sieben Monate andauernden Recherchen habe ich mit Leuten gesprochen, in denen ein bestimmter Typus von Lebensschicksalen repräsentiert ist (mit mittleren Aktivisten, nicht mit Führern der Revolte, denn das mag Aufgabe der Illustriertenpresse sein): den Revolutionär in Anti-Institutionen, den Linken in einer etablierten institutionellen Arbeit, den Renegaten, den – heute – Unpolitischen und andere. In den Kapiteln sind verschiedene Sektoren der Revolte repräsentiert, und wie sich individuelle

Lebensgeschichte und politische Zeitgeschichte aneinander wetzen. Bei denen, die sich heute als Genossen verstehen, ist es der Wind der Revolte, der sie in einen Hafen einfahren läßt. Für fast alle gilt, daß ihr Lebensschicksal von jener Mischung von Kontinuität und Bruch geprägt ist, und die Kontinuität der Rebellion überwiegt. Das betrifft nicht die achtzehn, von denen in den Kapiteln die Rede ist, sondern die Mehrheit derer, die ich gesprochen habe.

Aus alten SDS-Aktivisten hat sich eine kleine radikale Minderheit gebildet, die umhervagierend im Zwischenraum zwischen den Klassen lebt. Den Ort ihrer sozialen Herkunft haben sie verlassen, aber in der «revolutionären Klasse», der Klasse des Proletariats sind sie nicht angelangt.

Es ist vor allem die Rede von den Städten, in denen das Pflaster am heißtesten war, Berlin und Frankfurt, und von Orten, die nicht im Zentrum der Revolte lagen, zum Beispiel Tübingen und Köln.

Das Buch ist geschrieben wie ein Puzzle. Situationen, Bilder werden geschildert, nicht weiterverfolgt und tauchen an anderer Stelle wieder auf. So ist es auch zu lesen wie ein Puzzle.

Bei der Arbeit von Dezember 1975 bis Februar 1977 habe ich in alten *konkret*-Jahrgängen nachgelesen im *Argument*, in Exemplaren der *Roten Pressekorrespondenz*, der SDS-Zeitschrift *neue kritik*, den Protokollen und Referaten der SDS-Delegiertenkonferenzen, im *Kursbuch*, in den sensibel reagierenden Jahrbüchern *Tintenfisch* und *Sozialistisches Jahrbuch*, in der Berliner Studentenzeitung *FU-Spiegel*, der Frankfurter Studentenzeitung *diskus*. Vorschläge, Ratschläge, Meinungen habe ich immer wieder in Büchern aufgesucht, in denen Gespräche mit alten Genossen aufgezeichnet sind, die ich achte: Ernst Bloch, Jean-Paul Sartre, Wolfgang Abendroth. Sie sind im Literaturverzeichnis dokumentiert.

Was ich geschrieben habe, ist eine kollektive Äußerung. Es sind die gemeinsamen Erfahrungen und die Sätze anderer, und ich mache Anspruch auf sie, weil sie in unsere Geschichte des Aufbegehrens und der Rebellion gehören, die ich notiere. Damit Buchzitate von anderen Sätzen in der Kleidung unterschieden sind, treten sie als Fremde auf, in KAPITÄLCHEN MIT VERSALIEN gedruckt. Die Zitate der Handlungsträger eines Kapitels sind *kursiv* gedruckt.

Ich danke nicht nur allen Genossinnen, Genossen und Nicht-Genossen, die mit mir ein Gespräch über ihr Leben in der Revolte und darüber, was sie daraus gemacht haben, führten, sondern auch allen anderen, die sich mit mir auf Diskussionen, oft über Tage und Nächte, eingelassen haben, in den Städten und in Wüstwillenroth, einem Dorf im hohen Vogelsberg, einem hessischen Mittelgebirge, in dem ich von August 1976 bis Februar 1977 gelebt und gearbeitet habe. Die interessierte Neugier, Wärme und Freundlichkeit der Bauern im Dorf haben mich überrascht.

Peter Mosler
Frankfurt, im Februar 1977

1. Kapitel

Werdet wild und tut schöne Sachen!

Plötzlich setzten sich alle hin. Als sie auf dem Boden saßen, überkam sie ein verdammt glückliches Gefühl der Gemeinsamkeit. Den dreitausend Studenten war, als hätten sie den Henry Ford-Bau der Freien Universität Berlin für sich erobert, unter dem sie bisher immer nur zu leiden hatten. Vor dem Gebäude hatte seit fünfzehn Uhr eine Versammlung stattgefunden, mit den Forderungen, daß der Rektor seine Vorwürfe gegen den AStA-Vorsitzenden zurücknimmt oder erklärt, für die Abschaffung der Zwangsexmatrikulation, für die Wiedereinstellung von Krippendorf und von Professor Sontheimer in sein Amt als Beauftragter für politische Bildung. Wolfgang Neuss kam und trug den Studenten Szenen aus ‹Neuss Testaments-Eröffnung› und ‹Das Jüngste Gerücht› vor, aber «in strenger Form ohne Musik». Um siebzehn Uhr beschlossen sie, sich zu einem Sit-in in den Henry Ford-Bau zu begeben. Um 18 Uhr 30 erschien Rektor Lieber und sagte: «Kommilitonen, ich bitte Sie herzlich und inständig, die Versammlung aufzulösen und die Halle zu verlassen. Andernfalls sind für Studenten und Professoren der FU unangenehme Folgen zu erwarten.» Buh-Rufe und Pfiffe. Solidaritätstelegramme von den allgemeinen Studentenausschüssen westdeutscher Universitäten trafen ein. Die Nachricht von der Aktion in der FU hatte sich wie ein Lauffeuer verbreitet. Als die Versammelten um 21 Uhr 30 noch immer in der Halle saßen, begann ein Teach-in.

DAS IST EINE GROSSE BEWEGUNG. DIE MASSEN SIND WAHRLICH MOBILISIERT WORDEN. DAS HAT GROSSE BEDEUTUNG FÜR DIE REVOLUTIONIERUNG DER IDEOLOGIE DES VOLKES IM GANZEN LAND.

Unter den Diskutierenden waren Hans-Joachim Hameister, damals noch Mitglied des SDS, später der Kommune I, Rudi Dutschke (SDS), Wolfgang Nitsch und Ulrich Preuß, die 1961 die Hochschuldenkschrift des SDS geschrieben hatten, Jürgen Bernd Runge vom RCDS, die Assistenten Johannes Agnoli und Klaus Meschkat und die Professoren Ludwig von Friedeburg und Wilhelm Weischedel. Es war eine euphorische Stunde, als die noch anwesenden 2500 Studenten nach Mitternacht einmütig eine Resolution annahmen, in der zum erstenmal Forderungen der Universitätsrebellion vorgetragen wurden, die später immer wieder auftauchten; darin hieß es unter anderem:

«Wir kämpfen nicht nur um das Recht, längere Zeit zu studieren und unsere Meinung stärker äußern zu können. Das ist nur eine halbe Sache. Es geht uns vielmehr darum, daß Entscheidungen, die die Studenten betreffen, demokratisch nur unter Mitwirkung der Studenten getroffen werden.

Was hier in Berlin vor sich geht, ist ebenso wie in der Gesellschaft ein Konflikt, dessen Zentralgegenstand weder längeres Studium noch mehr Urlaub ist, sondern der Abbau oligarchischer Herrschaft und die Verwirklichung demokratischer Freiheit in allen gesellschaftlichen Bereichen. Wir wenden uns gegen alle, die den Geist der Verfassung, gleich welcher Art, mißachten, auch wenn sie vorgeben, auf dem Boden der Verfassung zu stehen.

Es gilt, die Freiheit der Universität als ein Problem zu sehen, das über den Rahmen der Universität hinausweist. Aus diesem Grund sieht die Studentenschaft die Notwendigkeit, mit allen demokratischen Institutionen der Gesellschaft zusammenzuarbeiten, um ihre Forderungen durchzusetzen.»

Unter den Studenten in den Versammlungen von drei Uhr nachmittags bis ein Uhr nachts war der Germanist Gerhard F., SDS-Mitglied, «Abhauer» – DDR-Flüchtling wie Rudi Dutschke oder Bernd Rabehl im SDS. Die Unterschiedenheit des Eindrucks der beiden Länder DDR und Bundesrepublik Deutschland war ihm von Anfang an frappierend, andere Farben, andere Gerüche, doch die Wirklichkeit im Westen erschien ihm auf eine kalte Weise chaotisch. Er stieß zum Argument-Club, in dem DIE UNEIGENNÜTZIGEN LIEBHABER DER IDEE DES MATERIALISMUS überwogen. Als später die Studentenrebellion wuchs, sahen die Führer des Argument-Clubs sie empört als eine von ihrer Vereinigung abtrünnige Bewegung an.

Die erste lebendige Aktion in Berlin, die Gerhard erlebte, war eine Tschombé-Demonstration am 18. Dezember 1964. Als es den FDJlern an der Spitze der Demonstration gelang, am Mehringdamm in der Nähe des Flughafens eine Polizeikette zu durchbrechen, war es die erste antiautoritäre Aktion, die sich nicht an Polizeiauflagen hielt. Später begann an der Freien Universität eine neue Studentenpolitik unter dem AStA-Vorsitz von Wolfgang Lefèfre und Peter Damerow. Vorher war Studentenpolitik die Liquidation des Einflusses der Koporierten. 1965/66 konnte man zwei Stränge erkennen: der Kampf um das politische Mandat in der Politik des AStA und die ersten Funken der antiautoritären Revolte in den Flugblättern und Aktionen der späteren Kommune I. Diese zwei Stränge brachte der Rektor Lieber zusammen, indem er sie beide bekämpfte.

Die Studenten der FU begannen bereits, dein Bewußtsein der internationalen Gemeinsamkeit der Studentenrebellion zu entwickeln. Über die one-purpose-movements und Sit-ins in Berkeley, USA, waren sie informiert. So kam es, daß die Versammlungen des 22. Juni 1966 wie von selbst liefen. Allen Beteiligten prägte sich das Ereignis tief ein, weil es noch eine Aktion ohne Beispiel in West-Berlin und Westdeutschland war. Später versagte oft das Erinnerungsvermögen, weil die Aktionen ohne Zahl und Pause waren:

vom Teach zur Demonstration, vom Sit-in zur Aktion, von der Kritik der Wissenschaft zur Besetzung des Instituts.

Nur ein anderes Sit-in blieb später in der Erinnerung Gerhards haften, wegen der lächerlichen Hilflosigkeit der Gegner: am 19. April 1967 rief kurz vor Mitternacht Rektor Lieber die Polizei an, um ein Sit-in in der Halle des Henry Ford-Baus zu räumen. Siebzig Polizisten kamen und schleiften hundert Studenten heraus, bis die Ordnungshüter schwitzend und erschöpft nach zwanzig Minuten auf Aufforderung des Polizeipräsidenten hin ihre Aktion abbrachen. Die heraustransportierten Studenten kehrten jubelnd zurück, und alle setzten das Sit-in bis ein Uhr nachts fort.

«AM 29. MAI IST DIE DRITTE LESUNG DER NOTSTANDSGESETZE. WIR BESETZEN AM 27. MAI DAS GERMANISCHE SEMINAR
Die Organisation des Widerstands gegen den Notstandsstaat muß die organisierte Unvernunft zerstören. Wir müssen die Verfügung über die Produktionsmittel erlangen, um endlich über uns selbst verfügen zu können.

Wir besetzen am 27. Mai das Germanische Seminar auf unbefristete Zeit.

Solange sich die Studenten zum Einverständnis mit der Sinnlosigkeit ihrer Arbeit bequemen, so lange wird Melancholie und Zynismus zum Betriebsklima gehören. Es gilt, dieses Problem aus dem Raum persönlicher Verzweiflung in die kollektive Solidarität zu überführen. Die Studenten der Massendisziplin, denen in der Germanistik suggeriert wird, daß alle Fragen nur in der Vereinzelung beantwortet werden, können allein ihre Mächtigkeit erkennen im kollektiven Befreiungsakt. Fragen, die in der Germanistik immer nur individuell gestellt und in der Regel mit Fluchtreaktionen beantwortet werden, werden mit der Besetzung kollektiv gestellt:
– Was passiert gegenwärtig mit unserer Arbeitskraft?
– Was können wir mit unserer Arbeitskraft anfangen?
– Wie stellen wir uns sinnvolle Arbeit vor?
– Wie können Forschung und emanzipatorische Arbeit vermittelt werden?

Dies bedeutet nichts weniger als die Antizipation einer neuen Wissenschaft im Medium der Solidarität. Glück wird in den Bibliotheksräumen vorstellbar, die uns bisher terrorisiert haben.

Unsere Arbeit während der Besetzung wird sein: die Aufgaben der Germanistik im Widerstand gegen den Notstandsstaat zu definieren!

ad-hoc-Gruppe der Germanistik»

Der letzte Teil des Flugblatts, das die ad-hoc-Gruppe der Berliner Germanisten in der Nacht vor der Besetzung abzog. Aus der Germanistenkartei wurden die Adressen von tausend Germanisten herausgefischt. Sie erhielten die Begründung mit der Post zugeschickt. Als die Genossen der ad-hoc-Gruppe in der Nacht müde, mit zufallenden Augen, die Begründung in die Briefumschläge steckten und in den Briefkasten warfen, waren sie stolz auf ihre Arbeit, nie zuvor hatten sie das unglückliche Bewußtsein der Germanisten so präzis in Worte gefaßt – *«die Melancholie als spezifische Form der germanistischen Anpassung, das Gefühl der unendlichen Analyse paßt die Germanisten an die Endlichkeit der Zustände an».*

Begonnen hatte es so: vor vier Tagen trafen sich Germanisten der ad-hoc-

Gruppe, und einer warf unversehens den Vorschlag in die Debatte: «*Warum besetzen wir nicht unser Institut?*» Zuvor hatten Japanologiestudenten das Ostasiatische Seminar besetzt, nachdem Hilferufe von Inge Braun, Detlev Foljanty und Johannes Sembritzki beim Rektor der Universität gegen den Säufer ‑Professor Eckardt, Leiter des Seminars, bisher ungehört verhallt waren. Auf den Einwurf gab es bei den Germanisten erst betroffenes Schweigen, Verblüffung, dann Abwehr in einer gebrochenen Bescheidenheit: «*Sind wir Germanisten denn so wichtig, daß wir unser Seminar besetzen können?*» Da begann Gerhard F. systematisch die Gründe für eine Besetzung aufzuzählen, kam bis zum Punkt 15 und hinterließ beeindrucktes Schweigen. Kaum einer glaubte wirklich an die Veränderung des germanistischen Studiums auf der Grundlage der Reform der Unterrichtsinhalte. Als aber Gerhard von dem gespenstischen Klima der Germanistik sprach, das Abstumpfen der eigenen Sinne im Medium der unendlichen Analyse, der zynische Lebenskompromiß, der gewissermaßen unter dem Titel «*werkimmanente Interpretation*» stand, waren alle stumm betroffen und wußten, daß er die Gründe für die Gebrochenheit und Spaltung ihrer eigenen Existenz aufzählte. Die Besetzung war entschieden, und die Begründung wurde formuliert und verschickt. Alle schworen einander in der späten Nacht, am nächsten Tag früh aufzustehen. Zwei Gruppen entstanden, eine für Brot Brecheisen, die andere für die öffentliche Propaganda.

Am 27. Mai 1968 traf sich um sieben Uhr morgens ein kleines Häufchen von vierzig Leuten an der Kirche bei der Freien Universität, dem verabredeten Treffpunkt, die meisten mit Herzklopfen und einem flauen Gefühl im Magen. An der Tür des Germanischen Seminars in der Boltzmannstraße 3 angelangt, griff einer zur Brechstange und zerschlug entschlossen die Scheiben der Tür, nicht wissend, ob aus Mut oder Angst. Gerhard rannte in das Seminar und griff das große Schlüsselbund, den eine Putzfrau hatte hängen lassen, hinter ihm her drei kreischende Putzfrauen und der Hausmeister. Aber die eingedrungenen Germanisten sagten: «*Das Seminar ist besetzt, bitte gehen Sie alle raus!*» Mit Möbeln bauten sie eine Barrikade am Eingang auf, alles locker übereinandergetürmt, so daß sie zusammenstürzte, wenn sich jemand mit Gewalt Eingang verschaffen wollte. Die Wasserschläuche wurden angeschlossen für die Verteidigung. Der Ordnungsdienst vom Republikanischen Club Berlin kam und verteilte Tränengasmasken – Plastiktüten mit Mullbinden, getränkt mit Zitronensaft. Im oberen Stockwerk war die Kommune I eingezogen und installierte einen großen Lautsprecher, das «Radio Rosa Luxemburg» dröhnte mit Beatrhythmen über den ganzen Campus. Das besetzte Institut sollte «Rosa-Luxemburg-Institut» heißen. Die Besetzer entwarfen Wandzeitungen und pinselten die Wände mit Parolen voll.

In der Universität hatten sie ein Teach-in zur Rechtfertigung ihrer Aktion angekündigt. Zu dieser Versammlung kamen so viele Germanisten, wie sie Gerhard nie vorher zusammen gesehen hatte. Das Auditorium maximum war bis auf den letzten Platz besetzt. Schon als Gerhard Flugblätter verteilte, spürte er eine kalte Feindseligkeit. Die Germanisten der ad-hoc-Gruppe fingen an, ohne Entschiedenheit und mit Angst vor dem brodelnden Universitätssaal die Besetzung zu verteidigen. Plötzlich kam eine Wende. Germanisten, die noch nie vorher am Mikrofon gesprochen hatten, kamen nach vorn und sagten: *«Ich habe die Begründung gelesen. Wer das gelesen hat und noch ruhig am Schreibtisch sitzen kann, der hat hier an der Universität nichts zu suchen. Irgendwann im Leben muß es einen Punkt geben, wo man rebelliert, wo man sagt, es geht nicht mehr weiter so.»* Unversehens überschwemmte alle eine Woge der Leidenschaft. Zwar traten einige waidwunde Professoren und Assistenten auf, die sich persönlich beleidigt fühlten, aber ihre Reden gingen unter in dem Toben der aufgewühlten Germanisten, die sich nicht mehr mit der Entwertung ihrer intellektuellen Arbeitskraft, dem Dasein in Melancholie und Zynismus zufriedengeben wollten. Die Diskussion dauerte sechs Stunden. Danach löste die ad-hoc-Gruppe ihr Versprechen ein, eine Abstimmung über die Besetzung zu machen, von der Fortführung oder Beendigung der Aktion abhängig gemacht werden sollte. Die nervenaufreibende Prozedur dauerte fast zwei Stunden. Jeder wurde einzeln aufgerufen und mußte sein Votum abgeben. Doch es zeigte sich bald, daß die Gruppe der vierzig Besetzer eine überwältigende Mehrheit gewonnen hatte. Mit diesem Erfolg kehrte Gerhard siegestrunken mit den anderen ins Rosa-Luxemburg-Institut zurück. Der Strom war abgestellt, die Besetzer holten sich Ölfunzeln von den Baustellen und richteten sich ein Nachtlager im Seminar her.

Als die Besetzer im Dämmerlicht der Öllampen und in der Begeisterung ihres Sieges in den Seminarräumen ruhig beisammensaßen, sagte jemand: *«Was soll denn nun mit all diesen Büchern werden?»*

«Na, zum Fenster raus!»

Einer nahm ein Buch aus dem Regal und warf es auf den Boden. Entsetzen. In der Ecke stand blaß der Bibliotheksleiter Bang im Regenmantel und mit der Aktentasche in der Hand. Er schluckte und murmelte: *«Das ist Klopstock.»* Die Tränen standen ihm in den Augen. – Auch Studenten waren bedrückt. Ihre Produktionsmittel! Aber gleich durchlief es sie heiß: was soll produktiv sein an der Germanistik der Brüder Grimm und des Benno von Wiese? Dann begann die Gruppe zu reden.

Ulrich Enzensberger: *«Jeder soll seine Parolen an die Wand schreiben!»*

Dieter Kunzelmann: *«Hauptsache ist, daß die Germanisten selbständig werden, die Wände bemalen zum Beispiel. Das einzig Produktive an der Besetzung ist der Sender, weil er was Neues gebracht hat. Und wir spielen Beat, weil wir uns nicht von den historischen Liedern, zum Beispiel aus dem spanischen Bürgerkrieg, berauschen lassen wollen. Und die Bücher – die kann man ja an die Basisgruppen oder an das Zuchthaus Tegel verschenken. Sobald die Bücher weg sind, haben die Professoren und der Senat keine Existenzberechtigung mehr.»*

Ein Student: «*Ich denke, durch die Besetzung soll die Sicherstellung der Produktionsmittel gewährleistet werden! Ich bitte um ein Meinungsbild, ob der Institutsrat mit den Vorschlägen Kunzelmanns einverstanden ist.*»

Eine Studentin: «*Das sind nur Vorschläge – es ist ebenso denkbar, alle Seminarbibliotheken, die verwandt und wichtig sind, ins Rosa-Luxemburg-Institut zu bringen.*»

Fritz Teufel: «*Wenn wir die Bücher nicht verschenken, wie bringen wir dann die Leute in das Seminar?*»

Dieter Kunzelmann: «*Habt ihr das Haus besetzt, um es zu beschützen und zu erhalten oder um es zu verändern?*»

Gerhard F.: «*Bis jetzt ist mit diesen Büchern nur reproduziert worden, also sind sie noch keine Produktionsmittel gewesen. Das Bücherproblem gehört in den Zusammenhang der Frage nach der neuen Germanistik.*»

Ulrich Enzensberger: «*Die Besetzung hat stattgefunden, weil uns das Institut nicht paßt. Dies Unbehagen muß sich materialisieren, zum Beispiel an den Wänden.*»

Die Wände waren schon voll von Parolen. Zum erstenmal bekamen die kalkweißen Klientenflure des Seminars ein humanes Gesicht: «*Wie fatal, wo gestern Göte stand, schläft heute Dieter Kunzelmann*», «*Wer hier nicht pennt, ist ein Agent*», «*Schlagt die Germanistik tot, macht die blaue Blume rot*».

Am nächsten Tag wurden Arbeitskreise gebildet, um konkrete Forderungen für die Veränderungen der Germanistik auszuarbeiten. «*Das Germanistik-Studium in die Hand nehmen, es für uns erobern.*» Plötzlich wurde die Germanistik wichtig für die Aktivisten, es war ein Akt der Eroberung in einem fremden Land. Sie wollten heraus aus den stickigen fünfziger Jahren der tödlichen gesellschaftlichen Windstille, heraus aus der Bereitschaft, als Objekt zu leben, Arbeit und Leben leidend zu erdulden, immer mit der Hoffnung, eine Einheit von Politik und Moral zu erkämpfen. Die Arbeit im besetzten Seminar stand ständig unter der Drohung des Angriffs der Jungen Union, die Rauchbomben und Stinkbomben ins Seminar warf. Der Geruch der Buttersäure drang bis in die Kleider der Besetzer, fast keiner konnte mehr den dampfenden Gestank im Seminar ertragen. Auf einer neuen Vollversammlung erklärten Studenten der ad-hoc-Gruppe ihre Forderung und kündigten die Beendigung der Besetzung an, die ihnen schon zur Last geworden war. Zu den Forderungen gehörte der Entwurf eines Lehrplanprojekts für das Wintersemester 1968/69: fünf Seminare sollten an dem Thema arbeiten «*Ideologie als Produkt und Agens im geschichtlichen Prozeß*».

1. Der Verzicht des Bürgertums auf politische Emanzipation nach dem Scheitern der 48er Revolution. Formen der Resignation in der Literatur.

2. Ideologische Refeudalisierung und historischer Roman.

3. Antikapitalismus und Antisemitismus.

4. Literatur in der imperialistischen Ära.

5. Das Unbehagen an der Kultur. Der literarische Protest in Naturalismus

und Jugendstil.

Die ad-hoc-Gruppe schrieb später in der Studentenzeitung der Freien Universität, dem *FU-Spiegel*, ein resigniertes Resüme der Besetzung, «*Sieg und Regression*»:

«*So wirkungslos die vom Rektorat verhängten Sanktionen waren, den studentischen Versuch, die Verfügungsgewalt über die Produktionsmittel zu erlangen, kurzerhand zu liquidieren, so offen muß doch eingestanden werden, daß wir nicht wußten, was in der Germanistik eigentlich Produktionsmittel sein kann. Nicht ohne Rührung läßt sich hinterher der Versuch betrachten, die Bibliothek zum Produktionsmittel zu ernennen . . .*

Die Neuerung, daß die Gedanken aus den Köpfen an die Wände gebracht wurden, wird mit der Erneuerung der Wände beantwortet. Wir müssen es schaffen, daß die neuen Wände neue Gedanken bekommen.»

«*Kulturrevolution*» ist das Schlagwort der Germanisten, seit die Berliner Gruppe «Kultur und Revolution» geschrieben hatte: «*Gemessen an der speziellen Form der Unterdrückung, die heute praktiziert wird, muß das traditionelle Revolutionsmodell von der Basis zum Überbau verlagert werden. Erst mit einer Veränderung des Bewußtseins zum Bewußtsein der Unterdrückung lassen sich die Ursachen der Unterdrückung beseitigen.*»

Den Germanisten klang noch der Beschluß des ZK der Kommunistischen Partei Chinas im Ohr: «*Die Bedeutung der Großen Proletarischen Kulturrevolution ist völlig klar, sie fördert die ideologische Revolutionierung der Menschen und ist so zur gewaltigen Triebkraft für die Entwicklung der sozialistischen Produktion in unserem Land geworden.*» Und doch schlich sich bei den Germanisten immer wieder die heimliche Sehnsucht nach ihrem Fach ein, eine Identifizierung mit der Interpretation von Texten, die zwar noch so unendlich war wie zuvor, aber links. Bei der Besetzung der Universität in Frankfurt zum Anlaß der zweiten und dritten Lesung der Notstandsgesetze Ende Mai 1968 eroberten auch die Frankfurter Germanisten ihr Seminar. Zum Radikalismus der Berliner Kommune I mochte sich in Frankfurt niemand aufwerfen. Die Studenten der Basisgruppe schrieben ein Papier «*Schafft die Germanistik ab!*» und flüsterten hinter vorgehaltener Hand: «*. . . und macht eine bessere!*» Wie die Berliner wollten die Frankfurter nicht in der Kälte ihrer radikalen Negation bleiben, sondern arbeiteten an einer «*Gegen-Germanistik*». Doch im ideologischen Bereich kommt der Student zu allem zu spät. Alle Werte und Illusionen, die den Stolz seiner abgekapselten Welt bilden, haben sich bereits als unhaltbar erwiesen. Fortschrittlich sein hieß nur, mit der Wirklichkeit Schritt zu halten. Statt dessen hätte die radikale Kritik der Germanisten auf das Ganze ihres Fachs zielen müssen. Es stellte sich heraus, daß auch die staatliche Planung die Germanistik als Luxuswissenschaft abschaffen wollte. Die Germanisten stürzten zu ihrem Erstaunen von den Höhen der Luxuswissenschaft in die Niederungen eines sozialtechnischen Ingenieurdaseins ab. Ein Literaturwissenschaftler soll «*Fachmann für Kommunikation in deutscher*

Sprache» werden, «*Sprachkompetenz*», «*literarisches Kommunikationsver-mögen*» sollen in die Ausbildung eingehen. Zwar gelangten Texte aus der «*niederen sprachlichen Kommunikation*» von der Trivialliteratur bis zum Werbetext in die Analyse der Literaturwissenschaft, auch die weißen Flek-ken auf der Landkarte der Literaturgeschichte werden erforscht (proletari-sch-revolutionäre Literatur, Vormärz, Aufklärung), aber nichts kann der Germanistik die Aura des folgenlosen Denkens nehmen. Zwischen den rebellierenden Studenten und den planenden Kulturfunktionären gab es von Anfang an eine blinde Kooperation, bis die Studenten erschreckt vor den mißwüchsigen Kreaturen einer veränderten Wissenschaft standen, bei deren Geburt sie ahnungslos beteiligt waren.

Vor dem Ansturm der Studenten fiel die Germanistik zusammen wie die Mauern von Jericho durch Trompetenschall. Eine dysfunktionale Wissen-schaft, die schon lange auf ihre Funktionalisierung auf dem Niveau der Produktionsbasis der Zeit gewartet hatte. Schafft die Germanistik ab! hatten die Basisgruppen gerufen, und ihre Forderungen liefen fast alle ins Ziel – nur hatte es unterwegs einen Fahnenwechsel gegeben.

Die Studenten des Germanischen Seminars in Berlin glaubten zu sehen, daß sie die Uni ändern können, daß sie sich selbst ändern können. Es wurden Begegnungen untereinander möglich, erotische Beziehungen, die die Kraft für Jahre hatten – in allem wuchsen die einzelnen. Doch in ihrer Rebellion wurden die Germanisten unvorhergesehen mit Fragen des Fachs belastet: Berufspraxis, Staatsexamen. Sie gaben sich keine Zeit für sich selbst. Darin lag ein Teil unaufgearbeiteter Angst. Immer wieder gab es den vergeblichen Versuch, tragbare Vermittlungen zwischen der Politik auf der Straße und der Kritik des Studiums herzustellen. Darin war Studentenpolitik eine Männlichkeitspolitik, daß sie sich dem Zwang der Vermittlungen hingab. Niemals fragten sich die Studenten: warum haben wir angefangen, dieses Fach zu studieren, dem wir keine Gegenwart und keine Zukunft geben?

Später wurde aus der ad-hoc-Gruppe die Rote Zelle Germanistik. Das Organisationsmodell hatten Aktivisten aus der kommunistischen Parteige-schichte abgelesen. 1970 schrieb die Rote Zelle Germanistik (ROTZEG) in der *Roten Presse Korrespondenz* (RPK): «*Theoretische Prinzipienfestigkeit kann nur erreicht werden, wenn sich die Mitglieder der Roten Zelle bewußt* mit der Arbeiterbewegung identifizieren, *das heißt, Theorie in einer jeweili-gen historischen Anwendung als Anleitung zur Praxis begreifen.*» Es herrscht ein strenger Leistungsdruck, das Organisationsleben der ROTZEG war eng verkoppelt mit der Entwicklung eines sozialistischen Begriffs ger-manistischer Wissenschaft, und die meisten Genossen liefen mit kranken, bedrückten Gesichtern herum. «*Wo sind unsere großen Hoffnungen nach der Besetzung geblieben?*» klagten sie einander ihre Hoffnungen ein. Es gab eine Germanisten-Kommune, die wie eine Mönchssekte war, der der Glau-ben abhanden gekommen ist. Wie kann man sich zu ora et labora bekennen, soll man unter dem quälerischen Zweifel und den zerstrittenen Vorwürfen noch die Felder bestellen?

Als die Debatten begannen, die zwischen Psycho-Diskussionen (*«Warum hast du angefangen, Germanistik zu studieren?»*) und Auseinandersetzungen um die Organisation flippten, merkte Gerhard, daß er mit den Germanisten, mit seinem Fach nichts mehr zu tun hatte.

Er arbeitete noch in der Kritischen Universität (KU) in den Seminaren, die auf der letzten Vollversammlung zum Schluß der Besetzung vorgestellt worden waren. Die Studenten und Assistenten der KU wollten *«Partisanen»* in dem ihnen feindlichen Gelände der Universität sein, sie wollten das Modell einer freien Studienorganisation innerhalb der Hochschule vorbereiten, sich an *«beide Interessenrichtungen unter den Studenten»* wenden, wie das Vorlesungsverzeichnis der KU schreibt:

. . . sowohl an die Spezialisten und Berufsorientierten als auch an die politisierenden, intellektuell und ästhetisch Interessierten. Sie meinen, daß eine solche, von Studenten selbst bestimmte Studienorganisation ein geeignetes Mittel ist, die reflektierten Interessen beider Teile der Studentenschaft wirksamer zu organisieren.

Die Kritische Universität kann drei Hauptaufgaben im Dienste dieser Interessen erfüllen.

1. Sie kann dazu beitragen, durch die Verbindung von *permanenter Hochschulkritik* mit der praktischen Vorwegnahme von Studienreformen das Studium sowohl unmittelbar interessanter und lebendiger werden zu lassen als auch nützlicher für die künftigen speziellen Berufsanforderungen zu machen.

2. Sie kann die Praxis der politisch engagierten Studenten und das «politische Mandat» der Studentenvertretung wirksamer machen und die Beteiligung der Studenten daran erhöhen, indem sie die Schizophrenie zwischen einem intellektuell uninteressanten Fachstudium und einer davon getrennten kulturellen oder politischen Freizeit abbaut und beiden Seiten neuartige Impulse zuführt, ohne zu vergessen oder zu leugnen, daß es eine unaufhebbare Durststrecke zwischen speziellen rezeptiven Lernprozessen und lebendigen intellektuellen und politischen Interessen gibt, die der Preis technologischer Zivilisation ist, ein Preis freilich, der durch die autoritäre und erstarrte soziale Verfassung der Bildungseinrichtungen und Berufe immer noch künstlich extrem hochgetrieben wird. Ein Student, der in die intellektuell produktiven und befriedigenden Bereiche eines noch so abstrakten Fachgebietes einzudringen vermag, wird auch eher die dadurch gewonnene intellektuelle Kraft auf eine kulturelle und politische Lebenspraxis richten, die letztlich der Verteidigung und Verallgemeinerung jener intellektuellen und psychischen Emanzipation dient.

Die Kritische Universität stellt sich die Aufgabe, die aktuellen politischen Ziele und Aktionen der demokratischen Oppositionsbewegung unter den Studenten und der Jugend West-Berlins durch wissenschaftliche Analyse und kritische Reflexion effektiver und verständlicher zu machen.

3. Sie kann die Studenten auf eine politische Praxis in ihren künftigen Berufspositionen vorbereiten, die die Trennung zwischen politischer Freizeit und unpolitischer fremdbestimmter Arbeit durchbricht und die Zwecke und die Organisation der Arbeit zum Gegenstand antiautoritärer Praxis macht, einer Praxis, die nur organisiert und solidarisch, nicht durch individuelle Kritik, zugleich Erfolg und Sicherheit in der Berufsposition ermöglicht. Die freie Studienorganisation der Studenten muß daher in

Verbindung treten mit Gruppen kritisch bewußter Absolventen von Hoch- und Fachschulen in den einzelnen Berufsbereichen und mit Assistenten und Dozenten der Hochschulen.

Die drei Hauptaufgaben einer Kritischen Universität der Studenten werden bezeichnet durch folgende Stichworte:

1. Permanente Hochschulkritik und praktische Studienreform,
2. Verbreiterung und Intensivierung politischer Praxis, sei es in spontanen Aktionszentren, politischen Hochschulgruppen oder in der Studentenvertretung, mit Hilfe wissenschaftlicher Analyse und Kritik,
3. Vorbereitung der Studenten auf die Praxis der Wissenschafts- und Gesellschaftspolitik in ihren künftigen Berufen und Unterstützung der kritischen Intelligenz in diesen Berufsbereichen.

Eine freie Studienorganisation der Studenten an allen Hoch- und Fachschulen unter Beteiligung interessierter Schüler, Arbeiter und Angestellter könnte zu einer radikaldemokratischen Opposition oder Gegengewalt im Bereich von Wissenschaft, Schule und Intelligenz, und damit zu einer Komponente außerparlamentarischer antiautoritärer Opposition werden.

Die Gruppen waren als Modell zukünftiger Seminararbeit geplant, einer Kombination von Gruppendiskussionen und kollektivem Arbeiten. Bei den Germanisten kamen über 250 Studenten, und es stellte sich heraus, daß sie alle bereit waren, sich einem riesigen Leistungsdruck zu unterwerfen, «*das Versprechen vom emanzipatorischen Lernen, und wie die stolzen Begriffe alle hießen, ließ sich nicht richtig realisieren*». Die Seminare standen unter einem Legitimationsdruck des normalen Universitätslebens. Gerhard fühlte immer mehr, daß die Politik an der Universität Grenzen erreicht hatte, die sie überspringen mußte, wenn sie weitergehen sollte. «*Von da an kam die Germanistik für mich out of line.*» Er ging zum «Schüler-Arbeiter-Lehrlingszentrum» (SALZ). Nach den Erfahrungen der Bewegung der Besetzung hatte sich die Frage aufgedrängt: «*Wo geht's zur Revolution weiter?*» Die Arbeiterklasse war noch nicht als Feld der Organisation entdeckt worden. Im Gegenteil, wer immer davon sprach, geriet in den Verdacht, ein «*Traditionalist*» zu sein. «*Es steckte das Gefühl darin, daß wir unseren Schwung verlieren, wenn wir uns jetzt mit Fragen der allgemeinen Organisation der Arbeiterklasse belasten, über die wir nichts wissen.*» Als einzelne Genossen im SDS-Zentrum auf dem Kurfürstendamm davon sprachen, daß Arbeiter die Revolution machen können, empfand Gerhard diese Rede als unangemessen und geradezu unverschämt. «*Ich habe das abgewehrt als Ausdruck des schwindenden Vertrauens in unsere Möglichkeiten.*» Schon als er mit anderen nach dem Tod Benno Ohnesorgs am 2. Juni 1967 Flugblätter in Hausbriefkästen eines proletarischen Stadtteils steckte, hatte er fast das Gefühl, sich in Feindesland zu bewegen. Nach dem Attentat auf Rudi Dutschke am Gründonnerstag des Jahres 1968, den Kämpfen vor dem Springer-Haus zur Blockade der Zeitungsauslieferung, beleuchtet von brennenden Autos, umgeben von Tausenden auf der Straße liegenden *Bild-Zeitungen*, überkam jeden das Gefühl, sehr weitgegangen zu sein, eine Grenze zu erreichen. «*Die Reaktion des Staatsapparats und der Stadt war so umfassend, daß von einem Tag auf den anderen klarwurde, wir* sind *nicht die Basis, wir* brauchen *eine Basis.*» Zugleich war der Kampf an den Springer-Häusern der Zeitpunkt, an dem Lehrlinge, Jungarbeiter in den Strudel der Bewegung hineingerissen wurden, wie die Studenten nach dem 2. Juni 1967.

Ins SALZ kamen zwar Lehrlinge, doch wie sollten aus den wenigen mehr werden? Immer wenn eine Diskussion über die Interessenlage, die Bedürfnisse der Lehrlinge begann, mischte sich der Zwang der Vermittlung ein: «*Wie sieht die Verbindung zur Vietnam-Demonstration aus, zur Organisation des 1. Mai?*» Jeder politische Schritt war damit belastet, eine Allgemeinstrategie in nuce vorwegzunehmen. Die natürliche Einheit der Bewegung war zerfallen, als sie über ihre Ränder hinwegschwappte. Das Zeitgefühl, daß es immer so weitergeht und eine neue Stufe erreicht wird, brach im Frühjahr 1968 zusammen. «*Mit den Betriebsbasisgruppen kam ein anderer Zeitbegriff, ein neues Gefühl für Tempi in die politische Arbeit hinein.*» Die neuen Gruppen versuchten, einen andersartigen Flugblattstil zu entwickeln, herauszubekommen, wie man ein Flugblatt schreibt, das Arbeiter auch lesen, sie mußten sich mit dem MTM-System vertraut machen, also mit einer neuen Form der Ausbeutung auseinandersetzen, mit Forderungen, die Arbeiterforderungen sein könnten. Das waren kleine, bescheidene und doch mühsame Anstrengungen, die nicht so schnell belohnt wurden wie die Pläne der Kampagnenbewegungen, «*Enteignet Springer*», «*Für den Sieg des Vietcong*», Desertionskampagnen mit amerikanischen GIs oder Universitätsbesetzungen.

Im Sommer fand Gerhard eine Wohnung in der Kurfürstenstraße, in der es einen großen Raum gab. Der sollte das neue Zentrum des SALZ werden. – Er lernte Lehrlinge kennen, vor allem vom Chemiewerk Schering, selbstbewußte Typen, die schon eine ganze Menge Geld verdient hatten, indem sie die Probepackungen mit Antibabypillen verschoben. Im Sommer gingen die Genossen vom SALZ zusammen kicken, flippern und Bier trinken. Die Last politischer Leistung hatten sie abgeworfen. So lernten sie sich kennen, eine Gruppe organisierter Lehrlinge und ein paar Studenten mit unklaren, wirren Vorstellungen.

Es war ein gutes *feeling*, wenn Gerhard pfeifend aus seiner Wohnung die Treppe herunterschlenderte, sich in seinen rostigen VW warf, den Motor anließ und mit keuchender Maschine durch die Stadt raste, Dylans Musik im Ohr «*You better start swimming or you sink like a stone, the times they are a changing*», irgendwo im Halteverbot parkte und in die Kneipe ging. Die Typen vom SALZ mit langen, strähnigen Haaren standen schon am Tresen, das Bier in der Hand, und quatschten miteinander. Meist gingen sie danach zusammen in den Vorraum kickern, manchmal zwei Stunden lang, jedesmal, wenn es ein Tor gab, ein Aufschrei, und zwischendurch ging immer ein kleiner Roter mit Sommersprossen im Gesicht in seinen genieteten Jeans zur Musikbox und warf die Stones an oder Jimi Hendrix oder Eric Burdon.

Manchmal öffneten sie die zerfledderte Aktentasche von Gerhard und machten sich über die Bücher darin lustig: Jack Kerouac, ein Heft vom «Zentralrat der umherschweifenden Haschrebellen», «Psychoanalyse der Bild-Zeitung», Jean Paul, Byron und ‹Klau mich› von der Kommune I. Dann spielten sie weiter, foppten ihn, nannten ihn «Dokter» und hielten erst das Maul, als er wieder ein Tor schoß.

Im SALZ hatten sie inzwischen begonnen, Schulung zu machen. Um Schulung gab es im SDS schon lange eine Auseinandersetzung. Es hieß, daß die sozialistischen Intellektuellen der «Kopf der Arbeiterbewegung» sein sollten. Ob die Arbeiter umgekehrt die Faust der Linken von der Universität sein sollten, wußte keiner, aber manchmal beschlich sie dies mulmige Gefühl. Bei der Schulung des «Kommunistischen Manifests» sprach unter den Lehrlingen meist nur einer. Sie waren nämlich auch schon, auf ihre Weise, organisiert. Richy war der Stimmführer unter ihnen, und die anderen schwiegen. Sie waren eigentlich besser organisiert als die Studentengenossen im SALZ.

Im Herbst verreiste Gerhard für ein paar Wochen nach Westdeutschland. Als er ins SALZ zurückkam, hatte sich alles verändert. Die Sprache war anders, es gab neue Freundschaften, die meisten alten waren zerbrochen. Das neue Klima war Gerhard unheimlich, und er begriff nichts davon. Er fragte: «Was is 'n los?» Gleichmütig antworteten ihm die anderen: «Nix, es ist alles gelaufen wie sonst.» Gerhard bekam aber sehr schnell heraus, was geschehen war. Die Marxisten-Leninisten hatten angefangen, die Lehrlinge für eine ML-Organisation zu bearbeiten. Seither gab es im SALZ das Gezänk: «Du hast hier Kaderpolitik gemacht – ohne gemeinsame Absprache!» Kaderpolitik – das war, wenn sich die ML einen Lehrling, von dem sie etwas hielten, gekeilt hatten. Sie luden ihn zu sich nach Hause ein, zeigten ihm Schriften von Stalin und von der Unione in Italien. Die Lehrlinge wurden so zwar bestochen, doch sie fühlten sich ernst genommen. Sie erhofften sich etwas von der strikteren und rücksichtsloseren Organisationsform, wie sie die Marxisten-Leninisten versprachen. Das Organisationskonzept war gleichsam der Ersatz für die Politik bei den ML. – Die ML-Bewegung zum Ende des Jahres 1968 war eine Revolte gegen den SDS. Genossen des zweiten Glieds stellten plötzlich die Organisationsfrage. Zuerst schien es, als ob bei den Marxisten-Leninisten egalitärer organisiert wird als im SDS. Es gab keine geheimen Führer, sondern sie traten offen auf, und die «proletarische Linie» war der Weg der aktiven Genossen zu dem, was jetzt Kader hieß.

Unter den organisierten Gruppen war inzwischen in Berlin das Fieber der Organisationsfrage ausgebrochen. Es wütete überall. Deswegen wurde Ende 1969 eine Arbeitskonferenz der RPK vorbereitet, zu der alle, alle mit ihren Delegierten eingeladen wurden. Gerhard wurde gebeten, ein Papier über Lehrlingsfragen zu schreiben. Er hatte keine Ahnung, wie er etwas zur Abwehr der ML-Bewegung und gleichzeitig zum Aufbau einer Organisationsstrategie schreiben sollte. Mit Herbert vom SALZ, der später eine steile

Karriere zum Chefredakteur einer der zahllosen ML-Zeitungen machen sollte, schrieb er in einer besoffenen Nacht das Papier. Auf der Arbeitskonferenz herrschte ein Tohuwabohu, und im Ergebnis sollte es sich zeigen, daß die ML-Bewegung sich nicht wieder unter die Hoheit des SDS begeben wollte. Als ihr Sprecher trat Peter Schneider auf, der später als feinsinniger Autor der Neuen Linken bekannt werden sollte. Er sagte, daß die Politik des SDS die Entwicklung einer allgemeinen Politik aus der Basisarbeit, von unten nach oben, gewesen sei. Gleichzeitig sind dadurch hohe Anforderungen an die Organisation der Basis gestellt worden. Tatsächlich ist das eine Zweideutigkeit, eine unehrliche Haltung gegenüber den Verhältnissen in Deutschland, in denen die deutsche Arbeiterklasse durch Geschichte und Erfahrung in ihrem politischen Bewußtsein umfassend zerrüttet ist. Diese Politik, fuhr Peter Schneider fort, sei politischer Opportunismus, es könne deshalb nur darum gehen, von oben nach unten Politik zu machen. Diese antiautoritäre Rebellion der Marxisten-Leninisten gegen die SDS-Führung, die zweite Rebellion nach der der Frauen, basierte auf einer Antirätevorstellung und wurde von einem großen Teil der SDS-Genossen als sehr viel richtiger und ihren Bedürfnissen näher empfunden. Allerdings fanden sich viele von ihnen später in dem Korsett des «demokratischen Zentralismus» wieder, das den Atem abschnürt. Die führenden SDS-Genossen waren ohnmächtig darauf fixiert, dem ML-Konzept die antiautoritären Organisationsvorstellungen entgegenzuhalten. Es war die letzte offene Auseinandersetzung der Linken innerhalb ihrer Fraktionen, bevor es die Entmischung von Wissenschaft, Disziplin, Spontaneität und Phantasie in die verschiedenen Sekten hinein gab. Die Teilnehmer an der Arbeitskonferenz ersoffen in zahllosen Arbeitspapieren, unter denen eines über Betriebsarbeit, das Papier der Harzer Gruppen, den spöttischen Namen «das berühmte Harzer Papier» bekommen hatte. Die linksradikale Kneipenzeitung 883 erschien später mit einem frechen, ironischen Titelblatt: drei Männer aus einem Bild-Zitat von Matthias Grünewald wenden sich einander zu, und einer sagt über die Arbeitskonferenz: «Es soll weiße und rote Eintrittskarten geben.» Die Marxisten-Leninisten ließen zahlreiche Aufrufe und Artikel erscheinen, die von dem «Kampf der schwarzen und der roten Linie» handelten, deren Sprache schon so anämisch und sklerotisch war wie später in ihren Zeitungen.

Unter den Genossen mit der bitteren, wütenden Sehnsucht nach Disziplin und nach einem gesellschaftlichen Lotsen fühlte Gerhard sich allein. Als schließlich noch von früheren SDS-Führern eine zweite marxistisch-leninistische Partei alten Typs gegründet wurde, überkam Gerhard und seine Freunde eiskaltes Erschrecken. Zum erstenmal spielten machtpolitische Gesichtspunkte in der Bewegung der Neuen Linken eine Rolle. Gerhard war überdies nicht bereit, seine Überzeugung aufzugeben, daß dies nicht die Herkunft und nicht die Richtung des SDS ist. Er erinnerte sich immer wieder an eine Mitgliederversammlung des SDS im Kolbheim in Frankfurt, auf der Hans-Jürgen Krahl mit seiner heiser-pathetischen Stimme rief: «Der SDS *definiert sich nicht aus der Geschichte der kommunistischen Arbeiterparteien!»*

Als die Einheit der Bewegung in einander feindliche Gruppen und Sekten zerfiel, ging Gerhard zu 883, die in den Lokalen verkauft wurde und so die einzige Zeitung war, die eine lebendige Beziehung zu den mobilisierten Massen hatte. Was sie erzählten, schrieben die 883-Genossen, und was sie kritisierten, versuchten sie zu ändern.

Vertraut den Massen, stützt euch auf sie und achtet ihre Initiative. Habt keine Angst vor Unordnung. Die Massen müssen sich in dieser grossen revolutionären Bewegung selbst erziehen und es lernen, zwischen richtig und falsch zu unterscheiden.

Zur Zeit der Gründung wurde 883 noch in Berlin-Wilmersdorf, Uhlandstr. 52, redigiert. Die Wilmersdorfer Telefonnummern beginnen mit 883, daher der Name. Durch diese Zeitung ging der Sturm der Bewegung hindurch. Artikel über Desertionskampagnen, die Knastwoche in Ebrach, Schulungsprogramme, in denen die Linksradikalen der Berliner Subkultur noch Stalin neben Marx und Mao anboten, aber zwei Nummern später erschien schon eine Zeitung mit dem Titelblatt *«Schulung ohne revolutionäre Praxis ist Opium für das Volk»*, Justizkampagnen für revolutionäre Gefangene (*«Die Justizkampagne ist mit der Amnestie nicht vorbei!»*), Volkskrieg in Angola, *«Unterstützt den GI-Widerstand»*, es kommen die Seiten *«Befreit Bommie»*, *«Macht kaputt, was euch kaputt macht»*, Aktionen der revolutionären Frauen (*«Frauen erhebt euch, Männer ergebt euch»*), Volkskrieg in Palästina und die arabische Revolution, aber *«Militanz ohne Organisation ist wie Salz ohne Suppe»*. Als Gerhard zu 883 kam, hatte die Rote Armee Fraktion (RAF) eine Erklärung zur Befreiung des Gefangenen Andreas Baader aus einer Bibliothek, bei der ein Angestellter durch einen Schuß verletzt worden war, an die Redaktion geschickt. Das war eine brenzlige Situation. Die 883-Genossen wußten, wie gefährlich es sein konnte, die Erklärung abzudrucken, wußten aber gleichzeitig, daß es nötig war, sie zu veröffentlichen, weil es sonst nirgends geschieht. – Immer wieder gab es Streitereien um einzelne Artikel in der Redaktion, Brüllen, Schreien, Faustschläge auf den Tisch oder gegen einen Kontrahenten. Dirk, der Gründer des 883, wollte ein richtiges Redaktionsstatut ausarbeiten, und er scheiterte immer wieder daran.

883 wurde immer mehr eine Zeitung des Berliner Untergrunds und seiner Subkultur. Erfolgsmeldungen von Bombenlegern erschienen regelmäßig und spiegelten einen militanten Untergrund im breiten Maßstab vor. Es gab einen Mieterstreik im Märkischen Viertel, und die Genossen der Bluesszene dachten, daß dort eine Bombe hingehört, in die Büroräume der GEWOBAU. Sie hatten sich aber in der Etage vertan, und die Bombe explodierte in der Wohngeldstelle, so daß eine Zeitlang keine Wohngelder im Märkischen Viertel ausgezahlt werden konnten. Der Fehlwurf wurde zwar bedauert, aber es war wieder *«eine erfolgreiche Aktion ohne Verluste»* abgeschlossen.

Immer wieder kamen Genossen der Bluesszene mit ihren Meldungen. Damals begannen die kunstgewerblichen Seiten aus dem Untergrund mit den Kommandomeldungen und den Sätzen, die Identifikation auslösen sollten: «die militanten Panthertanten Terror schon vor Rauschgift kannten», *«pig ist pig und pig muß put»* – «also die lustvolle Infantilisierung der politischen Szene des Untergrunds».

Die Bluesszene – es fing an mit der Kommune in der Wielandstraße, der Wielandkommune. Genossen, die ihren Joint rauchten, in ihre Autos stiegen mit einem Mollie unter dem Arm und ihn im Fahren gegen eine amerikanische Bank oder Geschäftsstelle warfen. *«Zerschlagt den Staat mit dem Joint in der Hand, in der Rechten das Gewehr, in der Linken den Joint.»* Wie in Amerika wurden aus den Hippies Yppies, aus utopischen Romantikern Revolutionäre des bewaffneten Untergrunds. WIR MACHEN LIEBER EINEN FEHLER, UM DIE REVOLUTION ZU MACHEN, WENN ES AUGENBLICKLICH KEINE CHANCE GIBT, ALS DEN FEHLER, DIE REVOLUTION NIE ZU MACHEN. Sie wollten ein anderes Leben, einen anderen Staat. Es waren Leute, die sich zu ihrem Körper, zu der Lust an der Lust bekannten, wenn auch mit allem Machismo, ein Stolz auf den großen, erigierten Schwanz, der zustößt: *«Durchstoßt die Gefängnismauern mit dem Schwanz!»* Sie gründeten den «Zentralrat der umherschweifenden Haschrebellen». Die Haschrebellen hatten öffentliche *smoke-ins* organisiert, Demonstrationen vor Erziehungsanstalten, Vergeltungsschläge gegen die Polizei, Rechtsbeistand für verfolgte Kiffer. *«Wir kämpfen für eigene freie Entscheidung über Körper und Lebensform. Schließt euch diesem Kampf an. Bildet militante Kader auf den Dörfern und Metropolen. Scheißt auf die Gesellschaft der Halbgreise und Tabus. Werdet wild und tut schöne Sachen. Have a joint. Alles, was ihr seht, und es gefällt euch nicht, macht es kaputt.»* Es war der Wind von ‹Viva Maria› und den Django-Filmen, der bei den Haschrebellen wehte. Mit Bakunin sagten sie: *«Wir verstehen unter Revolution eine radikale Umwälzung, einer Ersetzung aller Formen des zeitgenössischen europäischen Lebens, ohne Ausnahme, durch neue, ihnen gänzlich entgegengesetzte.»* Zugleich hatten sie Gedanken im Kopf, die so wirbelnd und sprengend waren wie die der französischen Situationisten:

«Das Moment des Lachens, das karnevalistische Weltempfinden, die der Groteske zugrunde liegen, zerstören die beschränkte Ernsthaftigkeit sowie jeden Anspruch auf eine zeitlose Bedeutung und Unabänderlichkeit der Vorstellung von der Notwendigkeit. Sie befreien das menschliche Bewußtsein, den Gedanken und die Einbildungskraft des Menschen für neue Möglichkeiten. Deshalb geht den großen Umwälzungen eine gewisse Karnevalisierung des Bewußtseins voraus.»

Die Typen der Bluesszene duldeten keine Trennung zwischen Seele und Körper, zwischen sündigen Sterblichen und einem Engel im Himmel. Was sie wollten, war, was Jimi Hendrix von seinem Leben wollte: *«Eigentlich nichts Besonderes. Eine Frau lieben, einen guten alten Blues spielen, ab und* zu einen Joint rauchen, gut essen, gut trinken. Ganz normale Sachen. Aber das kannst du nicht, solange die pigs regieren. Da muß noch viel passieren, bis alle ganz normale Sachen machen können. Es ist noch viel Kampf nötig.»

Viele Genossen, die damals in die Räume von 883 schlenderten, sind heute tot, erschossen von der Polizei, zu Tode gekommen, im Knast – Georg von Rauch, Tommie Weisbecker, Holger Meins, Werner Sauber, Peter Paul Zahl. 1971 kamen die ersten Verhaftungen in der Bluesszene. Als Gerhard mit anderen Ina Siepmann vom Flughafen abholen wollte, erwischte es Dieter Kunzelmann, der in seiner rätselhaften Maske erkannt wurde. Die Polizei fuhr in seine Wohnung und fand seine Masken, Kunzelmann mit Bart, mit Bart und Baskenmütze, mit Brille, als Playboy, als Priester.

Seit dem 18. Juni 1970, Nr. 63, hatte es geheißen «Die Kneipenzeitung 883 ist tot. Es lebe 883, das Kampfblatt der kommunistischen Rebellen.» Die Redaktion wollte «in der revolutionären Basis verankert sein. Die Mitglieder des Redaktionskollektivs sind verpflichtet, sowohl die Arbeit in Betriebs- oder Stadtteilgruppen als auch in der Stadtguerilla zu beginnen.» Das Layout war ab jetzt voll von Kalaschnikows, Bomben, Revolvermännern, Handgranaten. Zwei Monate zuvor hatte es noch geheißen: «Alle Menschen in den Reihen der Revolution müssen füreinander sorgen, müssen sich liebevoll zueinander verhalten, einander helfen.» Jetzt gab es haßerfüllte Schläge gegen die KPD-AO (Aufbauorganisation), A-Null im Linksjargon. Beschlagnahmungen von 883 hatte es in Berlin schon mehrmals gegeben. Schließlich kam ein rigoroses Verbot der Zeitung. Der Verlust von 883 war ein Schlag für die Berliner Linke, doch auch ein Ergebnis davon, daß sie sich immer mehr als antiautoritäre und militante Alternative zu den autoritären, tantigen Organisationsansätzen der Parteien verstand. «Sie hat ihren Anspruch, Praxis zu vermitteln, aufgegeben. Das war der Anspruch, der sie wirklich legitimierte.»

Die Zeit seit 1966 war für Gerhard dicht gefüllt von Erfahrungen, niemals ausgezehrt von einer tödlichen Leere wie zuvor. Doch unter allen Erfahrungen ragt eine heraus, die ihn zum Radikalen gemacht hat: Freitag, der 2. Juni 1967.

Als am Morgen die Sonne fett und träg und reglos wie ein Schweißtropfen am Himmel stand, war es mit der Behäbigkeit und Wärme, die einen Sommer verspricht, wie immer in den Junianfängen, und als die Berliner, geblendet von der verlogenen Helle des Alltags, den Blick mit dem angewinkelten Arm vor den Augen schützend, aus dem Haus traten, sich durch die Straßen drängelten und schubsten, war es mit derselben Langeweile und Unlust wie immer. Worin sollte sich in der schalen Mittelmäßigkeit dieses Freitags ankündigen, daß er ein historischer Schnittpunkt wird?

Freilich, es gab im Berliner Senat ein nervöses Zucken, hervorgerufen durch den bevorstehenden Staatsbesuch des Schahs von Persien und Farah Dibah in der Stadt. Der Leiter des Presse- und Informationsamtes des Senats, Peter Herz, sagte mittags: «Heute können sich diese Burschen auf etwas *gefaßt machen, heute gibt's Dresche!*» Er sagte es ohne das zynische Grinsen von Mitwissern, das in den Tonfall dieses Satzes gehört hätte. «*Diese Burschen*» – das waren die dreitausend Studenten am Abend des 1. Juni in der Versammlung des Auditorium maximum der FU im Henry-Ford-Bau, in dem Bahman Nirumand und der Münchener Rechtsanwalt Hans Heinz Heldmann über ‹*Persien, Modell eines Entwicklungslandes*› sprachen. Viele Zuhörer waren schon durch das Buch gleichen Titels von Nirumand informiert und einig in der Wut über die Schreckenstaten der SAVAK, der persischen Geheimpolizei.

In den Mittagsstunden des 2. Juni setzte sich ein Demonstrationszug zum Rathaus Schöneberg in Bewegung. Der Protestmarsch war von einem demokratischen Pathos getragen. Die Studenten empörten sich darüber, daß der Schah, verantwortlich für den Tod von Hunderten von Regimegegnern, von demokratischen Institutionen der Bundesrepublik und West-Berlins empfangen wurde. Im Bewußtsein ihrer kompromißlosen moralischen Integrität machten sie das Recht des Protests geltend, getragen von einem Ethos der Wachsamkeit gegenüber Gefahren, die der Demokratie drohen. Vor dem Rathaus Schöneberg, wo sich der Schah in das Goldene Buch der Stadt eintragen sollte, erlebten sie den ersten Schock, als eine kleine Gruppe kaisertreuer Perser mit Stahlruten und Holzlatten wie rasend um sich schlug und Demonstranten verletzte. Daneben stand ungerührt eine Phalanx Polizisten, die erst nach ein paar Minuten eingriff. «*Ich dachte, die sehen schlecht!*»

Nachmittags bemerkten die Studenten, wie ihnen in der Stadt, auf U-Bahn-Stationen, in Bussen, auf öffentlichen Plätzen eine Welle des Hasses und der Hysterie entgegenschlug. Springer-Zeitungen hatten ihre Wirkung getan. Warum sollten die Bürger Berlins nicht den Worten des Regierenden Bürgermeisters Albertz von der «*lebensgefährlichen Minderheit*» glauben, warum nicht denen des Senatsrats Prill («*Die sollen nur kommen, dann kriegen sie eins mit dem Knüppel auf den Kopf*») oder der Fortführung des Bildes in *Bild* («*Polizeihiebe auf Krawallköpfe, um den möglicherweise doch vorhandenen Grips locker zu machen . . .*»)? Die Berliner lebten in dem trügerischen Versprechen von Ordnung und klammer Ruhe des toten, verwesenden Stadtkolosses, immer in der Angst, es könnte sich ein haltloser Abgrund auftun, wenn Aufruhr und Empörung schlaglichtartig das Neue erhellten, und dies Neue ließe das Alte, Gewohnte als maskiertes Chaos erkennen. Nur die Maske des Chaos der leblosen Stadt war es, welche den Bürgern Sicherheit und Halt verschaffte.

«*Es gibt auch gute Studenten.*» Das sollten in der Vorstellung der guten Berliner jene sein, die im Glück der Bügelfalte schwelgen, strebsam und fleißig sind, bescheiden den Aufbau der Stadt aus den Trümmern anerkennen und gleichmütig den Abbau der Demokratie hinnehmen.

Die Zornigen, die Wütenden, die Demonstranten sammelten sich abends gegenüber der Deutschen Oper in der Bismarckstraße. Es war neunzehn großen vereinigenden Brüderschaft. Sprache, Verhalten, Wut und Gesten waren ihnen gemeinsam, es war eine Art *feeling,* das alle verband. *«Aber der Grund für meine Rasereien und meine Wut auf der Straße war nicht der vietnamesische Befreiungskampf.»* Das Chaos auf der Straße war Befreiung für die Kämpfenden in der Gesellschaft des technokratischen Konsens. NUR ANGST MALT ES SCHWARZ, RACHSUCHT MALT ES BLUTIG. In der Fröhlichkeit und der Selbstironie, zu der sie fähig waren, riefen die Demonstranten auf der Straße: «Wir sind die Jünger Maos, und wir lieben das Chaos!» Einmal erzählte ein Genosse von dem Traum einer Demonstration, dreitausend Demonstranten mit schwarzen und roten Fahnen, DIE SCHWARZE UND DIE ROTE FRONT, und an der Spitze zwei Reiter auf schweren schwarzen Rossen!

Daß der Kapitalismus in sich selbst zerfallene Individuen produziert, hatten sie zuvor erfahren und daraus die Kraft für den kollektiven, permanenten Aufstand der Revolte bezogen. Auch früher hatte es Kriege gegeben, in denen der Kapitalismus die Maske des Chaos ablegte – Korea, Algerien, Kongo –, doch sie hatten nie eine so breite Widerstandsbewegung ins Leben gerufen. Noch im Vorbeistürmen an brennenden Autos identifizierten sich die Kämpfer – selbst Opfer – mit den Opfern des vietnamesischen Befreiungskampfes. Ein Teil von Bernds Persönlichkeit war in dem Aufruhr der Vietnam-Bewegung, wenn die Demonstration wie ein schwerer Blues über den Kudamm rollte oder wie ein hüpfender Rock zu den Angriffszielen jagte – *like a rolling stone.* Wie in einer inneren Explosion machte sich Bernd die Ziele des Vietcong zu eigen, und er fühlte, daß dort auf der Straße ein Teil seiner eigenen Lebensgeschichte abgehandelt wurde. Es waren andere Demonstrationen als jene, als er hölzern hinter Transparenten hinterherlief, nirgends ein Gefühl für Bewegung, es war, als müßten alle knirschend die Oberschenkel im Gelenk bewegen. In Berlin war es anders. Auf die Straße ging es, als wenn man eine Melodie hört, die in die Glieder fuhr und sie in Bewegung brachte, «du hast gedacht: die Stimmung ist da, jetzt machste mit!» Es waren leidenschaftliche Feste des Kampfes, alle waren wie befreit von alten Hemmungen, als sie anfingen, gemeinsam mit Hunderten anderer auf der Straße zu toben. Jeder geriet in die Demonstration wie in einen Strudel, sagte: «Das ist der Punkt, jetzt machst du mit!» Und griff einen Stein von der nächsten Baustelle, warf ihn in ein erleuchtetes Schaufenster, sah, wie die Scheibe klirrend zusammensackte, stürmte weiter zu den parkenden Autos, schraubte den Tankdeckel ab, steckte einen Putzlappen rein, entzündete ihn, und der ganze Wagen stand in Flammen. Am nächsten Tag in den Zeitungsfotografien alles verdoppelt und sozusagen objektiviert: der Kurfürstendamm voller Glasscherben und verkohlter, ausgebrannter Autos, Barrikaden, die Straße zerhackt, am Horizont flüchtende Polizisten. Nach solchen Aktionen gab es unter den Linken eine Eitelkeit des Extremismus: rot, röter, am rötesten. In Diskussionen erhob sich in Drohgebärden die formelhafte Wendung: «Hinter die Qualität dieser Aktion dürfen wir nicht zurückfallen!»

Uhr, als sie dicht gedrängt auf einem schmalen Stück Bürgersteig standen, hinter ihnen umzäuntes Baugelände. Eine Stunde später fuhr die Schahkolonne vor. Farbeier, Farbbeutel und ein paar Steine flogen. Das persische Paar verschwand rasch in der Oper; drinnen die Ouvertüre der ‹Hochzeit des Figaro›, draußen dachte Gerhard wie die anderen: *Na ja, das war's.*

Doch plötzlich sah er Polizisten über die Hamburger Reiter vor der Oper springen und keilförmig von zwei Seiten aus auf die Gruppe der Demonstranten zulaufen. Sie schlugen ohne Warnung, wie besinnungslos. Gerhard besann sich keine Sekunde, drehte sich um und raste davon, so schnell er laufen konnte,

lief immer weiter.

hinter sich DIE POLIZEIKNÜPPEL ALS WEGWEISER, prügelnde Polizisten, die sich auf stolpernde Demonstranten mit ihren Knüppeln stürzten,

lief immer weiter,

ein Mädchen mit zerschlagener Brille und schmerzhaft verzogenem Gesicht,

lief immer weiter,

am Straßenrand ein Junge mit blutüberströmter Stirn, von zwei Freunden gestützt,

lief immer weiter,

Wasserwerfer im Einsatz, die Kälte und der Druck des Wasserstrahls, die Kleider triefnaß, Polizisten an Haustüreingängen, Feste des Gummiknüppels in den Hausfluren und Hinterhöfen, «immer feste druff!»

Er lief immer weiter,

noch immer mitten in der Kesselschlacht vom 2. Juni, in der jeder Prügel bekommen sollte, wie es der Pressesprecher des Senats angekündigt hatte. Es wurde eine Treibjagd durch die Stadt, fast bis zum Kudamm.

Als Gerhard spät abends zu Hause die Nachrichten anstellte und mit Freunden vom Tod Benno Ohnesorgs hörte, gab es unter ihnen den Aufschrei der Erregung, doch auch gelähmtes Schweigen. Als Hunderte, in die Seitenstraßen getrieben, wie um ihr Leben liefen, ahnten sie nicht, daß einer von ihnen sein Leben verlieren sollte. Die Reaktionen derer, die nachts bei Gerhard waren, überstürzten sich in ihnen, wirr, regellos, ohne Ordnung, bis nach einer Pause jemand sagte: «Er ist an dieser Stadt gestorben.»

Am nächsten Morgen erschien die *Bild-Zeitung* mit dem Titel: «*BLUTIGE KRAWALLE: 1 TOTER!*» Auf der ersten Seite ein Kommentar: «*Sie müssen Blut sehen. Hier hören der Spaß und der Kompromiß und die demokratische Toleranz auf. Wir haben etwas gegen SA-Methoden. Die Deutschen wollen keine braune und keine rote SA. Sie wollen keine Schlägerkolonnen, sondern Frieden. Wer bei uns demonstrieren will, soll das friedlich tun. Und wer nicht friedlich demonstrieren kann, gehört ins Gefängnis.*» Auf das Versprechen der *Bild-Zeitung* konnte sich niemand berufen. Der Regierende Bürgermeister Albertz hatte auf einer Sondersitzung im Schöneberger Rathaus ein grundsätzliches Demonstrationsverbot erlassen. Die Polizei wurde ermächtigt, «*Demonstrationen zu zerstreuen, an welcher Stelle sie auch stattfinden sollten*». Nachmittags versammelten sich schweigend über zweitausend Studenten an der Universität und setzten sich schweigend auf den Rasen, einige in Trauerkleidern, mit schwarzen Armbinden. Ein Meer von schwarzen Fahnen wogte über den Sitzenden. Aber es war nicht das Banner der Anarchie, sondern die Fahne der Trauer, getragen von denen, die einen der ihren verloren hatten, mit dessen Tod keiner gerechnet hatte. Doch nicht einmal die Trauer sollte ihnen erlaubt sein. Zwei Mannschaftswagen und Wasserwerfer fuhren auf und verbreiteten ein Klima der Drohung und Angst. Sie verschwanden erst, als sich die Studenten in die Hörsäle der Wirtschaftswissenschaftlichen Fakultät drängelten. – Schon vormittags war der Campus der Uni voll von Studenten. Die Situation hatte sich schlagartig geändert. Es gab plötzlich eine für alle überraschende Kraft zu Begegnungen und Diskussionen. Studenten, die sich nicht kannten, richteten ohne Zögern das Wort aneinander, in allen die glühende Wut gegen die Lügen der Zeitungen und die Verdrehungen des Senats. Die ganze Universität stand voll von diskutierenden Gruppen. In den Hörsälen brach eine Zeit der moralischen Nagelprobe an – die Professoren müssen sich jetzt äußern oder sie werden es nie tun. Die Kritik am Faschismus sollte bei ihnen eingeklagt werden. Sie mußten aus ihrer institutionellen Rolle heraustreten und krümmten sich wie ein Wurm. Das deckte ihre eigentliche Schwäche und ihre geborgte Stärke auf.

Überall begann eine fieberhafte Aktivität: Teach-ins, Vollversammlungen, ein Ermittlungsausschuß des SDS mit Horst Mahler, ein Öffentlichkeitsausschuß, dessen Mitglieder über eine Woche in Trauben auf dem Kurfürstendamm mit Berlinern bis spät in die Nacht hinein diskutierten. An jeder Ecke wurden Flugblätter gemacht. Dutzende lernten sie schreiben und drucken. Die ganze Uni war voll von Wandzeitungen und Plakaten. Das Gefühl großer Gemeinsamkeit und des Zusammenhalts schwappte auf alle über, es gab die Stimmung: hic rhodus, hic salte, jetzt springe ich!

Aus der Arbeit des Ermittlungsausschusses mit Horst Mahler und aus Ermittlungen des Parlamentarischen Untersuchungsausschusses ergab sich später, daß der 26jährige Benno Ohnesorg zwischen 20 Uhr 30 und 20 Uhr 40 in einem Hinterhof der Krummen Straße von der Waffe des Polizeiobermeisters Kurras von hinten in den Kopf getroffen wurde. Die Studenten sagten: Mord, Kurras sagte: Notwehr.

Die Demonstranten hatten geglaubt, DASS ES FÜR UNTERDRÜCKTE UND ÜBERWÄLTIGTE MINDERHEITEN EIN NATURRECHT AUF WIDERSTAND GIBT, AUSSERGESETZLICHE MITTEL ANZUWENDEN, SOBALD DIE GESETZLICHEN SICH ALS UNZULÄNGLICH HERAUSGESTELLT HABEN. DA MAN SIE SCHLAGEN WIRD, KENNEN SIE DAS RISIKO, UND WENN SIE GEWILLT SIND, ES AUF SICH ZU NEHMEN, HAT KEIN DRITTER DAS RECHT, IHNEN ENTHALTUNG ZU PREDIGEN. Doch niemand von ihnen kannte das Risiko. Sie ahnten nicht, daß einer von ihnen seine Teilnahme an der Demonstration mit dem Leben bezahlen wird, sie ahnten nicht, daß ihr Aufbegehren beim Senat als Kriegserklärung verstanden wurde, sie ahnten nicht, daß der Täter, Polizeiobermeister Kurras, eine Kumpanei vor den Gerichten finden wird, die ihn freisprechen, sie ahnten nicht, daß die Presse in Berlin weiter Revolverjournalismus als Menschenjagd bleibt, sie ahnten nicht, daß Benno Ohnesorg nur der erste Tote in der Blutspur der Revolte sein sollte, sie ahnten nicht, daß der Radikalismus in der Erhaltung des Status quo eine verzweifelte Radikalisierung der Aufbegehrenden hervorrufen wird, bis eine Gruppe unter den Rebellierenden dem Staat tatsächlich den Krieg erklärt, die Rote Armee Fraktion (RAF), und sie ahnten nicht, daß eine Gruppe bewaffneter Radikaler im Untergrund sich später «Bewegung 2. Juni» nennen wird, um daran zu erinnern, daß die Polizei als erste geschossen hat.

Fritz Teufel war vor der Oper festgenommen und als Steinewerfer unter Anklage gestellt worden. Damit geriet die Justiz in das Schußfeld der Linken. Siebenhundert Selbstanzeigen wegen Teilnahme an einer verbotenen Demonstration liefen beim Berliner Gericht ein. Zugleich wurde unter den Linken eine Neuheit kreiert: das Polizei- und Justizhappening. Fritz wurde am 10. August 1967 mit Meldeauflagen auf freien Fuß gesetzt. Dieses Alibi wollte er aber der Justiz nicht liefern. Am 18. August erschien er in Ketten und mit roten Nelken vor dem Moabiter Untersuchungsgefängnis und begehrte Einlaß. Nervös überlegte die Leitung der Justizvollzugsanstalt, was sie machen sollte, und ein Sprecher verlautbarte gequält: «So einfach, wie Herr Teufel sich das vorstellt, ist es nicht, ins Gefängnis zu kommen.»

Zugleich feierte das Prozeßhappening seinen Einstand in der Studentenbewegung, als Rainer Langhans, Fritz Teufel, Dieter Kunzelmann, Volker Gebbert, Ulrich Enzensberger, Dorothea Ridder und andere, alle Mitglieder der Kommune I, in Moabit vor Gericht standen. Zusammen mit ihrem Verteidiger töteten die Angeklagten in den Moabiter Prozessen, die später unter den Linken den Namen «Moabiter Seifenopern» erhielten, den Landgerichtsdirektor Schwerdtner durch Lächerlichkeit.

Am 8. Juni sollte den Studenten wenigstens die Trauer wieder erlaubt sein. Fünfzehntausend gaben dem erschossenen Ohnesorg in einem Trauerzug in Berlin über acht Kilometer das letzte Geleit zu einer Kundgebung am Zehlendorfer Kleeblatt. Von dort aus sollte der Sarg nach Hannover überführt werden. In seiner Ansprache in Berlin sagte Helmut Gollwitzer: «Benno Ohnesorg ist durch seinen Tod zu einem Repräsentanten der großen, tiefgreifenden Bewegung geworden, die heute die deutschen Studenten – nicht nur in Berlin – erfaßt hat und die von der älteren Generation und bei den politischen und akademischen Behörden noch kaum begriffen wird ... Ein Tod versöhnt nicht, und man soll auch nicht so tun, als ob er automatisch versöhne. Auch nach der Beerdigung sind Gegensätze offen.»

In Hannover wollten die Linken nach dem Schock des 2. Juni auf einem Kongreß über «Bedingungen und Organisation des Widerstands» reden. Hier trafen sich Studenten aus Berlin und allen Teilen Westdeutschlands. Es kamen auch jene, die später wütende Gegner der Radikalen sein sollten wie Jürgen Habermas, der sich in der Diskussion zu dem bösen Wort vom *«linken Faschismus»* über die Praxis studentischer Provokationen hinreißen ließ. Hannover war der Beginn jener Zeit, da sich die radikale Linke zusammenschloß und die schwärmerischen Mitläufer von ihr trennten.

Zurück in Berlin, gelang es den Studenten am 16. Juni wieder, das allgemeine Demonstrationsverbot aufzuheben. Eine Demonstration wurde genehmigt, doch mit der Auflage, Ordner zu stellen. Pfiffig kehrten die Linken die Auflage um: aus dem Zug mit einem Ordner wurde eine Ordnerdemonstration mit einem Demonstranten; am Anfang und am Schluß ein großer Haufen Ordner, in der Mitte ein Vereinzelter, der ein Schild *«Demonstrant»* trug. Dazwischen die Kommune I in weißen Gewändern, ein Plakat tragend *«Radikale aller Länder, tut Buße!»* Immer wieder warfen sich die Kommunarden auf den Boden, riefen aufheulend: *«Wir wollen nie mehr einen Polizisten erstechen»*, *«wir zünden auch nie wieder ein Kaufhaus an»*, *«wir wollen nie wieder Tomaten werfen!»*

Resümierend zum 2. Juni erschien später in Westdeutschland und West-Berlin eine Erklärung des SDS, «Niederlage oder Erfolg der Protestaktion». Sie beschwor die Schwächen der ohnmächtigen Rebellion mit Rauchbomben, Farbeiern und Pudding und appellierte an die Linken, *«sich gesamtgesellschaftlich Rückhalt zu verschaffen und der kapitalistischen Oligarchie in Ökonomie, Öffentlichkeit und Staatsapparat selber Machtpositionen streitig zu machen»*. Noch war sich der Bundesvorstand des SDS nicht dessen bewußt, daß die Kesselschlacht und das *«Füchsejagen»* am 2. Juni bei den Linken einen Prozeß der Identifikation mit sich selbst ausgelöst hatten. Daß der Staatsapparat linke Studenten zum Gegner machte, ermächtigte sie, sich als Subjekte des Aufruhrs zu begreifen. Zuvor waren die Rempeleien auf dem Kurfürstendamm noch fast familiär. Doch plötzlich war der Schleier zerrissen, politische Kategorien wurden zurechtgerückt und traten aus ihrer Blässe in das grelle Licht der Alltagsrealität – Konterrevolution, Machtgesichtspunkte, Klassenfeind. Das war in seiner Klarheit vollkommen neuartig. Es rief bei den Linken mehr noch Verblüffung als einen Schock hervor. Sie begannen, sich zur Studentenrevolte als der Bewegung des Aufruhrs zu bekennen, als sie bemerkten, daß sich die Gesellschaft schon im Krieg mit dem studentischen Protest befand. Jetzt begriffen sie sich ernsthafter als eine der kriegführenden Parteien und machten sich außerstudentische Ziele in Berlin zu eigen – Rücktritt des Innensenators, des Polizeipräsidenten, des Regierenden Bürgermeisters, und alle stürzten später durch den Widerstand der Studenten, den sie zu spät begriffen hatten. Die Linken nahmen die Schimpfworte *«Radikalinski, Revoluzzer, kleine radikale Minderheit»* jetzt als Ehrentitel an und zogen, sie intonierend, zu Tausenden durch die Straßen. Als die Protestbewegung in Berlin liquidiert werden sollte, hat sie sich in Hannover zu sich selbst bekannt und drang an alle westdeutschen Universitäten.

2. Kapitel

Die Schwarze Front und die Rote Front sind wir!

Bernd K. erhob sich schwerfällig von seinem Stuhl, damit die anderen ihn kennenlernen: ein kräftiger Leib, kleine, lustige, flinke Augen. Es war der 11. November 1967 im Kurfürstendamm 140, 2. Stock, SDS-Zentrum. Aus der Ecke fixierte ihn jemand mit spöttischem Interesse und fragte trocken: *«Warum willst du als Proletarier in den Sozialistischen Deutschen Studentenbund?»* Bernd blieb einen Moment die Luft weg, und er erwiderte grimmig, auftrumpfend und polternd: *«Was soll 'n des? Ich will hier rein!»*

Er war aus Remscheid gekommen, Schriftsetzer, Mitglied der Internationale der Kriegsdienstverweigerer (IdK), der Ostermarschbewegung. Berlin war für den Remscheider Bernd eine verstörende Erfahrung. Der Steinkoloß war wie ein riesiger Wal, der, an den Strand gespült, dort verendet. Doch noch immer bildeten sich an seinem verfaulenden Leib Sumpfblüten und Organismen, die allein sein Leben ausmachen: Bewegungen der Fürsorgezöglinge, der Studenten, der Rocker, der Schwulen und der ausländischen Arbeiter. Bernd war froh, als er in seiner klirrenden Einsamkeit unter den Hunderttausenden alten und Zehntausenden jungen Menschen Rainer Langhans traf, ein Remscheider wie er, der ihn in den SDS schleppte. Doch in der Gruppe begann für ihn eine Zeit der Doppelexistenz, ein Schattendasein in der Politik, eines in der Arbeit. *«Im SDS, da kam ich mir beschissen vor, als Prolet, der keine Ahnung hat.»* Das war eine andere Welt als seine. Er wollte in sie eindringen, mit der gierigen Hartnäckigkeit Ausgeschlossener. Er ging mehrmals in der Woche ins SDS-Zentrum. Mit Überraschung sah er, daß Rainer Langhans zu den bekannten Sprechern zählte, sah auch, daß Frauen in der Gruppe auftraten und das Wort ergriffen. Mitternachts schlich er nach Hause, narkotisiert von Herbert Marcuse, Wilhelm Reich und Che Guevara.

Den Diskussionen lauschte er weiter stumm, wie zu Beginn. Nur einmal erhielt er Sympathie und freundliche Zurufe, als er einwarf: *«Ick als Prolet, ick vasteh nix!»* In dem, was die Genossen *«praktische Arbeit»* nannten, erhielt er als Schriftsetzer Ansehen: Flugblätter gegen den US-Krieg abziehen und verteilen. Als er einmal eine Postkarte gegen den Vietnam-Krieg entwarf und druckte, brachte ihm das ein Schulterklopfen von Kunzelmann ein.

Es war eine widersinnige, schizophrene Situation, die jetzt für Bernd begann. Morgens um sieben Uhr zur Arbeit, und wenn er die Maloche hinter sich hatte, setzte er sich in die Küche zu einem Bier und ein paar Stullen und fing an zu lesen. Was er las, war ziellos, denn er wollte über alles Bescheid wissen: ‹Die Weisheit des lächelnden Lebens›, ‹Die Verdammten dieser Erde› und ‹Dialektik der Aufklärung›. Morgens um halb sieben rappelte wieder der Wecker, und das andere Leben verschaffte sich in einer kalten Brutalität wieder sein Recht. Nachmittags saß er mit rauchendem Kopf über den ‹Pariser Manuskripten›: «... Kommunismus ist ... die wahrhafte Auflösung des Widerstreits zwischen den Menschen mit der Natur und mit dem Menschen, die wahre Auflösung des Streits zwischen Existenz und Wesen, zwischen Vergegenständlichung und Selbstbestätigung, zwischen Freiheit und Notwendigkeit, zwischen Individuum und Gattung. Er ist das aufgelöste Rätsel der Geschichte und weiß sich als diese Lösung.» Im Begriff der Entfremdung war die Zerstörung des Raums für menschliche Entwicklung gedeutet, denn «der wirkliche Reichtum ist die entwickelte Produktivkraft der Individuen». Diese Zerrissenheit bekam der Schriftsetzer Bernd K. am eigenen Leib täglich zu spüren. «Man müßte sich befreien, man müßte die Produktionsmittel in die Hand nehmen – und? Wat nimmste in die Hand: ein Stullenpaket und den Winkelhaken.» Das lief auf die Kollision der beiden Leben seiner Doppelexistenz hinaus; Bernd wollte die zerrissenen Teile zusammenkriegen. Er fing an, in seiner Arbeit zu schlampen, machte blau, gab die Arbeit nachlässig ab; «unaufhaltsamer Verfall des beruflichen Ehrgeizes». Diese Haltung nagte am Berufsethos, und die Kollegen sagten: «Ist doch 'n Penner, macht schlechte Arbeit, schlampt.» Feierabends ging Bernd wieder nach Hause und schrieb Seiten auf seiner alten «Underwood»-Maschine. So gab es ständig kalte und heiße Wechselbäder, zu Hause lesen, in der Kneipe diskutieren, nachts auf tobenden, wagemutigen Demonstrationen, dann wieder die Arbeit mit kalter Unlust und der privaten Rebellion der Schlampigkeit. Von Demonstrationen wagte Bernd im Betrieb nie zu erzählen, «die ham zwar irjendwo jespürt, det ick 'n andrer Typ war als sie. Aber du hast keene Meinung jehabt, dich mit den Kollegen politisch auseinanderzusetzen, fachlich warste sowieso schon unten.» So konnte es nicht weitergehen, «im Betrieb der letzte Ausputzer, zu Hause der große Durchblick». Dieser Spannung konnte Bernd auf die Dauer nicht standhalten. Er entschied: «Jetzt machste halbtags. Raus aus dieser Arbeit, weg von den Leuten. Det warn Proleten, 'n dämliches Pack, einfach deine Gegner.»

Bei seinen Genossen – da erst blühte Bernd die Welt auf. In der Schule war er früher oft gefragt worden: «War dein Alter beim Militär?» Da fing er an herumzudrucksen und sagte gequält: «Nein, er war nicht dort.» Im SDS erzählte er mit Selbstbewußtsein: «Mein Vater ist mit dreiundzwanzig Jahren ins KZ gekommen.» Er hatte Plakate geklebt: Wer Hitler wählt, wählt den Krieg. Eine vorbeifahrende Militärstreife erwischte die Gruppe. «Da haben die in der KPD quasi den jungen Typen den revolutionären

Auftrag gegeben, diese Plakate zu kleben. Mittel, Möglichkeiten und der Sinn der ganzen Sache klafften dermaßen auseinander, daß ich das Heulen kriegen könnte.» Und wie viele gab es, denen im KZ die Knochen zerschlagen wurden, daß sie nie mehr an eine politische Aktion dachten, ja, nicht einmal politisches Denken gewagt haben. *«Die haben zeitlebens die Schnauze voll von Politik. Damit hat die KPD zu einer bestimmten Form von Entpolitisierung beigetragen, über eine sehr schmerzhafte Erfahrung. Sie haben Flugblätter verteilt, Plakate geklebt, die völlig sinnlos waren, damals war der Zug schon abgefahren. Diejenigen Führer, die diese Politik weitermachen, sind entweder Schweine oder Irre – oder Politiker!»* Hoffnungen wurden liquidiert, auf eine zynische Weise. Diese Erzählungen tauchten jetzt wieder aus den Schlünden der Erinnerung auf. Sie waren ein Teil von Bernds Politisierung. Seit er von seinem Vater von Stalins Pakt mit Hitler gehört hatte, war er von einer intuitiven Abneigung gegen die kommunistischen Parteien erfüllt. Ihre Machtpolitik ging nicht nur in die Knochen, sondern bis in die Gehirnblockaden derer, die ihr folgten. Es war wie Ankunft, als Bernd in den Berliner SDS geriet, in seine Wildheit der Aktionen, der Sprache, des Denkens.

Der anarchistische Funke der Revolte glimmte von Anfang an. In einer Diskussion mit Herbert Marcuse im Sommer 1967 in dem Auditorium maximum der Technischen Universität sagte ein Student in der Diskussion: *«Ergibt sich nicht die Notwendigkeit, eine völlige Verschiebung der Theorie–Praxis-Spannung einzuführen, nämlich die, daß die Rolle der subjektiven Tätigkeit in der Form des Anarchismus wieder legitim werden kann?»* Immer wieder flackerte unter den jungen Linken der Appell an den revolutionären Willen auf, von dem es abhängt, *«wie unsere Periode der Geschichte enden wird».* Die jugendlichen Rebellen, die Anhänger bolschewistischer Organisationen verspotteten, sie machten die Revolution für ihre Enkel, wollten die totale Umwälzung noch selbst erleben. Der Anarchismus war Ende der sechziger Jahre nicht die Bombe, sondern die Befreiung der Tat aus dem Gefängnis der Theorie. Über Jahre saßen sie in Theoriezirkeln zusammen, dem Argument-Klub, Berlin oder der «Subversiven Aktion», München. Doch die Wahrheit ist keine Theorie, sondern die Tat des Lebens selbst. In einer Diskussion derer, die es nach gesellschaftsveränderndem Kampf und Praxis hungerte, sagte Bernd Rabehl im November 1966: *«Unser Ziel ist das Setzen der Kommune. Setzen der Kommune ist die Voraussetzung von Praxis. Anarchistische Praxis ist die Zerstörung von Theorie. Wir haben uns vorgenommen, keine Tendenzanalyse mehr zu machen. Das bedeutet, daß Praxis augenblicklich möglich ist.»*

Die politische Freiheitsphilosophie des Anarchismus verschaffte sich auch durch ihre Kritik der Sowjetunion als einer ungeheuren Bürokratie Gehör. *«Ich bin deshalb kein Kommunist, weil der Kommunismus alle Macht der Gesellschaft im Staat konzentriert»,* hatte Bakunin gesagt, und es schien, als gäbe ihm später der Staat der UdSSR recht. Die Krise des Kommunismus war für die Studentenrevolte die Krise der Sowjetunion. Der Linksextremismus der Bewegung war eine Antwort einer revolutionären Minderheit an die kommunistische Partei, die eine Partei der Ordnung geworden war.

Spontan züngelten überall in West-Berlin und Westdeutschland die Flammen des Anarchismus in der Studentenbewegung auf: permanente Revolution, direkte Aktion, Propaganda der Tat, Aufstand der roten Frauen im Kampf für eine Gesellschaft der Gleichen, Attacke auf das geistige Eigentum als Diebstahl, Solidarität der Gleichen als kollektive Verkehrsform in Kommunen und Kampfaktionen, Transformation der Alltäglichkeit, Kritik der Kultur, des Wertes, der Konkurrenz, des Prestiges, eine totale, umfassende Kritik. Mit seinem Feingefühl für die Spontaneität der Massenbewegung war es der Anarchismus unter den Antiautoritären, der ihre Aufruhrstimmung für die revolutionäre Tat nutzte, auf den Barrikaden in Paris und auf den nächtlichen Straßen Berlins vor der Springer-Druckerei. Die Revolution sollte kommen, weil die Revolutionäre sie hingebungsvoll mit Sehnsucht, Leidenschaft und Opfermut herbeisehnten!

Erst viel später eigneten sich die Antiautoritären die Kenntnis anarchistischer Theorie an. Zuvor war sie ihnen nur aus dem Mund der Gegner bekannt: Proudhon durch Marx und die Linkskommunisten der zwanziger Jahre durch Lenin. Der Anarchismus der Revolte wuchs als spontane Wut und revolutionärer Elan gegen die bolschewistischen Organisationen, früher Parteien der Unruhe, jetzt Parteien der Ordnung. Der SDS Berlin glich darin anarchistischen Gruppierungen, daß er das schlechte Gewissen traditionalistischer Kommunisten war, zugleich Kampfform und Vorgriff auf die neue Gesellschaft der Gleichen.

Seit dem Abend des 2. Juni 1967 ging Bernd immer zu Demonstrationen, fast jede Woche. *«Es war einfach notwendig hinzugehen, es gab keine Diskussion darüber.»* Doch nicht Vietnam, Griechenland, Spanien oder Springer trieb ihn zu den Demonstrationen, sondern es gab einen Aufruhr in seinem eigenen Körper, der sich Bahn brechen wollte. Dann stand er in der Nacht im Strom Hunderter auf dem Kudamm, sah die Polizisten vor den Demonstranten davonlaufen, hörte Fensterscheiben klirren, Bauwagen standen quer über die Straße geschoben, irgendwo brannte es, zwischen den Reihen rannte immer wieder der kleine drahtige Genosse mit dem Bürstenschnitt, wie im Untergrund des Demonstrationszuges. Die anderen kannten ihn um seiner Fertigkeit willen, über dreißig Meter mit einem faustgroßen Stein eine Straßenlaterne zu treffen. Alle hatten das Gefühl: *Wir werden siegen, wir werden viele sein, die Straßen gehören uns, die Stadt gehört uns!* Nirgends Angst, nirgends Furcht oder Beklemmung, es gab keine Bremse in diesen explosiven Zügen von Gewalttätigkeit und Siegesrausch. Bernd dachte im Vorwärtsstürmen: *Das muß so etwas Ähnliches sein wie Befreiung, wie Chaos.* Das war es, was ihm ungeahnte Kraft und Energie verschaffte, auch eine Blindheit vor der Polizei mit dem Gefühl *mir kann keena!* Mit vielen in einem tosenden Zug zusammensein, gab die Stimmung einer

Wenn die Demonstranten auf den Straßen liefen, über sich im vierten Stock alte Männer und Frauen sahen, herunterfliegende Blumentöpfe, brannte in ihnen die Wut: *«Für wen machen wir das denn, wenn nicht für die?»* Doch die Kluft zur Bevölkerung war es, die Besinnung in die taumelnde Ekstase der Selbstbefreiung bringen sollte. Als die Rede aufkam *«steckt nicht die Autos an, sie könnten von Proletariern sein»*, war damit das Ende einer Phase signalisiert, und eine neue begann. Sie begann in Unlust, Mißstimmung und Trübsinn. Selbstaufklärung wollten sich die Linken geben und nahmen sich doch nur die Lust und Leidenschaft an der politischen Aktion. Aus Frankfurt kamen eiskalte Geschichten über die Marxisten-Leninisten nach Berlin. 1968 hatte sich eine Gruppe von Studenten zusammengeschlossen, voll wilder revolutionärer Wut, angetan mit Lederjacken, die *«Lederjacken-Fraktion»*. Sie schweiften in der Stadt der Kritischen Theorie von Adorno und Horkheimer umher, mit einem wüsten Lachen über die Theorie und die Jünger der Frankfurter Schule auf den Lippen, besuchten die Frankfurter Wohngemeinschaften und warfen Bücher aus dem Fenster. Kritische Theoretiker, SDS-Genossen zitterten vor ihren Besuchen in Angst um ihre Bücher und berichteten einander in Seminaren im «Institut für Sozialforschung» empört von den letzten Greueltaten der Lederjacken-Fraktion. Diese aber waren am nächsten Tag, zur grenzenlosen Verwunderung aller, gesittet und zahm unter der stahlharten Ordnung der Partei und wurden in der KPD/Marxisten-Leninisten Kommunisten mit steinernem Herz, in kurzem Haar und disziplinierten Viererreihen auf Demonstrationen, skandierend *«Marx – Engels – Lenin – Stalin – Mao Tse-tung!»* Damit die Arbeiterklasse die politischen Emanzipationshoffnungen der Jugendrebellion als ihre eigenen anerkennt und ihr die Dimension von Dauer und Sieg verleiht, wollten die Jugendlichen die Lebensinteressen des Proletariats als ihre eigenen anerkennen. An Stelle der Umwertung aller alten Werte sollte eine Instrumentalisierung der Lebensinteressen treten.

Seit 1967 wohnte Bernd mit seiner Frau Karin in der «Linkeck»-Kommune Berlin. Es gab damals in der Genossen-Szene die «Oberbaumblätter», doch sie waren vielen zu brav. So kam es zu der Idee, eine Zeitung der Berliner Subkultur zu machen. In einer Eckkneipe rätselte Bernd mit Genossen über den Namen des Blattes, malte spielerisch ein Viereck für den Titelkopf auf einen Bierdeckel und sagte plötzlich: *«Wenn es ein Rechteck gibt, muß es auch ein Linkeck geben!»* Damit war der Name für die Zeitung gefunden: *Linkeck*.

Mit dem Oberschüler Bernhard F. und dem Buchhändler Hartmut S. bewohnten Bernd und Karin ein Kleinfabrikgelände mit Wohnhaus für 450 Mark. Sie alle produzierten gemeinsam *Linkeck*. «*Linkeck erscheint monatlich. Jahresabo: 9,50 DM. Schüler, Studenten, Jungarbeiter, Gammler bekommen Sonderrabatt. Geld auf Postscheck Bln W 213032. Aber im voraus. Linkeck ist Mitglied des European Underground Press Syndicate.*» Die erste Zeitung erschien mit *BZ*-Titel, nacktem Arsch, aus dem Furzwölkchen aufsteigen: «*Dreigeteilt – niemals!*» und der Schlagzeile «VERGAST DIE KOMMUNE!» Im Blatt schrieb die Kommune I über sich: «*Wir sind tatsächlich Rädelsführer und unentbehrlich. Schon wegen unserer personellen Beständigkeit. Wir sind exotisch. Kadergruppen für politische Aktion mit Happeninganstrich. Kader zu sein ist mörderisch und zermürbt jeden . . . Wenn ihr gut erhaltenen Wasserwerfer, kaum benutzte Gummiknüppel habt oder auch nur mal mit uns reden wollt, kommt zur Kaiser-Friedrich-Straße (S-Bahn Charlottenburg), Tel.: 32 20 40.*» Als die meisten Exemplare abgesetzt waren, ließ Amtsgerichtsrat Dr. Filzinger das Heft beschlagnahmen, wegen Verbreitung unzüchtiger Schriften und Verstoß gegen das Warenzeichengesetz. *Linkeck* erschien weiter mit Bakunin, Pornofotos, Wilhelm Reich und Tagesglossen bis 1969. Es war die Subkultur Berlin, die Bernds Leben in der Zeit ausfüllte, Kneipen der Linken, Demonstrationen, Teach-ins und Samstag abends die Eddy Constantine-Filme in einem Dahlemer Kino. Das ganze Kino war immer wieder voll von SDS-Genossen, wogend von der Begeisterung der Zurufe bei den Verfolgungsjagden: «*Eddy, Eddy, Eddy!*»

Ein andermal gab es ‹*My darling Clementine*›, und alle fieberten der Begegnung von John Ford und Wyatt Earp entgegen. Es war ein Western aus der Frühzeit Amerikas mit der Verheißung von Friedfertigkeit für das tägliche Leben in Angst, Elend und Totschlag. Doch in welchem Amerika leben die Westerner heute, dachten die SDSler, das Land ist tödlich für alles geworden. Angst und Totschlag sind von den Flüssen und Wiesen in die Städte gezogen – könnte es nicht sein, daß der Kult der Zerstörung in New York, Chicago und Hanoi seine Gründerjahre im Schrecken des Goldenen Westens hatte?

Manchmal kamen die Kommunarden der Kommune I zu Besuch bei *Linkeck*. Das war immer wie ein Verwandtenbesuch. Sie brachten Kuchen mit, und alle setzten sich in die Sonne im Hof, schwatzten, auch über Politik, bis die Themen aufgebraucht waren – und der Kuchen – und trollten sich danach zur U-Bahn, um nach Hause zu fahren.

Unter SDS-Genossen hatte inzwischen marxistische Ökonomie an Ansehen gewonnen, Rudi Dutschke versäumte kaum in einem öffentlichen Auftritt vor den Linken, von Gebrauchswert, Tauschwert, Zirkulation zu reden. einmal hörte Bernd in der Pots-Kommune, wie ein Besucher seinem Ärger und Unwillen über diesen neuen Ritus des SDS Luft machte. «*Ich bin vier Jahre lang mit der Wissenschaft gegangen, wir schliefen sogar im selben Bett. Sie brachte mich auf pomphafte Empfänge, Diners, auf die ich ohne sie nie gelangt wäre. Dort führte sie meist das große Wort, und ich merkte, daß die anderen fast gar nicht redeten. Als ich einmal allein auf ein Fest ging, tönte es mir von allen Seiten entgegen: ‹Wo ist deine Freundin, mit der du sonst immer kommst?› Früher, wenn wir gemeinsam kamen, wurde ich, wohl aus Höflichkeit, nach meinem Befinden gefragt, diesen Abend nicht* einmal das. Die vorübergingen, grüßten mich flüchtig. Das machte mich wütend, denn ich sah, daß sie das Gespräch mit mir nur um meiner Freundin willen gesucht hatten. Ich ging unzufrieden nach Hause und sagte ihr am nächsten Morgen, daß ich Schluß machen will. Sie erwiderte spöttisch: ‹Wenn du willst . . .› Ich ging in mein Zimmer, packte die Bücher und ließ die zurück, die sie mir geschenkt hatte. Ich merkte seitdem, wie die Gespräche und Begegnungen anders wurden, fühlte mich wohler und begriff, daß ich mich bisher unter den Maßstäben meiner Freundin geduckt hatte. Ich sehe schon genug, die ihr inzwischen nachlaufen, aber mich bringt ihr um keinen Preis wieder mit ihr zusammen! Vor den Bullen brauchst du 'ne Klamotte und nicht den Unterschied von Geld und Kapital. Das ist die kaputte Vorliebe der Intellektuellen fürs Detail. Ich will ein anderes Leben, eine andere Gesellschaft, einen anderen Staat, keine neue Wissenschaft!»

Am 8. November 1968 erläßt das Amtsgericht Neukölln in dem Rechtsstreit von Jürgen Wohlrabe (CDU), Mitglied des Abgeordnetenhauses, gegen Linkeck einen Freispruch, denn «selbst einem besonders unbegabten und ungebildeten Leser ist beim Studium des Artikels klar, daß er nicht auf Tatsachen beruht, sondern eine satirische Arbeit darstellt . . . In der sich ständig verschärfenden Auseinandersetzung zwischen dem revoltierenden und dem bewahrenden Teil der Gesellschaft hat zumindest auf der gemeinhin als links bezeichneten Seite eine Entwertung der Ausdrucksformen stattgefunden. Berichte, die früher als schockierend empfunden wurden, sind heute nicht mehr geeignet, die Aufmerksamkeit der Leser zu erregen . . . Nach Ansicht des Gerichts ist der Ausdruck ‹Trockenpisser› beleidigend und geschmacklos. Das Gericht billigt es ebenso nicht, eine politische Auseinandersetzung in der hier erfolgten Form zu führen. Es ist jedoch der Auffassung, daß es nicht Aufgabe des Zivilrichters ist, Grenzen des guten Geschmacks festzulegen . . . Es ist nicht ersichtlich, daß diese Äußerung das öffentliche Wirken des Klägers erschweren könnte. Der Kreis der Käufer der Zeitschrift Linkeck ist ohnehin der politischen Richtung, wie sie durch den Kläger verkörpert wird, nicht wohlgesonnen.» Noch einmal davongekommen, als Linkeck den CDU-Abgeordneten Jürgen Wohlrabe «Trockenpisser» nannte – doch insgesamt mußten sie wegen Beleidigung 7000 DM Strafe zahlen.

Das letzte Linkeck, Nummer 9, erschien mit der Aufforderung «Liquidiert den SDS» – «der SDS ist überflüssig; man sollte ihn liquidieren». Doch die Hoffnung auf die Selbstorganisation der Basis bewährte sich nach der Auflösung des SDS nicht. Die Kommunebewegung Berlins rief auftrumpfend ihre Parole: «Haschisch, Drogen, Mescalin, für ein freies West-Berlin», und die Rote Garde Berlin verhieß die Vertreibung der herrschenden Klasse, «wenn wir uns heute auf der Grundlage der Theorien von Marx, Lenin und Mao Tse-tung zusammenschließen». Füreinander hatten die Fraktionen nur Spott übrig.

Die Linkeck-Kommune zerfiel. Immer waren drei, vier Leute in den

Zimmern, die Bernd nicht kannte. Sie redeten, warfen einen Trip oder rauchten Haschisch und verschwanden so unauffällig, wie sie gekommen waren.

«*Die Kommune wurde zu einer Wärmehalle.*» Bernd und Karin zogen aus. Sie hatten inzwischen angefangen, Reprints zu drucken. Unter den linken Druckern in Berlin gab es eine naturwüchsige Arbeitsteilung; die Kommune I druckte Lukács, Adorno, Bernd Sozialisationstexte. «*Irgendwie wurde aus dem Reprint-Unternehmen ein Verlag.*» Bernd meldete ihn in der Handwerkskammer als Hobbyverein an.

Zwar wird das Wissen nicht durch Wissen geändert, sondern durch Praxis, aber es hatte sich gezeigt, daß Zorn und Empörung allein nicht ausreichen, um die herrschenden Verhältnisse zu ändern. – Peter Paul Zahl hatte 1968 seine neue Reihe *p. p. quadrat* mit einer Broschur im Quadratformat von Bernd K. über «*Amerikanischer Faschismus*» eröffnet. Darin schrieb Bernd über den industrialisierten Massenmord ohne individuelle Teilhabe in Vietnam und endete mit dem Aufruf, die Angst im Haß zu verlieren. «*Im permanenten Angriff auf die korrupten Verhältnisse unserer Gesellschaft, die die geistige Knebelung des Kapitalismus als höchste Stufe der Perversion beinhalten, dort haben wir die Rolle derjenigen zu übernehmen, die das Herrschafts- und Ausbeutungssystem in einen immer größeren Konflikt zwingen. Vietnam und kein Ende – wir liegen dazwischen, wir müssen handeln.*»

In seinem neuen Verlag glaubt Bernd anfangs noch, er könne eine Synthese von Marxismus und Anarchismus zustande bringen. Später: «*Unversöhnlicher Widerspruch.*» Er veröffentlicht Neudrucke von Mühsam, Brubpacher, Bakunin, Kropotkin, Weitling, Nettlau – Autoren, die einander durch den ihn gemeinsamen Gestus gegen Autorität und Staat verbunden sind. Unter den Linksradikalen gilt der Verlag als ein Unternehmen der Veröffentlichung von Theorie und Geschichte des Anarchismus. Tatsächlich ist er gegen die Konzeption der Geschichte als Geschichte der Sieger angetreten. Er will die, auch unter den Linken, selektierte Geheimgeschichte revolutionärer Theorie und Aktion verbreiten. Es soll schon jetzt, VOR DEM ZEITPUNKT DER ERLÖSTEN MENSCHHEIT, IHRE GESCHICHTE IN JEDEM MOMENT ZITIERBAR WERDEN.

In einer Selbstdarstellung des Verlags gibt die Seite «*Ökonomisches*» 1972 lakonisch an: «*Die finanzielle Situation ist beschissen*», 1973 war der Umsatz 59 423,17 DM. Bernd erhält im Monat 718 Mark für seine Arbeit. Was ist es, das einen Linken dazu bringt, seine Arbeit von 45 Stunden die Woche für 718 Mark zu vergeben? In die Dumpfheit, Zähigkeit, Gedrucktheit und Klebrigkeit eines Acht-Stunden-Tags zurückzugehen, ist für Bernd undenkbar, in die Unterwerfung und Entfremdung seines alten Berufs, acht Stunden mit ihrem verzehrenden, schleichenden Gang, nirgends die plötzliche Begeisterung, die einen aus der dröhnenden Langeweile und Sinnlosigkeit herausreißt, auch nicht im Müßiggang, der nur Langeweile in ihrer schwärmerischen, hohlen Betriebsamkeit ist.

Der Verlag soll nicht nur an seinen linken Produkten zu erkennen sein, sondern auch daran, wie diese produziert werden. Den Wagenbach- und Rotbuch-Verlag nennt Bernd *«die Suhrkamp der linken Verlage»*, mit den Allüren der bürgerlichen Verlagswirtschaft; Meßdaten sind für sie Jahresumsätze, Auflagenhöhe, Medienresonanz. Die Linke, die antiautoritär, antiinstitutionell und antikapitalistisch angetreten war, konnte ihre Projekte nur dort erhalten, wo sie zu Institutionen – wenn auch: Gegen-Institutionen – wurden; doch seitdem gibt es unter den Genossen linke Lohnarbeit, linken Besitz, linke Konkurrenz, linkes Mißtrauen, linke Kleinlichkeit, linke Gewinne, linke Verluste. Die Situationisten in Straßburg zählen zu ihren Feinden neben *«bürgerlichen Historikern, Polizisten, Großbürokraten»* auch die *«linksradikalen Eigentümer verschiedener hierarchischer Apparate»*.

Bei einem Metro-Streik in Paris gab es eine Überfülle von Autos in der Stadt, die sich gegenseitig den Platz wegnahmen, auf die Gehsteige fuhren und das Chaos des Individualverkehrs unübersehbar machten. Der technologische Überfluß hat die Möglichkeiten erstickt, von ihm Gebrauch zu machen. *«Für mich verläuft im Verlag die Front zwischen Menschen und nicht zwischen Finanzgrößen. Der Betrieb ist ein vorkapitalistisches Unternehmen. Gegen die Eigendynamik der Akkumulation muß man sich zur Wehr setzen. Das ist schwer, denn sie birgt erhebliche Verlockungen. Aber ich weiß mich nicht voll eins mit den akkumulativen Zwängen des Kapitals. Akkumulation ist mit menschlichen Unkosten verbunden. Was wir machen, diese aktive Form von Widerruf der kapitalistischen Entwicklung – das ist linke Gegenöffentlichkeit.»*

Die Bücher, die Bernd im Verlag produziert, macht er für die Linksradikalen. Es sind ihre Wünsche, Vorstellungen, Enttäuschungen, in denen er sich heute in seinem Leben bewegt, Bernd Kramer, Schriftsetzer aus Remscheid, Mitglied der Internationale der Kriegsdienstverweigerer, SDS-Genosse, Verleger, heute vagierend zwischen den Klassen. *«Emotional war das Proletariat meine Heimat. Heute haben wir die Klasse verloren – aber die Klasse hat uns nicht verloren.»*

3. Kapitel

Kartoffeln sind gesund. Ein Kind hält den Mund

Bernd S. war 1967 27 Jahre alt, Student der Orientalistik, verheiratet. Es war ein ruhiges Leben, nicht ohne Pflicht, Langeweile und Gewohnheit: Dissertation, begütigende Briefe an die Eltern, antichambrierende Gespräche mit den Professoren. Nach Kennedys Ermordung hängte er ein Porträtfoto des Präsidenten an seine Zimmerwand, während gleichzeitig in München, Berlin und Nürnberg die «Subversive Aktion» über die vaterlose Gesellschaft spottete, die wieder einen Vater ermordet hatte:

«In der Urhorde erschlugen die Söhne den Vater, um die Mutter zu besitzen, und die Welt erschoß den Großen Bruder John, um sich an Jacqueline zu vergreifen. Die Unmöglichkeit der Erfüllung des Wunsches wird sublimiert durch die Annäherung Jacquelines an das Bild der Maria Immaculata. Der erschlagene John F. Kennedy feiert seine Auferstehung in Cap Kennedy, und um seine Reinkarnation (Bobby Edward John) werden wir wohl nicht vergebens in den Messen der Massenmedien beten.»

Nichts davon drang an Bernds Ohr. Als Robert Kennedy Heidelberg besuchte, entschloß sich Bernd, in die badische Stadt zu fahren, um ihn zu sehen. Freilich war er danach enttäuscht, weil ihm außer dem zähnebleckenden Lächeln des Amerikaners nichts in Erinnerung blieb.

Manchmal las Bernd in der Zeitung von Berlin, Tschombé-Demonstration, Vietnam-Demonstrationen. Mit Juristen an seiner Universität, in Tübingen, geriet er in Streit darüber, ob es richtig sei, auf die Straße zu gehen oder nicht. Er fing an, mit hartnäckiger Verbissenheit die Demonstration zu verteidigen, weil er Juristen nicht leiden konnte. Weil er ein unzerstörbares Mißtrauen gegen Juristen hatte, begann er, den SDS zu verteidigen.

Dann kam der 2. Juni 1967, sein Damaskus. Abends die Nachricht im Radio: in Berlin ist ein Demonstrant erschossen worden. Von diesem Tag an ging es rasend weiter. Er unterbrach sich manchmal im Lauf seiner persönlichen Revolte, wie um seiner selbst inne zu werden, und war erstaunt, wie wenig er sich gleich blieb. Er hörte von Kundgebungen, ging hin.

Vor der Universität fand eine große Versammlung statt. Unter den Teilnehmern stand einer mit Kind und Kinderwagen. Er war nicht mehr jung, seriös wirkend und hatte sein Kind an der Hand. Dieses Bild prägte sich Bernd tief ein; es war das Gegenbild dessen, was er in der *Bild-Zeitung*

gelesen hatte: Radikalinskis, Studenten, junge Leute ohne Verantwortung.
– Die neuesten Meldungen wurden durchgegeben, jemand interpretierte mit
dem Megafon die Nachrichten vom letzten Stand. Bernd stand dabei, reglos,
ohne feste Erwartungen. Auch die Trauerfeier auf dem Schloßhof am nächsten Tag besuchte er, emotional erregt wie alle anderen. Durch die Reden der
Trauerfeier ging eine Welle der Empörung und Erregung durch alle Beteiligten, alle waren fassungslos. Das erzeugte in ihnen ein Gefühl der Zusam-
mengehörigkeit.

Der 2. Juni, die Schah-Demonstration in Berlin, der Tod des 26jährigen
Germanistik-Studenten Benno Ohnesorg, von hinten von Polizeiobermeister Kurras in den Kopf geschossen, waren der Motor der Politisierung
Bernds. In seine Erregtheit, seinen Zorn mischten sich Gefühle der Identifikation: *Das hätte ich selbst sein können – es war die erste Demonstration
von Benno Ohnesorg!* Dieser Gedanke erweckte in ihm Gefühle eines persönlichen Zusammenhalts mit dem Toten von Berlin. Von Politik, sozialistischer Politik wußte er damals nichts. Es waren Gefühle der Ohnmacht,
Betroffenheit, Empörung und Angst, die ihn beherrschten.

Danach schwappte eine Welle von Sympathisanten in die Organisation
des SDS in Tübingen. Auch Bernd wagte sich in den Keller, in dem die
Versammlungen des SDS stattfanden. Zögernd begann er mitzureden.
Rasch bemerkte er, daß die anderen ebenso sprachlos betroffen waren wie er
selber auch, daß sie ebensowenig weiter wußten wie er. Sie hatten nur einige
Erklärungen bereit. Von «*Mord*» sprachen alle. Dann kam eine praktische
Frage auf: «*Es müssen Flugblätter gemacht werden. Wer hilft dabei mit?*»
Ohne sich zu besinnen, sagte Bernd spontan: «*Ich.*» Er hatte keine Ahnung,
wie man ein Flugblatt schreibt; noch nie eines geschrieben, noch nie eines
gelesen. Später war er über seinen Mut überrascht.

So kam es, daß der erste Kontakt eher privat war. Bernd setzte sich mit drei
anderen zusammen. Zwischen den Sitzungen versuchten sie, ein Flugblatt
zu entwerfen.

Nach zwei Wochen meldete sich Bernd S. im SDS-Keller, um formal in
den Sozialistischen Deutschen Studentenbund aufgenommen zu werden,
und mußte eine Reihe von Fragen über sich ergehen lassen. Einer fragte:
«*Wenn du Mitglied im Sozialistischen Deutschen Studentenbund werden
willst, mußt du die Ziele des Sozialismus vertreten – willst du das?*» Ein
anderer fragte: «*Hast du schon etwas gelesen von Marx?*» Er erwiderte
unsicher: «*Kaum, aber ich werde es tun.*» Gelächter unter den anderen und
ein Zwischenruf an den Fragesteller: «*Hast* du *denn schon was gelesen von
Marx?*» Damit war die Aufnahmezeremonie abgeschlossen.

Bei anderen wurde ein Katechismus abgefragt: «*Was verstehst du unter
der Diktatur des Proletariats? Bist du für den Parlamentarismus?*» Gequälte
Antworten, nichtssagende, inhaltslose, und zum Schluß wurden doch alle
aufgenommen. Die Fragen wurden von jenen gestellt, die später in Tübingen
eine marxistisch-leninistische Gruppe gründeten. Einer unter ihnen duldete

schon immer den gutmütigen Spott seiner Genossen. Sie nannten ihn «*Molotow*», weil er bei Demonstrationen zum Amerikahaus immer einen Molotow-Cocktail unter seiner Jacke trug. In den Versammlungen des SDS las er oft Papiere vor, über die diskutiert werden sollte, mit wippenden Knien und in einem Ton der Erregung, als ginge es um eine große historische Entscheidung. Meist wurde dann aber im Anschluß an die Verlesung nicht diskutiert.

Häufig verstand Bernd nicht, worum es in den Papieren ging. In den Semesterferien, als die Gruppe politische Aktionen an der Universität diskutierte, wurde es anders. Das konnte er verstehen. Unter seinen Genossen wurde er rasch als politische Autorität angesehen. Er gehörte zu denen, die auf Teach-ins auftraten und als Sprecher des SDS bekannt wurden. Er wurde in die politische Arbeit hineingezogen wie in einen Strudel. Niemand stellte an ihn die Aufforderung, sich theoretisch auszubilden. Marxistische Theorie eignete er sich allein an, mit der Gier Unerfahrener. Als erstes las er mit Farbstiften den ‹*18. Brumaire des Louis Bonaparte*› von Karl Marx. Damit wollte er seine Zeit interpretieren, um sie zu verändern. Im September 1967 besuchte er die SDS-Delegiertenkonferenz in Frankfurt, auf der Rudi Dutschke und Hans-Jürgen Krahl ihre Vorträge über Etatismus hielten. Er achtete genau darauf, was sie zitierten: Horkheimer, Marx, ‹*Elend der Philosophie*› und ‹*Deutsche Ideologie*›. Später studierte er aufmerksam diese Texte, danach vieles aus der Geheimgeschichte des Marxismus: Lukács, Korsch, Wilhelm Reich, Herbert Marcuse. Die Zeitschrift des SDS, *neue kritik*, las er oft von vorn bis hinten durch, ohne eine Zeile zu überschlagen.

Im Frühjahr 1968 bereitete der SDS in Tübingen eine Kampagne zur Unterstützung der TET-Offensive der Vietminh vor. Als die Offensive in Vietnam geführt wurde, arbeiteten Gruppen nächtelang an der Auswertung von Radionachrichten. Der SDS hatte herausgefunden, daß zwischen ein Uhr nachts und fünf Uhr morgens die Nachrichten direkt aus dem Fernschreiber verlesen wurden. Ab sechs Uhr pflegte ein Nachrichtenredakteur eine Auswahl unter den Meldungen zu treffen. Eine Zeitlang saßen die Genossen begierig am Radioapparat und leisteten journalistische Rekonstruktionsarbeit, präzise Lokalisierung von Gebieten bei Saigon, die durch Bombenabwürfe verwüstet wurden. Nach fünf Uhr verarbeiteten sie die Informationen in Flugblättern, die sie bleich, heiser und glücklich am Morgen an der Mensa der Universität verteilten.

Eine andere Gruppe bereitete Gegenvorlesungen vor. Als die Studenten in die Vorlesung des Soziologen Bechtold eindrangen, fanden sie keinen Widerstand. Mit den Worten «*Ich will mich dem Druck der Straße nicht beugen*» verschwand der Professor eilig durch eine Seitentür. Die SDS-Gruppe besetzte das Podium, einer ging an das Mikrofon und rief in den Saal: «*Wir haben Bechtold entmachtet!*» Doch der Kampf begann erst. Wie eine Vorlesung halten? Der SDS bildete eine Studiengruppe aus sieben

Leuten, um die Vorlesung vorzubereiten, sieben Studenten, die im Hörsaal mit ihrem Wissen gegen die Aggression der Amerikaner in Vietnam kämpfen wollten wie auf der Straße. Diese Einheit zerbrach erst im Herbst 1968, als sich an den Fachbereichen Basisgruppen bildeten. «*Was geht uns Vietnam an? Wir brauchen die Kritik unserer Wissenschaft, der Psychologie, der Germanistik, der Pädagogik!*»

Bernd S. war seit 1965 verheiratet. Seine Frau Katja ging mit ihm in den SDS. Zwischen ihnen und den anderen gab es immer ein Gefühl der Trennung. Niemand sonst war verheiratet. Katja galt unter den Genossen des SDS immer als «*Bernds Frau*». Sie waren alle jünger als Katja und Bernd. Sie erwarteten von ihnen die Regel: das Studium abschließen, einen Beruf ergreifen, Kinder. Vor den jugendlichen Rebellen, zwanzig, einundzwanzig, zweiundzwanzig Jahre, fühlten sich Bernd und Katja bisweilen wie ausgeschlossen.

Nach dem Schock des 2. Juni zeugten sie im Herbst ein Kind. Katja sagte: «*Jetzt, mit geschlossenen Augen, ohne mir klarzumachen, welche Folgen es hat. Wenn ich jetzt nicht ein Kind kriege, will ich es nie wieder.*» Manchmal jagte ihnen, die sie in fast allem unter ihren Genossen eine Ausnahme waren, der Gedanke durch den Kopf: *Revolutionäre haben keine Kinder!* Später sahen sie, daß gerade Revolutionäre Kinder haben müssen. DA WIR NACHKOMMEN HABEN, WOLLEN WIR FÜR SIE DAS RECHT EROBERN, FREI ZU SEIN.

Zur selben Zeit sagte sich Bernd: *Du mußt jetzt dein Studium beenden! Wenn ich jetzt meine Dissertation nicht schreibe, geschieht es nie.* Aus seiner Arbeit hatte ihn der 2. Juni 1967 herausgerissen. Das Thema hieß «Untersuchung zur Überlieferungsgestalt mittelarkadischer Tempelrituale». Eine reglose, bewegungslose Starre der Langeweile überfiel ihn inzwischen, wann immer er an das Thema dachte. Im Wunsch, die Arbeit schnell abzugeben, schrieb er sie rasch herunter, in kalter Gleichgültigkeit und rastloser Eile. «*Jetzt werde ich es denen mal zeigen, den Bürgern, daß ich es schaffe!*»

Sein Ziel war immer schon, Professor zu werden. Sein Doktorvater hatte ihm vor Semestern eine Assistentenstelle zugesagt. Ein paar Tage nach dem Go-in bei Bechtold wurde Bernd in das Büro seines Orientalistik-Professors gebeten, der ihm, im Gestus professoraler Macht und Würde hinter seinem Schreibtisch sitzend, eröffnete: «*Die Stelle ist nicht mehr frei.*» Bernd erwiderte, ohne Zögern: «*Wie, gerade jetzt? Nach dem Go-in?*» Der Professor wehrte diesen Verdacht ab, doch stellte sich später heraus, daß er, nach Bernds politischen Fehltritten, die Stelle seines Assistenten verlängert hatte. Nach den Worten seines Doktorvaters dachte Bernd nicht: *Jetzt habe ich mir meine Karriere verscherzt*, sondern ihm fuhr grimmig durch den Kopf: *Um so besser! Ich muß mir die Tür nicht selbst vor der Nase zuschlagen!* Er hatte keine Angst vor der Integration in der Universität gehabt, sondern immer gedacht: *Wenn sie mich einstellen, werde ich ihnen eines Tages hinter mir die Tür zuschlagen müssen.* Angst vor der Integration – die gab es fast gar nicht, weil der emotionale Impetus der Revolte zu groß war, die Bewegung der Studenten zu impulsiv. Als Bernd das Büro seines Doktorvaters stolz verließ, hinter sich leise, wenn auch kräftig die Tür schloß, dachte er beim Einschnappen des Türschlosses: *Klare Verhältnisse!*

Am 16. Februar 1968 fuhren Katja und Bernd, wie alle anderen SDS-Genossen aus Tübingen, nach Berlin zur internationalen Vietnam-Konferenz, mit der Angst und der Gewißheit, geschlagen zu werden. Erst auf dem sonnenüberfluteten Kudamm, schwarz von Tausenden von Demonstranten, über ihnen die roten Fahnen lustig flatternd, kam eine uferlose Ruhe über sie. Doch schon auf der Demonstration vom Olivaer Platz zur Deutschen Oper bekam Katja zu fühlen, was es bedeuten kann, eine Mutter zu sein und eine Genossin. Immer wieder sagten andere zu ihr: *«Sei vorsichtig, geh an den Rand.»*

Unter den zahllosen Flugblättern fiel ihr eines in die Hand, in dem sie sich selbst gemeint fühlte:

«Wir sind neidisch und wir sind traurig gewesen.

Wir sind neidisch gewesen, weil uns die Gleichberechtigung immer etwas schwererfiel als unseren männlichen Kommilitonen, weil uns die ersehnten genialen ‹Höhenflüge› nicht so recht gelingen wollten, und wir sind traurig gewesen, weil wir bei unseren individuellen Versuchen, Studium, Liebe, Kinder zusammenzubringen, uns verzettelten oder einfach verkrusteten. Der von der bürgerlichen Gesellschaft vorgeschlagene Weg zur Emanzipation ist uns nicht ganz gelungen. Die paar Frauen, die es mit eiserner Energie geschafft haben, doch irgendwie Karriere zu machen, kamen uns wie Verräter vor, wie Mittelstandsneger, die als Beweis gelten, daß man in einer repressiven Gesellschaft auch als Neger etwas werden kann. Die die Kinder hatten, begriffen schneller, daß die bestehenden Arbeitsverhältnisse die kommende Generation einfach abmurksen – durch autoritäre Staatskindergärten, die muffige Atmosphäre enger Familienverhältnisse oder die nervöse Hast alleinstehender Frauen. Uns brauchte keine wissenschaftliche Analyse erst klarzumachen, daß sich diese Gesellschaft erst grundlegend ändern muß.» Und am Schluß: «Wir werden der Gesellschaft unseren Dienst verweigern.»

Während der Demonstration waren Räume der Technischen Universität in Berlin aufgestört und lebendig durch Kinder geworden, Kinder von Demonstranten. Jetzt erst konnten die isolierten Initiativen von Kinderläden in Berlin ihr Recht für alle geltend machen. SDS-Genossinnen im «Aktionsrat zur Befreiung der Frau» nahmen den Plan auf. Später schlossen sich die bis dahin entstandenen Gruppen im «Zentralrat der sozialistischen Kinderläden» zusammen. Die Kinderläden hatten ihren Namen von den kleinen leerstehenden Eckläden, die den Selbstbedienungsunternehmen zum Opfer gefallen waren. Bald gab es zehn von ihnen in Berlin, in Schöneberg, Charlottenburg, Wilmersdorf, Tiergarten, Neukölln, Steglitz. – Die sozialistischen Frauen hatten begriffen, daß sie zu Institutionen schattenhafter Kommunikation geworden waren, nach den Leiderfahrungen der täglichen Arbeit und des täglichen Lebens. So brauchte die Isolation der Frau zuerst die

Isolation von den Männern. Im «Aktionsrat» waren Männer ausgeschlossen.

Unter den Tausenden im Auditorium maximum der TU vor dem sieben Meter breiten Transparent *«Pflicht des Revolutionärs ist es, die Revolution zu machen»* gaben sich die Linken hochfliegende Ziele vor. In der Schlußerklärung hieß es:

«Die Opposition steht vor dem Übergang vom Protest zum politischen Widerstand . . .

Die in West-Berlin versammelten Vertreter der sozialistischen Jugend Westeuropas, der amerikanischen Widerstandsbewegung und der revolutionären Jugend der drei Kontinente sind sich darin einig, durch folgende Aktionen ihren gemeinsamen antiimperialistischen Kampf zu konkretisieren und zum aktiven Widerstand zu entfalten:

1. In allen westeuropäischen Ländern wird die Kampagne zur materiellen Unterstützung des bewaffneten Befreiungskampfes der FNL Südvietnams auf breiter Basis fortgesetzt und verstärkt.

2. In westeuropäischen Ländern mit amerikanischen Truppenstützpunkten werden, so wie in den USA selbst, Aufklärungsaktionen unter den GIs durchgeführt mit dem Ziel, die Wehrkraft der US-Armee zu zersetzen und die Soldaten von der Notwendigkeit des Widerstands, der Sabotage und der Desertion zu überzeugen.

3. Gegen NATO-Basen in westeuropäischen Ländern wird in Aktionen und Demonstrationen eine Kampagne «Zerschlagt die NATO» geführt. In allen Ländern wird der Austritt aus der NATO zum Ablauf des NATO-Vertrags 1969 gefordert.

4. In jenen westeuropäischen Ländern, aus deren Häfen Rüstungsgüter für die US-Aggression in Vietnam verschifft werden, wird auf Hafenarbeiterstreiks hingearbeitet.

5. In West-Berlin wird eine Dokumentationszentrale gegen den Mißbrauch der Wissenschaft zu Zwecken der imperialistischen Kriegführung eingerichtet. Die antiimperialistische Widerstandsbewegung wird aufgefordert, diese Zentrale zu unterstützen und zu benutzen.

6. In allen westeuropäischen Ländern wird eine Kampagne vorbereitet zur Aufklärung der Bevölkerung über Konzerne, die als Produktionsstätten für Vernichtungswaffen am schmutzigen Krieg verdienen. Dieser Kampagne werden sich Demonstrationen und Blockaden anschließen (zum Beispiel gegen den Napalm-Produzenten Dow Chemical).»

Die letzten Worte der Schlußresolution *«Es siege die sozialistische Weltrevolution!»* gingen im Lärm des Beifalls und der Zwischenrufe unter. Es gab unter den Tausenden die Erfahrung, nicht allein zu sein, und das sprengende Glück der Gemeinsamkeit vieler. Als sie sich zerstreuten, wurde von den Plänen wenig verwirklicht. Und es war wie ein Akt des militanten Nihilismus wütender Linker, die die Pläne des Vietnam-Kongresses nicht eingelöst sahen, als Jahre später eine Bombe der Roten Armee Fraktion im IG-Farben-Haus in Frankfurt den Offiziers-Klub der US-Army zerstörte, ein Vietnam-dekorierter Offizier getötet und dreizehn andere verwundet wurden.

Bernd und Katja fuhren am Sonntag mit den anderen nach Tübingen zurück. Sie erlebten nicht mehr die Kundgebung der haßerfüllten Gerechten «*für Freiheit und Frieden*», denen schon eine rote Krawatte für den Vollzug ihrer Lynchjustiz genügte. Katja erzählte in Tübingen aufgeregt und mit Begeisterung von den Berliner Kinderläden. Bald bildete sich in Tübingen eine ähnliche Initiative. 1969 wurde die Universität von einem Streik erfaßt. Die Bewegung an der Hochschule ermutigte die Frauen. Im Streik besetzten sie das Studentenhaus und richteten Räume für einen Kinderladen ein. Mit fünfzehn Kindern drangen sie ein und erklärten die Zimmer für besetzt. Über die rechtliche Situation verloren sie kein Wort. Sie brauchten die Räume. Damit war der erste «*revolutionär gegründete Kinderladen*» in Tübingen eingerichtet, wie sie sagten.

Von Berlin wußte Katja, daß es dort Kinderläden gab, in denen die Kinder angehalten wurden, einander mit «*Genosse*» anzureden. Das wurde in Tübingen nie nachgeahmt. Nicht einmal die Eltern sahen einander als Genossen an. Es waren Erwachsene, die bereit waren, sich gemeinsam über die Praxis der Kindererziehung Gedanken zu machen. Sie alle wußten, daß die öffentlichen Kindergärten Friedhöfe sind. In ihnen wird mit Hilfe von verlogenem Anstand und längst überholter Sitte das ursprüngliche Wesen der Kinder beerdigt. In ihnen heißt es «*iß mit dem Löffel, nein, mit der anderen Hand; schlurf nicht; gib der Tante die Hand, nein, die richtige; wie sagt man guten Tag und auf Wiedersehen; wie sagt man, wenn man etwas zu essen bekommt; mach dich nicht schmutzig; spiel nicht mit dem Essen; frag nicht soviel*». In der Kinderladengruppe Tübingen waren eine Töpferin, ein Schauspieler, eine Verlagsangestellte, eine Sekretärin und Studentinnen.

Für Katja war die politische Arbeit in dem Kinderladen eine existentielle politische Erfahrung, anders als früher in der Hochschulpolitik des SDS. 1967 hatte sie zum erstenmal öffentlich vor mehreren hundert Zuhörern gesprochen. Es war der 17. Juni, Krippendorf hielt eine Rede in Tübingen. Sie wollte an der Diskussion teilnehmen, meldete sich mutig zu Wort und kam nach einer Stunde zum Reden, mit einer banalen Verständnisfrage. Über sechzig Minuten hatte sie gezittert, sie nicht zu vergessen. Als sie die Frage am Mikrofon herausbrachte, überlief sie heiß das Gefühl, jeder im Auditorium habe gemerkt, daß sie sich nur vor sich selbst und vor den Genossen bewähren wollte. Sie schleuderte die Worte mit ihrem ganzen Körper heraus, erlitt die Qual des Sprechens, die Furcht vor dem Sturz, wenn Worte fehlen. Redehemmungen konnte sie später abwerfen, als sie an der Einrichtung des Kinderladens mitarbeitete. Sobald sie merkte: es gibt Menschen, die wissen nicht mehr als du, du kannst ihnen sogar helfen mit deinen Worten, konnte sie ihre alten Ängste abwerfen, weil sie sich gefordert fühlte.

Mit anderen drang sie von Anfang an darauf, bestimmte Verbindlichkeiten einzuhalten, so die Diskussion und Auseinandersetzung mit den Broschüren des «Zentralrats der Kinderläden» oder die Forderung der Zuverlässigkeit, gegen die es immer wieder ein antiautoritäres Aufbegehren gab. Aber es war eine Existenzbedrohung für den Kinderladen, wenn die Bezugspersonen des Tages eine halbe Stunde später erschienen. Das waren Gebote, die mit einer großen Strenge und unduldsam fordernd von wenigen Frauen vorgebracht wurden. Dagegen machten andere mit leidender Miene die Forderung ihrer individuellen Befreiung geltend. In solchen Auseinandersetzungen versuchte sich die Kinderladengruppe zum Prinzip zu machen, die Eltern zu erziehen, um die Kinder zu erziehen. Wie gering die Kraft der Gruppe war, stellte sich jedoch immer dann heraus, wenn Eltern an sie den Anspruch stellten, ihre kaputte Ehe zu reparieren. Darin tat sich der ganze Zwiespalt der Arbeit auf, denn von der Brüchigkeit der Ehen waren die Gruppenmitglieder überfordert, und doch stellte sie sich als Problem der Kindererziehung!

Anfangs trafen sich die Elternbezugspersonen dreimal, später zweimal die Woche. Auch dieses Treffen wurde sehr streng gehandhabt. Wer einmal nicht erschien, setzte sich den Vorwürfen anderer aus. Es wurde Protokoll geführt, eine Tagesordnung und eine Rednerliste. Manchmal sprengte die Rednerliste eine ganze Sitzung, wenn die Frage aufkam: *«Sind Rednerlisten schon autoritär?»* Katja fühlte bei den Sitzungen: es sind, bei allen Mühen, Gespräche, die mich selbst betreffen, meine eigene Lebenssituation. Nie fühlte sie sich einem ihr äußerlichen Zwang unterworfen, wie in den politischen Diskussionen um die nächste Vietnam-Aktion. Der Mensch, der sie geworden ist, wurde sie durch die Kinderladenbewegung.

Für Bernd war der Kinderladen eine der Basisgruppen der Universität. Es gab Gruppen der Germanisten, Mediziner, Historiker – und mit ihnen noch die des Kinderladens. Als ein aktiver Streik 1969 die Universität Tübingen überschwemmte, war es ein aufwühlendes Erlebnis für jeden Aktivisten des Streiks. Als sie sahen, daß das Auditorium maximum für die Veranstaltung nicht die hereindrängenden Studenten faßte, die Beiträge in alle großen Hörsäle übertragen wurden und noch vor der Universität Studenten in Gruppen vor den Lautsprechern standen, fühlten sie alle in sich eine sprengende Kraft und Stärke. Bernd gab drei Wochen hindurch die täglich erscheinende Streikzeitung heraus. In einer Ausgabe erschien eine Karikatur auf der Titelseite: eine Gießkanne wird über dem Rathaus Tübingen ausgeschüttet. Unterschrift: *«Das Rathaus Tübingen wird gesprengt.»* Seit diesem Tag rüstete die Polizei in fieberhafter Eile und hielt Tag und Nacht eine Woche lang Wache im ersten Stock des Rathauses. Abends um zehn ging Bernd ab und zu mit einigen Genossen zu den Polizisten und fragte mit geheucheltem Interesse, welche Arbeit sie verfolgen.

Der Streik ging bis an die Semesterferien im Sommer. Danach fuhren Genossen in Gruppen in die Ferien, und als sie zurückkamen, waren sie bereits neue Parteien. In dieser Zeit entdeckte Bernd in sich ein Interesse für den Kinderladen, weil es in ihm politische Aktivität gab, die Kontinuität zu gewähren schien. Er war froh, im Kinderladen seinen politischen Ort zu finden, denn dort hatte er sein Kind. Doch als die Wirren der Zeit über dem Kinderladen zusammenschlugen, löste auch er sich auf. 1971 begannen Diskussionen über die Einrichtung eines neuen Kinderladens, länger als ein halbes Jahr. Die Vorgespräche wurden von einem pädagogischen Seminar «beobachtet». Einer der Beobachter schrieb später eine Dissertation über antiautoritäre Kindererziehung. Später zeigte es sich, daß die Diskussionen um den neuen Kinderladen bereits Schritte zum Verfall repräsentierten. Es war davon die Rede: «*Wir brauchen eine Satzung, wir müssen ein Verein werden, das Studentenwerk soll die ganze Organisation tragen, gibt dafür Geld.*» Niemand ahnte damals, daß die «öffentliche Hand» mit ihren Wolfspranken dem Kinderladen den Hals abschnüren sollte. Später kamen die Marxisten-Leninisten und sagten: «*Das ist alles Käse, die Arbeiterklasse erzieht ihre Kinder auch autoritär.*» Die Genossen, die im Kinderladen Akademikerkinder erzogen, wurden von den Marxisten-Leninisten als Schuldige hingestellt, weil sie ihre Privilegien an privilegierte Kinder weitergaben. Es war die intellektuelle Ausbildung, die die Marxisten-Leninisten als Schuld ansahen. Das ganze Elend kleinbürgerlicher Erziehung, wie sie die Erzieher selbst erlebt hatten, kam durch die Marxisten-Leninisten wieder herein, aber unter der Aura des proletarischen Habitus. Die «*Linie*», die sie hereinbringen wollten, war die autoritäre Erziehung der Kleinfamilie. Der Unmensch mit seiner unumschränkten Gewalt in der kommunistischen Zelle der neuen Parteien war der Vater der Kleinfamilie. Er sollte jetzt auch die Herrschaft im Kinderladen antreten. Im Kinderladen gab es den Kotau vor der bürgerlichen Gesellschaft sinnloser Leistung: die Kinder sollten möglichst früh mit vielen Kenntnissen aus der Vorschulerziehung ausgestattet werden. Nirgends mehr war die Rede von der vitalen Stärke des Kindes, die eine revolutionäre Erziehung entwickeln soll, mit der es sich den Schulzwängen, den Zwängen des Alltags stellen kann, ohne sich aufzugeben.

Diese Auseinandersetzungen spielten sich zum Ende der Studentenbewegung ab, in einer Integrationsphase, als die SPD an die Regierung kam und ein progressives reformistisches Klima in der Bundesrepublik entstand. Die SPD wollte bessere Kindergärten als die der Kirchen und der Kommunen, und dazu brauchte sie die Initiativen, die aus der Studentenbewegung kamen. Doch die Kinderladengruppe war nur gut für das Konzept. Später hatte sie keine Entscheidungsbefugnis mehr darüber, wer aufgenommen wird, wie hoch die Mitgliedsbeiträge sind usw. Die Aktivisten des Kinderladens erkannten zu spät, daß sie sich der reißerischen «öffentlichen Hand» hätten entziehen müssen.

In der Studentenrevolte war die Kinderladenbewegung ein Teil der Bewegung. Später, nach Auflösung des SDS, sollte ein Teil für das Ganze stehen, der Kinderladen für die sozialistische Bewegung der Neuen Linken. Seine lange Dauer hatte der Kinderladen nur darum, weil man ein Kind nicht aufgeben kann wie eine politische Idee. Für die Kinder und die Bezugspersonen gab es im Kinderladen nach der Zersplitterung der Studentenbewegung noch immer Lernprozesse, Beziehungen wurden gefestigt oder zerstört. Als Bernd für eine Arbeit nach Nürnberg umzog, fand er rasch eine Gruppe, in die Jutta, sein Kind, gehörte. Er fand zufällig bei einem Spaziergang in der Stadt einen Kinderladen mit dem Aushang: «*Suchen vierjähriges Mädchen.*» Er drückte die Klinke, öffnete die Tür, ging hinein und sagte: «*Guten Tag! Ich habe so eines.*» Sofort äußerte sich ihm ungewohnte Herzlichkeit. Er wurde keine Sekunde taxiert, nicht politisch noch persönlich, sondern ihm schlug eine spontane Wärme entgegen, und er hörte: «*Komm doch auf den nächsten Elternabend!*» An diesem Abend gab es keinen Aufnahmeritus, wie erwartet, sondern die Gruppe sprach vier Stunden zusammen, und als sie sich trennten, hatte Bernd das wohlige Gefühl: Hier bist du aufgenommen. Wir kennen einander. Es war ein solidarisches Klima unpolitisch-persönlicher Wärme.

Anders als in den Anfängen hatte der Kinderladen in München eine feste Bezugsperson. Die eigentliche Erziehungsarbeit leisteten unabhängige Bezugspersonen. So kam es aber, daß die Arbeit von einzelnen bestimmt wurde. Wenn diese einzelnen den Kinderladen verließen, konnte es leicht geschehen, daß die Arbeit zusammenbrach. Mehr aus Trägheit als aus Einsicht begann die Kinderladengruppe inzwischen den Wert kollektiver Arbeit geringzuschätzen. Zu dieser Zeit kam ein Teil der Kinder in die Schule, ein Stigma in ihrem Leben. Die Kinder aus dem Kinderladen waren in der Schule entweder «*Versager*» oder «*Klassenbeste*». Ein Drittes gab es nicht. «*Versager*» waren von einer Stimmung der empörten Verweigerung beherrscht. Die zu den «*Klassenbesten*» gehörten, bewältigten den Schock durch eine Identifikation mit dem Aggressor. Und doch waren sie alle von einem Schock beherrscht, weil sie die Institution Schule, anders als die anderen, als schockierend erfuhren. Sie hatten nicht die Dressur für eine unmenschliche Gesellschaft erlebt. So gewannen sie eine Sensibilität für das Leiden, das ihnen die Schule abforderte, falsche Zwänge der Unterwerfung.

Vormittags stellten sich die Kinder den Forderungen der Schule, nachmittags gingen sie in den Schülerladen, dieselben Räume, dieselbe Bezugsperson wie im Kinderladen. So kam es, daß die Kinder den Wechsel aus dem Vorschulalter nicht begriffen. Die Hälfte von ihnen weigerte sich strikt, nachmittags Aufgaben zu machen. Sie kamen zurück aus der Schule, der Institution der Anpassung und der Leistung, und machten nachmittags ihr Recht auf antiautoritäre Freiheit geltend. Das war für sie ein Akt der Befreiung, den sie trotzig und mit fragloser Bestimmtheit verteidigten. Oft war die Bezugsperson vollständig hilflos und rief die Eltern zu Hilfe. Die Kinder führten ein gespaltenes Leben. In der Schule bäumten sie sich gar nicht auf, nachmittags waren sie unzugänglich. Es war das Reich der Kinder, in das sie keinen Erwachsenen Eintritt gewährten. In solchen Stunden dachte

Bernd, daß Kinder, die den Umgang mit Autorität seit ihrem frühesten Alter kennen, listiger die Schule ertragen. Als er auf einem Elternabend erklärte, was ihm durch den Kopf fuhr, schlug ihm der Vorwurf entgegen: *«Das ist die Mentalität von Wölfen, die du predigst!»*

Als Jutta später in eine andere Schule kam, waren Bernd und Katja über ihre Kraft zu Beziehungen überrascht; nicht nur Beziehungen aufzunehmen, sondern auch zu durchschauen, worunter sie leiden, wovon sie leben. Davon erzählte sie oft zu Hause, nicht ohne ihre Eltern immer wieder zu verblüffen, mit welcher Entschiedenheit, doch ohne Eile, die Siebenjährige das komplizierte Netz ihrer sozialen Beziehungen ordnet, sorgsam und ruhig wie eine Frau, die ihren Geschirrschrank aufräumt. *«Kinderladenkinder haben eine Art sozialer Gelassenheit»*, sagte Juttas Klassenlehrerin einmal zu Bernd. Es machte ihn stolz, das zu hören.

Seit ihrer Gründung existierten die Kinderläden mit den Beschimpfungen der bürgerlichen Presse. Von Sexorgien war die Rede und davon, daß *«die Studenten die Kinder zur Aggression erziehen wollten, damit sie sich rechtzeitig gegen die Gesellschaft auflehnen»*. Wenn auch die Unschuld der alten Kinderliteratur durch das linke Kinderbuch verloren ist, bleibt doch ‹Struwwelpeter› pädagogischer Klassiker des Kinderbuches, früher Standard der Maßregelung kindlicher Abweichung. Hier wird die unstrittige Norm eingeübt und jede Mißachtung mit Ausstoß geahndet: *«Pfui, ruft da ein jeder / Garstger Struwwelpeter!»* Pardon wird nur den Erwachsenen gegeben. Dies Band der Kindertümlichkeit soll das Kind den Erwartungen enttäuschter Erwachsener gefügig machen, denn der Mythos des Kindheitsglücks blüht, weil er die Bedürfnisse Erwachsener ausdrückt. Das Kind soll tümlich sein, und die Beschwörung seiner Unschuld kommt von den schuldigen Erwachsenen, die sich ihr Begehren versagen oder nur mit schlechtem Gewissen erfüllen. Diesen normativen Regeln haben Kinderläden immer versucht, sich zu entziehen. Bereits mit zweieinhalb Jahren erzählte Jutta aufgeregt, daß sie sich ein köstliches Vergnügen erfunden haben. *«Mit einer Hand fasse ich mich am Bauch an, an den Beinen und zwischen den Beinen murkel ich.»* Sie glaubte begeistert, diese Entdeckung mit keinem zu teilen, und wollte doch ihren Freundinnen erklären, wie man masturbiert. Als sie bei ihrer Großmutter war, erzählte sie später: *«Ich hab auch gemurkelt. Aber die Oma hat das nicht gewollt. Sie hat immer gesagt, ich muß aufs Klo. Da hab ich's gemacht, wenn sie's nicht sieht.»* Als sie vom Nutzen der List erzählte, war sie drei Jahre alt.

In der Studentenbewegung gab es bei Bernd und seinen Freunden nie das Begehren, Überlegungen zur Lebensperspektive über ein Jahr hinaus anzustellen. Vielleicht war dann schon die Revolution gekommen und alle Gedanken umsonst! Nach seinem Studium steht Bernd hinter einer Wüste von Hoffnungen, denen er sich verweigert hatte. Eine Karriere in diesem Staat zu machen, den er verachtet, ist für ihn unvorstellbar. Zur gleichen Zeit blühen um ihn herum die Parteigründungen der Studenten, mit denen er gemeinsam gekämpft hatte – vor dem Amerikahaus in Tübingen, der Springer-Druckerei in Esslingen oder auf den Veranstaltungen in Berlin. Unter ihnen gilt er als Trotzkist, weil er die Taschenparteien kritisiert.

Eines Tages bekommt er die französische Übersetzung der Manifesto-Thesen in die Hand. Die Übersetzung war gekürzt. Für Bernd ist es ein Schock, als er die Thesen liest. Die Lektüre ist ihm ein Akt des Wiedererkennens. Das ist es, was er den jungen Parteien sagen will! Nicht die Worte sind es, die ihm fehlten. Es sind die Erfahrungen der Klasse, ohne die er formulieren muß. Als er im Herbst 1970 die Thesen kennenlernt, glaubt er, die Einsichten und Erfahrungen der Manifesto-Genossen seien so wichtig, daß er sie seinen Genossen vermitteln muß. Von daher stammt sein Entschluß, Italienisch zu lernen. Er kauft sich die italienischen Manifesto-Thesen, eine Grammatik und ein Lexikon, abbonniert die Tageszeitung *Il Manifesto* und liest sie täglich. Mit der Sprache lernt er das Geschäft des Übersetzens. Ohne zu wissen, ob ihm ein Verlag je seine Übersetzung drucken würde, arbeitet er über ein halbes Jahr täglich ein, zwei Stunden an der Übertragung. Als er es im Frühjahr 1971 wagt, sie linken Zeitungen anzubieten, erscheint im Merve-Verlag eine deutsche Übersetzung der Thesen. Bernd ist enttäuscht, wütend. Er kauft sich die Merve-Broschüre. Schon auf der ersten Seite entdeckt er einen Fehler, einen anderen auf der fünften, der sechsten, der neunten. *Schlampig übersetzt*, denkt er grimmig und schreibt an den Verlag. «*Liebe Genossen, gut, daß ihr einen so wichtigen Text wie die Manifesto-Thesen herausbringt, aber . . .*» Der Verlag antwortet: «*Lieber Genosse, wir danken dir für deine Kritik, aber . . .*» Danach hebt zwischen Tübingen und Berlin ein bissiger Briefwechsel an, aus einleitenden Höflichkeiten, pointierten Bosheiten und groben Frechheiten. Freunde fragen Bernd: «*Kritisierst du die Übersetzung, weil sie schlecht ist oder weil sie die erste ist?*» Nach drei Monaten kommt ein junger Genosse vom Merve-Verlag mit einem Friedensangebot. «*Wir haben uns jetzt lange genug gestritten, willst du übersetzen für uns?*» Bernd schlägt ein, übersetzt ein Jahr für Merve, erhält später von anderen Verlagen Aufträge, bis es so viele sind, daß er unter ihnen wählen kann. Zu einem schlechten Text sagt er bei seinen Freunden: «*Der taugt nichts*», und beim Verlag lehnt er ihn höflich ab, Zeitgründe, mangelnde Vertrautheit mit dem Stoff. Inzwischen beginnt er, sich in den Niederauffahrten des Übersetzergeschäfts einzurichten, verdrießlich über die Kärrnerarbeit an fremden Texten, fröhlich an der Arbeit der Alchemie des Wortes, der Kunst, unedle Metalle in edle zu verwandeln, in einer Art revolutionärer Sachlichkeit, ROT UND EXPERTE. «*Es gibt gute politische Texte, die meine Genossen kennen müssen. Wie lange das geht, weiß ich nicht. Vielleicht muß ich eines Tages ein Buch über Marketing aus dem Amerikanischen übersetzen. Dann habe ich verloren in diesem Poker.*» Wenn er übersetzt, bekümmert es ihn, daß die Übersetzung im Buchdruck immer nur als Produktion des Autors gilt. Der Übersetzer gilt nichts. Vor sich selbst bewahrt er seine politische Identität, indem er Texte ins Deutsche bringt, die seine eigenen politischen Übersetzungen ausdrücken. Doch Reaktionen hört er nicht, außer in Rezensionen, die manchmal schulterklopfend ein wohlwollendes Wort über die Übersetzung verlieren. Was er aber hören will, ist die Reaktion der Linken, für die er übersetzt. Aber es kommt nichts. Schließlich entscheidet er: *«Ich kann auch eine Stärke daraus machen. Ich schreibe für die westdeutsche Linke.»*

Manchmal empfindet er es als beschämend, daß er sich über Verstöße der Polizei, der Bürokratie nicht mehr erregen kann, anders als radikalhumanistische Nachbarn. Er selbst denkt nachlässig: *Es hat keinen Zweck, solche Empörung trägt nicht weit*, ist sofort danach erschrocken und beschämt, daß ihm vom Sozialismus nicht Zorn und Mut geblieben sind. Nur die Penibilität und Pedanterie, mit der er seine Übersetzungen macht, erinnern ihn an seine frühere, längst vergangene Existenz als Orientalist. Sein Studium war vergebens. Geblieben sind nur die Erfahrungen der Studentenbewegung. Sie sind seine politische Schule. Aber wofür? Was soll man erwarten? Wie lange? Genügt die Verachtung gegenüber dem Staat, ohne Aufbegehren?

4. Kapitel

Kampf der roten und der schwarzen Linie

AN DIE TÜBINGER BÜRGER

Sie hatten es eilig gestern nachmittag. Sie waren müde von der Arbeit, und wir, die Studenten, haben Sie eine halbe Stunde lang gewaltsam aufgehalten. Sie wollten Ihren Weg gehen, und wir sollten den unseren gehen. Aber in diese Gleichgültigkeit haben wir Ärger gebracht, den Sie für überflüssig halten. Jedoch eben diese Gleichgültigkeit ist es auch, die es einer Gruppe von Mächtigen erlaubt, einen solchen Krieg zu führen wie den in Vietnam. Sie meinen, dagegen könne man nichts machen. Sicher, wir können nicht mit einem Schlag verhindern, daß eine verbündete Nation, die USA, einen grauenhaften, ungerechten Krieg in Vietnam führt.

Verteidigt man in einem mörderischen Krieg, der ein ganzes Volk auszulöschen droht, die Freiheit?

Sie arbeiten den ganzen Tag, und wenn Sie nach Hause kommen, sind Sie zu müde, um noch viel und lange über Vietnam lesen zu können. Und ist es verwunderlich, daß Zeitungen, die im Privatbesitz weniger reicher Leute sind, verschweigen, daß andere, reiche Konzernherren auch in der Bundesrepublik, Chemikalien und Waffenteile für den Vietnam-Krieg der USA herstellen? Die Konzernherren verdienen gut und verdecken gegenseitig ihre Geschäftemachereien. Gerade weil wir Studenten Zeit haben und weil wir wissen, daß wir auch auf Ihre Kosten leben, sind wir verpflichtet, Ihnen auch solche Dinge mitzuteilen, die Ihnen kein Chef gern mitteilt. Die gleichen Herren haben schon einmal die Wahrheit ihrer Geschäfte wegen verschwiegen und uns in einen schmutzigen Krieg gestürzt. DAS WOLLEN WIR VERHINDERN – DESHALB GEHT UNS VIETNAM AN! Demokratie, Freiheit, Neutralität und friedliche Vereinigung ist nicht nur unser Ziel. Der Vietcong will das gleiche in seinem Land verwirklichen. Alles das wurde ihm einmal, 1954, versprochen. Aber die USA haben es verhindert und haben die Lüge von der kommunistischen Aggression und ihrem Terror verbreitet. Wir wollen uns nicht belügen lassen, nicht schon wieder!

Die Studenten wollten, daß Sie ärgerlich werden, als wir Sie behinderten – ärgerlich allerdings nicht gegen uns, sondern gegen den Terror einer kleinen Gruppe von Mächtigen, den sie ihrer Geschäfte wegen über die Welt verbreiten. Wir wollten, daß Sie aufhorchen: den Anlaß Ihres Ärgers gaben wir, aber den Grund Ihres Ärgers lieferten die Kriegsmacher, gegen diese sollten wir alle unseren Ärger und gemeinsamen Widerstand richten. Um dies klarzustellen, mußten wir erst die Gleichgültigkeit zwischen uns und Ihnen beseitigen. Vergessen Sie Ihren Ärger nicht! Aber wenden Sie ihn nicht gegen uns, sondern gegen die Kriegsmacher, gegen die wir demonstrierten. Geben Sie nicht denen alle vier Jahre Ihr Vertrauen, die gemeinsame Sache mit den Mächtigen der USA machen!

Wir wissen, daß der Vietcong für Demokratie, Freiheit und Selbstbestimmung kämpft, und wir wollen Ihnen das sagen, damit wir nicht selbst unser Recht auf Demokratie, Freiheit und Selbstbestimmung vergessen. Wir haben Ihre Ruhe gestört, weil sie in Gefahr ist, Ihnen überhaupt genommen zu werden. Deshalb:

ALLER WIDERSTAND GEGEN DIE MÄCHTIGEN UND KRIEGSMACHER!
Sozialistischer Deutscher Studentenbund SDS Tübingen

Ein Flugblatt vom 24. Februar 1966 in Tübingen, geschrieben mit aller Sanftmut, Milde und Geduld und der obligaten Berufung auf die Schreckensjahre des Faschismus in Deutschland – die Sprache aus der ersten Stunde der Vietnam-Kampagne des SDS. Schon nach fünfzehn Montaten war der Ton der Vietnam-Flugblätter anders. Nicht mehr die milde, verständnisheischende Sprache, sondern nur noch der provokatorische, surrealistische Gestus; das Flugblatt Nr. 6 der Kommune I in Berlin:

WANN BRENNEN DIE BERLINER KAUFHÄUSER?
Bisher krepierten die Amis in Vietnam für Berlin. Uns gefiel es nicht, daß diese armen Schweine ihr Coca-Cola-Blut im vietnamesischen Dschungel verspritzen mußten. Deshalb trotteleten wir anfangs mit Schildern durch leere Straßen und warfen ab und zu Eier an Amerikahaus, und zuletzt hätten wir gern HHH (= Hubert Horatio Humphrey, der amerikanische Vizepräsident) in Pudding sterben sehen. Den Schah pissen wir vielleicht an, wenn wir das Hilton stürmen, erfährt er auch einmal, wie wohltuend eine Kastration ist, falls überhaupt noch was dranhängt ... es gibt da so böse Gerüchte.
Ob leere Fassaden beworfen, Repräsentanten lächerlich gemacht wurden – die Bevölkerung konnte immer nur Stellung nehmen durch spannende Presseberichte. Unsere belgischen Freunde haben endlich den Dreh heraus, die Bevölkerung am lustigen Treiben in Vietnam wirklich zu beteiligen: sie zünden ein Kaufhaus an, dreihundert saturierte Bürger beenden ihr aufregendes Leben, und Brüssel wird Hanoi. Keiner von uns braucht mehr Tränen über das arme vietnamesische Volk bei der Frühstückszeitung zu vergießen. Ab heute geht er in die Konfektionsabteilung von KaDeWe, Hertie, Woolworth, Bilka oder Neckermann und zündet sich diskret eine Zigarette in der Ankleidekabine an. Dabei ist es nicht erforderlich, daß das betreffende Kaufhaus eine Werbekampagne für amerikanische Produkte gestartet hat, denn wer glaubt noch an das «Made in Germany»?
Wenn es irgendwo brennt in der nächsten Zeit, wenn irgendwo eine Kaserne in die Luft geht, wenn irgendwo in einem Stadion die Tribüne einstürzt, seid bitte nicht überrascht. Genausowenig wie beim Überschreiten der Demarkationslinie durch die Amis, der Bombardierung des Stadtzentrums von Hanoi, dem Einmarsch der Marines nach China.
Brüssel hat uns die einzige Antwort darauf gegeben:

burn, ware-house, burn!
Kommune I (24. 5. 67)

Zwar brannten noch keine Kaufhäuser. Doch stiernackige Amtsbürokraten fanden in dem Flugblatt Grund genug, einen Prozeß gegen die Kommune I anzustrengen, und später brannte auch in Frankfurt das Kaufhaus Schneider, entzündet durch Gudrun Ensslin, Thorwald Proll und Andreas Baader, vielleicht veranlaßt nur durch den grotesken Ernst der Maßnahmen der Amtsjuristen gegen die Kommune I. Die Demonstration am 23. Februar 1966 in Tübingen aber war so gewaltlos und friedlich wie ihr Flugblatt am nächsten Tag. Warum sollte die beschwörende Hoffnung vergeblich sein, daß die Bevölkerung, diese rätselhafte Masse, Verständnis und Einsicht für die Aufklärung der Demonstration und des Sitzstreiks auf der Straße zeigt? Als die fünfhundert Demonstranten zögernd über eine Kreuzung der Uhlandstraße liefen, fuhr plötzlich ein Pkw mit 20 km/h durch die Gruppe und nahm Jakob und Patrick auf den Kühler. Beide erschraken und holten sich herunterpurzelnd blaue Flecken. *So etwas macht viel sturer, viel hartnäckiger, daß man sagt: Jetzt erst recht!* So harmlos der Zwischenfall auch blieb, für Jakob war er bedeutsam, ungeachtet dessen, daß er später sah, wie Hunderte von Steinen flogen und Blumentöpfe aus den Fenstern. Das Erlebnis machte ihn so aufbegehrend und wütend entschlossen wie andere der erste Schlag mit dem Polizeiknüppel. Er wurde Mitglied des SDS und geriet unter die Aktivisten der SDS-Aktionen: bei Aktionen zu Vietnam-Demonstrations-Prozessen, wo er von Polizisten gegriffen wurde, die ihm den Arm herumdrehten und die Treppe herunterstießen, bis er mit blutendem Kopf und zerschrammtem Auge auf dem Straßenpflaster lag, bei der Veranstaltung zu den Notstandsgesetzen, als Tausende von Studenten sich gegen einen Unistreik, für einen aktiven oder für einen passiven Streik entscheiden sollten. Ernst Bloch sprach, warnte eindringlich vor dem Notstandsstaat, beschwor die Erinnerung an die stumme Duldung des Faschismus in Deutschland. Es war sein letzter Auftritt vor einer Massenveranstaltung in Tübingen. Die Abstimmung mußte schließlich durch Hammelsprung entschieden werden – 2500 für aktiven, 2100 für passiven Streik. Als sie das Ergebnis im Jubel der Versammelten hörten, sagte Holger zu Jakob, der neben ihm saß: *Hol deine gewaltige rote Fahne heraus, schwenk die rote Fahne!* und so geschah es.

Jakob wohnte mit Holger zusammen. Sein Zimmer strömte eine Stimmung von Behaglichkeit, Bewohntheit und Unfertigkeit aus. Die Matratze auf dem Fußboden, ein Tisch, mit Papieren übersät, ein großer Spiegel an der Wand, zerdrückte Kippen im Aschenbecher, Bücherregale, eines davon voll mit Gläsern, Marmelade, Eingemachtes, Gelee von zu Hause, Sperrmüllmöbel, denen man den Gebrauch ansieht und mit Koketterie ausgesucht, Plakate an der Wand, ein Ledersessel, liebevoll zerfleddert. Es war ein Zimmer von Aufbruch, Abbruch, Flucht, Wechsel, eine Wohnung der Abrufbarkeit.

Als Jakob sich mit Holger morgens in der Küche traf, sagte er spontan, angeekelt von Schmutzflecken im Spülbecken und Haufen verdreckten Geschirrs: *Komm, wir gehen in ein Café frühstücken!* Im Café, bei Brötchen, Hörnchen, Kaffee, einem Ei, dessen Gelb weich zerfloß, Schinken, Butter, Ingwermarmelade, französischem Briekäse und einem Glas Clementine, begann Jakob seinen Traum zu erzählen: *In einer dunklen Straße, mäßig beleuchtet von einigen Straßenlaternen, kamen wir an einem Haus vorbei,* aus dem Stimmengewirr drang. Wir traten neugierig ein und gerieten in ein Haus der internationalen Küche, jedes Stockwerk der Ort einer Landesküche. Wir mühten uns an den vielen schwatzenden Leuten vorbei, die Treppe herauf und traten in einen großen Saal. Neben uns stand ein beleibter Mann mit schwarzem Kinnbart und krausen Koteletten bis unter die Ohren, er beugte sich zu uns vor und deutete entzückt mit seinem kleinen Zeigefinger auf eine Schüssel, in der sich dampfend ein Haufen junger grüner Schneidebohnen wölbte, der Geruch des Bohnenkrauts drang bis zu uns, spitzte den Mund und flötete durch seine fleischigen Lippen, wie ein Losungswort: ‹Haricots verts!› Wir lächelten zustimmend und gingen in ein anderes Stockwerk, an dessen Flügeltüren ein bayrisches Menu angeschlagen war: Weißbiersuppe mit Kümmel, Omelette mit Jüs, blaugekochter Hecht mit Meerrettichsahne, krustiertes Schweinskarré mit Rosenkohl, Morcheln und Bayrischem Kraut, Semmelschmarren oder Quittenkompott und schließlich: Backwerk: Krausgebackenes oder Zimtröhrchen. Ich fragte den Kellner im Frack: ‹Haben Sie auch glacierte Hammelkeule oder farciertes Rebhuhn?› Nicht daß mir danach zumute war, nur um erkennen zu geben, daß er es mit Kennern zu tun hatte. Wir setzten uns zu Tisch, breiteten die Servietten auf dem Schoß aus und fingen an zu essen. Das Haus hieß ‹À la carte internationale›. Vom zweiten, dem Bayrischen Stockwerk konnte man die Krüppelbäume im Hof sehen.» Sie brachen in Gelächter aus, kauten an ihren Börtchen und erhoben sich nach dem Traum, der hungrig macht. Auf der Straße wollte Holger seinen Freund trösten und griff ein Glas «Ginger nuts» aus einem Korbangebot eines Feinkostwarengeschäfts, steckte es in die Tasche, und lachend liefen sie Arm in Arm davon. – Sie waren ein Kastorund-Pollux-Paar, von dem es in der Studentenrevolte viele gab. Sie fühlten sich wohl in der solidarischen Wärme, die sie einander gaben. Es war ein ehrliches Chaos, in dem sie lebten, eines, das froh macht, ein Chaos des Aufbaus, nicht der Zerstörung.

In der Universität fand eine Grundordnungsversammlung zur Neuordnung statt. Der SDS war finster entschlossen, sie zu stören, weil er sich nichts von ihr erwartete. Hundert Studenten gingen die Treppen der Universität zum Festsaal hoch, dem Tagungsort der Grundordnungsversammlung. Es war Winter, und sie hatten auf der Straße Schneebälle gebacken, in Einkaufstüten verpackt. Als sie mit ihren Edeka-Tüten in den Festsaal gingen, trat ein Runzeln und Erschrecken auf die Gesichter der Professoren an ihren Tischen, vierzig faltige Gesichter, die sich nicht aufhellten. Die Studenten setzten sich auf die Zuhörerbänke und lauschten. Irgendwann holte einer einen Schneeball heraus, wie auf Kommando fingen alle an zu werfen, auch Mehltüten und Eier flogen, doch die Professoren, in der Haltung von Märtyrern, ließen nicht ab von ihrem Geschäft. Einem Juristen flog ein Ei genau auf die Glatze, es lief in gelben Rinnsalen über sein Gesicht. Da sagte Holger zu Jakob: «Los, jetzt!» Sie hüpften über die Kordel, die den Versammlungsraum von den Klienten trennte, sprangen auf die Tische, räumten die Akten ab, warfen sie herunter, packten sie ein, zerrissen sie und riefen: «*Die Sitzung ist beendet!*» Ist es nicht von zwingender Folgerichtigkeit, daß Holger, der Rasende, der Kraftvolle, der Wütende, der Spontane, der die Politik aus der Gruft der Bücher auf die Straßen, in die Hörsäle brachte, später als Lehrer mit einem Zirkus durchs Land zieht und neben seinem Unterricht mit vier spanischen Kindern, zwei portugiesischen, einem jugoslawischen und drei deutschen, allein eine Clownsnummer probt?

Die Professoren hatten sich bleich von ihren Stühlen erhoben und drängten zum Ausgang. Danach wurde die Grundordnungsversammlung an einen geheimen, sturmsicheren Ort verlegt, in einen Chemikerbau, doch fünfhundert Studenten kamen überraschend, fiebernd nach einer Aktion, und versuchten, den Neubau zu stürmen, was ihnen auch gelang. Später streute die Universitätsleitung die Information aus, daß die Störer durch einen uranverseuchten Raum gegangen seien, sie sollten sich unbedingt melden! Doch alle wußten sogleich, daß es ein Trick war. Durch die Provokation der direkten Aktion waren die Studenten zwar weniger über die Grundordnungsversammlung aufgeklärt, aber mobilisiert, und es gab einen Heißhunger nach neuen Aktionen. Die Professoren zogen sich zähneknirschend in ein Hotel nach Freudenstadt zurück.

Samstag abends trafen sich die SDS-Genossen immer in einem Keller. Es waren Mitgliederversammlungen, oft über drei, vier Stunden, auf denen es hitzigen Streit über das Für und Wider der Aktionen gab. Häufig gingen sie gemeinsam danach in die Kneipe. Meist waren die Gespräche anfangs auch dort noch laut und erregt, doch spät abends fühlte Jakob die runde Hand einer Genossin an seinem Haar, und sie begannen, sich einander zuzuwenden. Von der letzten Vietnam-Aktion, den Demonstrationen war die Rede, und schließlich begann ein uferloses Gespräch über Basis und Überbau, die Pariser Manuskripte, die Deutsche Ideologie, bis die Genossin entschlossen mit funkelnden Augen das Thema abbrach: «*Außer Ficken ist alles Überbau!*» Sie sagte sich: MIT IHM SCHLAFEN, JA – ABER NUR KEINE INTIMITÄT! Jakob beugte sich vor, griff ihren Kopf und küßte sie. Sie sagte empört: «*Ist es immer deine Art, den Kopf für den Kuß zurechtzulegen, ohne daß es Frauen erlaubt sein sollte, sich so hinzusetzen, wie sie es wünschen, für einen Kuß, für ihren Kuß?*»

Ein Politologiestudent, Mitglied des SDS und der Basisgruppe Politologie, leidenschaftlicher Weißbiertrinker, war immer in dem Haufen der Kneipengänger. Seine stereotype Redewendung war ab 1969: «*Einige von uns haben den Absprung nicht richtig geschafft zu einer Ideologie.*» Die Ideologie – das sollte der rettende Hafen sein. Jakob wußte, daß es die Eindimensionalität des Denkens ist, gleichgültig ob die von Lenin, Trotzki, Stalin oder Mao Tse-tung. Wenn der Politologe von «*seiner Ideologie*» sprach, trat immer der schläfrige, glückliche Schafsblick in seine Augen, den Jakob aus der Erwartung sexueller Berührung kannte. Er erwiderte starrköpfig: «*Wir dürfen nur dort sein, wo sich alle versammeln, Lenin, Regis Debray, Mao*

Tse-tung und Che Guevara, Stalin und Marcuse, Biermann und Sartre, Bucharin und Zapata, Trotzki und Kropotkin, Rosa Luxemburg und Max Hölz!» Drei Jahre später traf Jakob ihn wieder, examiniert, verheiratet, Berufsschullehrer. Als er die Wohnung seines früheren Genossen betrat, verursachten die Zimmer ihm Übelkeit. Die Möbel, Tische, Stühle, Sessel, Schränke standen abgezirkelt, voll Angst vor Gebrauch, alles von glänzender Sauberkeit. Die Zimmer waren ein Bild des Todes, nichts bewohnt, nirgends sprudelndes Leben. Es war die Gesellschaft der Wegwerfer, die hier wohnten, Keller und Dachboden voll von ungebrauchtem Zeug und inzwischen ersetzt durch Dinge vom neuesten Stand der Wohnkultur. Konsum hat Vorrang, Sauberkeit hat Vorrang – alles Opium fürs Volk!

Oft war das Bedürfnis nach Gemeinsamkeit unter den Genossen mit der Kneipe noch nicht erfüllt. 1967 gingen anschließend alle ins Kino, ‹ *Viva Maria*›. In den Bildern mit Brigitte Bardot und Jeanne Moreau sahen sie alles, was sie fühlten: Dynamit, beste aller Waffen, das in seinen Explosionen alles Schlechte und abgrundtief Böse mit sich zerriß, die Mischung aus sexuellem Begehren, revolutionärer Politik und Poesie. Triviale Revolutionsromantik, Abenteuerlust und der revolutionäre Überschwang der Siegreichen aus ihren Köpfen malte sich in diesem Film. Als sie taumelnd wie im Siegesrausch herausgingen, fuhren sie in die Wohnung von Jakob und Holger, um die Nacht über, zufrieden lächelnd, zu kiffen. Holger drehte einen riesigen Joint, klebte vier Blatt Zigarettenpapier aneinander, verteilte einige Krümel «Echten» darin, zündete die Zigarette an und ließ sie rumgehen. Alle lehnten sich in ihren Stühlen zurück, einige schlossen die Augen, und es war, als seien sie meilenweit voneinander entfernt, doch die Stimmen im Raum kreuzten sich klar, hell und deutlich. Jakob hatte einen Fluß von Assoziationen in seinen geschlossenen Augen, es gab nirgends einen Halt, dazwischen Worte, die auf der Zunge zerschmelzen. Jedesmal wenn er einen Satz anfing, hatte er Angst, aus diesem Wortungetüm von Verschachtelungen, Parenthesen und Ellipsen nie wieder herauszukommen. Nur noch Corbuccis ‹ *Django*› riß sie später so mit wie ‹ *Viva Maria*›. Als sich um Juni 1966 eine Gruppe von neun Männern, fünf Frauen und zwei Kindern am Kochelsee in Bayern traf, unter ihnen Dieter Kunzelmann, Rudi Dutschke und Bernd Rabehl, um über ein Projekt von Wohnkollektiven zu reden, nannte sie sich «Viva Maria-Gruppe».

Es gab Zeiten der Trauer und Zeiten des Glücks in der Studentenbewegung. Zeiten der Trauer, der Einsamkeit und der Bedrücktheit waren für Jakob, wenn es Streit unter Genossen gab, wenn Briefe von der Justiz kamen, Nächte in der Zelle; Zeiten des Glücks waren die Aktionen, Wut und Triumph in ihnen.

1968 wurde die Universität in Tübingen von einer Kampagne gegen die Notstandsgesetze erschüttert. Im SDS war die Diskussion aufgekommen, den Luftschutzhilfsdienst (LSHD) in der Stadt zu besetzen. Angst vor dem Getto der Universität gab es schon seit langem. *«Wir tragen die*

Kampagne in die Stadt.» Gleichzeitig hatten die Psychologen Raumnot, und Mitglieder der Basisgruppe schlugen vor, die besetzten Räume in ein Seminar zu verwandeln. Gegen zwei Uhr nachmittags drängten zehn Genossen die Treppen zu den Büroräumen herauf, allen voran Peter W. mit fliegenden Rockschößen. Sie stellten sich im Sekretariat auf und sagten: «*Der LSHD ist besetzt.*» Die Sekretärin schaute kurz von ihrer Schreibmaschine auf und ließ sich weiter nicht beirren. Es entstand eine Pause verzweifelter Stille. Alle dachten beklommen, wenn jetzt sofort nicht etwas geschieht, können wir geschlagen abziehen. Da trat Jürgen A. an den Schreibtisch, riß die Schubladen auf, warf den Inhalt auf den Boden und trug der protestierenden Sekretärin die Schreibmaschine fort. Der Bürochef war inzwischen an die Tür getreten und folgte den Vorgängen mit unbewegtem Gesicht. Um vier Uhr am Nachmittag war das Büro tatsächlich besetzt. Einer malte säuberlich ein Schild «Wilhelm-Reich-Institut» und hängte es unten an der Eingangstür zur Straße auf.

Jetzt begann ein hektisches Durcheinander. Jakob wollte die Papierkörbe entzünden, weil er aus einer anarchistischen Anekdote wußte: wenn die Papierkörbe brennen, ist es das Abendrot der Umwälzung. «*Wir müssen uns verbarrikadieren!*» hieß es. Sie schlossen die Haustür ab, und einige begaben sich zum Studentenhaus und verstreuten die Information der Besetzung. Inzwischen waren über fünfzig Studenten im LSHD, schwatzten, diskutierten und machten Anstalten, sich für die Nacht einzurichten. Vom Bloch-Seminar war die Nachricht gekommen, daß die Polizei das Gebäude stürmen wird. Zwar galten die Bloch-Studenten nicht viel unter den Tübinger Linken, weil es hocharistische Seiltänzer materialistischer Kunsttheorie waren, mit der tiefsitzenden Angst Intellektueller vor der Aktion, doch die Besetzer nahmen die Information erschreckt auf. Ihre Nervosität und das Glück der Aktion ließ sie die Nacht kein Auge zutun. Um fünf Uhr war es dann soweit. Sie hörten über Lautsprecher in der menschenleeren Straße die Aufforderung zu öffnen, rührten sich nicht, dann krachende Spitzhacken an der Tür, Schritte von nagelbeschlagenen Stiefeln auf der Treppe, Rückzug in ein anderes Zimmer. Sie stellten einen Stahlschrank vor die Tür, Hans K. hangelte sich auf den Schrank und lugte durch einen Spalt der Tür. Dann trafen Spitzhacken auch diese Tür, knirschend brach das Holz, und Jakob hatte unglaubliche Angst, ein Schlag könnte Hans treffen. Alle zogen sich in das nächste, das letzte Zimmer zurück, setzten sich auf den Boden und begannen zu singen, als die Polizisten hereinstürmten: «*We shall overcome*». Die Polizisten griffen die in der ersten Reihe Sitzenden an den Haaren und zerrten sie heraus. Jakob fühlte einen bohrenden Schmerz an der Kopfhaut und stürzte, von Fäusten gepackt, die Treppe herunter. Auf der Straße wurde er von wartenden Polizisten empfangen, die ihn auf das Pflaster des Bürgersteigs warfen. Er fiel mitten in die Glasscherben der zerschlagenen Haustür und zerschnitt sich das ganze Gesäß. «*Als ich mich mit meinem blutenden Arsch erhob, stürzte sich ein Polizeihund auf mich.*

Da fühlte ich einen brennenden Haß gegen die Bullen und hätte gern einen Stein in der Hand gehabt.» Als er blaß an der Hauswand lehnte, grüßte ihn ein Polizist, halb familiär, und sagte: «*Jakob, Sie können nach Hause gehen.*» Alle Studenten, die sie von den Universitätsaktionen kannten, ließen die Polizisten passieren, die anderen wurden im Polizeiwagen nach Rottenburg zur erkennungsdienstlichen Behandlung gebracht.

Nach Jahren sollte Jakob noch einmal den mutigen Kämpfer Hans K. sehen. Eines Tages überkam ihn die verrückte Lust, in ein Konzert für Flöte und Laute zu gehen, mit Aurèle Nicolet. In der Pause sah er Hans mit fettem rosigem Gesicht im schwarzen Anzug und Schlips auf sich zusteuern, wich fassungslos zurück und wußte nicht wohin. Er dachte: kann es sein, daß die Universität alles ruiniert? Hans hatte inzwischen an der Gesamthochschule Kassel eine Stelle. Sie wechselten ein paar belanglose Worte voll Mißtrauen und heimlicher Abwehr. Jakob hatte immer das Bild vor sich, wie Hans mit rosigem Gesicht, in Schlips und schwarzem Anzug ächzend auf dem Schrank hing, Informationen in den Raum brüllte und schreiend Anweisungen für den Bau der Barrikade gab.

Das nächste Jahr, 1968, war das Jahr atemloser permanenter Aktion in Tübingen. An fast allen Instituten bildeten sich Basisgruppen, die für die Drittelparität in der Verwaltung ihrer Seminare kämpften (ein Drittel Professoren, ein Drittel Assistenten, ein Drittel Studenten). Zwar gab es den SDS noch als Organisation, doch politisch wurde er von den zahllosen sozialistischen Initiativen an der Uni überwuchert.

Im Sommer wollten die Genossen der Gruppe zur Besinnung kommen, sich Klarheit über ihre Aufgaben verschaffen, auch faulenzen, ausruhen, Atem holen. Fünfzig Studenten planten für die Semesterferien ein Lager bei Genua. Angefangen hatte es in Tübingen damit, daß Wotan K. ein Papier vorlegte, das mit dem Trompetenstoß begann: «*Organisation ist die Verbindung von Theorie und Praxis*» und mit dem Appell endete: «*Der SDS muß eine Kaderschmiede für sozialistische Aktion und Theorie werden.*» Bei Genua wurden es zwei Wochen angestrenger theoretischer Arbeit, marxistische Ökonomie und Staatstheorie, Tischtennis, Baden, Fußballspielen, Weintrinken, und als sie abends am Feuer saßen, sich an den Abenteuern der züngelnden Flammen berauschten, bis nur noch die Holzkohlestücke wechselnd aufflammten und verloschen, während der warme Abendwind sacht durch die Finger strich und sie fühlsam machte, sagte Jakob: «*Das Feuer sieht aus wie Athen bei Nacht.*»

Verbrecherisch war nur die Fahrt nach Italien gewesen. Jakob hatte einen VW, dessen linkes vorderes Rad eierte, man konnte höchstens fünfzig fahren, aber Holger jagte den Wagen mit hundertvierzig den Gotthard-Paß herunter, hinter ihnen Gottfried K., der sich für die Reise einen alten Mercedes gekauft hatte, dessen Vorderachse in Locarno fast brach, als er über einen Bordstein fuhr, doch zum Glück wurde er von fünf Psychologiestudenten mit einem rostigen Ford überholt, den sie nach siebzig Metern zum Stehen bringen konnten, und sie sprangen heraus, holten ihren Werkzeugkasten und legten sich unter den Mercedes.

Zurück in Tübingen, führte Jakob seine Arbeit in der neuen «Schülerprojektgruppe» fort und kam durch Berufsschüler in Kontakt zu Lehrlingsgruppen. Dadurch hatte er es mit Genossen zu tun, die ein «Zentrales Aktionskomitee» der Lehrlingsgruppen (ZAK) gegründet hatten. Hier gab schon der Marxismus-Leninismus den Ton an, wie fast überall, wo die ersten Begegnungen mit Teilen der Arbeiterklasse stattfanden. Die Zeitschrift der Marxisten-Leninisten hieß *Rebell* und erschien immer mit einem Zitat von Mao Tse-tung auf der Titelseite: *«Letzten Endes kann man all die Wahrheiten des Marxismus in einem Satz zusammenfassen: Rebellion ist gerechtfertigt!»* – Jakob setzte sich im SDS dafür ein, die hybride Vorstellung von der Universität als Aktions- und Organisationszentrum abzuwerfen. Dazu hatte ihn die Arbeit in den kleinen Städten rund um Tübingen gebracht. Es zeigte sich nämlich, daß es außerhalb von Tübingen viel mehr Linke als an der Universität gab. In Tettnang oder Tuttlingen schossen republikanische Clubs aus dem Boden, auch wenn die CDU in diesen Kleinstädten ein Wahlaufkommen von 65 Prozent hatte.

Die Genossen des SDS nannten ihn jetzt scherzhaft *«Reisekader»*. Er bereiste die Kleinstädte in Baden-Württemberg, denn die Arbeit unter Schülern hatte die antiautoritäre Revolte in Gegenden entstehen lassen, die bisher als tiefe Provinz galten. Um die Kosten der Reisen zu decken, unternahmen sie Finanzierungsraubzüge in den Buchläden. Es gab einen sportlichen Eifer bei diesen Unternehmungen, freilich auch die Lust, die Geschäftsleute zu foppen, wenn man an der Kasse ein Suhrkamp-Bändchen für drei Mark kaufte und mit einem Wälzer für achtzig Mark unter dem Arm den Laden verließ. Zwei, Michael und Christina, hatten beim Bücherklauen einen unerreichten Ruhm. Sie gingen in die wissenschaftlichen Buchläden in Stuttgart, klemmten sechs medizinische Fachbücher unter den Arm und verkauften sie in Tübingen. Einmal kamen sie mit einem Haufen Bücher in ihre Wohnung, warfen sie auf den Küchentisch und sagten stolz zu den erwartungsvoll Blickenden: *«Sucht euch was aus!»* Die Bücher auf beiden Armen gestapelt, hatten sie die Ausgangstür der Buchhandlung angesteuert, ließen sich von einem Angestellten öffnen und sagten höflich und trocken: *«Danke schön. Auf Wiedersehen!»* Sie besaßen eine beneidenswerte Gelassenheit. Michael kam eines Morgens um 8 Uhr 20 aus der Universitätsbuchhandlung Osiander, er schwörte darauf, in der Früh zu klauen, trug drei Bände ‹Kapital› unter dem Arm. Es war die Zeit, als sich die Gier verbreitete, das ‹Kapital› über den «Fetischcharakter der Ware» zu lesen. Sie verbreitete sich unter den Linken wie ein rasendes Feuer. Bald gab es in ganz Tübingen kein ‹Kapital› mehr zu klauen, und inzwischen hingen Spiegel an den Wänden, und die Langhaarigen mit zerlumpten Jeans wurden mißtrauisch in den Läden empfangen. Zwar wurde das Klauen immer gefährlicher, aber noch gab es unter den Linken einen instinktiven Affront gegen die Doppelschlächtigkeit der Bücher, wo man des Gebrauchswerts nur über den Tauschwert habhaft werden konnte.

Inzwischen war der SDS in Tübingen nicht mehr eine verschworene Gruppe dreißig Entschlossener, sondern die Universität brechend voll von Basisgruppen und Hunderten kämpfender Linker, und durch ihre große Zahl schwand das Klima persönlicher Wärme. «*Ich hatte nicht mehr das Gefühl, mich an jemanden anlehnen zu können wie Snoopy und zu sagen: ‹mir geht's sooo schlecht.›*» Im SDS gab es jetzt drei Gruppen: «*die Altgenossen, oft zehn Jahre älter als ich*», die Jungen und die Aktivisten der Basisgruppen. Die älteren Linken wurden als Lehnstuhlgenossen angesehen. Sie hatten eine maßlose Bewunderung für die Tatkraft der jungen Rebellen. Diese waren die Aktivisten der Veränderung und die Älteren die Interpreten der Veränderung. «*Es war einfach eine ältere Generation.*» Als es die Bewegung für die Drittelparität an den Instituten gab, trat eine dritte Gruppe im SDS auf: Studenten aus den umkämpften Fachbereichen, oft ältere, die in einem antiautoritären Aufbegehren gegen jene stritten, die Erfahrungen darüber hatten, wie man eine Aktion vorbereitet, sie durchführt, ein Ziel durchsetzt. In der Gruppe begann sich eine Politik der Hausmacht durchzusetzen. So bereitete sich innerhalb des SDS in Tübingen die Zersetzung vor, die ihn später kraftlos machen sollte.

Jakob wollte Tübingen verlassen. Frankfurt oder Berlin, die SDS-Metropolen, zogen ihn an. Aus Frankfurt aber kannte er das Klima neurotischer, hysterischer Diskussion unter den Genossen. Die Angst davor brachte ihn nach Berlin. Er kam mit einem kleinen Köfferchen im Bahnhof Zoo an. Aus Frankfurt wußte er, daß die Linken überwiegend in Studentenheimen wohnten, die zwar rote Bastionen waren, doch die Jugendlichen erhoben ihr triviales Elend zu einem originellen Lebensstil, KULTIVIERTEN DIE ARMUT ALS BOHEME. In Berlin war es anders. Die Szene der Genossen öffnete sich Jakob zu seinem Erstaunen in Wohngemeinschaften. Fast alle wohnten zusammen in alten, großen, herrschaftlichen Wohnungen. Anders als in Frankfurt, wo es einen hochnäsigen Ton gegen die Linken aus der Provinz gab, kamen die Berliner Jakob einladend und freundlich entgegen. Überdies schien ihm, wie wenn es in Berlin einen anderen Typ von Genossinnen als in Frankfurt gab: Frauen von ruhiger Entschlossenheit, die ihre Arbeit verläßlich und ohne Aufhebens machten.

Er fand sich schließlich in einer Villen-Wohngemeinschaft wieder, eine Doppelvilla, die zur Hälfte von Linken bewohnte wurde, fünf Männer und vier Frauen. Als er klingelte, öffnete ihm ein sommersprossiges Mädchen, er sagte verlegen: «*Gerd hat mir gesagt, ich kann hier wohnen*», sie erwiderte lächelnd: «*Komm rein, es ist das zweite Zimmer oben.*» Er hätte sie um ihrer Freundlichkeit willen gern in die Arme genommen, aber er drückte sich schüchtern an ihr vorbei. Die Beziehung der Leute der Wohngemeinschaft war herzlich und eng, obwohl Ende 1969 schon zwei mit der KPD/ML sympathisierten, worüber der Rest der Wohnung spottete. «*Aber auch wenn's einem dreckig ging, konnte man zu jemandem ins Nebenzimmer gehen und sich ausheulen.*» Wenn es Ärger unter den Linken in der Wohngemeinschaft gab, staute er sich nicht in einem Klima von Mißmut und Einschüchterung. Es gab die Atmosphäre einer Zärtlichkeit, auf die man rechnen konnte. Es war ein Glück der Stille und Einsamkeit wie der lauten Abenteuer der Revolte, mit Bob Dylan, Jefferson Airplane, Janis Joplin, den Rolling Stones, Frank Zappa, Eric Burdon und Canned Heat. Dazwischen sprang der schwarz-weiß gefleckte Kater, der bei ihnen lebte wie in den meisten Wohnungen der Berliner Linken, weil Katzen antiautoritäre Tiere sind, die den Gehorsam, die Unterwerfung verweigern.

Was Jakob in Berlin begeisterte, war die Möglichkeit, Betriebsarbeit zu machen. Wie ein Blitz hatte unter den Linken in Westdeutschland und West-Berlin ein Artikel aus der *Peking-Rundschau* Nr. 48 vom 2. Dezember 1969 eingeschlagen: «*Kader müssen an der Teilnahme kollektiver Produktionsarbeit festhalten*», in dem es hieß: «*Vor einem Jahr hat unser großer Führer Vorsitzender Mao die äußerst wichtige Weisung gegeben: ‹Für körperliche Arbeit an die Basis zu gehen, bietet den breiten Massen der Kader eine ausgezeichnete Gelegenheit, aufs neue zu lernen.›*» In Berlin war es Linken im Betrieb gerade gelungen, eine Aktion zu initiieren: die Fabrik Bosch in Berlin stellt Klimaanlagen her, und im Betrieb arbeitende SDS-Genossen schrieben ein Flugblatt, auf der einen Seite die Reproduktion einer Klimaanlagen-Reklame der Firma im *stern*, auf der anderen Seite eine Anklage gegen die durch Hitze unerträglichen Arbeitsbedingungen in den Hallen. Es gab Kurzstreiks, Bosch-Arbeiter warteten im Hof und ließen sich nicht durch verlogene Angebote des Betriebsrats überreden, zur Arbeit zurückzukehren. Die Bosch-Aktion war wie ein Signal dafür, daß linke Studenten im Betrieb dafür sorgen können, daß dort Bewegung entsteht. Die Idee der Aktion kam von Genossen, die Kontakt mit der «Unione dei Communisti Italiani (Marxisti-Leninisti)» hatten und das Prinzip «Untersuchen – Organisieren» nach Berlin brachten.

Für Jakob war das eine völlig neue Welt. Hier gab es ein völlig neues Mobilisierungsfeld! Die Schüler waren zwar auch eine andere Gruppe als die Studenten, doch jetzt schien ihm die Agitation unter ihnen nur wie eine Vorverlegung der Arbeit unter den Studenten. – Die Genossen der Betriebsgruppe bei Bosch arbeiteten im Harz ein Papier von sechzig Seiten aus, das später als «Harzer Papier» bekannt wurde. Darin riefen sie dazu auf, Studenten zur Entwicklung ihrer sinnlichen Wahrnehmungsfähigkeit und zur Mobilisierung der Arbeiter in den Betrieb zu schicken. Die Gruppe nannte sich «Projektgruppe Elektroindustrie (PEI)». Sie stand in Konkurrenz zu den ML-Gründungen von Organisationen und Parteien. Darum wandelte sie ihren Namen später in «Proletarische Linke/Parteiinitiative (PL/PI)».

Als müßte es jetzt sein, wo die Risse in der Einheit der Bewegung der Linken schon unübersehbar waren, gab es Ende 1969 einen Konflikt um die *Rote Pressekorrespondenz*, die sie bisher als gemeinsames Organ der «*Schü-*

ler-, Studenten- und Arbeiterbewegung» verstanden hatten. Die Redaktion der Zeitung sympathisierte mit den Marxisten-Leninisten, der Beirat hatte eine Antihaltung gegen sie. Die Marxisten-Leninisten wollten einen Artikel unterbringen, «*die marxistisch-leninistische Organisation in Angriff nehmen*». Er wurde im Beirat abgelehnt, die Redaktion wollte ihn dennoch drucken, daraufhin wurde ihr das Mißtrauen ausgesprochen. Zur gleichen Zeit bereiteten Genossen der Berliner SDS-Führung eine «Sozialistische Massenorganisation (SoMaO)» vor, mit einem sozialistischen Zentrum, einer proletarischen Kneipe, Autowerkstatt und Kino. Diese Initiative galt bei den Marxisten-Leninisten als «*zentristisch*», weil in ihr alle Gruppen des Widerstands in Berlin gesammelt werden sollten. Darauf wurde eine «*Arbeitskonferenz*» in Berlin beschlossen. Darin konnte man ein breites Spektrum der Berliner Linken finden: stimmberechtigt waren 37 Gruppen und 144 Delegierte. Einige, wie die Basisgruppe Wedding, kamen nicht. Sie hatten schon eine andere Perspektive, an der sie unverdrossen arbeiteten. Ihre Orientierung war schon auf die Arbeiterklasse. Es gab drei bedeutende Fraktionen: die ML West-Berlin, die eine Hierarchie von Schulung als Organisationsmodell vorschlug (Grundschulung, Fortgeschrittenenschulung und Hauptschulung), die «Harzer Gruppen», die Horlemann-Gruppe. Es gab einen Unmut um die Horlemann-Gruppe, weil sie sich nicht von dem Verdacht reinigen konnte, keine Praxis zu betreiben, sondern am grünen Tisch sitzend an Organisationsfragen zu basteln. Das trug ihr den Spottnamen «Kaffeekränzchen» unter den Genossen ein. Wie kann man mit der Buchgläubigkeit aufräumen? Nur dadurch, dass man die wirklichen Verhältnisse untersucht. Eine richtige und unerschütterliche Kampftaktik der Partei wird niemals von einigen wenigen am grünen Tisch ausgearbeitet. Später gab es ein Zusatzpapier, in dem es hieß, «*daß die Krise im Kapitalismus planbar ist . . . wir können nicht mehr auf den Krisenmechanismus rechnen*». Einer der beiden Promotoren des Zusatzpapiers sagte später: «*Ich kann dem Huffschmidt nicht mehr widersprechen, deshalb muß ich dieser These, die ich zwar für falsch halte, zustimmen.*» Bernd Rabehl sagte mit eindringlicher Stimme und verzweifelt: «*Genossen, wenn es keine Krise mehr gibt, gibt es keine Revolution!*» Er sagte weiter: «*Diese Konferenz wurde einberufen, weil scheinbar eine Gruppe vorgeprescht ist mit einem Modell der Übergangsorganisation. Und die Warnungen waren die, daß hier also eine Schulungsorganisation, ein dogmatischer Zirkel entsteht . . . Wir haben auch klar Stellung genommen zur ML und haben uns in unserer Argumentation der ML angeschlossen, weil wir darin die Möglichkeit sahen, Schritte sahen, diese Transformation zur proletarischen Organisation einzuleiten und zu verhindern, daß diese intellektuellen Verschwörerzirkel entstehen, wie sie permanent sich reproduzieren hier in Berlin.*»

Christian Semler: «*Eine Reihe von Genossen ist im Laufe dieses Jahres zu der Überzeugung gekommen, daß der Aufbau einer marxistisch-leninisti-*

schen Kaderorganisation notwendig ist.» So war es, und so geschah es. So sollte die «*Transformationsphase*» des SDS zu einer proletarischen Organisation überwunden werden. Es wollte auf der «*Arbeitskonferenz*» bisweilen noch scheinen, als wenn sich die Marxisten-Leninisten eine Jacke anzögen, die ihnen nicht paßte. Wenn man tief einatmet, paßt sie doch, und zugleich erweitert sich der Brustumfang.

Jakob stand mittendrin, als zwischen den «Harzer Gruppen» und dem Horlemann-Kaffeekränzchen eine Lösung für die RPK ausgehandelt wurde. Sie stellten eine Übergangsredaktion auf, in die er auch geschickt wurde. Er arbeitete zwar noch mit der PL/PI zusammen, mochte sich aber der blindwütigen Kritik dem Kaffeekränzchen gegenüber nicht anschließen. «*Die PI war organisatorisch unsolide, nichts lief zusammen, Ergebnisse wurden schlecht verarbeitet oder gar nicht. Was ich suchte, war Solidität und Verläßlichkeit, eine Organisation für den langen Haß, nicht die kurze Wut. Wir brauchten eine gut und diszipliniert arbeitende Organisation, damit die Erfahrungen nicht wieder auf der Strecke bleiben. Eine gut arbeitende Organisation macht auch eine gute Politik. Nicht daß ich vom Leninismus überzeugt war. Lenins Text über den Imperialismus hielt ich schon damals für Schwachsinn.*» Mitglieder der PI, vom Kommunistischen Bund West-Berlin trafen sich mit dem Kaffeekränzchen. Es kam ein Kreis von 45 zusammen, immer wieder ging die Rede, daß man eine Partei gründen müsse. Einzelne kamen zu den Diskutierenden neu hinzu, andere blieben weg. Darum beschloß die Gruppe, die Flexibilität zu begrenzen, und neue Genossen sollten nicht mehr formlos aufgenommen werden. Eine *vorläufige Plattform der Aufbauorganisation für die Kommunistische Partei Deutschlands* wurde geschrieben, über Aufbau, organisatorische Prinzipien, nächste Aufgaben: «*ihr höchstes Ziel muß die Umwandlung der von Studenten und Intellektuellen geführten Organisation in eine proletarische Organisation sein*».

Noch fanden gemeinsame Aktionen statt, auf denen Jakob seine alten Genossen wiedertraf: in Schlachten, in denen Hunderte von Steinen flogen, und die Polizisten panisch davonliefen, die es gewohnt sind zu schlagen, statt geschlagen zu werden; oder in der Demonstration von über zehntausend Linken gegen den Einmarsch der US-Armee in Kambodscha im Mai 1970, als die Polizeipferde nervös in die Menge galoppierten, die Reiter stürzten, dreitausend Demonstranten sich mit brennenden Zeitungsfackeln und Steinen zur Wehr setzten. Am nächsten Tag erschienen Berliner Zeitungen mit den Schlagzeilen «*DEMONSTRATION ODER TERROR?*», *EINE BLUTIGE BILANZ*» (*Berliner Zeitung*) und «*HEUTE FRÜH: GROSSAKTION DER POLIZEI GEGEN ANARCHISTEN*» (*Der Abend*).

1971 fand die erste große von der KPD geführte Demonstration zum 1. Mai statt. Mit anderen stellte Jakob ein gewerkschaftliches Mai-Komitee aus Betriebsräten und Vertrauensleutekörpern zusammen. Die «Sozialistische Einheitspartei West-Berlin (SEW)» verschaffte sich die Mehrheit im Komitee und meldete heimlich die traditionelle Mai-Route der Linken in West-

Berlin an. Darauf entstand die Parole «*1. Mai im Wedding*», ein zweites Mai-Komitee wurde gegründet, und als sich die Reihen aufstellten, erwartete Jakob fünftausend oder sechstausend Demonstraten, doch es kamen zehntausend, die unter den Parolen «*500 Mark Lehrlingslohn*», «*1200 Mark Mindestlohn*» und «*Amis raus aus Vietnam*» liefen. Es war ein großer Erfolg für die KPD/AO, und den Mitgliedern aus der ersten Stunde wollte scheinen, als beginne sich die Gründung auszuzahlen. Alle drängten nach Westdeutschland, «*damit die KPD/AO nicht nur ideologisch, sondern auch organisatorisch die Führung des Proletariats wird*».

Im Juni 1971 benannte sich die Gruppe in «KPD» um. 1970 hatte sie noch geschrieben: «*Gegenwärtig kann noch keine revolutionäre Organisation den Anspruch erheben, sich KPD zu nennen. Denn das Prinzip der organisierten Klassenanalyse, die Verankerung der künftigen Partei in den Massen nimmt gerade ihren Anfang.*» Jetzt sollte es keinen Grund für diesen Zweifel mehr geben? Seit diesem Zeitpunkt begann die Großmäuligkeit in der Gruppe der siebzig Parteimitglieder, KPD, «*Partei der Arbeiterklasse*». Flugblätter der KPD zu Aktionen der Gruppe erschienen mit dem Satz «*zahlreiche Teilnehmer nahmen an der Versammlung teil*» oder «*viele liefen in der Demonstration*» oder «*sehr viele nahmen an der Schlußkundgebung teil*». Unter den Angehörigen der Partei gab es heimlich die spöttische Redeweise: «*Zahlreich ist 4, viele ist 7, sehr viele ist 15.*» Die KPD wurde später vom Bundesgerichtshof als Partei anerkannt, wie man, in Zeiten der Not, Zichorie für Kaffee nimmt.

Jakob meldete sich für Stuttgart, nicht für das Ruhrgebiet, wohin die meisten Parteimitglieder gingen. Er hatte Angst vor dem Absturz in die Abgründe sozialer Einsamkeit. An sich beobachtete er, daß er sich zu Freunden, Bekannten nur noch geschäftsmäßig verhielt, kurz angebunden und knapp, weil er einen knappen Zeithaushalt hatte. «*Du verlierst zusehends Kontakte zu Leuten außerhalb der Partei, hast Angst, einen Konflikt mit der Partei durchzufechten, weil du denkst, das könnte mit Ausschluß enden, dann stehst du entblößt da, kennst niemanden. Viele Mitglieder und Sympathisanten sind nur noch dabei aus diesem Grund, und je sektiererischer die Organisation wird, desto schlimmer wird die Furcht, bis du sagst: lieber mit der Partei irren als gegen die Partei im Recht sein.*»

In Stuttgart konnte Jakob auf seine Freunde in Tübingen hoffen. Überdies hoffte er dort, Ski zu fahren, eine «*alte bourgeoise Leidenschaft*», der er mit Sehnsucht anhing. Wenn er die Abhänge in Bayern herunterfuhr, dann immer mit schlechtem Gewissen – Mitglied des Zentralkomitees einer kommunistischen Partei, die den Intellektuellen an den Universitäten das Losungswort oder «*Umerziehung*» verhieß! Schon immer stand er als 24jähriger beklommen vor dem Zwang, einem 50jährigen Familienvater mit drei Kindern Weisungen für den Weg zur proletarischen Revolution zu geben. «*Die proletarische Partei der Arbeiterklasse der Bundesrepublik Deutschland zu repräsentieren, das hat in mir Abgründe von Zweifel, Angst und*

Beschämung aufgerissen, davor hatte ich Schiß.»

Im ZK war Jakob dem nationalen Aufbau zugeteilt, der Org-Abteilung. Er machte diese Arbeit mit einer süffisanten Schlampigkeit, Briefe lagen über Monate in der Schublade, bis ein Genosse aus Frankfurt kam und empört maulte: *«Wir haben euch schon sieben Briefe geschrieben!»* – *«Was – ich kenne euch gar nicht!»*

Jede Woche oder jede zweite mußte Jakob nach Dortmund fahren, zu ZK-Sitzungen oder Abteilungssitzungen. Zuvor bekamen die ZK-Mitglieder Rundschreiben mit der Tagesordnung. Die Sitzungen fingen Samstag um vierzehn Uhr an, dauerten bis zwei Uhr nachts, am nächsten Morgen um acht Uhr weiter bis siebzehn Uhr. Zu dieser Zeit mußten die meisten, die im Betrieb arbeiteten, wieder fahren. Diskussionen fanden kaum statt, auch nicht theoretische Auseinandersetzungen, nach denen Jakob hungerte. Alles wurde in maßloser Hast besprochen, weil die Zeit drängt. Jahrestag in Oman oder Dhovar, in Köln muß eine Demo gemacht werden, wenn das nicht geschieht, verhandeln die Araber mit dem Kommunistischen Bund Westdeutschlands (KBW), *«und wir sind weg vom Fenster»*. Abgehakt. Nächster Tagesordnungspunkt. Wenn es zu Abstimmungen kam, konnten die ZK-Mitglieder, nach einem geheimen, spöttischen Einverständnis, auf die *«Hybris-Fraktion»* und die *«Melancholie-Fraktion»* rechnen, jene mit einem tötenden Selbstbewußtsein, diese mit einem wehmütigen Zweifel. Die ZK-Mitglieder der Melancholie-Fraktion sagten untereinander grimmig-scherzhaft: *«Heb alle Zeitungen, alle Flugblätter auf, davon leben die Renegaten!»*

In Baden-Württemberg hatte die IG Metall 1972 durch einen Lohnrahmentarifvertrag eine Kampfstimmung hervorgerufen: Absicherung des Arbeitsplatzes für ältere Arbeitnehmer, Taktzeiten am Band, Akkordabsicherung von 130 Prozent. Die Stuttgarter KPD-Gruppe machte sich die Forderungen zu eigen, brachte eine Broschüre heraus über den Rahmenvertrag, die reißenden Absatz fand. Von der Zentrale in Dortmund kam die Direktive: der gegenwärtige Stand der Rahmentarife ist nur ein Ablenkungsmanöver von den Lohnforderungen, und nach dem Streik wurde ein Schriftstück versandt, in dem es unter anderem hieß: im Ergebnis des Rahmentarifs sollen Kurzpausen von fünf Minuten für Bandarbeiter garantiert werden, in Stuttgart gab es diese Kurzpausen bereits, und Jakob schrieb einen bitterbösen Brief ans ZK: *«Man stelle sich vor, wir verkaufen die Broschüre bei Daimler, und ein Arbeiter liest sie in seiner Kurzpause . . .»* Aus Dortmund kam eine Untersuchungsgruppe vom ZK der Partei und randalierte: *«Ihr habt die Linie nicht verfolgt. Das Ergebnis kann man sehen, nur zwei neue Kontakte. Wieviel neue Kader? – Keine! Aha. Rechtsopportunismus endet immer so.»*

1973 kam der Putsch der Militärs in Chile. Das war schmerzhaft für Jakob, denn seit Jahren hatte er die Unidad Popular verfolgt wie einen Motorradfahrer auf dem Seil. Er fuhr zu Genossen der Partei in Stuttgart und erwartete, sie so bestürzt zu finden wie sich selber. Es zeigte sich aber, daß sie ihren freien Tag hatten. Es gab den Zwang, wo die Politik zur Arbeit wird, ein Arbeitsverhältnis, in dem man Überstunden verweigert. «*Ich habe meinen freien Tag, heut ist mein freier Tag, es reicht auch, wenn wir morgen früh das Flugblatt machen.*» Am Tag darauf kam ein Modellflugblatt von der Zentrale, im Tenor «*eine Revolution ohne Waffen ist zum Scheitern verurteilt, das Scheitern Allendes war von Anfang an vorauszusehen*». Jakob war entschlossen, das Flugblatt nicht zu verteilen.

Es war die Zeit der Neuwahlen in der «Liga gegen Imperialismus», einer antiimperialistischen Massenorganisation der KPD, mit der sie den antiimperialistischen Impetus der Studentenbewegung auffangen wollte. In ihr sollte anfangs auch Platz für die Hausfrau sein, deren Mann CDU wählt, die aber über den chemischen Krieg der USA in Vietnam in Zorn gerät, für die Ortsgruppe der «Liga» in Hof, die geschlossen die SPD wählt. Der Rechenschaftsbericht aber, der von der Leitung der «Liga» kam, machte aus der Organisation unversehens eine bolschewistische Unterorganisation der KPD. Das Regionalkomitee der «Liga» in Baden-Württemberg schrieb einen Brief an die Zentrale: Absetzung des Genossen, der für den Bericht verantwortlich ist, Rücknahme des Berichts, wenn die «Liga» keine demokratische Massenorganisation sei, müsse sie es werden, statt noch sektiererischer als zuvor. Darauf kamen zwei Beauftragte von der Zentrale, um die Gruppe auszurichten. Gegen Jakob wurde ein Ausschlußantrag gestellt. In der KPD muß die Zelle ausschließen, doch sie weigerte sich in Stuttgart und hielt das Ganze für spitzbübisch und abgefeimt. Gleichzeitig hatten sich bei Jakob und seinen Genossen in der Stuttgarter Ortsgruppe so viele Erfahrungen über die Partei gesammelt, daß sie selbst einen Schlußstrich ziehen wollten. «*Wir waren uns klar, das mit dem Leninismus – das ist nicht . . .*»

Der erste Tag nach seiner Entscheidung, die KPD zu verlassen, ist für Jakob voller Zweifel und Beklemmungen. «*Die Leidenschaft ist raus!*» – aber die Ungewißheit bleibt.

Jetzt stürzt das ganze Gebäude der Alltagsrealität über ihm zusammen. Mit seinem Staatsexamen wird er nicht in den Referendardienst an der Schule übernommen. Bei seiner Freundin liest er einen Brief vom Kultusministerium an sie, als sie sich auch für den Schuldienst beworben hatte, in dem es den delikaten Satz gibt: «*Selbst wenn Sie das zweite Staatsexamen bestehen, ist es höchst unwahrscheinlich, daß Sie in den Schuldienst übernommen werden.*» Jetzt erhebt sich die Gesellschaft gegen die zur Rache, die sie verändern wollten.

Der ungebrochene Glaube an das lineare Geschichtsmodell des Marxismus, vom Urkommunismus zur kommunistischen Gesellschaft, fehlt ihm jetzt. Er fängt an, Texte wieder zu lesen, die er früher gelesen hatte und findet bei Korsch den Hinweis, daß die Dialektik, das Erbteil des Marxismus vom objektiven Idealismus, bei Hegel immer mit dem absoluten Wesen verbunden ist. Er bemerkte, daß er bisher immer nur die Totalität, die

Hauptstraße des Denkens, gegangen war, ohne die abenteuerlichen Seitengassen zu betreten. In dem Marxschen Gebäude von Basis und Überbau fehlen die Treppen, wie entsteht das Bedürfnis, warum entsteht es, was ist Macht?

DEM BLÄST KEIN WIND, DER IN KEINEN HAFEN EINFÄHRT. Jetzt ist es der radikale Zweifel an Gewißheiten, der Jakob vorwärts treibt. Er liest Basaglia, Foucault, Feyerabend, Bataille, Deleuze – Autoren, die radikaler denken als Marxisten, eine anarchistische Revolte gegen die Herrschaft des etablierten Wissens. Mit der Idee des Glücks wird ein System der Zwecke, eine Idealvorstellung des Menschen errichtet. Der Ideologie der Zwecke stellt Jakob mit Foucault heute lieber das «Funktionieren» entgegen: DIE MENSCHHEIT HAT KEINE ZWECKE, SIE FUNKTIONIERT UND KONTROLLIERT IHR FUNKTIONIEREN.

Bei seinen früheren Genossen schlägt ihm immer die Denunziation «objektiv konterrevolutionär, subjektiv redlich» entgegen. Aber andere außer ihm entscheiden, was wahr und falsch ist, und er zieht es vor zu sagen: DER EINZIGE GRUNDSATZ, DER DEN FORTSCHRITT NICHT BEHINDERT, LAUTET: ANYTHING GOES (MACH, WAS DU WILLST). Nicht nur Oppositionssysteme wie «revolutionär-konterrevolutionär», sondern auch gut und böse, normal und anormal, krank und gesund sind Herrschaftssysteme. Gegen die Wissenschaft hatte ihn ein tiefer Zweifel befallen, denn sie ist zu einer Kirche des Staates geworden. Das Wissen repräsentiert selbst Konformität, und was unter dem Wissen zur Ideologie des Staates aufsteigen kann, muß sich einer bstimmten Norm von Regeln unterwerfen, die selbst darin rätselhaft bleiben, worin sie «rational» sind und dürfen auch nicht danach befragt werden. Worin soll bewiesen sein, daß das Wissen nicht nur ein Mythos ist, entstanden unter anderen historischen Umständen als die Kosmologie der Hopi? Der Marxismus hatte sich aus dem Gegensatz zum utopischen Sozialismus als wissenschaftlicher definiert. Das hat ihn die Radikalität der Träume und Ausschweifungen genommen. Seine Fragen sind nicht bohrend genug. Überall gibt es im Marxismus den Universalismus der großen Geste: von der Arbeiterklasse ist die Rede statt von dem Arbeiter, von der Kapitalistenklasse statt von dem Kapitalisten, Macht soll mit Interesse kooperieren, statt nach dem Interesse nach Macht zu fragen.

Fragen, Fragen, Fragen. Seit Jakob nicht mehr in dem Schoß intellektueller Geborgenheit des Marxismus-Leninismus lebt, ist er begierig, sie zu lösen. «Standpunktlos», sagen seine früheren Genossen, die Angst haben, die Vertrautheit des wissenschaftlichen Sozialismus zu verlassen, «Sucher», sagt Jakob.

5. Kapitel

Es gibt Schüler, die machen jetzt nicht mehr mit

An einem Samstagabend kam der Vater vom Wildern zurück und brachte ein Kaninchen mit. Arnim, acht Jahre, nahm es in die Hand und fing an, damit zu spielen, bis er hörte: *«Du mußt es jetzt schlachten.»* Der Vater gab ihm ein Messer in die Hand, zeigte ihm, wie man den Kopf des Tieres zurückbiegt, um die Schnittfläche am Hals freizulegen. Arnim schnappte das Kaninchen und fühlte das weiche Fell, wie das Tier zappelt, sich bewegt, warm ist, legte das Messer an die Kehle und fühlte kein Mitleid, wie er das Blut über das Fell rinnen sah. Damals ahnte er noch nicht, was Erwachsensein bedeutet: begreifen, daß es eine Feindschaft unter den Menschen gibt und zwischen Mensch und Tier.

Er lebte in Gelnhausen, einer Kleinstadt am Fuß des Vogelsbergs in Hessen, in einer Natur, die Züge von Lieblichkeit hatte; doch Lieblichkeit ist der erste Schritt zur Domestizierung der Natur. – Der Vater war gelernter Drahtweber, dann Schrottarbeiter, Kohlenfahrer, Automobilarbeiter, Postbote. Er selbst wollte in seinen Jugendträumen Waldarbeiter werden, dann Förster. Der letzte Wunsch in der Karriere seiner frühen Träume war Bundespräsident. Die Großmutter, immer schon unzufrieden, daß ihre Tochter einen Mann aus niederem Stand geheiratet hatte, wollte, daß aus Arnim etwas Besseres wird, und flößte ihm Ehrfurcht vor dem Bundespräsidenten Heuss ein. Dieser frühe Berufswunsch erlebte erst da einen jähen Absturz ins Bodenlose, als Arnim den neuen Bundespräsidenten Lübke erlebte.

Sein Vater sagte: *«Du wirst ein anständiger Facharbeiter!»* und schickte ihn auf die Mittelschule in Frankfurt. Mit Abschluß der Mittelschule meldete Arnim seinen Wunsch an, Abitur zu machen. Auf den Widerstand seines Vaters war er gefaßt, und so gelang es ihm, sich durchzusetzen.

Auf dem Gymnasium fühlte er die Angst, es nicht zu schaffen, nachdem er sich gegenüber seinen Eltern durchgesetzt hatte. Es war eine Angst, die die ganze Schulzeit währte und noch die Träume beherrschte. In der Klasse bemerkte er, daß er ein anderer Typ als seine Mitschüler war. Sie sprachen über Freizeitbeschäftigung, die er nie geteilt hatte: Tennis, teure Konzerte, Wochenendparties. Er fühlte in einen Druck, sich anzupassen, in Kleidung, Verhalten und Gesten. Wenn er mit seinen zu kurzen, abgetragenen

71

Hosen und einfachen Schuhen in die Schule kam, glaubte er hinter seinem Rücken den Spott über den Bauern aus Gelnhausen zu hören. *Ich hab mich geschämt, daß mein Vater Arbeiter ist.* Von dem ersten Geld, das er in den Ferien verdiente, kaufte er sich Jeanshosen, eng an der Hüfte anliegend, modische Schuhe und Hemden. Auch als er die Schulpolitik zu seiner Sache machte, war es wie eine ihm unbewußte Anstrengung der Integration in das Leben der Oberschüler. Der Posten des Chefredakteurs an der Schülerzeitung *Beobachter* wurde ihm angetragen, er schlug ein. Ehe er sich's versah, gab es einen Konflikt mit dem Direktor. Er schrieb eine Glosse über die Abiturfeier, über die geschwollenen Reden des Direktors und der SMV-Vertreter, und der Schulleiter nahm später verletzt ein öffentliches Auftreten an der Schule wahr, mit schulmeisterlichem Pathos zu sagen: *Es gibt Leute, die kommen von der Realschule und meinen, daß sie hier die Welt einreißen können. Dem ist nicht so. Die Verhältnisse hier sind anders. Hier zählt die Leistung, und hier zählt die Anpassung.*

Das war jedoch eine Anpassung, der sich Arnim nicht unterwerfen wollte. In der Schülerzeitung erschienen weiter Artikel über Vietnam, Sartre, ‹Warum ich Atheist bin›, ‹Warum ich Christ bin›. 1966 trat Arnim in die SPD ein. Seine Lektüre war zu jener Zeit Marx und Lenin, und er glaubte, daß die SPD eine Partei der Arbeitnehmer ist, eine sozialistische Organisation. Schon ein halbes Jahr später stürzten seine Illusionen zusammen, als am 1. Dezember 1966 die Große Koalition gebildet wurde. *Damals begriff ich, daß eigentlich das, was sich im Parlament abspielt, nicht die wesentliche Ebene von Politik ist, für die ich sie vorher gehalten hatte.* Er fing an, außerparlamentarisch und antiparlamentarisch zu denken. Als er ein Jahr später ‹Die Transformation der Demokratie› von Johannes Agnoli und Peter Brückner in die Hand bekam, las er gierig, daß das Parlament nur noch ein Instrument zur Veröffentlichung von Herrschaft ist.

Inzwischen ging der Schulalltag mit autoritären Lehrern und sich duckenden oder aufmuckenden Schülern weiter – bis ein Flugblatt vom Aktionszentrum unabhängiger sozialistischer Schüler (AUSS) verteilt wurde.

Es gibt Schüler, die machen jetzt nicht mehr mit!

Die Schüler in der Bundesrepublik sind eine unverhältnismäßig rechtlose und unterdrückte Gruppe. Sie sind abhängig von demokratisch nicht kontrollierten Instanzen:
– von einer Schule mit überholter Autoritätsstruktur und
– von einem Elternhaus, das alle «erzieherischen» Mittel in der Hand hat.

Die Schule in der Bundesrepublik ist noch undemokratischer in ihren Inhalten als die bundesrepublikanische Gesellschaft im Durchschnitt.

An der Schule gelten noch immer die Gesetze aus vordemokratischen Zeiten. Die Ausbildungsinhalte unserer Schulen dienen in erster Linie der Anpassung der Schüler an ein formal pluralistisches, inhaltlich aber undemokratisches und inhumanes Gesellschaftssystem.

Wir fordern:
Eine demokratische Schule in einer demokratischen Gesellschaft

SMV und Schülerzeitung sind heute die «demokratischen» Feigenblätter einer undemokratischen Schule in einer formal demokratischen Gesellschaft. Sie sind bis heute Instrumente zur Verschleierung der autoritären Struktur der Schule geblieben. Alle Versuche, sie zu wirksamen Organen demokratischer Kontrolle zu machen, sind gescheitert.

Wir fordern:
Einführung demokratischer Kontrollorgane an der Schule

Es wird endlich offen sichtbar, daß die stets beredete Schulreform und die stets beschworene Ausbildungsplanung endgültig vertagt werden sollen. Immer häufiger und immer drastischer wird in der letzten Zeit in den Bildungssektor zuungunsten von Lehrern und Schülern eingegriffen. Jetzt soll die Finanzmisere der Länder und die Finanzkrise des Bundes auf dem Rücken von Lehrern und Schülern ausgetragen werden. Schulreform und Ausbildungsplanung werden ersetzt durch die individuelle Anstrengung aufopferungsvoller Lehrer oder durch die autoritäre Disziplinierung der Schüler.

Die Ursachen dieser Zustände müssen von den Schülern begriffen, die Kritik an diesen Zuständen von den Schülern selbst geführt werden. Es genügt nicht mehr, daß sie von ohnmächtigen Kultusministern in Feieransprachen beredet werden, daß sie von soziologischen Instituten analysiert, von den zensierten Institutionen der SMV vertagt und im publizistischen Garten der Schülerzeitung formuliert werden.

Darum fordern wir:
Verwirklichung des Rechtes
auf politische Organisierung der Schüler an der Schule selbst

Darum haben wir uns zum
AKTIONSZENTRUM UNABHÄNGIGER
UND SOZIALISTISCHER SCHÜLER (AUSS)
zusammengeschlossen (bislang Gruppen von ca. 20 Städten)

Wir werden unsere Kritik vortragen und unsere Forderungen begründen auf dem ersten
Kongreß unabhängiger und sozialistischer Schüler
am 18. Juni 1967 in Frankfurt am Main.

Die Aufregung, die dieses Flugblatt an Schulen hervorrief, hatte niemand vorausgesehen, auch nicht die Verfasser, SDS-Genossen. Kein Lehrer versäumte es, die Zeilen im Unterricht herunterzumachen, die Schüler diskutierten in der Pause und nach der Schule darüber. In ihnen war der Hang zur Rebellion gegen die autoritäre Unterdrückung der Schule getroffen, die nichts anderes als eine Dressur für die Autorität des Staates ist. Danach geschah etwas Neues: die Schüler protestierten nicht mehr einzeln, sondern schlossen sich zusammen. Arnim zögerte nicht, zur Unabhängigen und Sozialistischen Schülergruppe (USSG) an seiner Schule zu gehen. Gleichzeitig hatte er begonnen, Teach-ins und Versammlungen des SDS in Frankfurt zu besuchen, hörte SDS-Größen und lernte einige von ihnen kennen: Rudi

Dutschke, Hans-Jürgen Krahl, K. D. Wolff, Günther Amendt. Die rhetorische Überlegenheit und die provokative Sicherheit der Redner beeindruckte ihn. Nach den Veranstaltungen kam er sich vor wie ein Akteur der Geschichte – nur, an der Schule blieben die Verhältnisse die gleichen.

Durch seine Arbeit in der Schülerzeitung wurde er zu Seminaren der «Jungen Presse Hessen» eingeladen. Dort lernte er andere junge Redakteure kennen, fast alle mitgerissen von der Bewegung der Linken. *«Nur Hartmut Holzapfel, damals noch in der Jungen Presse, hat sich nicht nach links entwickelt, nur nach oben!»* Die Diskussionen in den Seminaren ergaben, daß Schülerzeitungen nur eine Imitation der Erwachsenenwelt sind, eine Institution mit Chefredakteur, Geschäftsführer, Redaktion, Ressorts und Volontären. Mit anderen Mitarbeitern in *Beobachter* zog Arnim daraus die Konsequenz und verlagerte die Aktivitäten aus der Schülerzeitung in die politische Arbeitsgemeinschaft. *«Enteignet Springer!»*, *«Kriegsdienstverweigerung»*, *«Sexualaufklärung»* waren die Themen und immer wieder: *«Vietnam»*.

Inzwischen ergriff die Kampagne gegen die Notstandsgesetze die ganze Stadt. Der Sozialdemokratische Hochschulbund (SHB) rief die Studenten zum Hochschulstreik auf, 170 Angestellte der Adlerwerke unterzeichneten eine Erklärung gegen die Notstandsgesetze, Gewerkschaftsmitglieder forderten die IG Chemie auf, Schwerpunktstreiks zu organisieren, die IG Druck und Papier rief sechstausend Mitglieder auf, am kommenden Montag um dreizehn Uhr die Arbeit niederzulegen. Am 27. Mai brachen Studenten die Tür des Rektorats mit einem Stemmeisen auf und besetzten die Räume; über dem Haupteingang der Hochschule steht mit roter Farbe: *«Karl-Marx-Universität»*. Am Nachmittag des Tages fand auf dem Römerberg eine Massenkundgebung von fünfzehntausend gegen die Notstandsgesetze statt. Der 28. Mai wurde zum Kampftag der Schüler: die Bettina-Schule war besetzt, und Arnim organisierte mit anderen der USSG einen Demonstrationsmarsch von vierhundert Mitschülern dorthin. Das war ein großes Abenteuer, denn es zeigte sich, daß gelang, was die Älteren vom SDS scheinbar mit der linken Hand praktizierten: eine spontane Demonstration auf die Beine stellen. Arnim zog es später in die Universität, noch immer besetzt. Bei den Germanisten, die er vom Kampf der Schülerbewegung her kannte, war der Lehrbetrieb lahmgelegt. Sie waren es satt, über der Frage zu sitzen, warum die Goten das hauchten, während im Land die Notstandsgesetze vorbereitet wurden.

Die Mobilisierung für die Kampagne gegen die Notstandsgesetze hatte die Blockade der Springer-Druckereien geschaffen. Gründonnerstag 1968 war Rudi Dutschke in Berlin auf der Straße angeschossen worden. Alle Linken, die davon hörten, waren sich darüber im klaren, daß es Aktionen geben wird, die über das hinausgehen, was sie zuvor gewagt hatten. Karfreitag gingen sie in die Kirchen und versuchten, auf den Gottesdiensten zu sprechen. Hans-Jürgen Krahl sprach neben der Kanzeltreppe über die Schüsse in Berlin und den Revolverjournalismus der Springer-Presse; er schloß mit den Worten *«Friede den Menschen, Krieg den Institutionen!»* Neben ihm lehnte ein Plakat an der Wand mit der Aufschrift *«Jesus, Martin Luther King, Rudi».*

Durch Mundpropaganda gab es eine Verabredung vor der Springer-Druk-kerei in der Mainzer Landstraße. Obwohl Arnim wußte, daß die Nacht nicht friedlich ausgehen würde, ging er romantisch in sie hinein. Von seinem Vater hatte er sich einen Bauhelm schenken lassen, seine Mutter schmierte ihm Brote.

Vor der Druckerei verbarrikadierten die Linken zwei Ausgänge mit Balken, Autowracks, Steinen. Die Polizei war bereits in dem Gebäude postiert und versuchte mit Wasserwerfern und Lastwagen auszubrechen. Einmal gelang einem Lastwagen der Ausbruch, doch die Demonstranten brachten ihn auf der Straße zum Stehen und ließen aus den Rädern die Luft heraus. Dann stand er mitten auf der Mainzer Landstraße wie ein krepierendes Tier. Inzwischen war eine Gruppe von CDU-Mitgliedern gekommen und beschwörte die Linken mit demokratischen Phrasen. Sie blieben ihnen jedoch keine Antwort schuldig. An einer Mauer des Fabrikgeländes sammelten sich Demonstranten, die von den Wasserwerfern naß waren, und trockneten sich an Schächten, aus denen die Warmluft der Rotationsdruckmaschinen kam. Immer wieder leuchtete in der wogenden Masse der tausend Demonstranten vor der Blockade der gelbe Anorak eines Genossen auf, der die anderen zu den Brennpunkten des Kampfes dirigierte. Arnim fühlte sich von einem Schüler aus der USSG beiseite genommen, der ihn zu einem Trümmergrundstück in der Parallelstraße, der Frankenallee, führte. Sie liefen die Treppe herunter. Im Keller waren in einer Apfelsinenkiste Molotow-Cocktails und Brandfackeln versteckt. *«Nimm dir welche!»* hörte Arnim ungeduldig, griff sich zwei und versteckte sie unter seiner Parka. Er lief die ganze Nacht damit herum; am nächsten Tag versteckte er sie zu Hause unter seinem Schreibtisch. Nachts um eins fuhr ein grauer Lieferwagen vor, begeistert empfangen, denn er brachte heißen Tee für die vor Nässe und Kälte zitternden Genossen. Um drei schließlich kam die Polizei – statt aus der Druckerei auszubrechen – vom Rücken der Demonstranten her – Blaulichter und Sirenen. Zwar leerte sich die Straße schnell, doch wenn die Polizisten Fleisch unter die Knüppel bekamen, schlugen sie zu.

Ohne daß es einer Verabredung bedurft hätte, wurden Springer-Druckereien in ganz Westdeutschland und West-Berlin belagert. Jeder Genosse wußte: Springer zielt, und Bachmann, der Attentäter, schießt. Die Erregung war nach den beiden Blockadenächten noch lange nicht abgeklungen. Öffentlich wurde unübersehbar: die Machtballung des Springer-Konzerns ist zu einem zentralen Problem geworden. Das wußten die Berliner Studenten schon lange. In Berlin hatte sich eine rege linke Anti-Springer-Subkultur entwickelt: Plaketten, Postkarten, Broschüren, Poster.

Keiner derer, die an dem Aufruhr aus Wut und Empörung teilnahmen, *«bei welcher eine der in § 113 und 114 bezeichneten Handlungen mit vereinten Kräften begangen wird»*, verschwendete eine Sekunde an den Gedanken über die Kosten der Wut und Empörung – Gefängnis nicht unter sechs Monaten, Zuchthaus bis zu zehn Jahren bei Rädelsführern. Günther Amendt sollte später als Rädelsführer zur Zahlung von über 20000 DM verurteilt werden. Doch noch bewährte sich die Solidarität der Kämpfer, und der Betrag wurde gemeinsam aufgebracht.

Von den 847 Beschuldigten der Ostertage sagte Ernst Benda (CDU), Bundesinnenminister, am 30. April 1968 vor dem Deutschen Bundestag: *«Von den Beschuldigten sind 87 bis zu 18 Jahre alt, 210 zwischen 19 und 21 Jahren, 246 zwischen 22 und 25 Jahren, 286 Personen sind älter als 25 Jahre. Nach Berufen aufgegliedert ergibt sich folgendes Bild: 92 sind Schüler, 286 Studenten, 185 Angestellte, 150 Arbeiter, 31 sonstige Berufe, 97 ohne Beruf, unbekannt ist der Beruf bei 26 Personen.*

Meine Damen und Herren – diese Aufgliederung scheint mir zu zeigen, wie falsch es wäre, die Gewaltaktionen als Studentenunruhen zu bezeichnen.»

Oder Helmut Schmidt (SPD), stellvertretender Parteivorsitzender und Vorsitzender seiner Bundestagsfraktion:

«In Demonstrationen gegen Axel Springer kommt eine Vertrauenskrise eines Teils der öffentlichen Meinung gegenüber einem Teil der veröffentlichten Meinung und damit zugleich ein Mißtrauen gegen die Funktionsfähigkeit der Demokratie zum Ausdruck» (Bonner Depesche 4/68).

Oder Klaus Schütz (SPD), Regierender Bürgermeister von Berlin: *«Ihnen geht es allein darum, den freiheitlichen Rechtsstaat handlungsunfähig zu machen»* (18. April 1968).

Oder Theodor W. Adorno, Heinrich Böll, Peter Brückner, Ludwig von Friedeburg, Walter Jens, Golo Mann, Alexander Mitscherlich und andere in einer Erklärung vom 13. April 1968:

«Dieses Klima ist systematisch vorbereitet worden von einer Presse, die sich als Hüterin der Verfassung aufführt und vorgibt, im Namen der Ordnung und der Mehrheit zu sprechen, mit dieser Ordnung aber nichts anderes meint als ihre Herrschaft über unmündige Massen und den Weg in einen neuen autoritätsbestimmten Nationalismus.»

Oder William S. Schlamm in der *Welt am Sonntag* vom 19. Mai 1968: *«Von ein paar Berufshistorikern wie Professor Golo Mann abgesehen, hat kein intelligenter Mensch einen Zweifel daran, daß es sich bei den Unruhen schlicht und einfach um eine kommunistische Revolution handelt.»*

Einen Plan für die Revolution hatten die Kämpfer in den Osternächten freilich nicht. Doch als Bachmann mit seiner Waffe Rudi Dutschke traf, der schon ein Synonym für die Studentenunruhen geworden war, hatte er viele getroffen. Der Glaube an die Pastoral-Demokratie der Republik und an die Autorität des Staates und seiner öffentlichen Institutionen war ins Wanken geraten – und die Zahl der Betroffenen nach den Osterdemonstrationen 1968 war größer als nach dem 2. Juni 1967.

Springer war nicht enteignet worden, als die erschöpften Kämpfer aus den Blockadenächten von den Druckereien nach Hause zogen. Doch sie waren jung, und morgen begann ein neuer Tag. Kaum einer hatte auch wirklich an den Sieg der Parole «*Enteignet Springer!*» geglaubt. Die öffentliche Meinung war aufgerüttelt, und selbst Axel Cäsar Springer mußte in halb devoten, halb empörten Verlautbarungen von dem Unrecht sprechen, das ihm angetan werde. Und die Linken ahnten nicht, daß sie zehn Jahre später gegen das Presse-Monopol anders zu Felde ziehen werden als mit Steinen, Molotow-Cocktails und Autowracks – in der publizistischen Bewegung der Stadtzeitungen, von denen es inzwischen Dutzende im Lande gibt: den *Informationsdienst zur Verbreitung unterbliebener Nachrichten ID* in Frankfurt, das *Blatt* in München, *Neue Seeblätter* in Konstanz, *Passauer kleine Zeitung*, *Hochrhein Volksblatt* in Säckingen, *Wat löppt* in Wuppertal, *Hauptwache* in Frankfurt, *Klenkes* in Aachen, *Kölner Volksblatt* und viele andere. Sie alle schreiben über Initiativen, Aktionen, Ereignisse, denen die etablierte Presse keinen Eingang in ihre Öffentlichkeit gewähren will. Neue Karlsbader Beschlüsse und Demagogenverfolgungen in Westdeutschland und West-Berlin – doch mit ihnen wurde die Linke nicht mutlos, sondern erfindungsreicher.

Daß Arnim ein politischer Aktivist geworden war, blieb seinen Eltern nicht verborgen. Zu seiner Überraschung entdeckte er erst jetzt Teile der Lebensgeschichte seines Vaters. Er war im Dritten Reich ins Gefängnis gekommen, weil er in einer Gastwirtschaft erklärt hatte, warum Deutschland den Krieg verlieren wird, wenn Hitler gegen die Sowjetunion kämpft. Unter seinen Zuhörern war ein Gestapo-Mann, der ihn nach seiner Stegreifrede am Tresen verhaftete. – In Gelnhausen zeigte er Arnim aus seiner Sammlung die *Kinzig-Wacht* vom 27. September 1938, in der der zynische Satz stand, der Mitwissen und Einverständnis voraussetzt: «*Die sich immer mehr verschärfende Lage im ganzen Staatsgebiet und ferner die Zweideutigkeit, mit der Prag immer wieder auf allen Gebieten vorgeht, erheischt heute mehr denn je das unverzügliche Inkraftsetzen dessen, worüber sich ja die Welt ohnehin einig ist.*»

Immer wieder lamentierte er darüber, daß die Arbeiterklasse in Deutschland so dumm ist wie in keinem anderen Land. Den Erzählungen seines Sohnes über den Kampf gegen das Establishment und den autoritären Staat hörte er geduldig zu, wenn auch manchmal verständnislos.

Am 26. Februar 1967 war in Frankfurt das AUSS durch Schüler aus siebzehn Städten gegründet worden. Schon am 17. Juni 1967 fand in der Frankfurter Universität der erste Schülerkongreß vor achthundert Schülern statt. Neben Dr. Erwin Reichwein, Dr. Sebastian Herkommer, H. J. Haug sprach Professor Wolfgang Müller:

«*Solange es in unseren Schulen noch Herrschende und Beherrschte gibt, so lange wird es in unserem Land keine wirkliche Demokratie geben. Denn in der Schule lernen die Schüler neben dem großen Einmaleins und Einsteins*

*Energie-Masse-Formel am Verhalten ihrer Lehrer, wie in diesem Land
Mächtige mit Machtlosen, Mündige mit Unmündigen, Vorgesetzte mit
Untergebenen umgehen, sie lernen, daß individuelle Unterwerfung erfolgreicher ist als kollektiver Protest, sie lernen, daß man besser untertaucht,
um zu überlegen.»*

Nach zwei Jahren gab es schon hundertdreißig Schülergruppen. Mit der
Schülerbewegung war die APO in die Provinz gedrungen. In Sexualkam-
pagnen, Leistungskampagnen hatte das AUSS so viele Schüler erreicht, daß
das Landeskriminalamt es für nötig befand zu klären, *«inwieweit die USSG
und das AUSS kommunistisch unterwandert sind».* Die sozialistischen
Schüler hatten andere Sorgen. Es zeigte sich, daß der kulturrevolutionäre,
sexualrevolutionäre Impetus, die Underground-Subkultur von kapitalistischen Unternehmungen ausgebeutet wurden, so von dem Schülermagazin
Underground. Als die Verleger Bärmeier und Nikel 1969 auf der vierten
Delegiertenkonferenz des AUSS erschienen und ihr Magazin als Mitteil-
ungs- und Diskussionszentrum anboten, wurden sie mit einem Regen von
Eiern, Tomaten und Mehl empfangen. Die sozialistischen Schüler fürchte-
ten die Regression der Revolte zur Pop-Kultur.

Mit anderen wurde Arnim auf der Delegiertenkonferenz in den Vorstand
des AUSS gewählt. Der Sitz des Bundesvorstands war Frankfurt. Mit dem
SDS gab es Kontakt über den *brain trust* des AUSS, Reimut Reiche und
anderen. Seit seiner Wahl reiste Arnim in die Regionen, zu Schulstreiks,
Podiumsdiskussionen, Aktionen, Rundfunkinterviews. Es stellte sich her-
aus, daß die Schülerbewegung unter ihrer Ungleichzeitigkeit litt. Es gab
Schüler, die angefangen hatten, sich zu organisieren und an ihrer Schule die
Revolte anzuzetteln, und es gab welche, die die Aktionen und Themen der
Auseinandersetzung bereits erschöpft hatten. Sie waren in der Phase der
Reflexion, auch der Resignation, in dem Zweifel: *«Wie soll es weitergehen?»*
Dieser Ungleichzeitigkeit war der Bundesvorstand nicht gewachsen. *«Bei
den Schülergruppen bestand gar nicht das Bedürfnis nach einer zentralen
Koordinationsinstanz. Wir konnten zwar durch unser AUSS-Info und un-
sere Besuche politische Prozesse strukturieren, aber insgesamt fuhr der Zug
ohne uns ab.»*

1968 hatten in der Anti-Notstands-Kampagne in Frankfurt noch fünf
Gymnasien und fünf kaufmännische und gewerbliche Berufsschulen fast
vollständig gestreikt. Danach gelang es nie mehr, einen großen Teil der
Berufsschüler in die Schülerbewegung hineinzuziehen. Allein bei den Farb-
werken Hoechst bei Frankfurt bildete sich eine aktive sozialistische Lehrlingsgruppe, außerhalb der Innenstadt. In der Stadt waren die Berufsschüler
fremd und isoliert in einer studentischen und Schülersubkultur. Im Hoech-
ster Volksbildungsheim dagegen war ein «Republikanischer Club» entstanden, gegründet durch die Professoren Renate Riemeck und Heinz-Joachim
Heydorn, den Pfarrer Christian Müller und Frau Anne Kolb, die Witwe des
Frankfurter Oberbürgermeisters Walter Kolb. In ihm wollten die Gründer

«die Arbeitnehmer und die kritischen Intellektuellen, die entschiedenen Demokraten aus Jugendverbänden, Gewerkschaften, Kirchen, Parteien und den verschiedenen Gruppen der außerparlamentarischen Opposition zusammenführen und ihnen eine Plattform zur Diskussion bieten». Hier gab es für die Lehrlinge nicht die Subkultur der Intellektuellen, hier konnten sie sich mit Sicherheit und Selbstbewußtsein bewegen. Das gab ihnen die Lust und den Mut für ihre Aktionen im Lehrlingsheim der Farbwerke Hoechst.

Wie alle Genossen aus der ersten Stunde der Revolte suchte Arnim, inzwischen Student, einen politischen Arbeitsbereich im Proletariat. Es zeigte sich, daß die Verlängerung des Schülerprotests nicht möglich war. Der Rhythmus von Aktionen, in seiner Intensität und atemberaubenden Geschwindigkeit, war nicht wiederholbar. Um der Revolte eine Perspektive zu geben, die Dauer und Erfolg verbürgt, bedurfte es einer radikalen Aufklärung der industriellen Lohnarbeiter, um sie zur sozialen Handlung zu ermutigen. Die Fraktionen der Studentenbewegung wandten sich an die Arbeiterklasse mit dem Ziel, sie zu aktivieren. Doch in ihr Bild vom Proletarier mischten sich Projektionen aus ihrer eigenen Lage; die Entwurzeltheit der Studenten glaubten sie beim Arbeiter zu finden, noch klarer und unvermischter ausgedrückt, ohne Bindung, ohne Loyalität zur Gesellschaft, mit einem Drang zur Insubordination, nur gebändigt durch den Zwang zur Reproduktion. Die Marxisten-Leninisten erwarteten vom Proleten kraftvolle Stärke statt Schwächlichkeit, politische Verbindlichkeit statt Flatterhaftigkeit, Organisationsbereitschaft statt Organisationsangst. Die Spontaneisten meinten, wenn sie Arbeiter sagten, «Massenarbeiter», den Ungelernten ohne Facharbeiterbrief, der sich sein Leben lang in niederen Arbeiten verdingen muß, und hofften, daß er die wilden, aufsässigen Momente der Studentenbewegung verkörpert.

Es war die Zeit des Zerfalls und der Neugründung von Organisationen. Arnim suchte Genossen, mit denen er zusammen Arbeiterpolitik machen konnte. Er fand sie, und sie schlossen sich in einem kleinen Haufen zusammen, den sie «Kommunistische Gruppe» (KG) nannten. Wie alle Organisationen in jener Zeit gruppierte sie sich um einen Schulungsplan. Dieser war das organisierende Instrument, mit dem eine kommunistische Gruppe ihren Anspruch verwirklichen mußte. Die Gruppe gliederte sich in drei Strukturkommissionen, Hochschule, Schule und Betrieb. Die jungen Linken betrieben ihre Arbeit ohne zwanghaften Ernst; manchmal hieß es: «Wir lassen die Strukturkommission Hochschule heute ausfallen, Mosler hat Grippe», oder: «Laßt uns in den Italowestern gehen, morgen ist Programmwechsel!»

Ehe sie zu einer Organisation wurde, spaltete sich die KG. Einige Genossen schlossen sich der KPD/Marxisten-Leninisten an, in der sie ihrem kompromißlosen, revolutionären Anspruch eher verwirklicht sahen. Die meisten von ihnen gingen gleich in den Betrieb. Ihre intellektuelle Ausbildung sahen sie als Schuld vor dem Proletariat an, die sie in der Produktion abtragen wollten.

Damit mochte sich Arnim nicht einverstanden erklären. Er bosselte mit anderen weiter an theoretischen Fragen, Gewerkschaftsfrage, Staatstheorie, Revisionismus, bis er sah, daß sich daraus keine praktische Betriebsarbeit entwickeln kann. Mit anderen stürzte er sich in die gerade anlaufende Chemie-Tarifrunde und verteilte Flugblätter vor den Betrieben. «*Es hat sich nicht das geringste ergeben, aber wir waren nachher ein bißchen schlauer. Zudem hatten sich Kontakte zu einigen Kollegen entwickelt.*» Die Gruppe verteilte weiter Flugblätter vor den Betrieben, doch es zeigte sich, daß sie den Lernprozeß, wie er bei Arbeitern stattfindet, nicht begriffen hatte. Die Abfassung eines Flugblatts war für sie ein didaktisches Problem. «*Wir haben dann gesehen, daß die Frage von Handlungsperspektiven keine von Flug-blättern ist, sondern von der Arbeit im Betrieb selber.*» Arnim suchte sich eine Stelle im Betrieb, zuerst in einem Metallwerk an einer Auslegerbohr-maschine, dann bei Rowenta, schließlich bei der Post. Die Arbeit mit den Kollegen machte ihm Spaß. Er merkte, daß es nötig war, das Pathos der Aufklärung abzuwerfen, statt dessen sich erzählen zu lassen, von der letzten Lohntüte, der Alten zu Hause, den Kindern oder vom Aquarium mit Süß-wasserfischen. Er hörte auf, im Betrieb mit schlechtem Gewissen herumzu-laufen: Du mußt jetzt wieder eine Wahrheit des Klassenkampfs an den Mann bringen!

Arnim arbeitet inzwischen mit Linken der Gruppe «Revolutionärer Kampf» (RK) zusammen und findet sich in einem Klima des revolutionären Habitus linksradikaler Normen wieder. Unter den Genossen des RK heißen die Orte, in denen sie verkehren – Kneipen, Wohngemeinschaften, Ver-sammlungsräume – *scene*. Dort suchen sie ein anderes Bindeglied der Ge-sellschaft als die Barzahlung, etwa die vergessene Brüderlichkeit. Manchmal gehen sie dort mit Knutschereien und heimlicher Begehrlichkeit miteinan-der um, manchmal in dem trockenen Klima der Langeweile und des dumpfen Zynismus. Die *scene* ist der Ort einer schwerwunden Kopfkrankheit der Gesellschaft. Der bürgerlichen Klasse selbst ist das Leiden an ihr vergangen, sie hat nicht einmal ein unglückliches Bewußtsein über ihren Lebenszu-stand. Anders ihre Kinder; sie unterscheiden sich von ihren Vätern durch eine Sensibilität, die ihnen das unglückliche Bewußtsein an der Gesellschaft aufherrscht. Es ist ein Zustand, in dem das Alte ohne Kraft ist, aber das Neue noch ohne Konturen, selbst das Bewußtsein des Noch-Nicht ist selten, statt dessen lebt ein Bewußtsein des Nicht-Mehr, auch Trauer. Es gibt das unaus-gesprochene Einverständnis «*die Bullen hassen*» in der *scene*, doch existen-tielle Probleme bleiben ohne Antwort. Die Einheit von Politik und Beruf soll der Berufsrevolutionär in der Fabrik sein.

Nach einigen Monaten kündigt Arnim im Betrieb. Er will seine Diplomar-beit schreiben. Er macht sein Examen und ist arbeitslos danach. Jetzt erlebt er einen Verlust von Spontaneität bei sich, erfährt einen neuen Zeitmodus in seinem Leben und fühlt eine belastende Einsamkeit. Mit seinen Genossen vom RK will er sich nicht treffen, «*das hat mir keinen Spaß gemacht*». Zugleich lernt er niemanden kennen, mit dem er eine Berufserfahrung teilt. Er fängt an zu jobben; auf dem Arbeitsamt erlebt er den demütigenden Umgang der sozialen Bürokratie, «*ich hab kennengelernt, was Zumutbarkeit auf dem Arbeitsamt bedeutet, was entwürdigend ist*». Schließlich bekommt er durch einen Genossen einen Tip. Er bewirbt sich bei einer kirchlichen Institution um die Stelle eines Jugendbildungsreferenten. Beim Abfassen der Bewerbung bemerkt er, wie er sich, seine Lebensgeschichte verleugnen muß. «*Man fängt an, seinen Lebenslauf zu konstruieren, daß man sich schon immer mit diesen Problemen beschäftigt hat, Qualifikationen hast du, aus einer Arbeiterfamilie kommst du. Meine Qualifikation habe ich aufgebaut, wie ein Maurer seine Ziegelsteine schichtet. Der Chef, ein Bürohengst, fragt mich, ob ich mit Arbeiterjugendlichen überhaupt kommunizieren kann. Ich konnte ihm nicht ins Gesicht lachen, weil ihn nichts angeht, warum und welche Betriebsarbeit ich gemacht habe.*» Er bekommt die Stelle, und es stellt sich heraus, daß Arbeiterjugendliche ein erfrischend materialistisches Verhältnis zur Kirche haben. «*Sie treten meist nicht aus, warum, weiß ich nicht, doch sie fragen uns auch nicht, warum seid ihr in der Kirche, was macht ihr dort.*»

Wenn Arnim mit seinen Lehrlingen einen Lehrgang durchführt, sind sie oft überrascht über das Klima der Offenheit und Menschlichkeit, das sie in den Tagen erwartet, die im Amtsjargon «*Maßnahme*» heißen. Er redet mit ihnen über den Staat, die Gesellschaft, den Betrieb, das Alltagsleben, und oft ist er überrascht, mit welchem Haß sie beim Bier darüber sprechen. Das gibt ihm Mut, daran zu arbeiten, daß es einmal heißen kann: Es gibt Lehrlinge, die machen jetzt nicht mehr mit.

6. Kapitel

Spandau ist 'ne gute Stadt, weil sie viele Menschen hat

Spandau ist ein Bezirk von Berlin, mit dem Bus vom Bahnhof Zoo aus über eine halbe Stunde entfernt. Wer aus dem Häusergebirge Berlin nach Spandau fährt, findet sich unverhofft in einer preußischen Kleinstadt, drei-, vierstöckige Häuser mit roten Klinkersteinen.

Wenn Spandauer sagen, «*ick jeh in die Stadt*», meinen sie die City des Stadtteils – oder aber sie entscheiden «*ick fahr nach Berlin!*» Das ist wie eine Reise in eine andere Stadt.

Obwohl Spandau ein Stadtviertel Berlins mit einer großen Industriedichte (Siemens, Osram, Orenstein & Koppel, BMW) und ca. 200 000 Einwohnern ist, gibt es in den Straßen die Öde der Vorstädte. Jugendliche fahren lieber nach Berlin in die Diskotheken, statt in die langweiligen Jugendhäuser Spandaus zu gehen.

Als 1968 die Basisgruppe gegründet wurde, war sie nicht nur ein Sammelbecken für die Spandauer Linken – Schüler, Lehrlinge, Arbeiter –, sondern auch eine Verlockung für die jungen Antiautoritären. Dort konnten sie eher als anderswo hoffen, jemanden zu finden, mit dem sie sich verstehen.

Auch Oliver und Angelika hatten sich in der Basisgruppe kennengelernt. Sie war sechzehn, Verkäuferin, er achtzehn, Oberschüler, und begonnen hatte es damit, daß sie sich über seinen rotblonden Flaum auf der Oberlippe lustig machte und daß sie nachts um zwei in Spandau umherliefen, um Plakate gegen den Vietnam-Krieg zu kleben, Angelika an der Straßenecke Wache schiebend, Oliver mit Pinsel und Leimtopf die Plakate an die Häuserwände kleisternd. Es war ein aufregendes Abenteuer, als die Polizeistreife vorbeifuhr und sie sich vor den Eimer in einen Hauseingang stellten und sich küßten. So war die Vereinbarung für den Fall, daß die Polizei kommt, aber als sich die Zungen berührten und Oliver das Mädchen im Arm hielt, war ihnen nach mehr.

Nach der Aktion liefen sie glücklich umarmt zwischen den Regenlachen nach Hause. Es war am frühen Morgen um vier alles wie beim Losgehen um zwei, nur die Gesichter, die sie passierten, steinerner, blickloser, meinungsleerer. Manchmal blieben die beiden auf einem trockenen Straßenstück stehen und küßten sich, wie um in einer Stunde des späten Kitsch auf ein Boot zu warten, das die Pfützen teilt und sie abholt.

Es drängte sie nach Hause, aber wohin gehen? Angelika wohnte bei ihren Eltern, blieb nur Olivers Bude, selbst auf die Gefahr, daß ihm gekündigt wird. Als sie sich die Treppe hochschlichen, flüsterte Angelika lachend: *«Bumsen ist ein Wort von Untermietern. Die haben Angst vor dem Krach und vor der Wirtin!»*

Solche Momente waren die friedfertigsten und erfülltesten ihrer kämpferischen Gemeinsamkeit. Die sich gegen die Gesellschaft auflehnten, wurden von ihr ausgeschlossen, und ein starker Halt wie ein Mensch in der Nacht tat wohl unter der Last der Einsamkeit und Verächtlichmachung – ein Mensch, mit dem man im Rausch der Nacht leben und mit dem man tagsüber zusammen gegen das Amerikahaus anstürmen konnte, mit Wut und Leidenschaft, jeder einen Backstein in der Hand. Danach gingen Angelika und Oliver vergnügt in die Stadt und waren zu den tollsten, übermütigsten Scherzen fähig, konnten Bürger auf dem Kudamm anhalten und fragen: *«Sind Sie für den Völkermord in Vietnam?»*

Der Kampf des Vietcong gegen den Überfall der Amerikaner war ein Krieg, den Oliver und Angelika gemeinsam führten; sie teilten ihren Haß, ihren Abscheu, ihre Empörung.

Im SDS-Zentrum am Kudamm war Angelika von der Distanz und Arroganz bekannter Genossinnen eingeschüchtert. Mit ihren noblen Kleidern traten sie wie das Establishment der Neuen Linken auf.

Das war in Spandau anders. Wenn sie nach den Sitzungen mit den anderen in eine Eckkneipe ging, hatte sie keine Angst vor hochnäsiger Überlegenheit, und zwischen zwei Gläsern Bier sagte sie kichernd zu einer Genossin neben ihr: *«Die Männer sind leicht zu nehmen – sie glauben, sie nähmen uns!»*

Oliver machte sein Abitur und zog in eine Wohngemeinschaft in der Konstanzer Str., um näher bei der Uni zu sein. Seither schrieben sie sich, manchmal jeden Tag, von Spandau nach Wilmersdorf und von Wilmersdorf nach Spandau.

Lieber Oliver, krieg bloß keine Angst: samt drei Millionen Jahren schick ich Dir eine mopsige Streichel durch Dein neues Zimmer, die bläht sich auf und hat danach Konturen, die sind ganz ruppelig.
Will you still need me will you still feed me when I'm sixtyfour?

Liebe Angelika, beim Lesen vom neuen «Spiegel» habe ich ständig das Wort: BLÖDE SAU im Mund im Kopf zwischen den Lippen auf der Zunge. Die Ober- und Universalsau ist Schütz. Ein wenig zu aufgeregt und um einige Grade zu sicher. So schnell und jung an eine politische Karriere geraten, meint er, mit den Studenten braucht man nur ein wenig jugendlich und kollegial verfahren, um die «unappetitlichen Nebenerscheinungen» unter Kontrolle zu halten. Das soll aber gerade unser geliebter Fritz Teufel sein.

Überall, wo man hinkommt, muß man jetzt sagen, ob man auch an diesen «Krawallen» teilgenommen hat. Die Unterhaltungen danach sind jedesmal so traurig, ich weiß gar nicht, ob man etwas gegen so viel Dummheit unternehmen kann. Meistens geht's schon schief, wenn die Leute über was anderes reden als über ihre Verwandten, Kinderkriegen, Männer und Frauen.

Angela, laß uns wütend sein, Wut braucht man für diese Stadt. Was aber, wenn wir alles damit entlauben und stehn so allein?

Lieber Oliver, Spandau ist 'ne gute Stadt, weil sie viele Leute hat, Straßen Häuser kreuz und krumm Gestank und Ruß und Regen, der Wind fegt mächtig aus dem Lot, Leute sind nicht rot nicht tot, Häuser dumm und platt das Licht, Natur ein Furz der Mensch ein Grind, drum fahr nach Spandau liebes Kind. Komm mal oder was! Ich hab da einen, den ruf ich an und den schlaf ich in meinen Armen.

Ich bin so aufsässig, daß ich nicht mal zur Basisgruppe gegangen bin. Ich find, das grenzt schon ans Konterrevolutionäre. Und mein Freund, was macht der? Der ist auch nicht auf der Basisgruppe, nicht mal auf dem Organisationsseminar.

Waa im Kino, hab da so 'n Film gesehn. Waa gut. Heut geh ich wieder ins Kino. Menschmeier, Oliver, aus Deinem grasigen Gesicht rupf ich ein paar von den nicht Wegrasierten, wenn Du nicht mitkommst!

Liebe Angela, ich hab keine Arbeit für die Semesterferien bekommen, und wir Arbeitslosen stehen immer auf der Straße rum und quatschen. Manchmal kommt auch ein Demonstrationszug der Kommunistischen Partei vorbei, gegen Arbeitslosigkeit und Exmittierung von den Kollegen. Vielleicht geh ich auch mal zu Thälmann und Remmele und sag denen, wie dreckig mir's geht. Dem Krupp, Zuban, Overstolz, Juno und Mokri geht's prima, die entlassen jede Woche 400 Mann und schmieren ihr Fett runter.

Mein lieber Freund Oliver, ich bin der Meinung, daß dieses Komplott gegen uns ganz schön frech ist. Es wird vermutlich der Block der Rechten und Trotzkisten sein, die sich gegen uns zusammengerottet und verschworen haben. Aber sie machen einen Fehler. Sie rechnen nicht mit unserer Zähigkeit. Denn weder Tod noch Härte fürchtend, schlagen wir ihre wütigen Angriffe zurück und besiegen sie schließlich.

Lieber Oliver, weggefetzt hat der Wind schon fast alle Blätter vom Kirschbaum. Der Schuft. Noch ein Herbstchen schenk ich Dir aus der gelben Tüte und eine niedliche Bronchitis.

Halte mich redlich!

Liebe Angela, meine Frau mus blond sein, sie mus eine fehee sein, dann ist hochzeit. Rosen im haa, schleia, Kotlät und Reise nach Spanchen. Wenn die frau den kafe zu spät bringt, fenkt sie ein feilchen.

Angela, ich muß nach Haus, da werd ich ein guter Mensch! Nach dem Ficken: so satt. Oder so hungrig. Wir gehen jetzt raus und pfeifen um die Wette. Meine Bronchien und ich.

Lieber Oliver, ich bin so stark wie Herkules, weil ich so gerne Kuchen eß und wenn der Oliver sagt adeeh sag ich: 's Schicksal holt ihn eh und treib ich einen Geldsack auf, wofür ich mir viel Bonbons kauf.

Lieber Oliver, dein Telefon ist eine Eisleitung. Bist du ein Automobilfahrer, weil du den ganzen Sonntag fehlst, oder rennst du im Grunewald rum zur Naturzerstörung? Zerstör lieber das Schweigen im Telefon.

Lieber Oliver, fehlst mir.

Ach, Quatsch.

Menschmeier, Oliver, so eine Kälte.

Angela, bei dem Versuch, dem Kältetod zu entkommen.

Oliver auf und davon? Ich hab Dich ja vielleicht schon ziemlich vergessen, bloß nicht meine Hände, meine Haut, liegst ja auf ihr, schläfst ja noch meine Träume. Die Arme warten, und das ist verboten, und erlaubt ist nur ein Ausweg, der ein Fortweg ist. Vor lauter Trauer und ohne Erfüllungen hängen manche wie Fledermauspäckchen in den Ästen, Nachtflieger, Satanszipfel, schwere Klößchen, warme lebendige Hühnchen.

Anfang und Ende ihrer Liebe gingen zusammen mit dem Anfang und dem Ende der Spandauer Basisgruppe, von 1968 bis 1970. Danach gab es nur noch die Gruppen «Arbeitermacht» und «Revolutionärer Kampf». Vorher war die Basisgruppe nur ein Haufen, dem sich viele in den verschiedensten Gruppen arbeitende Kleingruppen zugehörig fühlten – Dong Fang Hong, TAW (Terrorgruppe Abschnitt Wilhelmstadt), Tung Fang, Hongqui, Duk Duk, Rote Rübe Staaken, Betriebsgruppe Orenstein & Koppel, Faules Ei, Arbeitsgruppe Siemensstadt, Lehrlingsgruppe Spandau. Mit einer Delegiertenzentrale (DZ) und einem Info versuchten sie sich untereinander zu verständigen, gemeinsame politische Initiativen zu planen.

Seit sich die Basisgruppe Ende 1968 in eine Vielzahl von kleinen Gruppen aufgelöst hatte, ging die familiäre Vertrautheit verloren. Aus Berlin kam durch den Zerfall der Studentenbewegung in Sekten der Druck, sich zu einer von ihnen zu bekennen. 1969 zirkulierte ein Papier, in dem es hieß: «*Spandau ist nicht die Welt, und deshalb ist die politische Praxis, die wir in Spandau machen, auch nicht die Totalität revolutionärer Praxis.*» Damit war ein Aufruf zur überregionalen Zusammenarbeit gemeint. Doch «*überregionale Zusammenarbeit*» bedeutete nichts anderes als – Kooperation mit Berliner Gruppen!

Die Spandauer aber wußten nur, daß sie gegen die Kommunistische Partei Deutschland/Aufbauorganisation (KPD/AO) waren, ohne erklären zu können warum. Sie fühlten nur einen Widerwillen gegen eine Partei, in der sie, Lehrlinge, Schüler, Jungarbeiter, von ihren eigenen Problemen nur mit schlechtem Gewissen reden konnten, statt von der Befreiung der Klasse zu sprechen.

Immer wieder hieß es in der Basisgruppe: Wir müssen eine Analyse der kapitalistischen Gesellschaft ausarbeiten und daraus eine Strategie entwickeln. Manchmal tauchten auch tatsächlich Papiere auf, in denen von Revolutionstheorie und Klassenanalyse die Rede war. Doch nie wagten es die Genossen der Spandauer Basisgruppe, den einzelnen zu fragen: was sind deine Beweggründe, warum kommst du zu uns? Sie versuchten auch nie, Situationen zu schaffen, in denen der einzelne kenntlich werden kann.

Viele Jugendliche kamen aus persönlichen Gründen. Sie sahen, daß sie in den Gruppen nicht mehr der Niemand der Berliner Boulevards waren. Aus bürgerlichen Vereinen kannten sie den Mythos der Leistung, in der Basisgruppe Spandau konnte man auch mal wegbleiben. Ihre eigenen Erfahrungen mit Meistern, Lehrern und Vätern erkannten sie in den Erzählungen anderer wieder, und man konnte sich gemeinsam besser wehren. Die Sprache von «*Establishment, Repression*» und «*Manipulation*» war ihnen gemeinsam, auch ihre Kleidung, Jeans und T-Shirts, schuf eine verschworene Verbindung unter ihnen. Sie waren gegen den Konsumterror und begriffen erst spät, daß der Kapitalismus das Aufbegehren für sich ummünzte in bares Geld.

Wie überall unter den Antiautoritären kam es zum Aufstand gegen die linken Autoritäten, und Rolf schrieb ein Papier zur Meuterei in der Basisgruppe Spandau:

«Es war einmal ein verhältnismäßig ruhig dahinplätscherndes Basisgrüppchen. Es gab nur hin wieder etwas Streit, etwas persönlichen Krach, etwas (oberflächliche) Diskussionen um irgendwelche etwas politische Bereiche; aber an und für sich lief doch alles, wie schon gesagt, verhältnismäßig glatt über die Runden. Es wurde in den einzelnen AGs . . . nun gut, gearbeitet, die DZs nahmen langsam, aber stetig die Form eines Sonntagnachmittags-Schwätzchens an, auf denen zum aber Hundertstenmal über den Laden gequatscht, wo weitere, wichtigere Aufgabenbereiche, zum Beispiel Schüler, auf die Tagesordnung gesetzt wurden, um zum ebenfalls aber Hundertstenmal auf die nächste DZ oder VV oder das nächste Seminar verschoben zu werden. Keiner regte sich groß darüber auf, denn: ‹Irgendwann machen wir mal was.›

Als jedoch die Einsicht einer Konkretisierung der abstrakt im Raum hängenden verschiedenen Ansichten, Gesichtspunkte etc. und deren Zusammenfassung und Ausarbeitung zu einer einheitlichen Spandauer Basis- und Betriebsgruppen-Strategie bei mehreren Genossen zu keimen begann, wurde flugs ein Schulungskollektiv angeregt, über dessen spezielles Arbeits- und Aufgabengebiet – Psychologie (Sexpol); Ökonomie (Betriebsarbeit) und Geschichte der Arbeiterbewegung – selbst nach dem mittlerweile zweiten Zusammentreffen noch fettester Londoner Nebel hängt.

Wie schon erwähnt – innerhalb der Basisgruppe, von ein wenig Nieselregen abgesehen, nichts als eitel Sonnenschein. Und da kommt doch so ein Bub von außerhalb und donnert uns unser ordentliches Basisgruppen-Kartenhäuschen bis auf die Grundfesten zusammen; da erdreistet sich dieser Kerl doch glatt, uns als willenloses und kritikloses Konsumentenpack und obendrein auch noch unsere drei Lieblingsgenossen, die wirklich alles für uns getan haben (Berichte fürs Info schreiben, zum Mai-Komitee latschen, die Gruppenarbeit zu forcieren usw.) als repressive (Fach-)Autoritäten zu beschimpfen und ihnen ihr wirklich lobenswertes und umfangreiches Engagement obendrein auch noch anzukreiden; da hat es plötzlich wirklich gehagelt – aber kräftig. Plötzlich motzte da nicht nur ein ‹Bub von außerhalb›, sondern langsam beteiligten sich auch die übrigen ‹Geschädigten› an dem zunächst recht emotional überladenen Aufstand gegen die Väter unserer Gedanken.»

Auch die Mädchen muckten gegen ihre Rolle in der Basisgruppe Spandau auf. Sie gründeten 1970 eine Mädchengruppe. Sie hatten zwar vor, über ihre eigenen Schwierigkeiten zu sprechen, das gelang auch zwei-, dreimal, doch es gab noch nicht das wütende, mutige Selbstbewußtsein, von sich selbst zu reden. Die Genossinnen wußten nur, daß die Rede von der Emanzipation oft genug eine Phrase war, für die Mädchen herhalten sollten. Sie aber wollten mehr über Emanzipation und stellten eine Literaturliste mit Simone de Beauvoir, Helge Pross, Kollontai, Runge, Wilhelm Reich und anderen zusammen. Als die Vollversammlung am 31. Mai 1970 ihr Placet zur Frauengruppe gab, war es noch in der Sprache des Marxismus formuliert, über die feministische Frauen vier Jahre später höhnisch und achselzuckend lachen werden: «Der Kampf der Frauen um ihre Emanzipation sei kein besonderer Klassenkampf, sondern der Kampf gegen einen Nebenwiderspruch, und damit sei es richtig, wenn sich eine politische Gruppe damit beschäftige.»

Jost M. hatte eine Art, mit seinen 2 schlenkernden Armen und einem festen, kräftigen Gang so bestimmt aufzutreten, daß seine Kollegen in der Fabrik bewundernd zu ihm sagten: «Du sitzt in deinem Leben wie in einem Boot!»

Er war 38, als er 1965 nach Berlin kam, in die preußische Garnisonsstadt Spandau. Seine Eltern hatten ihn katholisch erzogen, und er orientierte sich an den Theoretikern der katholischen Soziallehre, «die fand ich unheimlich fortschrittlich». Daraus entwickelte sich in ihm ein verschwommenes Gerechtigkeitsgefühl. Gegen Unrecht begehrte er auf, wo er es sah. Er suchte in der Kampagne gegen die atomare Aufrüstung, in der Spiegel-Affäre Leute zu finden, die seine Empörung teilten.

In Berlin wollte er sein humanes Gerechtigkeitsempfinden auf einen soliden Boden stellen. Er wurde Mitglied der Industriegewerkschaft Metall und besuchte gewerkschaftliche Bildungsveranstaltungen über Unfallverhütung und Akkord. Da er sie suchte, fand er auch die jungen Linken der Basisgruppe Spandau. Sartre und die existentialistische Philosophie eines amoralischen Realismus war in allen Köpfen, doch zunehmend stellte sich heraus, daß alle Werte, zu denen sich Jost und die anderen bekannten, taube Eier sind. *«Notengebung und Akkord, das waren Normen, die in sich vergiftet sind, ich war dem Meister ausgeliefert wie die Schüler dem Lehrer.»*

Aus Berlin drangen die ersten Nachrichten über Vietnam-Demonstrationen nach Spandau. *«Wir fragten immer nach: Was geht in der Stadt vor sich?»* Alle aus der Basisgruppe hielten die Kriegführung der Amerikaner mit Splitterbomben und Napalm für verabscheuenswürdig. Es war nicht die Kritik am Imperialismus, sondern ein bohrender Pazifismus, der sie aufbegehren ließ.

«Wir haben so viel Unglück in der Geschichte angerichtet, und jetzt machen es die Amerikaner!» Dadurch fühlten sie sich aufgerufen, dem Völkermord in Vietnam Einhalt zu gebieten.

Anders als in Westdeutschland erlebte Jost am 1. Mai 1968 zum erstenmal eine sozialistische Mai-Demonstration unter roten Fahnen. Ein Mai-Komitee plante die Demonstrationsroute in Neukölln, *«wir fanden es richtig, uns der SEW anzuschließen, weil wir sagten: wir sind Demokraten».* Durch die große Vietnam-Demonstration im Februar des Jahres war die Situation in Berlin offener geworden, so daß sich die SEW wieder auf die Straße traute. Sie hatte jahrelang quasi im Untergrund, kaum bemerkbar, gelebt, und mit dem Tod jedes Genossen, der aus Altersgründen starb, sah die Partei die Substanz der Organisation schwinden, die ein verschworener Haufen von Einzelgängern war.

«Auf der Mai-Demonstration waren wir ein bunt zusammengewürfelter Haufen, der linke Flügel der SPD, der FDP, die SEW, die ganzen Gruppen der Neuen Linken, zusammen 20000 bis 28000, unter ihnen Ristock und Mahler.» Jost hatte nie zuvor eine so große Menschenmenge unter roten Fahnen gesehen. Er fühlte in sich eine kraftvolle Euphorie, war einfach glücklich, dachte, das muß doch der Anfang einer Veränderung sein mit so vielen Menschen, alle kämpferisch und bereit für etwas Neues. Natürlich war auch ein Riesenaufgebot von Polizei aufmarschiert, aber Jost empfand sie nicht als Bedrohung, *«man war einfach aufgekratzt und guter Dinge».*

1969 kam es noch einmal zu einer großen Mai-Demonstration, doch dann wollte die SEW bereits eine Trennungslinie zwischen sich und die Antiautoritären ziehen. Die ersten Parteien der Neuen Linken entstanden. Die Streitfrage: DDR – ist das Sozialismus? kam auf. Die DKP war gegründet worden. Sie zog mit dem Schlachtruf *«wir sind keine Partei des Establishments»* gegen die undemokratischen Strukturen der Bonner Parteien zu Felde. Im Oktober 1969 erschien in einem linken Kleinverlag die Broschüre ‹DKP –

eine neue sozialdemokratische Partei› von der FU-Projektgruppe DKP und
Bernd Rabehl, Zwei Jahre politischer Erfahrung hatten die Antiautoritären
radikalisiert. Sie rechneten der DKP die Eliminierung «*anstößiger*» Begriffe
wie Marxismus-Leninismus, Diktatur des Proletariats etc. aus ihrer Pro-
grammatik an. Mit dieser Partei wollten sie nichts gemein haben.

Die in der Spandauer Basisgruppe, das waren befreundete Arbeiter, Schüler und Lehrlinge. Sie hatten eine theoretische Neugier und wollten wissen,
was Sache ist. Sie teilten sich in Arbeitsgruppen über Psychologie, Sexpol
und Geschichte der Arbeiterbewegung auf. Die Schüler aus der Basisgruppe
verteilten an Spandauer Schulen ihre Zeitung *Radikalinski*, die die Flamme
der Antiautoritären in den Klassen zum Lodern bringen sollte.

«Wir wollen keinen anderen Scheißstaat. Wir lassen uns nicht einplanen.
Wir haben mit der Revolution bei uns selbst angefangen. Wir denken und
fühlen revolutionär und handeln danach. Wir machen das, was uns Freude
bereitet. Wir machen Experimente. Wir kennen keine Grenzen. Wir schrän-
ken uns nicht selbst ein.

Wenn uns die Grundlagen zu diesem freiheitlichen Leben genommen
werden sollen, dann demonstrieren und randalieren und sabotieren wir und
tun alles, diesen Staat lahmzulegen.»

Die Jugendrevolte gegen die altersschwache Gesellschaft der Halbgreise
reichte bis in die Basisgruppe. Als sie einen Schuppen für die Gruppe
bekamen, schleppten die Schüler ihre Schlafsäcke in den Raum, breiteten sie
aus und begannen mit aller Lust an Dreck, Schmutz, Kleister und Farben den
Raum zu renovieren.

Die Arbeiter der Basisgruppe hatten andere Vorstellungen. Sie wollten ein
Zentrum, das sauber und begehbar ist, weil sie, die selbst dreckig aus der
Fabrik kamen, den Widerstand der Kollegen gegen Schmutz kannten.

Die Schüler sagten: «*Ihr Sauberkeitsfanatiker, seid ihr bekloppt, Schwie-*
rigkeiten aus der analen Phase, wa?»

Jost wußte, wenn Arbeiter sich zu Hause waschen, spülen sie mit dem
Dreck die ganzen Erniedrigungen des Tages weg, aber er schwieg.

Die Auseinandersetzungen zwischen den «*Ökonomisten*» – das waren die
Arbeiter und Lehrlinge – und den Schülern verliefen oft chaotisch. «*Das sah*
so aus, daß einiges zu Bruch ging, einige zur Reparatur ins Krankenhaus
gebracht werden mußten.»

Später mieteten die Spandauer Genossen einen anderen Raum, doch auch
das hielt sich nicht lange. Der Vermieter, ein SEW-Mitglied, kündigte ihnen
mit den Worten: «*Diese chaotischen Verhältnisse haben nichts mit Politik*
zu tun!»

In seinem Betrieb, den Borsig-Werken, hatte Jost M. schon immer Auseinandersetzungen mit den Kollegen. «*Die waren der Meinung, daß ich 'n*
Dachschaden habe. Als sie merkten, daß ich nicht zur SEW gehöre, sagten
sie, gut, der hat 'ne Macke, aber die ist nicht ganz so groß.» Er konnte sie auf
ihre gewerkschaftlichen Rechte aufmerksam machen, und als sie sahen, es

gibt eine Veränderung, wenn man darauf pocht, und keiner fliegt raus, änderten sie ihr Verhalten gegenüber Jost.

Bei der Neuorganisation der Arbeit wurden einmal in den Hallen die Kräne umgestellt, nicht mehr geführt durch den Kranführer, sondern man konnte die Maschine jetzt durch Knopfdruck selbst bedienen. Danach sollten, von der Betriebsleitung aus, die Rüstzeiten gestrichen werden. Daraufhin setzte sich Jost zur Wehr, sagte, wir werden die Kräne nicht benutzen, weil wir keine Kranunterweisung haben. Wir machen das nicht kostenlos und verstoßen darüber hinaus gegen die Unfallverhütungsvorschriften. Ein kleiner Aufruhr ging in der Halle rund, und die Kollegen liefen gemeinsam mit Jost zum Abteilungsleiter ins Büro. Danach bekamen alle Kranunterweisung.

Diese Erfahrung brachte ein Stück Selbstbewußtsein in die Belegschaft der Halle, und die Arbeiter fragten seitdem Jost wegen den Problemen ihrer Arbeit. *«Ihre Haltung war jetzt: man hat seinen Hofnarren, aber man läßt nichts auf ihn kommen!»*

Inzwischen kam die Zeit, als die Studenten in die Betriebe gingen. Arbeiter sahen ihren Auftritt skeptisch und mißtrauisch, weil die Neuen oft ihre Arbeit nicht machten, sondern an den Maschinen standen und versuchten zu diskutieren. Arbeiter sagten, na gut, sind eben Studenten, müssen erst lernen – aber können nicht immer rumstehen und quatschen. Das geht auf unsere Knochen. Mit einem uralten Klasseninstinkt sagten sie auch: *«Der kann ja hier rumstehen und diskutieren. Der kann auch in der Betriebsversammlung hochgehen und reden. Wenn er rausfliegt, geht er an seine Universität und studiert weiter. Aber wir, wir sind hier im Betrieb, das ist unser Leben. Ich hab mir jetzt endlich ein Auto gekauft, eine Waschmaschine und muß die Raten zahlen.»* Unterhalb des offenen Bewußtseins schwelte noch immer der alte Antikommunismus. Das Reden über Sozialismus war den Arbeitern wie die Verheißung des Evangeliums, *«aber seht doch mal, was geschieht drüben? Haben die Arbeiter die Macht?»* Darauf erwiderten Studenten hilflos: *«Halt mal, was drüben geschieht, ist eigentlich gar kein Sozialismus.»* Damit waren die Kollegen nicht zufrieden. Der «reale Sozialismus» war ihnen tägliche Realität vor Augen. *«Arbeiter, die es mit praktischen Dingen zu tun haben, gewöhnen sich an, eine Sache erst mal anzusehen, bevor sie sie beurteilen.»*

In der Basisgruppe Spandau fanden Arbeiter ihre eigene Situation anfangs nicht wieder. In der Schulung waren sie darauf gekommen, daß der zentrale, verletzlichste Punkt des Systems der Betrieb ist. *«Wenn du was verändern willst, mußt du die Betriebe verändern. Wenn sich die ökonomische Basis verändert, dann kann man auch andere Probleme angreifen.»* Und: NUR WER DURCH DEN PROZESS DER LOHNARBEIT HINDURCHGEGANGEN IST, KANN IHR DEN PROZESS MACHEN. In einem Papier begründeten Arbeiter eine Grundlage für Arbeiterpolitik:

«Was wollen wir?
Für uns Arbeiter und alle Sozialisten kann es langfristig doch nur heißen: die Revolution, die Beseitigung des Kapitals und die Errichtung der Diktatur des Proletariats, also Beseitigung der Herrschaftsverhältnisse, Beseitigung des Hauptwiderspruchs dieser Gesellschaft – dem zwischen Lohnarbeit und Kapital. Dieser Hauptwiderspruch macht alle Nebenwidersprüche dieser Gesellschaft zu Nebenwidersprüchen bzw. die Nebenwidersprüche werden nur durch die Beseitigung des Hauptwiderspruchs lösbar, so daß sich unsere Arbeit nur auf den Hauptwiderspruch konzentrieren kann; dem sind alle anderen Arbeiten unterzuordnen. Dies bedeutet, daß bei allen Formen der Diskussion, Organisation, Strategie und Taktik die Frage auszugehen ist, was ist der Arbeiterklasse im Kampf gegen das Kapital von Nutzen? Der Hauptwiderspruch legt auch den Kampfplatz fest, den Betrieb, die Basis!»

Bei einer Betriebsschließung in Spandau verteilten die Genossen der Basisgruppe ein Flugblatt, «ein ganz liberales Papier». Die Aktion war erfolgreich, die Arbeiter des Betriebs erhielten neue Arbeitsplätze und Vergütungen. Daraufhin meinten die Genossen der Basisgruppe, es könne nicht ihre Sache sein, dort aufzutauchen, wo es brennt, sondern es gelte, eine Gruppe zu schaffen, in der sie als Arbeiter ihren Kollegen die Situation verständlich machen und sie zum Widerstand auffordern.

«Es ging los bei Orenstein & Koppel, weil wir da Leute im Betrieb hatten.» Diese Maschinenfabrik gehört zum Hösch-Konzern; Arbeiterpolitik hatte Tradition im Betrieb. In den zwanziger Jahren hatte es eine kommunistische Betriebsgruppe und eine rote Schalmeienbläserkapelle in der Fabrik gegeben. «Wir informierten die Kollegen über die shop steward-Bewegung in England. Damit versuchten wir zu zeigen, warum wir gegen den Betriebsrat, gegen die Mitbestimmung sind.»

In ihrer von Arbeitern geschriebenen, Arbeitern verständlichen Roten Betriebskorrespondenz «O & K Solidarität» knüpften sie an die täglichen Erfahrungen des Arbeitslebens in der Fabrik an.

Selbstmord im Betrieb

Am Mittwoch, dem 10. 2., hat sich ein 58jähriger Kollege nachts im Werk von Orenstein & Koppel in Spandau erhängt. Am Abend zuvor schlug er seine Frau krankenhausreif.

«Offenbar ein Ehekonflikt», meinen manche Kollegen, und damit ist die Sache für sie erledigt. «Er hätte sich lieber im Büro beim Meister erhängen sollen, damit die mal sehen, was sie anrichten!» meinten andere Kollegen.

Wir dürfen es uns nicht so einfach machen. Ein Kollege hat sich umgebracht. Obwohl er ganz sicher lieber einigermaßen glücklich gelebt hätte, hat er es vorgezogen zu sterben. Welche Umstände können dazu führen, daß einer den Tod dem Leben vorzieht? Was kann ihn gezwungen haben, den Tod als einzige Möglichkeit für sich anzusehen? Wie muß ein Leben aussehen, daß man lieber tot ist, als dieses Leben zu ertragen?

Da ist zunächst einmal die Arbeit. In einer kapitalistischen Gesellschaft wird der Arbeiter gezwungen, Tag für Tag zur Arbeit zu gehen, um sich am Leben zu erhalten.

Rund fünfzig Jahre seines Lebens geht er täglich in die Fabrik, arbeitet, hat nichts zu sagen, wird herumkommandiert und verdient nicht viel. Kann er sich einen Fernseher, einen Kühlschrank und vielleicht ein Auto leisten, dann hat er schon Glück gehabt. Zusammen mit allen anderen Arbeitern produziert er den ganzen Reichtum der kapitalistischen Gesellschaft: alle Lebensmittel, Wohnungen, Kleider, Autos, Kühlschränke usw., also alle die Sachen, die wir brauchen, um zu leben. Zusätzlich noch alle Maschinen und Rohstoffe, um diese Sachen herzustellen. Zusätzlich noch den Luxus der Unternehmer, die Ausgaben für den Staatsapparat, für Verwaltung, Militär, Polizei. Zu sagen haben die Arbeiter nichts. Von dem, was sie herstellen, bekommen sie gerade so viel, wie sie brauchen, um sich und ihre Familien am Leben zu erhalten. Den Rest stecken andere ein.

Gewiß, das ist noch kein Grund, so die Hoffnung zu verlieren, daß man sich umbringt. Andererseits ist das aber auch kein Leben, bei dem es besondere Freude macht, am Leben zu bleiben.

Versuche, ein derartiges Leben zu verändern, waren bis jetzt nicht sehr erfolgreich. Nach dem Ersten Weltkrieg ist die Revolution schiefgegangen, und der «Sozialismus» der DDR ist auch nicht gerade ermutigend.

Dann die Ehe. Ideal stellt man sich unter Ehe die Gemeinschaft zweier Menschen vor, die sich lieben, die sich gegenseitig in allen Schwierigkeiten unterstützen, die miteinander solidarisch sind, wo schon sonst von Solidarität nicht viel die Rede sein kann. Aber wie sieht es wirklich aus?

Wie lange soll Liebe halten, wenn der Mann jeden Abend müde und geknickt aus der Fabrik kommt? Wenn er jeden Abend muffig ist, weil er sich den ganzen Tag ducken mußte? Wenn die Frau, die den ganzen Tag allein in der kleinen Wohnung war, am Abend schon wartet, worüber der Mann heute wohl wieder meckern wird? Wenn alle Ansätze von Glück und Fröhlichkeit in der täglichen Arbeitsmühle schon gründlich zerstört sind?

Und woher soll Solidarität noch kommen, wenn man sich gegenseitig bei Schwierigkeiten doch nicht helfen kann? Weil man zu zweit doch nichts ausrichten kann, weder gegen die Ausbeutung und Unterdrückung in der Fabrik noch gegen die Unterdrückung in der übrigen Gesellschaft. Weil man zu zweit weder die Macht der Kapitalisten brechen kann noch den täglichen Kampf um die Existenz anders meistern kann, als daß man gerade am Leben bleibt.

Woher soll Solidarität in der Ehe kommen, wenn man sich gegenseitig allenfalls erleichtern kann, sich mit der ganzen Scheiße abzufinden? Wenn man zu Hause die einzige Gelegenheit hat, seinen Gefühlen mal freien Lauf zu lassen? Wenn man die ganzen Schweinereien, die man den Tag über ertragen mußte, vielleicht mal abends an der Frau auslassen kann? Obwohl sie ja gerade am wenigsten dafür kann!

Auch das alles ist kein Grund, die Frau krankenhausreif zu schlagen und sich selber zu erhängen.

Das alles wären eher Gründe, die kapitalistische Gesellschaft, unter der wir zu leiden haben, gründlich zu zerstören, um eine menschliche, eine wirklich kommunistische Gesellschaft aufzubauen. Wie schwer das ist, wissen wir alle.

Können wir deshalb einfach darüber hinwegsehen, wenn einer das Leben, das ihm die kapitalistische Gesellschaft aufzwingt, nicht ertragen kann? Dürfen wir sagen, da hat er selber Schuld, er hätte sich's ja besser einrichten können?

Das können wir nicht! Solange *wir alle* dieser unmenschlichen Gesellschaft kein Ende machen, werden noch viele Menschen an dieser Gesellschaft kaputtgehen. Schon das allein wäre Grund genug zu kämpfen!

1969 gründete Jost mit Kollegen an seiner Arbeitsstätte eine Betriebsgruppe. In ihr sammelten sich Borsig-Lehrlinge von siebzehn bis zu Facharbeitern von vierzig Jahren. Es waren auch Studenten der Technischen Universität Berlin dabei, die als Fachkräfte im Betrieb arbeiteten. «*Die Studenten sind nicht, weil's schick ist, ins Proletariat übergesiedelt, sondern sie wußten, was ihnen blüht. Sie kamen aus Arbeiterfamilien. Manchmal erschienen auch Studenten aus Berlin, aber mir ging dieser Tourismus ins Proletariat schon immer auf den Wecker.*»

Die Betriebsgruppe gab den *Borsig-Anzeiger* heraus, der sehr gut ankam. Er erschien in einer Auflage von zweitausend Exemplaren und wurde in dem Betrieb von etwa dreitausend Arbeitern und Angestellten besser abgenommen als die IGM-Zeitung. «*Wir konnten immer früher über die ganzen Geschichten berichten. Gelegentlich wurde die Betriebsleitung dadurch in ihren Dispositionen empfindlich gestört. Wir versuchten auch dahinterzukommen, welches die Worte sind, bei denen die Klappe fällt.*» Es gab Worte, die einen studentischen Klang hatten, wie Scheiße, motzen, frustriert – sie erweckten Mißtrauen gegenüber dem ganzen Artikel. Ein Polier bei Borsig versuchte immer, mit Jost zu diskutieren und ihn ins Unrecht zu setzen. Er kam und sagte: «*Hier steht dreimal motzen, zweimal Scheiße. Das ist nicht unser Sprachgebrauch, die Leute kommen von anderswo.*» Für Studenten ist das Wort «*Scheiße*» befreiend. Für Arbeiter ist es nach ihren Erfahrungen mit Sanktionen verbunden. Sie wehrten diese Redeweise ab, wenn sie über die Sache nicht weitersprechen wollten, und zum Schluß lief es auf die Formel hinaus: «*Geh doch in den Osten!*»

Den Kollegen, der an der Arbeit der Betriebsgruppe interessiert waren, luden die Genossen nicht in ihren Laden, sondern in eine Kneipe ein. Dort suchten sie seine Motive herauszufinden, warum er zu ihnen kam. Es gab die unterschiedlichsten Beweggründe, warum Leute kamen, warum sie wegblieben. Bei Borsig arbeitete der «*schwarze Bruno*», der später durch den Film ‹Kaspar Hauser› bekannt wurde. «*Er wollte einen Borsig-Flügel kaufen, aber der Betriebsrat ist nicht darauf eingegangen. Er hatte das Geld, denn er lebte sehr sparsam, immer in der Angst, wieder ins Heim zu kommen. Der Betriebsrat sagte: Du kannst dieses Klavier gar nicht zahlen! Bruno aber brauchte das Instrument, weil er sich nur durch Musik mit anderen verständigen konnte. Doch er bekam es nicht. Danach ist er bei uns gelandet. Er hatte im Betrieb eine wichtige Funktion, denn er war Transportfahrer, kam von Abteilung zu Abteilung.*»

Die Basisgruppe zählte inzwischen an die hundertfünfzig Genossen, und wenn eine Nachricht aus Berlin kam, war es möglich, fast alle in kurzer Zeit auf die Beine zu bringen. Das geschah über ein Schneeballsystem, einer rief zwei andere an, die wieder zwei andere, und so konnte man damit rechnen, daß sich ein großer Teil der Basisgruppe in einer Stunde am Treffpunkt, dem S-Bahnhof Spandau, traf und zusammen nach Berlin fuhr.

Als die Universität von den Besetzungen aufgeschreckt wurde, ließen die

Spandauer es sich nicht nehmen, zum Ostasiatischen Institut zu fahren und die Villa des Koreanischen Seminars zusammen mit Studenten zu besetzen. Über Telefonrundruf hatten sie vereinbart, nichts mitzunehmen, keinen Helm, keine Parka, und in ihrer sommerlichen Kleidung marschierten sie von dem Institut aus zum Untersuchungsgefängnis Moabit und tappten in eine große Polizeifalle. Fahrzeuge mit seitlich aufklappbaren Gittern fuhren auf und sperrten die Straße, Berittene galoppierten in die sitzende Menge, jeder versuchte, sich in einen U-Bahn- oder S-Bahn-Eingang zu flüchten, um sich aus dem Hexenkessel zu retten. Steine flogen, und eh er sich's versah, fand Jost sich in der Wachzelle des Polizeigefängnisses mit anderen wieder und hatte ein Verfahren wegen Widerstand gegen die Staatsgewalt am Hals. Tatsächlich war er nur in einer Demonstrationsreihe gelaufen, den Stock einer roten Fahne quergelegt, alle griffen ans Holz, riefen vorwärts stürmend «ein Osterei – für die Polizei!», und ab und zu flog auch wirklich eines und bekleckerte die Uniform eines Ordnungshüters mit Farbe. Von solchen Triumphen erzählten sie noch lachend in Spandau und zeigten stolz die Polizei-Dienstmützen wie Trophäen, die sie erbeutet hatten. Jost wußte von einem Lehrling, der zu Hause fünf davon, wie andere Hirschgeweihe, in seinem Zimmer an der Wand hängen hatte.

1971 kündigte Jost M. bei Borsig. «*Die hatten mich schon lange auf dem Kieker, sagten, sie würden mir kein politisch auswertbares Material in die Hände geben. Eine Kündigung durch den Betrieb hätte für mich bedeutet, daß ich in Berlin keine andere Arbeit bekommen hätte; so bin ich selbst gegangen. Weil schon die marxistisch-leninistischen Parteiinitiativen so stark wucherten, war für uns auch eine Betriebsarbeit, wie wir sie uns vorgestellt hatten, nicht mehr möglich.*»

Er wird für die Technik an der Schaubühne am Halleschen Ufer eingestellt. Seither reißt die Verbindung zur Spandauer Basisgruppe ab. Inzwischen ist es unter den Genossen zu harten Auseinandersetzungen um Projekte gekommen, die Kindergruppen und die Jugendarbeit im Falkenhagener Feld. Andreas Baader war in Dahlem von seinen Genossen der Roten Armee Fraktion (RAF) befreit worden, und den Spandauern drängte sich eine Anarchismus-Diskussion auf. Der ideologische Bruch geht in den Auseinandersetzungen quer durch zwischen Studenten und Arbeitern.

Von der Schaubühne weiß Jost wenig, als er anfängt, dort zu arbeiten. Er begreift jedoch rasch, daß hier ein Theater entsteht, in dem Schauspieler, Regisseure, Dramaturgen und Techniker anders arbeiten als im Staatstheater. Das oberste Organ der Schaubühne ist die Vollversammlung aller fest Engagierten. Eine politische Schulung wird eingerichtet, die der Vereinheitlichung von politischer und künstlerischer Meinung als Basis eines funktionierenden Ensembles dienen soll. Am 24. November 1970 war in der Schaubühne ein «*Arbeiter- und Lehrlingstheater*» geschaffen worden. Der Regisseur Peter Stein sagte, Ziel dieses Projekts sei nicht, Kunst zu verbreiten, sondern den Marxismus-Leninismus. Das Theater könne sich nicht als

Avantgarde verstehen, eher als Nachhut. Es könne deshalb auch nicht in die Fraktionsauseinandersetzungen der Linken eingreifen. Doch es kommt zu persönlichen Scharmützeln und politischen Reibereien an der Schaubühne; sie bleibt von den Fraktionskämpfen der Linken nicht verschont. «*Zuerst waren Leute aus der Schaubühne Schulungsleiter. Nachher wurden welche engagiert für die Schulung, die wir aber gewählt haben. Das war aber das letzte Zappeln, dann ist die Sache eingegangen. Es kam dann einer, der sich zur KPD orientierte als Schulungsleiter, und die der SEW nahestanden, haben die Schulung boykottiert. Dann gab es da noch dieses Proletariat, darauf konnte man sich zwar in den Produktionen irgendwie einigen, und man hat sich der künstlerischen Sache unterworfen, aber außerhalb der Produktion standen wir wieder reichlich abgegrenzt und starr einander gegenüber und haben uns Gefechte geliefert.*»

Doch es gibt eine andere Sprache, einen anderen Umgang, als ihn Jost aus einem hierarchisch aufgebauten Betrieb kennt. «*Die Angehörigen der Schaubühne verstanden sich als Kollektiv, und es gibt nicht, noch heute nicht, den Chef, den Herrn Regisseur Stein. Aber der Mitbestimmung in der Vollversammlung stand ich von Anfang an ablehnend gegenüber. Ich komme ja aus einem Betrieb der Montanmitbestimmung, und was nützt es, wenn ein Arbeiter über seine Entlassung mitdiskutieren kann, wenn er über Investitionen, über seinen Arbeitsplatz nichts zu sagen hat?*»

Die Schaubühne will nach innen die Gesetze des kapitalistischen Marktes brechen, ohne sie für das Unternehmen als Ganzes außer Kraft setzen zu können. «*Noch in der Spandauer Basisgruppe haben wir uns die Kommune I angesehen und kamen zu dem Schluß, daß man keine sozialistischen Inseln im Kapitalismus gründen kann, daß die Zwänge jeden Ansatz schon deformieren. Für uns Techniker hat das Kollektiv auch nie bestanden. So kollektiv war die Schaubühne nie. Es gibt eine klare Trennung zwischen dem künstlerischen Apparat, dem alles unterworfen ist, und dem technischen Apparat, der nur zu funktionieren hat. Das ist auch auf einer Betriebsversammlung von der Direktion eindeutig gesagt worden, daß jetzt alles über einen technischen Leiter geregelt wird.*

Das hat einen Trend wieder hin zum Staatstheater, aber wir in der Technik haben auch eine Menge Rechte nicht genutzt. Ich wüßte zum Beispiel kein Stück, das von der Technik vorgeschlagen worden ist. Oder bei den Versammlungen gibt es manchmal individuelles Verhalten, dem Leute 'ne politische Note geben wollen. Die haben gesagt, wir wollen keinen Zwang und sind erst 'ne Stunde später gekommen.

Ich glaube, wir machen heute schlechtere Politik als am Anfang, aber wir machen besseres Theater.»

7. Kapitel

SDS – ein großer Beatnik

Mit John F. Kennedy hielt in den USA eine technokratische Ideologie von der Herrschaft des Funktionierens Einzug. Das technokratische Zeitalter entwickelte die Fähigkeit, die Vorstellungskraft zu entseelen und die Phantasie in Vernunft, Realität und Plan zu zerstückeln. William O. Douglas nennt die Vereinigten Staaten einen Staat des verkehrten Wohlstands, «*die großen Gesellschaften und die Regierung tragen gemeinsam dazu bei, daß ein Klima des Konformismus entsteht, das aus jeder oppositionellen Idee eine unamerikanische Ideologie macht*».

Die Überflußgesellschaft saugt wie ein Schwamm alle Fähigkeiten der Kreativität und der Auflehnung auf. Die Technokratie als Gesellschaftsform garantiert ein Höchstmaß an sozialer Integration. Daß ihnen die Initiative genommen wird, sollen die Menschen mit Unterwerfung und Hingabe zahlen. Vom *Playboy* sollen sich die Frauen vorschreiben lassen, wie sie die Beine breitmachen, von Touristenprospekten die Paare, an welche Strände sie sich legen, von den Zeitungen die Männer, was die denken über ihre fade Gegenwart und ihre verdampfende Vergangenheit. Die Bürger sollen nach Mittelklassewagen, Tabak-Seife und Waschpulver hungern, die ihnen im Fernsehen verheißen werden. Ein Stab von Fälschern sagt ihnen das Glück und organisierte Passivität in der Great Society und der formierten Gesellschaft voraus. Es sollte Jahre dauern, bis in Paris die Studenten auf den Barrikaden forderten, nicht nur die Produktion, sondern auch die Konsumtion zu kontrollieren. Sie waren geschüttelt von dem Ekel vor der Ware und dem Konformismus des juste milieu, und sie wußten: der Mangel an Phantasie ist, nicht wissen, was fehlt.

In Amerika war es C. Wright Mills in ‹*Causes of World War III*›, der in der technokratischen Gesellschaft zum Dissens aufforderte. Nach seinem Tod 1961 entstand die Revolte der Neuen Linken in der studentischen Generation. Doch die wahren Propheten der Dissent-Generation waren die Pop- und Rock-Gruppen. 1965 fand in Berkeley ein Sit-in gegen die Anwerber der US-Marine statt. Mario Savio wurde zum Sprecher der Aktion gewählt. Zum Schluß sammelten sich mehrere Tausend vor dem Hauptverwaltungsgebäude der Sproul Hall und sangen ‹*Yellow Submarine*› von den Beatles. Viele von ihnen waren Jugendliche, die sich mit dem American Way of Life überwerfen wollten, *outlaws, hippies, drop-outs, run-away-kids* wurden – in der totalen Weigerung Herbert Marcuses. Sie brachen aus der Gesellschaft aus und begründeten ein anderes Leben, in einer Gegenkultur mit Anti-Dichtung, Anti-Theater, Anti-Familien, Anti-Institutionen – eine barbarische Störung der Kultur des Establishments. Ihre Musik war so explosiv wie sie selber, The Doors, Jimi Hendrix, Jefferson Airplane, Janis Joplin und wie sie alle hießen.

Die Hippies begriffen, daß das Land auf einer gigantischen Lüge aufgebaut war. Damit sie ihr Leben und die Gesellschaft ändern konnten, mußten sie sich von ihren Vätern lossagen. Die waren feige, dumm, verfault, krank und eingebildet, wie das ganze verfluchte Land. Sie sitzen nur noch rum und sehen zu, wie ihre Arterien verkalken, sehen ihre Erinnerungen wie Petersilie verwelken, sehen ihre Frauen fett und unansehnlich werden und ergehen sich in geilen Gedanken, irgendso ein schnelles junges Ding zu vernaschen.

Die Gesellschaft war totenstill, und es stank wie in der Kirche. Die Kinder der Technokratie wollten heraus, *on the road*, denn Bewegung gab es keine in der Gesellschaft der Sahnetorten, Ford Chrysler, *Readers-Digest*, Super-Markets und Einfamilienhäuser – und immer wieder an der Straßenecke standen sie, die Babitts mit ihren rosigen Wangen. Die *drop-outs* nannten sich *freaks*, das heißt Mißgeburt. Sie wollten eine Umwertung aller Werte. Was Mr. Babitt als häßlich galt, wurde schön. Als die Rebellen in den USA mit ihrem Ekel vor dem *american dream* aufwuchsen, wußten sie, daß die Gesellschaft ihnen etwas schuldet. Sie brachen auf, um es zu holen. *On the road* hatten sie Angst, daß Genet nur Spaß macht, Joe Louis schon fünfzig ist und McLuhan nur Bücher schreibt.

«*What time is it now? Did you still get that old piece of watch that runs when you run?*» Es war wie in dem Blues von Champion Jack Dupree. Als die *run-away-kids on the road* waren, geriet auch die Zeit in Bewegung. «*Don't run that fast. Put one foot in front of the other and then just keep on walking.*» Auf der Flucht von Zuhause wurden sie wundervolle Menschen. Sie wurden stärker geliebt, und aus ihnen brach die Sanftheit und Zärtlichkeit der Blumen.

Sie wollten Anti-Intellektuelle sein, denn intellektuell sein heißt: in der Vergangenheit oder in der Zukunft leben. Sie aber wollten ins Jetzt. Sie sind *high*, ihr Haar ist lang, in der Tasche tragen sie Sachen von dem verrückten Kerouac oder Charles Bukowski, Allen Ginsberg oder das Poem von Gil Orlovitz über Eier – «*. . . ein rollender Hoden rostet nicht*». Sie waren unterwegs zu Schwester Marihuana, Bruder Morphium und Schwester Haschisch. Sie wußten: gemeiner Stoff kann in Gold verwandelt werden, wie die Alchemisten geweissagt haben. Unter dem Einfluß der Droge traten sie aus ihrem Inneren heraus, das ist eine irre Erfahrung, und die Dinge verlieren an Lauheit. Die *acid heads* ahnten, daß die Veränderung der äußeren Welt eine Veränderung der inneren voraussetzt. Für die Gesellschaft der Oldies war Geld eine Droge, Erziehung und Konsum eine Droge. Und wer bestimmt, welche Drogen legal sind und welche illegal?

Die Linke und die Droge wollten das gleiche: die Veränderung der Sache durch ihr Gegenteil. Und die Welt, der Müllhaufen, kann wunderbar schön werden, wenn man ihr beikommt.

Auch die Beatniks rauchten, doch sie rauchten, weil *pot* irrsinnig modern ist. Sie waren nur Intellektuelle, nur Neuauflage der Boheme-Kultur. Die *beats* sagten: Gott ist tot! Die Hippiebewegung war religiös. Die *freaks* wollten nicht viel denken, damit die Macht des Bösen nicht zunimmt. Sie wollten bei einem Joint die gleiche Wellenlänge, gute *vibs* haben mit allen, die zusammensaßen, und wenn jemand die Brust einer Frau berührt, wer will entscheiden, ob es zwanzig Sekunden lang war, zwanzig Minuten oder zwanzig Stunden? Für sie kam die Zeit in Bewegung, nicht nur der Pendelschlag der Uhr, sondern jede einzelne Minute. Als nichts blieb, wie es war, wölbte sich das Zifferblatt, von innen heraus glühend. In Wirklichkeit änderte sich nichts, aber sie hatten Augen von Feuer.

Europa. Frankfurt. Bockenheimer Landstraße.

Der Junge, der deutsche Beat-Gedichte schreibt, der sich vor dem ersten *head-shop* auf dem europäischen Festland – er hieß «*Heidi loves you shop*» – mit der Schere ein Viereck von einem Löschblatt, mit LSD getränkt, abschneidet und es sich wie eine Hostie auf die Zunge legt, der in Berlin mit Dieter Kunzelmann, Fritz Teufel, Uli Enzensberger und den anderen der Kommune I auf Matratzen liegt, der in Darmstadt mit ein paar Krümeln Haschisch und Jefferson Airplane *high* ist, der in der Klapsmühle Berlin-Wittenau auf dem Bett liegt und irre sein soll, der Himmel und Hölle im Leib hat und die Langzeitdroge STP, der mit gemessener Würde sagt «es gibt keinen Gott außer Allah und Mohammed ist Sein Prophet» – dieser Junge soll immer der gleiche sein?

P. G. (seine Bekannten riefen ihn Pie-Dschie) drückte sich auf einem Internat in Laubach/Oberhessen herum, griechische Vokabeln im Kopf und die Musik von Buddy Holly, Cliff Richard und die ekstatische Melodie der Bücher von Ginsberg, Kerouac, Burroughs und Ferlinghetti im Herzen. Durch seine Mutter wurde er zu einer Jahrestagung der Hessischen Schülermitverantwortung (SMV) eingeladen. Auf dem Weg zur Tagung traf er ein Mitglied der «Jungen Presse Hessen», der ein Abzeichen trug. Das hatte er schon einmal gesehen, dachte, es sei ein Mitgliedsabzeichen der «Jungen Presse», fragte und hörte: «*Nein, das ist ein Ostermarschabzeichen.*»

Einige Monate später wurde er zum Pressereferenten der «Jungen Presse Hessen» gewählt. Zuvor war er antikirchlich, antiautoritär eingestellt. Jetzt kam er in das Fahrwasser revolutionärer Theorien, begann sich damit zu beschäftigen, was Sozialismus, Kommunismus heißt. Neben seinen alten Büchern las er jetzt Herbert Marcuse, Walter Benjamin, Theodor W. Adorno. Doch etwas blieb: Ginsberg, Ferlinghetti, Kerouac – die Beat-Literatur, der Schrei des Befreienden, des Explosiven, des Impulsiven. P. G. trug die Rune des Ostermarsches, schrieb Gedichte, stand vor der gläsernen Musikbox mit ihrem funkelnden Herzen, die Haare wurden länger, die Finger gelber vom Nikotin, und zwischen Bier, Korn und der neuen ‹Revolver›-Platte der Beatles gab es immer das verzehrende, fiebrige Drängen nach Aufbruch, Bewegung, *on the road*.

Er wohnte inzwischen in Oberursel, einer Kleinstadt bei Frankfurt, und gründete in dem Kaff einen Ortsausschuß des Ostermarsches. «*Ich bin wie ein Korken reingefallen und schwamm gleich oben.*» Worin sollte er seinen alten Beatnik-Traum wahrmachen, wenn nicht in der Ostermarschbewegung? In ihr steckte etwas von der Gewalt des Lebens, inmitten der Todesgesellschaft. Mit seinen Mitschülern baute er sich vor dem Bahnhof auf, sie liefen im Gänsemarsch die Hauptstraßen herunter, plötzlich rief P. G. «*Aaach-tung! Atomblitz von links!*» Alle warfen sich auf dieses Kommando zu Boden und schützten sich mit einer Aktenmappe über dem Kopf. Fast noch mehr gelang in der *Aktion Volkssarg* – wo endet das Happening, und wo beginnt die Provokation? Außer einem «*Bundesvolkssarg*» gab es ein *Amtsblatt*, das die Vorschrift erläuterte, jeder Bundesbürger habe sich für den Fall eines Atomkriegs einen Sarg anzuschaffen, diesen während des Atomkriegs aufzusuchen, damit die Räumungsarbeiten erleichtert werden.

Die Jugendlichen verteilten das *Amtsblatt* und stellten tags darauf in der Allee Pappsärge auf. Das führte dazu, daß Leute mit ihren Autos vorfuhren, heraussprangen und entsetzt sagten: «*Ich habe es ja nicht geglaubt, aber es stimmt doch!*» Die ganze Aktion war für Oberursel so ungewohnt, daß die Polizei zwar dabeistand, aber nicht wagte einzugreifen.

Einige Teilnehmer des Ostermarsches verstanden ihre Aktionen als Teil einer politischen Bewegung, die imstande war, Massen auf die Straße zu bringen. Unausgesprochen leuchtete hinter den Friedensmärschen und Happeningaktionen die Idee des Kommunismus auf.

Nach dem Abitur fuhr P. G. nach Berlin, nach Hamburg, *good day sunshine*, in den Städten mit der roten Zigarette in der Hand, Chuck Berry, Little Richard und *Elvis the pelvis* dröhnten in seinen Ohren. Dann fand er auch, wonach er suchte: Höllerer, Bingel und all die anderen kleinen Fürsten der Literatur der sechziger Jahre. «*Wir haben sie uns angeschaut und waren einfach hin!*»

Literatur, SDS, Ostermarsch, Drogen – das war alles eine große Einheit, und die sich zu ihr zählten, gaben sich später durch ihre langen Haare zu erkennen. Sie meinten Formlosigkeit, Sinnlichkeit, Offenheit. Sie sagten den Leuten, wie die Langhaarigen zu Vietnam standen, zur Droge, zum Universitätsaufstand. Die Eltern der Langhaarigen waren eine Generation ohne Zukunft, ohne Kinder . . .

Es war die Pop- und Rock-Musik, in der persönliche Erfahrung, Lebensschicksal und existentielles Begehren zusammenschossen. Der Beatle-Song war das Lied der ersten Stunde der Revolte, Lieder des existentiellen Radikalismus, in der Magie der Texte, dem Glanz der utopischen Freiheitsräume:

die Einsamkeit der einzelnen (‹*I look at all the lonely people*›), die Trennung vom Elternhaus (‹*She's leaving home*›), die Lust auf die befreiende Aktion (‹*Rocky had come equipped with a gun*›), die Explosion der Entdeckung des inneren Universums, nachgemachte Unendlichkeit (‹*In a glass onion*›). Die Melancholie und Zerstörungswut der Beatles waren die Gefühle der Jugendlichen der Revolte der ersten Stunde. Als sie radikaler wurden, hörten sie mißmutig die Beatles singen ‹*You say you want a revolution*›.

You say you'll change the institution /
Well you know /
We all want to change your head /
You tell me it's the institution /
Well you know /
You better free your mind instead /
But if you go carrying the pictures of Chairman Mao /
You ain't going to make it with anyone anyhow /
Don't you know it's gonna be alright /
Alright /Alright /

‹*Street fighting man*›, ‹*Eve of destruction*› und ‹*I can't get no satisfaction*› wurden die Lieder der zweiten Stunde der Revolte in Berkeley, Paris, Berlin und Frankfurt.

Der entscheidende Einbruch, der den Zug P. G.s in Richtung der Bohème an Fahrt beschleunigte, war der Beginn seiner Bekanntschaft mit Haschisch und LSD im Juni 1967.

Er wurde für eine Tournee von *Beat & Lyrik* engagiert. Dort lernte er einen Typ kennen, ein großes lächelndes Kind mit seiner Haschischpfeife: Hans Wesseling. Mit ihm und dem mageren Vagelis Tsakiridis lebte P. G. in den zehn Tagen der Tournee einen ununterbrochenen Rausch. Er kam in einen *speed* mit seinem Bruder Hans Wesseling, und sie stiegen bekifft auf die Bühne. Die Show war ohnehin als Happening aufgebaut, es gab genügend Gelegenheit, mit dem ekstatischen Elan herumzutanzen, den sie im Leib hatten.

Allein am Ende der Tournee sollte es noch eine Steigerung geben. In einem Studio wurde eine Tonbandaufnahme gemacht. «*Dort wollte ich den totalen Durchbruch erleben.*» Nach der Studioaufnahme gab es eine Party, das große Kind Hans Wesseling hatte P. G. einen LSD-Trip versprochen. Er gab ihm auch ein Stück Löschpapier, P. G. schluckte es erwartungsvoll und merkte nichts, absolut gar nichts. Plötzlich ging etwas in ihm vor. «*Ich habe mich in einer völlig neuen Dimension gefühlt. Die Muster der Tapete bewegten sich und verwandelten sich in einen stummen, sanft dahingleitenden Schwarm von Fischen, ich wagte gar nicht, mich zu bewegen, aus Angst, diese unendliche Zartheit würde sich so geheimnisvoll entfernen, wie sie gekommen war, diese Weichheit eines zärtlichen plastischen Raums mit all seinen pulsierenden Geheimnissen und Pastellfarben und Träumen, ungesehenen Meeren, Ländern der schweigsamen Fische und Augen und Blumen* mit dem klaren, reinen Sand der Liebe und dieser Kuppel aus Glas und Licht, die sich über diese kleine Welt spannte. Mit irgendeiner letzten Faser meines Intellekts hatte ich krampfhaft die Nabelschnur zur Realität immer wieder ergriffen, aus Furcht, mich zu verlieren und aufzugehen in der Harmonie der Dinge, um nie wiederzukehren, schwimmend im Fruchtwasser unerkannter Milchstraßen, traumlos, zeitlos, ichlos, leer.» Er stand behutsam auf, glitt zu der Tür zum Garten, es war früher Morgen, und das Bild vor seinen Augen ließ seinen Schritt stocken: ein prachtvoller Rhododendron-Strauch, voller Glut der Blüten, Wellen von Violett, Blau und Rot schwammen an ihm vorbei. Er war völlig betäubt und fasziniert von den Duftschwärmen und Farbwellen. Die Sonne ging auf, es war gerade vier Uhr morgens. Als er in das Zimmer zurückglitt, war es vielleicht sechs Uhr, er traf Hans Wesseling, der auch auf dem Trip war. Sie stiegen ins Auto, achteten fieberhaft darauf, wie die Ampeln wechseln, setzten sich in einen Fotoautomaten, in die Kamera grinsend, und als sie wieder auf die Straße gingen, brandete um sie herum der aufbrechende Arbeitstag, sie dazwischen, schwärmerisch schwebend und die Leute mit einem freundlichen Hochmut betrachtend.

Es war der 7. Juni, als P. G. zum erstenmal LSD nahm. Timothy Leary, der Lenin der Flower Children, schrieb: «Ich warne jeden davor, LSD zu nehmen, wenn er nicht bereit ist, all seine Gewißheiten und sozialen Sicherheiten zertrümmert zu sehen.» P. G. fühlte, daß das Leben so sein müsse, so der Sozialismus, «ungezwungen und frei von Angst und materiellen Problemen, gerecht und liebreich».

Ihn zog es nach Frankfurt. Dort gab es Provos, Vietnam-Demonstrationen und den Club Voltaire. Beim Ersatzdienst hatte er den Antrag gestellt, entlassen zu werden. Er schrieb, er fühle sich nicht in der Lage, das psychisch alles zu verarbeiten. Er sei inzwischen sensibler geworden gegenüber Herrschaftsansprüchen. Er müsse sich in eine psychiatrische Behandlung im Sigmund-Freud-Institut begeben. Deshalb bitte er um seine Freistellung. Er wurde nach Gießen versetzt und weigerte sich dort, seine Stelle anzutreten. Der Amtsleiter sagte verblüfft: «Das müssen wir jetzt amtlich machen. Ich gebe Ihnen den Schlüssel für Ihr Zimmer. Wenn Sie ihn mir zurückgeben, heißt das, daß Sie den Dienst verweigern. Wenn Sie ihn behalten, heißt das, daß Sie hierbleiben. Wenn Sie ihn gar nicht annehmen – ach, ich weiß gar nicht, ob ich so eine Situation schon erlebt habe!» Er drückte P. G. den Schlüssel in die Hand, und der gab ihn zurück. Damit war seine Karriere beim Ersatzdienst beendet.

Es waren wilde Tage, die jetzt in Frankfurt begannen. In der Stadt riß es P. G. in die Politszene, die Literaturszene und zu den Hippies, den Brüdern in der Droge. Das beste war, wenn sich alle antörnten, daß man sich in Frankfurt, dieser härtesten aller Städte, antörnt, und man konnte über den Ruinen des Lebens hinwegfliegen, ohne daß einen jemand herunterholte.

YOU KNOW THE PLACE WHERE NOTHING IS REAL

Im Club Voltaire wurde er Veranstaltungsleiter, mit einem Monatsgehalt von 300 Mark. In der Kampagne gegen die Notstandsgesetze gab es jeden Abend Lesungen von Schriftstellern, danach Diskussionen, von acht Uhr abends bis Mitternacht. Vor allem aber gab es das schwärmerische Leben unter dem Einfluß der Drogen. Zu denen, die kifften und LSD warfen, drang aus Paris die Parole «*Die Phantasie an die Macht*» – bei ihnen war sie an der Macht! In P. G.s Kopf schwirrte seit seiner Begegnung mit Hans Wesseling die Losung von der Bewußtseinserweiterung. Sie war der Funke, der durch eine psychoanalytische Laientheorie und durch amerikanische Underground-Zeitschriften in Flammen geriet, durch Allen Watts, Gary Synder, Allen Ginsberg und die anderen Visonäre des inneren Universums.

Es gab in Frankfurt unter den Linken eine Dreiteilung, die Hippies um die Droge, mit denen sich ein Spiritualismus verband, die politische Szene, der aktivistische SDS, und die Provos mit ihren konzilianteren, getrageneren Vorstellungen einer freien Gesellschaft. Sie waren auch für den Sozialismus, doch für einen Sozialismus der zärtlichen Hände und des rührenden Augenaufschlags. Unter ihnen wollte P. G. sich finden.

«*Ich habe Linkssein als ein Synonym für Freiheit, für Ausleben verstanden, Utopie, Bewußtseinserweiterung, auch Liebe. Was mir auffiel, war, was mir Freiheit versprach, Befreiung von bestimmten konventionellen und moralischen Normen. Die SDS-Linken – das waren die Typen an der Universität. Die hatten einen bestimmten, hochmütigen habit gegenüber der Bevölkerung. Das Interesse des SDS an Leuten außerhalb der Uni kam weniger vom Herzen als vom Verstand. Noch war der große Umbruch nicht gekommen, als die Genossen Basisarbeit machten, in die Fabrik gingen.*»

Der SDS symbolisierte für ihn Freiheit. Er kannte Situationisten, sah Plakat-Aktionen der Subversiven Aktion. Diese Leute schienen ihm das in ihrem Verhalten zu verwirklichen, was sie sagten. Es waren sehr verschiedene Strömungen, die im SDS zusammenliefen, dort kulminierten, weil der Mythos sehr stark war, der von ihm ausging – der hohe theoretische Anspruch, ein sensibles Verhalten der Leute untereinander. Der SDS war ein Instrument, er verband die Gruppe derer, die sich als *outlaws* verstanden. Er sah im SDS einen erwachsenen Beatnik. Dort kulminierte fast alles – sein Wunsch nach Träumen, Theorie, Aktionen.

«*Demonstrationen gab es in Frankfurt ja am laufenden Meter. Bei einer Demonstration haben mich die Bullen gegriffen, weil ich bei einer Rauchbombenaktion weggelaufen war. Ich wurde als Verantwortlicher zu Gefängnis mit Bewährung verurteilt. Ich wußte natürlich, wer die Bombe geworfen hatte, wollte es aber vor Gericht nicht sagen.*»

Der SDS stellte einen Teil der Aktivisten auf der Aktion, aber es gab nicht den Körper der Lebendigkeit dort, wie ihn P. G. unter Drogen erlebt hatte. Er war Mitglied des SDS, ging aber nicht auf die Versammlungen des Verbands, sondern nur auf die Feten, die im Anschluß samstags im Keller des Kolb-Studentenheimes stattfanden. In einer naiven, unkomplizierten Unbekümmertheit beteiligte er sich an allen Aktionen des SDS. Er fragte nicht, welche Folgen das für ihn haben könnte, wenn er an Demonstrationen teilnimmt – sondern er demonstrierte.

Der SDS war das Feld der Aktion. P. G. bemerkte, daß Handeln mehr bewirken kann als Theorie. Dadurch konnte er in die Gruppe weit genug eindringen, um Einfluß auszuüben. *«Der SDS verkörperte für mich die Zuspitzung meiner intellektuellen Sehnsucht und zugleich eine Lebensform. Du wurdest akzeptiert in deiner Weise, als Außenseiter zu leben und zu handeln.»* Doch seine Freunde gewann er nicht ausschließlich unter den SDSlern. *«Dort waren die Genossen, meine Freunde hier. Das waren alle, die einen Zug an Kreativität hatten, Filme machten, Gedichte schrieben, auf allgemeine Kommunikation auswaren, die lebendig waren. Der SDS war eine Gruppe von Leuten mit profundem Wissen über Wirtschaft, Gesellschaft, Geschichte und Staat, aber etwas fehlte: das Pulsierende, Lebendige.»*

Nicht nur durch seine Drogenerfahrung wußte P. G., daß Theorie ein Puppenhaus war, daß das Leben etwas anderes war, als kluge Köpfe es sich dachten.

Die Trip-Werfer und Hasch-Raucher waren eine geschlossene *community* und betrachteten P. G. erst nach langer Zeit als einen der ihren, weil er Vorträge über die Droge und Bewußtseinserweiterung gehalten hatte. Wer über die Droge sprach, war ihnen verdächtig. Sie nahmen die Droge.

Durch die zunehmende Arroganz der Leute im Club Voltaire gegenüber Hippies fühlte P. G. sich dort nicht mehr heimisch. Unter dem Vorwurf, sie würden mit Hasch handeln, bekamen sie Hausverbot. *«Da ging ich auch raus und suchte Licht in der Drogenkultur.»*

Während der Tournee *Beat & Lyrik* hatte P. G. Bernd Brummbär kennengelernt, der später nach London ging. Seit Allen Ginsberg am 11. Juli 1965 in der Albert Hall seine ‹Wholly Communion› vorgetragen hatte, wuchs die Hippie-Kultur in der Stadt atemlos und unaufhaltsam. Als 1969 die Stones im Hyde Park zu einem *free concert* auftraten, bekannten sich bereits 250000 Jugendliche zu der Bewegung. Brummbär schrieb aus London, *«daß wir den Underground in Deutschland ausbauen sollten».* Um Geld zu machen, schlug er vor, Plakate aus London zu beziehen, auch in Deutschland selbst welche herzustellen, weil die Poster-Kultur auch dort bald den ganzen Markt beherrschen werde. P. G. bestellte Plakate in London und schrieb Brummbär, er solle kommen, um hier Poster zu produzieren, *«wir werden sie bezahlen».* Brummbär kam und zog in die Wohnung von P. G. und seiner Freundin – zwei Zimmer waren das – und praktizierte mit ihnen eine kläusnerische Gemeinschaft: gemeinsam Möhren kochen und sie gemeinsam essen.

In der *Frankfurter Rundschau* stand eine Anzeige, nach der jemand ein

Jugendcafé aufmachen wollte und Leute suchte. P. G. und seine Freunde wollten schon lange einen Laden aufmachen, für eine sanfte *community* der *freaks*. Es stellte sich heraus, daß der Eigentümer bereit war, den Keller in der Bockenheimer Landstraße zu vermieten. Jetzt ging es los. Einige fuhren in Frankfurt herum und suchten auf den Müllbergen, von denen die Stadt voll ist, brauchbare Tische und Stühle zusammen. Brummbär malte den Laden innen und außen mit Regenbogenfarben aus. Innen spannte er eine Plastikwand unter der Decke auf und betrieb einen kleinen Elektromotor, so daß an der Decke Wellen erzeugt wurden. Die Gäste kamen sich wie unter der Meeresoberfläche sitzend vor. Der Laden streckte seine Fühler in die Frankfurter Szene aus, Hippies kamen, Literaten, Raubdrucker, Provos. Aus Düsseldorf brachten Bekannte ein Stroboskop. Das ist ein Gerät, das in kurzer Abfolge starke Lichtquellen, Blitze aussenden kann, gefolgt von einem völligen Dunkel. Der dauernde Wechsel von Überhell und Dunkel kann zu Rauschzuständen führen.

Der Laden sollte ein Schmelztiegel für Hippie-Bewegung und SDS-Linke sein. Die Jugendlichen rauchten draußen, und an den Häuserecken stiegen blaue, süße Rauchwolken in die Luft auf. Die SDS-Genossen kamen meist Samstag abends nach ihrer Mitgliederversammlung, Schlag elf, ließen sich nieder und tranken ein Bier. Zu dieser Zeit waren die Hippies schon *high*. Manchmal kam Hans-Jürgen Krahl, setzte sich auf ein altes zerschlissenes Sofa und las Jan Cremer. «*Da ich wußte, wer Jan Cremer war, auch wußte, daß Krahl der führende Ideologe des SDS in Frankfurt war, war mir die Diskrepanz zwischen seinen Forderungen und dem, was er an Lebendigkeit leisten konnte, überdeutlich. Weil er nicht Jan Cremer sein konnte, las er Jan Cremer. Aber ich hatte großes Mitgefühl mit ihm und dachte, vielleicht läßt er sich antörnen.*»

Auch die Gemeinde der Langhaarigen mit dem Joint verstand sich als Rebellen, aber in der revolutionären Tradition von Groucho, Harpo, Chico und Karl, den Marx-Brothers. Sie wollten eine gefühlvolle, harmonische, ehrliche, kooperative Familie von Menschen sein.

Zwischendurch schrieb P. G. seine lächelnden, tosenden, verrückten, hüpfenden, tanzenden Gedichte mit dem Beat der *roaring sixties*, wie die ‹*Beweisführung zur Rettung der COMIC STRIPS*›.

beweisführe die
meyne fürtröffliche genasführung
blubbte (plab, blap) mynnig sengär-
leyn zu reymen
auf gehodelte spene:
scheme

DICH: auch DU meyne göte
murmauzte indeß

mutta wettink
und hobbeste greußlich
di trüpper-sültze
in manch gar fiel lustig
trähnesecklein.

in nebenreumen
pläpisszitierte jedoch
die klar-rauch-schwängerin in
pluustricke beuche, wrangte
auß das beuschleyn: unt
trobische hizze reschnete
wollfeten . . . . .OH DU
ariadne
was hassu getan?
waß hasst DU ßu schaffen
mit pruder & schweßteer?
wahruhm bietstu nich mir
deine tleinen teller-wischen-
stunten?? – gaap isch doch
eihn treumleyn einst für
hungriische liepe! (ureult
würte dschon lennen nu saachen)??

ressümiir nu: isch

schtell fest: haben wir alles doot-
geliept und getreten: JODELLE, aus
kommicks-schtrip-orgsmänn, BARBARELLE:

blutisch gemauschelt in flimmer-vielmen. un auch föbe
ßeitgeißt nahmt ihr mit –
faanwir-ma-schnäll: inde
uh-ess-ahh.

pliep, verpliep: unß
ueberisch: ohnlie neschenell aigenthum:
ficks & phocksi.

iß wohl alleß forpai?
iß wohl aales ßu pät?
iß auss den traum, wer weiss?
(würte der bietell nu saachen)
wer weiß?
(was nuun? hau hai)

Heidi loves you shop – das war die Gegengesellschaft für P. G., das Leben auf den Ruinen, mit der Faszination der Droge. Mit deren Sprengkraft glaubte er, den Funktionalismus und die alteingefahrenen Gleise sprengen zu können. Es ging um den *inner space*, der alleinige Wohnung war, die es zu bewohnen galt. Außenwelt wurde als Lappalie angesehen, die zwar existent war, aber kaum Beachtung verdiente. Timothy Leary sagte zur gleichen Zeit im BBC: *«Innerhalb von fünfzehn Jahren werden wir ein LSD-Land sein. Unser oberstes Gericht wird in fünfzehn Jahren Marihuana rauchen. Das ist unausweichlich, weil die Studenten an unseren besten Universitäten es jetzt tun. Das Interesse am Kriegführen und an Machtpolitik wird geringer sein. Politik heute, wissen Sie, ist eine Krankheit, eine richtige Sucht.»*

Im *head-shop* kauften sie eine Druckmaschine, um eine eigene Zeitung zu drucken. Im Keller gab es einen Raum, der war frei für das Theater und für Leute, die dort malen wollten. *Heidi loves you shop* sollte ein großes Kommunikationszentrum werden, wo jeder frei sein konnte, ohne abhängig zu sein von den Mechanismen der Gesellschaft. Es gab eine riesige Schallplattensammlung im Laden, *«alles was neu war, was psychedelisch war»*, Bücher lagen zum Verkauf aus, Wilhelm Reich, Hermann Hesse, Herbert Marcuse und die Underground-Zeitschriften aus den USA, wie *San Francisco Oracle* mit seinen ausgeflippten Seiten über LSD, Pop-Musik, Ökologie, *pot* und Sensory Awakening. *«Mein Vorbild war die Geschichte von dem Mann, der in einen Laden kam und fragte: ‹Wer ist hier der Manager?› und hören mußte: ‹Sie sind der Manager!›»*

Eines Tages tauchte ein ausgeflippter Professor aus London auf. Er war an die Fünfzig und hatte seine Professur niedergelegt. Die Hippie-Bewegung hatte in seinem Leben alles durcheinandergewirbelt. Er kam im *shop* auf die Idee, eine Zukunftsausstellung zu organisieren. Nach Frankfurt gelangte er ohne einen Pfennig Geld, aber Geld – das ist ein Bollwerk der Realität, das keine Beachtung verdient! Über das Telefon von *Heidi loves you shop* versetzte er die Frankfurter Geschäftswelt in Aufregung. *«Zukunftsausstellung in Frankfurt vom 2. August bis 30. September 1968. Wir zeigen das Leben und die Kultur der Jahre 1971–2001, die Menschen, die Maschinen, das Fernsehen, die Raumschiffe, beinahe alles. Sie können die Zeitungen, die Plakate, die Kleider, die Kunstgegenstände der Zukunft bei uns kaufen.»* Vor dem Laden stand ein abgewrackter VW, und der Professor konnte sich mit einem GI hineinsetzen und zwei Stunden darüber palavern, wie man auf der Ausstellung eine Rundfunkstation installiert. *«Er hat den GI nie zuvor gesehen und nie wieder nachher. Ich komme dazu und sehe, wie die beiden in ein Gespräch von einer Lebendigkeit und Fülle vertieft sind, daß ich denke, die kennen sich seit Jahren. Das Spannungsfeld, in dem die beiden zwei Stunden lang kommuniziert haben – einfach traumhaft!»*

Eine Zeitlang stand ein Hippie als Antiquar vor dem Laden und verkaufte Bücher. Der Professor kaufte ihm eines ab und lief damit umher, um es wieder zu verkaufen. Nicht daß er Geld damit machen wollte. Er wollte *«das*

Geld fließend machen».

«*Zu bunt wurde es mir, als ich eines Mittags das Telefon abnahm und die Vermittlung hörte, was mit dem Gespräch nach Südafrika für den Professor sei? Streichen Sie, streichen Sie, sagte ich sauer.*»

In einer Laune sagte P. G. dem Professor einmal, er wolle den Laden verkaufen. Daraufhin erschienen Fotografen im *shop*, die sich bückten, auf Stühle stellten und überall Farbfotos machten. Der Professor verschwand am nächsten Tag. Es stellte sich heraus, daß er zu Bazon Brock gegangen war und ihn so lange bequatscht hatte, bis er jemanden überredete, den Professor nach Hamburg mitzunehmen. Von dort aus fuhr er nach Amsterdam und überzeugte einen Holländer davon, daß er den Laden kaufen müsse. Er rief in Frankfurt an und wollte den Preis wissen. «*In einem Telefongespräch von vielleicht zehn Minuten siegte meine Sentimentalität, den Laden zu behalten, statt ein gutes Geschäft zu machen.*»

Einen anderen Tag kam eine Musikgruppe, die Pig Fuckers hieß. Eine Jazzband von acht Leuten, aus aller Welt zusammengewürfelt, aus Amerika, aus der Schweiz, Dänemark, Schweden, Japan. «*Wir verteilten Flugblätter, und am Abend spielten sie in dem winzigen Laden. Es kamen Künstler, Literaten, Musiker und alle möglichen freaks aus Frankfurt, und die Gruppe spielte und spielte und spielte, ohne eine Pause zu machen. Endlich hörte sie auf, aber einer spielte allein auf der Trompete immer weiter, blies ein nicht endenwollendes Solo, bis alle dachten, jetzt* MUSS *er aufhören, sonst bricht hier unten alles zusammen. Als er erschöpft das Mundstück absetzte, fing das Schlagzeug an . . .*»

Alle kamen zu *Heidi loves you shop* – Hans Immhoff, Wolf Wondratschek, Karl Alfred von Meysenbug, Rosa von Praunheim, Vagelis Tsakiridis, H. C. Artmann. Die Hippies aus der Umgebung kamen am Wochenende, machten einen drauf, fuhren am Sonntag weg und kamen am nächsten Wochenende wieder.

P. G. hatte unterdessen angefangen, mit Haschisch zu dealen, reiste in Westdeutschland und West-Berlin umher und lernte die anderen Zentren kennen, keines so schön wie *Heidi loves you shop*. In Berlin besuchte er die Kommune I, versuchte sie anzutörnen, aber sie wollten nicht kiffen. Er steckte betrübt das *gras* wieder ein und reiste ab, dachte *die Zeit wird schon kommen*. Er verdiente in kurzer Zeit ein paar tausend Mark, denn es war viel einfacher, Drogen zu verkaufen, als darauf zu warten, bis jemand eine Schallplatte oder ein Buch kauft.

Auf der Frankfurter Buchmesse machte P. G. einen Stand mit seinem Underground-Magazin *Törn*. Plötzlich kam jemand reingestürmt und erzählte, daß die Polizei während der Messe den Laden geschlossen und versiegelt hatte. Damit war die ekstatische Zeit von *Heidi loves you shop* vorbei.

Drogen hatten die Linke als Minderheitsbewegung zerstört und eine breite Jugendkultur geschaffen. Acid, lange Haare, verrückte Kleidung,

POT, ROCK-MUSIK, SEX – DAS IST DIE REVOLUTION. DIE ALTE ORDNUNG STIRBT, war die Hoffnung der Woodstock-Nation. Doch unversehens machte sich die Glorious Techniculture auch die Empörung für den Verkauf zurecht. Alles soll populär, vergänglich, Massenprodukt, jung, sexy, *groovy* und *big business* sein. DIE GESELLSCHAFT KORRUMPIERT SOGAR DIE, DIE SICH MIT IHR ÜBERWERFEN WOLLEN.

September 1968 kam der Tag, der eine Provokation von Hippies und SDS-Linken auslösen sollte, das einzige Mal in Frankfurt, wo sich Lust, Lebendigkeit und politische Intelligenz der beiden Fraktionen trafen. Sonst duldete die Stadt der Frankfurter Schule im Klima ihrer feingesponnenen, aber kalten Intellektualität diese Verbindung nicht, die kritische Theorie des intellektuellen Kalküls sollte immer der Prüfstein sein. Über den Abfall Adornos von der Bewegung empörten sich die linken Studenten zwar wie die Bauern über den Fahnenwechsel Luthers, aber noch immer war Teddy ein mächtiger Urvater der jugendlichen Linken an der Universität, und keiner schlägt ihn ungestraft.

Nach einer langen durchwachten Nacht mit Jim Morrison und Acid lief P. G. mit seinen Freunden durch einen Frankfurter Grünflecken, bekam Hunger und lud alle in das nahe Café Laumer ein, auch die, die auf der Terrasse dieses Cafés saßen, ein altbürgerlicher Laden arrivierter Suhrkamp-Lektoren, Schriftsteller und Journalisten mit Schlips und Bart. Als sich P. G. und seine zehn Freunde in das fast leere Café begaben, kaum Platz genommen hatten, erschien der Besitzer, Helmut Rimbach, und zeterte: «*In diesem Aufzug werden Sie hier nicht bedient!*» – «*He, Moment mal, jeder Bürger hat ein Recht, das wollen wir mal sehen . . .*» Es dauerte nicht lange, bis Rimbach die Polizei holte, die allen Anzeige wegen Haufriedensbruch verhieß; und so geschah es, als sie sich weigerten, das Café zu verlassen. P. G. schrieb nach der Entlassung der Wache ein Flugblatt über Juden, Gammler und Hippies und das Recht, auch mit langen Haaren bedient zu werden. Nach einer Demonstration hätte er die Sache auf sich beruhen lassen, wenn nicht zwei Tage später in der Zeitung eine Nachricht von einem Bundeswehrsoldaten erschienen wäre, dem in Uniform der Eintritt in ein Tanzlokal verwehrt wurde. Die CDU machte Krach, und weil es eine Kumpanei in der Armee gibt, warfen einige Soldaten ein paar Molotow-Cocktails in den Tanzschuppen. «*Das war natürlich ein gefundenes Fressen für mich.*» P. G. klemmte die Zeitung unter den Arm, ging ins Café Laumer, Rimbach schob sich in seiner weißen Konditorschürze heran und sagte: «*Wenn Sie nicht gehen, muß ich die Polizei holen!*»

«*Das müssen wir diskutieren!*»

P. G. schlug die Zeitung auf und las aus dem Artikel vor. Die Polizei kam und schleppte ihn weg, und er hatte ein paar Stunden in der Wachzelle zu verbringen, ohne sein Kännchen Kaffee beim *Laumer* bekommen zu haben.

WIE IMMER FÄNGT DER SKANDAL AN, WENN DIE POLIZEI IHM EIN ENDE MACHEN WILL.

In der Frankfurter Universität fand zur gleichen Zeit eine Delegiertenkonferenz des SDS statt. P. G. ging hin, warf Flugblätter wie Konfetti unter den Genossen aus und schilderte den Vorfall. Mit überquellender Begeisterung und allen agitarorischen Kunststücken, an die er sich erinnerte, redete er von der unmittelbaren Chance der Verbindung studentischer Linker und der Hippie-Subkultur. Ein paar Stunden später kamen zwar nur ein paar hundert zu der geplanten Aktion, doch diesmal neben Gammlern mit nackten, dreckigen Füßen auch SDS-Genossen mit rauschenden Bärten, Jeans und Lederjacken. Rimbach war informiert. Die Polizei stand vor der Tür, und die Jugendlichen versuchten vergebens, das Café zu stürmen. Zwei Mädchen, denen man nicht ansah, daß sie zu dem Aufruhr gehörten, kauften drinnen ein Pfund Schlagsahne, und als sie die Tür zur Treppe öffneten, fiel ihnen das Paket Schlagsahne aus der Hand und ausgerechnet den Polizisten auf die uniformierte Brust! Draußen flogen Negerküsse gegen die Polizei, die P. G. gekauft hatte. Fritz Teufel, auf einem Aushängekasten sitzend, hielt Reden: *«Wir fordern Freiheit für die Polizei, und jetzt begrüßen wir auch den lieben Herrn Panitz vom Verfassungsschutz, wir bitten die Polizei, dem lieben Fritz ein Megafon zu leihen, wir fordern eine Diskussion mit Rimbach, denn Rimbach ist nicht schlecht, er ist nur verblendet!»*

Danach warf er mit Negerküssen gegen die Polizei auf der Empore. Das war das erste Auftreten der Negerküsse in der revolutionären Bewegung. Als Jahre später diese Süßigkeiten neben einem Flugblatt bei einer Bankenteignung hinterlassen wurden, verstanden Linke lächelnd diese Pointe.

«Bitte lassen Sie das Werfen, Herr Teufel!» waren Rimbachs Worte vor seinem Café am 15. September 1968.

Wenn sich P. G. nach der Laumer-Aktion fragte: Was tun?, dann nicht im Tonfall von Lenin, sondern fast wie Alice im Wunderland. In der Frage klingt Neugier, Zorn und Entdeckerlust mit. «THERE MUST BE SOME WAY OUT OF HERE», SAID THE JOKER TO THE QUEEN, «THERE'S TOO MUCH CONFUSION.»

P. G. gründete eine Free-Beat-Free-Action-Gruppe. Sie hieß *wa-wa-wa-wa-was-ist-los.* Die Konzertagentur Lippmann & Rau wollte eine Beat-Anlage finanzieren. Mit einer Art Kommune wohnte P. G. für kurze Zeit in einem Haus bei Darmstadt. Mit seiner Gruppe wurde er zum ersten Essener Songfestival eingeladen. Dorthin kamen auch die Fugs, Brian Anger, Frank Zappa, Amon Düül und die Kommune I. Aber wieder in Darmstadt, war das Leben schlaff und lau. Einmal gab es Krach, weil ein Typ sein Mädchen geschlagen hatte. Nirgends Ehrlichkeit, sie wollten neue Menschen sein und waren doch nur die alten Spießer. *«Ich stand auf mit ein paar Mark in der Tasche, ging wortlos zur Tür und verschwand, stand auf der Straße, zwanzig Kilometer vom nächsten Bahnhof entfernt, vielleicht nachts um zwölf. Ich überredete einen Taxifahrer, mich nach Frankfurt zu kutschieren und brachte ihm sein Geld an meiner alten Wohnung in der Stadt.»* Nach einigen Stunden im Bett steckte er sich ein paar Scheine in die Tasche, schwarzen *shit,* fuhr zum Flughafen und löste ein Ticket nach Berlin, *«nahm mir dort ein Taxi und fuhr zur Kommune I am Stuttgarter Platz».* Doch die waren in die Fabrik umgezogen. Als er später dort klingelte, erschien oben am Fenster ein Pilzkopf, es war Uli Enzensberger, er sagte *«ach du, Pie-Dschieh»,* und seitdem begann für ihn die Zeit in der Kommune I, Stephanstr. 60, über den Hof zur Fabrik, 2. Stock, Telefon 35 13 83, zusammen mit Dieter Kunzelmann, Rainer Langhans, Uli Enzensberger, Monika, Antje und ein paar anderen.

Fritz Teufel war in München. P. G. kannte ihn von früher aus der Kommune I. Als er ihn dort traf, stellte sich Fritz vor dem Neuen auf, und P. G. sagte: *«Du bist ein Mythos geworden!»*

«Ja, ja . . .» erwiderte Fritz lächelnd, zustimmend, freundlich.

Die Geschichte des Mythos der Kommune I beginnt am 28. November 1966, EINTRITT DER KOMMUNE I IN DIE WELTGESCHICHTE, als *«Rotgardisten»,* Studenten mit Mao-Abzeichen, das Podium bei einer Diskussion mit dem Rektor Lieber in der FU stürmen, sich des Mikrofons bemächtigen und das Fachidioten-Flugblatt verlesen. Danach kam die Zeit der Aktionen, der Flugblätter, der Prozesse, der *«Moabiter Seifenoper».*

«Angst haben wir auch, wenn wir vor Gericht müssen, sagen die Kommunarden, *deshalb bereiten wir uns vor mit den anderen, weil wir dann wissen, daß wir nicht ganz wehrlos sind. Aber dann, wenn man dort steht, dann spürt man's doch. Aber das vergeht, wenn man das komische Getue sieht.*

Du mußt deinen Prozeß führen – niemand sonst.

Vorbereitung:

Es geht nicht darum, juristisch zu gewinnen – du mußt politisch gewinnen, für dich.

Du mußt mit deinen Leuten den Prozeß als Aktion planen, im Gerichtssaal, als Zuschauer, Zeugen und außerhalb mit Flugblättern, Demonstrationen, auf Veranstaltungen usw., vor allem Selbstanzeigen.

Du mußt mit deinem Anwalt die Strategie absprechen.

Du mußt dich über die Prozeßbeteiligten, auch die Zeugen informieren, um sie hereinziehen zu können.

Durchführung:

Das Wichtigste ist Zeitgewinn: du mußt mindestens einen Tag zum Üben haben.

Du kannst jederzeit reden.

Du kannst dir über jeden prozessualen Schritt Rechtsbelehrungen geben lassen, ihn protokollieren und Beschlüsse darüber herstellen lassen.

Du kannst jeden Beteiligten aus Besorgnis der Befangenheit ablehnen.

Dein Anwalt muß deine Einfälle und Prozeßführung juristisch untermauern.

Erst wenn du deine Strafe abgesessen hast, ist dein Prozeß zu Ende – vorher gibt es bis zu drei Instanzen und Aktionen im Gefängnis.»

Vor Gericht mußten die Kommunarden wegen Farbeiern, Plakaten, Rauchbomben, Demonstrationen – und immer wieder wegen Flugblättern, angefangen mit der Anklage wegen Aufforderung zu menschengefährdender Brandstiftung gegen Fritz Teufel und Rainer Langhans. Anlaß war das Flugblatt zur Beerdigung von Paul Löbe – *«frivol-brüskierende Verachtung verdienter Verstorbener»* –, und die Kommunarden beschwerten sich später darüber, daß die politische Staatsanwaltschaft nur Anzeige gegen Rainer und Fritz erhob, statt sie *«gegen alle Mitglieder der Kommune I zu erstrecken . . .»*

«Ihr wollt heute Paul Löbe durch den Schornstein feiern. Euch wird ein großes Fest beschert, ein grosses, ernstes, wo einer vom Staat begraben wird.
Wir nehmen die Feste, wie sie fallen, wir nehmen uns dies Fest mit Ehrenmännern in Uniform, den Leuten mit den reinen Westen, den aus Film und Fernsehen bekannten Darstellern von Charakterrollen, und wir machen auch mit, denn wir wollen auch etwas feiern:
Wir wollen ein paar smarte Leichen verscharren, die langsam schon zum Himmel stinken –
Da sind sie:
Albertz, Büsch, Duensing, Kuntze, Dehnicke, Hoppe.
Wir müssen uns beeilen. Seit dem 2. Juni stinken sie – und der Fritz sitzt und frißt und frißt sie von innen auf. Bald stehen nur noch ihre Fassaden, und die fallen leicht zusammen. Unser Sarg paßt dann nicht mehr – er ist zu groß für die fünf. Da passen dann Senat und Justiz zusammen rein. Den verscharrt der Fritz alleine.»

Dann kamen die mit «SDS» unterzeichneten Flugblätter 1 bis 5:

«Noch eine Antwort des SDS an Rektor Lieber.

Niemand verbietet dir, Briefe zu schreiben.
Niemand bestreitet dir das Recht, diese Universität auf den Hund zu bringen.
Niemand will dir deinen Posten als Rektor der Walt-Disney-Universität rauben.

Aber wenn Micky-Mouse-Figuren zu gemeingefährlichen Erpressern werden, muß endlich die Polizei eingreifen.
Wenn du als weißer Riese durch die Hörsäle rauschst, muß die Universität endlich geschlossen werden.
Wenn du zusammen mit deinen Leibwächtern blauumrandete *BZ*-Artikel an alle Wände pappst, müssen endlich deine Papierbezugsquellen gesperrt werden.
Und wenn du schließlich und endlich mit Albertz, Duensing & Co. laufend dinierst, müssen schwarze Listen gegen euch ersonnen werden.

Läuft der Betrieb in dieser Bude dann immer noch in verstaubter Weise weiter, sehen wir uns genötigt, 10 000 (in Worten: zehntausend) Rotgardisten einzuschleusen. Ein Besuch in der chinesischen Botschaft Ost-Berlins genügt – doch wem sagen wir das.

Heute fällst du wieder mit deinen Vasallen bei Kuchen und Tee grimmige, aber hilflose Entscheidungen, weit entfernt von deinem Wunschbild des Puschkin-Männleins.

Denk immer daran: auch Lübke nimmt Okasa . . .»

Mach's gut   Dein SDS

Das Flugblatt Nr. 4 der Kommune I – und danach wurde Nr. 5 verteilt, das letzte mit «SDS» unterzeichnete:

Wer soll uns noch glauben?

Wir haben einiges gegen den akademischen Staat, gegen den Albertz von Gottes Gnaden und die Polizei dieser unserer Stadt.

Und wir werden gefördert, sind ihrer würdig demnach – so was ist nur in einer Demokratie möglich oder das ist ein Mißverständnis, wenn wir keine mehr haben.

Wer glaubt uns noch in dem Falle, sie futsch ist!

Wir werden demnach nicht verstanden –
wir sind ihrer nicht würdig!

Aber das den Leuten klarmachen – mit Hochschulpolitik sind wir jedenfalls reingefallen – nicht mal mit Mikrofonwegnehmen oder gar Kommune, o Schreck.

Immer kam was dazwischen – ob man dem Lieber mal Pudding . . . oder ob man mal sein Rektorat abbrennen müßte?

Oder vielleicht Beleidigungen!

Alle mitmachen . . . probieren wir's mal!

Ihr könntet zum Beispiel, wenn ihr gemein sein wollt, sagen

Der Lieber ist ein kompletter wissenschaftlicher Versager, deshalb wollte er erfolgreicher Rektor werden – bei der Rektorenkonferenz ist er auch nicht angekommen
oder
der akademische Senat besteht aus alten, autoritären Scheißern, die dem Ständestaat nachtrauern
oder
Albertz und Duensing sind Homos (und Lieber ist eifersüchtig)
oder
. . . Hilfe, ist das schwer – wer kann's besser!

Was meint ihr – ob's diesmal reicht?

Vielleicht sind Flugblätter eben doch das Falsche! SDS

Die Kommune war es leid, Bescheid zu wissen und die Dinge weiter ihren falschen Gang gehen zu lassen, statt ihnen ein Bein zu stellen. Aber vielleicht sind Flugblätter eben doch das Falsche. Sie wollten die Gesellschaft stören, wenn nicht mehr Flugblätter stören, dann eben Aktionen, auch anderer Alltag, anderer Sonntag, Sanftheit, Liebe, Vertrauen in der Kommune, in die man geht wie in eine zärtliche, warme Höhle – und dann kann man noch einen unflätigen Scherz mit H. H. Humphrey machen, der im Pudding ertrinken sollte, oder über die, die in der Stadt herrschen und das Leben in ihr stören, Albertz, Duensing und all die anderen. Die Kommune I will, daß die Fremdheit geht, die einen oft schon auf dem Nachhauseweg von der Demonstration befällt, wo man sich kennt, sich zusammengehörig fühlt und sich versteht. Der SDS aber schreckte auf bei den Flugblättern der Kommune, das war nicht sein Ton. Nach dem Flugblatt 5 wurde im Landesverband Berlin ein Ausschlußantrag gegen die Kommune I gestellt, und Wolfgang Lefèvre begründete ihn in einem halbstündigen Referat am 12. Mai 1967, alles so klug, so verständig, politisch so vorausschauend. Neben Theorie und Praxis tauchten alle bekannten Polit-Begriffe auf, die in eine Rede von dreißig

Minuten gehören, voll frostiger Kälte von Objektivität und Politik – voluntaristische Praktiken, Realitätsflucht, falsche Unmittelbarkeit und am Schluß die Fanfare: «*Der Ausschluß der ‹Kommune› müßte . . . das Resultat eines heute zu vollbringenden theoretisch-praktischen Fortschritts des Verbands sein.*» Genossen auf der Vollversammlung des Landesverbandes waren stumm ergriffen, und die Kommune I wurde ausgeschlossen. Sie hatte schon vorher geschrieben:

«Na also! Der SDS: Der macht das schon! Der hat sogar einen politischen Beirat, der mehrheitlich zu Ergebnissen kommt. Und die Kommune? Die macht Flugblätter, die mit der Politik, ‹die der SDS hinsichtlich der Urabstimmung verfolgt, nicht vereinbar sind› . . . Da wollen wir euch nicht weiter stören, wenn ihr euch gestört fühlt.

Wenn wir dennoch schreiben, so vielleicht deshalb, weil auch wir häufig noch zuviel Worte machen und zuwenig tun, weil auch uns dieser Verband beruhigt hat.

Jetzt können wir uns weniger leicht beruhigen, das kann auch euch nicht schaden. Und was macht ihr?

Der SDS wird es schon wissen! Der verfolgt seine politischen Ziele. Da ist man gut aufgehoben. Da weiß man, daß etwas geschieht. Und wem es im SDS zu turbulent wird, der findet in der Kommune jederzeit sein Ruheplätzchen.»　　　KOMMUNE I

Die Kommune begriff sich als eine Avantgarde, und EINE AVANTGARDE TEILT SICH NACH VORWÄRTS IN IMMER KLEINER WERDENDE ABTEILUNGEN BIS ZU DER VORN MARSCHIERENDEN SPITZE, und das ist Dieter Künzelmann, Fritz Teufel, Rainer Langhans und Ulrich Enzensberger. JEDE DIESER ABTEILUNGEN HAT DEN ZWECK, DER NACHFOLGENDEN, GRÖSSEREN, STÄRKEREN EINE GRÖSSERE SICHERHEIT UND ZEIT ZU GEWÄHREN. DIE VORGESCHOBENEN KLEINEREN ABTEILUNGEN HABEN SICH NACH DER IHNEN FOLGENDEN GRÖSSEREN IN BETREFF DER FORTBEWEGUNG ZU RICHTEN.

Timothy Leary war es, der in den Staaten gesagt hatte: «*Es gibt keine ausdrücklich politische Revolte. Jede Form der Revolte ist persönlich.*» Wie existentielles Aufbegehren und politischer Radikalismus zusammenkommen, war dem SDS von Anfang bis zu seiner Selbstauflösung rätselhaft und unauflöslich geblieben. An Stelle dessen, daß Politik Karneval ist und Spaß macht, setzte schon der Verband der Studenten Mißvergnügen und harte Arbeit. Der Kommunarde Rainer Langhans stellte an die Studenten die Gegenfrage: «*Warum sollen wir eigentlich Rede und Antwort stehen für die komischen Sachen, die uns einfallen? Demonstrationen mit Farbeiern oder Rauchbomben – oder Kommune? Ob das ‹politisch› sei oder ‹effektiv›?*

Wie ist das denn mit euch? Wieso laßt ihr euch denn gefallen, daß ihr nicht richtig miteinander schlafen könnt, Wirtinnen, Zimmer und blödsinnige Erziehung vor allem? Daß ihr nicht miteinander reden könnt? Oder warum gehen ewig die Zweierbeziehungen schief – gleich ob sie halten, was schlimmer ist – oder nicht? Und die Kinder, die, wenn man sie haben darf, ‹es nicht so schlecht haben sollen wie ihre Eltern›? Oder wie ist das eigentlich mit den ‹politischen Sachen› – welches Interesse habt ihr daran, wenn überhaupt? . . . Ihr wißt das ja auch, aber warum fragt ihr uns dann so? Ihr müßtet doch fragen, was man dann tun soll? Etwa mit jemand anderem schlafen, wenn's langweilig oder unerträglich wird? Monologe zur Selbstbestätigung halten? Oder zu zweit: den Nächsten probieren und resignieren nach geraumer Zeit wie unsere Eltern – heiraten aus Angst vor Verlust der Bequemlichkeit? Und die Kinder müssen eben doch mit Verantwortung geführt werden, da sie nicht wissen, was richtig ist, hier? Oder Trauermärsche und zusammengeschlagen werden oder Kommissionenarbeit in der Uni? Ja, und studieren: für später, wenn man's geschafft hat – und nichts mehr kann?»

Lauter Fragen, auf die der «Seriöse Deutsche Studentenbund» (SDS) keine Antworten hat. Die Kommune aber ist Aufruf zum Handeln, und Handeln heißt nicht nur Kampf gegen die Gesellschaft, den Staat, sondern auch: ändere dein Leben.

Als P. G. kam, war die Kommune eine festgefügte Gruppe unter der Magie des Rituals, des Zeremoniells geworden. Kurz nach seiner Ankunft hatten sie die große Tischplatte des runden Tisches abgehoben und im Kreis darum Matratzen gelegt, auf der Holzplatte Springer-Zeitungen für das Kommune-Archiv, Schwarzer Krauser, Teetassen usw., an der Wand der Stereo-Plattenspieler. Es ging darum, jede Geste, jedes Wort, jede Handlung so zu äußern, daß das Gesetz der prästabilierten Harmonie nicht ins Wanken geriet. Fast ohne Abrede mußte man fühlen, welche Platte jetzt auflegen, wer geht ans Telefon, wer öffnet die Tür, läßt man den Besucher ein, EVERYBODY'S GOT SOMETHING TO HIDE EXCEPT FOR ME AND MY MONKEY. «*Wir hatten genug Geld und ein riesiges Haus, und waren Könige und rauchten unendlich viele kunstvoll gedrehte Joints mit langen, langen Filtern.*»

Die Realität hat alles zerstört, auch sich selbst. Was übrigbleibt, ist der Mythos. Denn die meisten Leute wissen nicht, was sie sein wollen. Das zu erfahren, ist das Ziel des Mythos. Dabei sollte es Ströme vom Zusammenspiel der *vibrations* und Gefühle geben, eine beglückende Harmonie von Beziehungen, Sätzen, Erwiderungen, Musik und Empfindungen; sie wollten in der Kommune, daß man die Anwesenheit der anderen fühlt, die Gespräche nur Mitte sind, ohne Anfang und Ende. Wenn das Telefon klingelte, gab es eine erregte Spannung: wer ruft an, wen, wie, und alle konnten das Gespräch über eine kleine Verstärkeranlage mithören, die sie ans Telefon angeschlossen hatten. «*Die Beziehungen der einzelnen in der Kommune zueinander und die mögliche Veränderung eines jeden und sein neues Verhalten war das einzige, was uns wirklich interessierte; abgesehen vielleicht von einer der zahlreichen Gerichtsverhandlungen, die alle fünf Minuten stattfanden, aber meist als Routine aufgefaßt wurden, abgesehen von einigen wenigen nach außen gerichteten terroristischen Aktionen, denn Terror zu verbreiten verstanden wir als notwendige politische Methode, eine Herrschaft des Schreckens zu errichten, während wir in der Gruppe zärtlich zueinander sein wollten, und abgesehen von gelegentlichen Staatsaktionen, wenn wir mal alle ins Kino fuhren oder Linkeck besuchen gingen, und natürlich war das Bedürfnis da, unsere Probleme, wie immer sie auch aussahen, abzuschaffen und unsere Schwierigkeit und Unfähigkeit, so gelöst und frei und harmonisch und überlegen zu sein, wie wir es uns vielleicht vorstellten, war die Triebfeder jeder Handlung.»*

Die Idee der Kommune war unter den Linken schon lange ein Stück vorweggenommener Sozialismus, verwirklichtes Glück. Mitte Juni 1966 trafen sich Genossen mit ihren Kindern, eine Gruppe von sechzehn, am Kochelsee in Bayern, die *Viva Maria-Gruppe*, und diskutierten neben den Bedingungen revolutionärer Bewegungen über Projekte von Wohnkollektiven. Im November des Jahres zirkulierte das interne Diskussionspapier *Notizen zur Gründung revolutionärer Kommunen in den Metropolen* von Dieter Kunzelmann. Auf einer Plenardiskussion der *Kommune-Gruppierung* erklärten sich in Berlin zwölf Mitglieder des SDS bereit, zum 1. Januar 1967 in eine gemeinsame Wohnung einzuziehen. Fünf machten ihren Entschluß rückgängig, sieben zogen zum Jahresbeginn ein. 1968 schrieb das *Kursbuch* zum Thema *Konkrete Utopie* einen Wettbewerb aus. Den ersten Preis erhielt Géza Kirchknopf für seinen Beitrag ‹*Vom elastischen Familienverband zur Kommune*›. Zehn Jahre später ziehen die Linken in Landhäuser, um wenigstens dort das private Glück für wenige zu erlangen, wenn es schon das öffentliche Glück für viele nicht gibt.

Der Anfang vom Ende der Kommune I setzte ein, als 1968 Rainer Langhans Uschi Obermaier von München holte. Sie war Mitglied der Beat-Gruppe Amon Düül und lernte Rainer kennen, als Amon Düül die Kommune I bei einer Plattenaufnahme in Berlin besuchte. Uschi weigerte sich gleich, sich dem gemeinsamen Ritual zu unterwerfen, Zigaretten mit dem Tabak *Schwarzer Krauser* zu drehen, den alle rauchten. Sie rauchte *Reyno* und bestand auch darauf. Es zeigte sich, daß die prästabilierte Harmonie der Gruppe ins Wanken geriet, denn Uschi war nicht zur Kommune I gekommen, sondern zu Rainer Langhans. Mit ihm ging sie auch später wieder. 1970 zogen die beiden in die Münchener Kommune *High Fisch*, eine GmbH., die Popkonzerte organisiert. Rainer wurde Regieassistent und Schauspieler bei Faßbinder und Lommel. Sein Leben führt er jetzt in den religiösen Riten des indischen Guru Kirpal Singh. «*Ich habe Schulden bei der Gesellschaft. Was ich von ihr an Unterstützung erhalten habe, muß ich zurückzahlen.*» Bei vielen Hippies war die psychedelische Erfahrung im Kern eine religiöse. ‹*The Dharma Bums*› (1956) von Jack Kerouac, ‹*Way of Zen*› (1957) von Allan Watts, Timothy Learys ‹*Leage for Spiritual Discovery*› (LSD) – er nennt den LSD-Trip eine «*religious pilgrimace*» – hatten in ihnen den Sinn für «*Cosmic Awareness*» erweckt. Im Hintergrund leuchtet das Bild des unbehausten James Dean mit seiner spiritualistischen Sehnsucht auf. Ihnen allen ist ein demütiger Agnostizismus eigen. Dieter Kunzelmann, durchläuft viele Etappen der revolutionären Bewegung, selten seine patriachalische

Rolle ablegend: Happeningkünstler in der Gruppe Spur, München, Aktivist der «Subversiven Aktion», Betriebsarbeiter der Gruppe für wissenschaftlichen Sozialismus, Kommunarde der Stephanstr. 60, Palästina-Lager im Libanon, Guerillero der Roten Armee Fraktion (RAF) in Westdeutschland und West-Berlin, Knast in Moabit, Konversion zur KPD, KPD-Funktionär in West-Werlin. Auf der V. Konferenz der Situationistischen Internationale (SI) vom 28. bis 30. August 1961 in Göteburg wurde er in den Zentralrat gewählt – zusammen mit Ansgar-Elde, Debord, Kotányi, Lausen, Nash und Vaneigem. Ein paar Monate später kommt der Zentralrat wieder zusammen und schließt ihn aus der Situationistischen Internationale aus. Einige Jahre später schließt ihn auch die «Subversive Aktion» aus. Dieter aber fuhr fort, sich in dem raschen Zeitmodus zu ändern, wie sich die Bewegung der Linken selbst wandelt.

Abbie Hoffmann, Yppie und Kämpfer vor dem Demokratischen Parteikongreß in Chicago, sagte: «*Wir haben eingesehen, daß die Revolution mehr ist, als bloß auf Rock zu stehen und angetörnt zu sein. Die Revolution ist ein Kampf um Veränderungen*», und später sogar «*young people should begin the task of training themselves, to be armed fighters*». Mit dem Angriff der Amerikaner in Vietnam kam der Krieg nach Hause. «*Bring the war home*» riefen die Demonstranten statt «*peace in Vietnam*», und der Krieg kam in die Metropolen – durch die Weathermen und die Rote Armee Fraktion (RAF). Sie wollen im Herzen der Unterdrückung für die Befreiung kämpfen. Fritz Teufel, der vor Gericht in Berlin-Moabit noch gesagt hatte, «*früher wollte ich so eine Art humoristischer Schriftsteller werden*», geht mit der Waffe in den Untergrund, die Haare werden kurz, der Bart rasiert, dennoch greift ihn die Polizei und steckt ihn in den Knast in West-Berlin.

Ulrich Enzensberger schließlich wird Mitglied der KPD/Marxisten-Leninisten – so vollzieht sich die Entmischung der Massenbewegung der Studenten in Fraktionen und Sekten in der Kommune I in nuce, wie in einer Mikrozelle der Rebellion, jetzt divergieren nicht nur politische Ansichten, Lebenszusammenhänge von Freunden werden durch die Fraktionierung zerrissen.

Noch aber lagen sie friedlich zusammen auf ihren Matratzen, vom Nächsten nur so weit entfernt, daß man ihn berühren konnte, nichts ahnend von der Trennung Jahre später, die meilenweit gehen sollte.

Der 31. Dezember 1968 kam, Silvester. P. G. nahm eine Überdosis STP, eine der stärksten Drogen, aus einer anorganischen Substanz gewonnen, mit einer Langzeitwirkung von achtzehn Stunden oder von Tagen. Es kann eine schreckliche Reise sein. Wenn man dem Himmel nahe ist, kann man auch in die Hölle geraten. Dieser Stoff kann einem den Kopf umstülpen. Dann sind es die Augen, die alles fassen, und das ist viel mehr, als der Kopf fassen kann. Irgendwann packten sie abends das Strobiskop zusammen, das P. G. aus Frankfurt mitgebracht hatte, und wollten auf eine SDS-Party gehen. Als sie das Haus verließen, stellte sich auf der Straße heraus, daß es unendlich schwer war, das Auto, einen VW-Bus, zu besteigen. Draußen knallten die Kracher der Neujahrsnacht, und sie nahmen es unter Drogeneinfluß ganz anders wahr. Es kann einen Schock auslösen, wenn ein Feuerwerkskörper vor einem explodiert, wenn man selbst voller Explosionen in seinem Innenraum ist. Einige aus der Kommune kamen nur mühsam voran, klebten an der Hausmauer, und es dauerte lange Zeit, bis alle im VW-Bus versammelt waren. Kunzelmann war wie toll, kicherte blödsinnig und sagte: «*Schaut mal, wie die Bürgerkrieg spielen! Schaut doch bloß!*» Die Situation löste bei P. G. einen Schock aus, er sah, daß ohne Mitgefühl gesprochen wurde, und empfand sich als Außenstehender. Er war wie auf einer Insel, ohne Kontakt zu einem Festland, lebte in seinem eigenen Universum, in einem Abseits und fühlte, wie seine Hoffnung auf Integration in der Gruppe schwand, die Hoffnung, dort zu sein, wo sich die Menschen mehr sind als woanders.

Mit STP hatte P. G. Himmel und Hölle im Leib. «*Ich fühlte mich verrückt, außerhalb der bestehenden Verhältnisse, Partisan in einer unfaßbaren Welt voller Rätsel mit den Gesetzen des Stärkeren, und ich ging auf diesen Trip, um länger als eine Woche in Halluzinationen und qualvollen Vorstellungen verstrickt zu bleiben, ohne richtig zu schlafen oder zu essen und von Sinnen.*» In der Kommune I brüllte er alle an, flog mit Krach heraus, raste durch die Berliner Straßen, stürmte in Wohngemeinschaften, riß die Mao-Bilder von der Wand. «*Mein unruhiger Geist sehnte sich nach dem Knopf, der die letzte, endgültige, gerechte Katastrophe auslöst.*» Nach schier endlosen Irrfahrten kam er endlich nachts zu *Linkeck*, es war der 8. Januar, sein Geburtstag. Er wußte es nicht. Als er im Raum der Kommune stand, ragten die Gesichter zu ihm auf, wie an der Glasscheibe plattgedrückte Froschgesichter. Er mußte raus, wußte nicht wohin, nahm ein Taxi, hatte kein Geld. Er konnte später erkennen, daß es eine Zelle war, die ihn erdrückte, nirgends Raum, als ob es nicht ohnehin wenig genug Freiheit gäbe, und schließlich erwachte er, an Händen und Füßen gefesselt, in der Nervenheilanstalt Berlin-Wittenau. «*Ich erkämpfte mir einen Platz in der Hierarchie der Süchtigen und Gestorbenen, der Subalternen und Vergessenen.*» Zum Glück kam der Anwalt seines Verlags, Luchterhand, und boxte ihn heraus. Die vierzehn Tage Beobachtungszeit waren abgelaufen, abgelaufen war auch der STP-Trip.

Mit Freunden sah er im Fernsehen Godards ‹Weekend› und wurde danach gefragt: «*Wie war der Trip?*»

«*Wie der Film*», erwiderte er tonlos.

Er wollte Ruhe, wollte Klarheit. Er fuhr nach Frankfurt, nahm wieder einige Tropfen STP und bekam wieder Himmel und Hölle in den Leib. «*Da saß ich im Sessel in der Wohnung meiner Mutter und sagte, so, jetzt müssen wir uns alle wahnsinnig konzentrieren, und begann nachzudenken, welchen Tag wir heute haben.*» Er fand es nicht heraus, und sie brachten ihn zum Psychiater. «*Ich unterhielt mich mit ihm trickhaft und halbwegs vernünftig, um dieser Welt den Tribut zu geben, und der Mann sagte – alles klar.*» P. G. wußte, das stimmt nicht, ging freiwillig in die Nervenklinik Niederrad und bekam eine riesige Spritze verpaßt. Die Psychiater sagten kühl überlegen, wenn er ruhig war und schwieg: «*Depressiv!*», wenn er lärmte und sich beschwerte: «*Manisch. Das ist ein hoffnungsloser Fall!*» Seine Mutter besuchte ihn und brachte ihm eine Bibel und ein Buch über Zen-Buddhismus. Das waren die Bücher, die er jetzt lesen wollte. Um ihn herum die anderen mit leeren, müden Bewegungen, in den Augen unendliche Trauer und ausgebrannte Hoffnungslosigkeit.

Entlassen begab er sich wieder in den Frankfurter Underground, fing an, mit Drogen zu *dealen*, lebte in einer Kommune, sein erster Gedichtband erschien. Er hieß ‹*mach was du willst*›, aber in seinem Leben klappte nichts. Auf einer Irrfahrt in Spanien, Marrokko fing er in einem Trip urplötzlich und verzweifelt laut zu beten an: «*Allah, bitte reinige mich!*» Aber er flippt wieder aus, kommt zurück nach Frankfurt und landet wieder in der Nervenklinik.

In Frankfurt versucht er, nach den Regeln des Zen-Buddhismus zu leben, makrobiotisch zu essen, Joga-Übungen zu machen. Im Spätherbst 1969 meditiert P. G. in seinem Zimmer über einer Mandala, er will den geraden Weg finden, den geraden Weg gehen, den geraden Weg. Am rechten unteren Rand der Mandala fesselt ihn das Zeichen «*OM*». Das bedeutet «*Gott*», «*Alles*», «*Das Sein*», «*Die Antwort*». «*Ich wurde hochgerissen von meinem Sitz und* Er *leitete mich durch dieses Zeichen hin zu dieser Bücherwand mit Hunderten von Büchern, und inmitten all dieser Bücher, dieser Gedichte, Romane, klugen Sätze, war eine Übersetzung des Heiligen Quran, die mir ein Onkel vor langen Jahren zu einem Weihnachten geschenkt hatte, und ich wußte es nicht. Aber* Er, *der alles weiß, der Allwissende, der Führer auf den geraden Weg,* Er *führte mich in dieses Büchergewirr, hinein in das Gestrüpp der Ideen und Chiffren.* Er *führte mich zum Heiligen Quran, und ich öffnete dieses Heilige Buch, und kein Zweifel war mehr möglich, und deutlich stand es vor meinen Augen, daß es Wahrheit gibt, daß Worte die innersten Regungen aussprachen, die geheimsten Gedanken berühren können.*» Er liest ein paar Zeilen, und ihn durchfährt ein Schrecken, «*als ich den Quran wieder aus der Hand legte, wußte ich: jetzt bist du Muslim!*»

P. G. war immer unterwegs gewesen, *on the road*. Er will aber ankommen, ankommen in einer Gemeinschaft, die stark genug ist, nicht durch seine eigene Stärke zu zerfallen. Seine Brüder in der Droge mit den leeren Augen und dem alten Haar läßt er zurück.

Ein paar alte Männer leben noch, aber die Süchtigen sind fort. Sie sind Legende, unsichtbar, aber legendär, wie vorausgesagt.

Noch immer auf der Suche nach dem geraden Weg, Irrfahrten nach Mekka, den Quran im Schlafsack, ein paar geschmierte Brote und 60 Mark in der Tasche. Doch die Marokkaner lassen ihn nicht ein. Auf der Rückfahrt eine Odyssee durch spanische Gefängnisse und Irrenhäuser, Anstalten, in denen die Schlafsäle mit vierzig Kranken belegt sind. Dutzende drängen sich um das Bett des Neuankömmlings, beugen sich über ihn und starren ihn mit glasigen Augen an.

«Warum läßt Allah dich nicht ein? Du mußt dein Leben ändern, dich mit deinem ganzen Leben zum Islam bekennen, bevor du nach Mekka reisen kannst!»

Doch es ist Ankunft geworden auf seiner religiösen psychedelischen Pilgerfahrt. In Frankfurt sucht er nach seinen Glaubensbrüdern und geht in die Nûr-Moschee in der Babenhäuser Landstraße, mit Lederjacke, Jeans, schweigsam. Ein Mann richtet das Wort an ihn, der Kalif der Ahmadiyya-Bewegung des Islam, *«oh, wenn ich das gewußt hätte, der heiligste Mensch dieser Erde!»*

Es gibt keinen Hunger nach Politik mehr bei ihm, denn Islam ist der Friede durch Hingabe an Gott. Der Heilige Krieg ist der Kampf gegen die eigenen Leidenschaften, gegen den Selbststolz, gegen das Ego. DIE ZEIT IST SEHR KURZ, DER AUFTRAG EURES LEBENS NOCH NICHT ERFÜLLT. BEEILT EUCH, DENN BALD DÄMMERT DIE NACHT HERAUF.

Mai 1970 unterschreibt er sein Beitrittsgesuch in die Ahmadiyya-Gemeinde:

An den Khalifatul Massih III!
Imam und Oberhaupt der Ahmadiyya-Bewegung des Islam,
Rabwah – West-Pakistan

Sehr verehrter Hazrat Khalifatul Massih!
assalamo alaikum wa rahmat Ullah wa barakatohu!
(Friede sei mit Ihnen und Allahs Segnungen und seine Barmherzigkeit)

Ich möchte aus eigenem Willen und auf Grund innerer Überzeugung zum Islam übertreten. Bitte, nehmen Sie mein Treuegelöbnis an.

Ich bezeuge, daß niemand anbetungswürdig ist außer Allah. Der einzig ist und der niemanden neben sich hat, und daß Mohammed Sein Gesandter ist. Ich verspreche, mich nach bestem Können vor jeder Sünde zu hüten. Ich will nie etwas Gott gleichstellen und will meiner Religion vor allen weltlichen Angelegenheiten den Vorrang geben.

Ich will bestrebt sein, nach bestem Vermögen den Geboten des Islam gemäß zu handeln.

Ich will Ihnen in allem Guten gehorsam sein, das Sie von mir verlangen. Ich halte den Heiligen Propheten Mohammed für das Siegel der Propheten und den Propheten Ahmad von Quadian für den Verheißenen Messias.

Ich bitte Allah um Verzeihung für all meine Sünden und wende mich zu Ihm. O mein Herr, mein Gott! Ich habe wider meine eigene Seele gesündigt. Und ich bereue alle meine Sünden. Bitte, vergib mir meine Sünden, denn außer Dir kann niemand vergeben. Amin

Mitglieder der Ahmadiyya-Bewegung verstehen sich als die Vertreter des *«wahren Islam»*. Sie glauben, daß der Verheißene Messias bereits erschienen ist und von 1835 bis 1908 auf Erden gelebt hat. Das derzeitige Oberhaupt der Sekte, der dritte Kalif nach Erscheinen des Verheißenen Messias, sagte 1973 voraus, daß Deutschland binnen dreißig Jahren den Islam annehmen wird.

Am 17. August 1976 prophezeite er: *«In den kommenden fünf Jahren werden revolutionäre Änderungen zugunsten des Islam in Amerika stattfinden.»*

Doch noch gibt es eine Einsamkeit um P. G. Als er auf dem Rückweg von der Moschee in Frankfurt-Sachsenhausen einmal auf der Mainbrücke in Gedanken über sein Leben stehenbleibt, kommen zwei Polizisten und verlangen seinen Ausweis, denn er hatte sich verdächtig gemacht. Der Verdacht lautet auf Selbstmordversuch. *«Jedenfalls bekam mir das Zusammensein mit den Uniformierten nicht, die mich auf die Wache gebracht hatten und dort festhielten. Ich verbiß mich in Trotz und wollte frei werden, und je mehr ich versuchte und forderte, freigelassen zu werden, desto mehr hielt man mich für gefährlich.»* Als er auf der Wache anfängt zu beten, halten ihn die Polizisten für übergeschnappt und bringen ihn nach Niederrad in die Nervenklinik.

«Den Trick kannte ich ja, und ich wußte um die Folgen, aber was sollte ich tun gegen die Gewalt der Spritzen. Ich bekam eine Überdosis eingeflößt, und den Rest kennst du ja. Wenn man aufwacht, ist man total benommen, und wenn sie dir irgendwelche Fragen stellen, kannst du höchstens stammeln und kriegst kein klares Wort heraus und siehst nur noch die Schemen dieser Weißkittel, und sie halten dich für meschugge, und ab geht's in die Dauerklinik, abwesend, wie du noch bist, bis du wieder klar siehst und da rauskommst, wirst du abwarten müssen. Die Leute tippen natürlich auf Drogen, weil sie das von dir kennen.»

Als er entlassen wird, führt ihn der erste Weg zur Moschee. Dort erhält er die Nachricht, daß ihm durch den Kalifen der muslimische Name Hadayat-Ullah verliehen worden war, das heißt *Der vom Himmel Geleitete*. Seine Erleichtung ist wie ein Zustand, wie in der physikalischen Theorie Bewegung ein Zustand ist. *«Wir leben uns nicht, indem wir uns ausleben, sondern indem wir uns einleben in die Lebendigkeit, die wir noch nicht kennen.»* Es ist eine mystische Erleuchtung, die er erlebt. Das Ideal des Neuen Menschen glaubt er jetzt gefunden zu haben. Indem er sich selbst vollständig ändert, hat er die ganze Welt geändert.

Es ändern sich auch die Sätze, an die er sich erinnert und die jetzt im Licht seiner Konversion erscheinen – der von Walter Benjamin: GLÜCKLICH SEIN HEISST, SEINER SELBST OHNE SCHRECKEN INNE WERDEN ZU KÖNNEN – und der von Che Guevara: ES GEHT NICHT DARUM, WIEVIEL KILOGRAMM FLEISCH JEMAND TÄGLICH ISST . . . ES GEHT UM DIE FÖRDERUNG DES INDIVIDUUMS, DAS SICH ERFÜLLTER, INNERLICH REICHER UND VIEL VERANTWORTLICHER FÜHLT.

Hadayat-Ullah ist *on the road*, zu sich selbst. *«Ich wohne in dieser Steinwüste Frankfurt, aber an guten Tagen sehe ich den Himmel und die lebendigen Blumen in den Augen meines Nachbarn. It's all inside your mind. Und wir haben hier in Frankfurt eine Moschee, die Nûr-Moschee, die Moschee des Himmlischen Lichts, deswegen wohne ich in dieser Stadt.»*

In dieser Stadt wohnt er, in der die Luft in allen Straßen nach Verwesung, Zerstörung und der Leblosigkeit des Betons schmeckt, in einer Stadt aus Blech und Rost und Stahl, eine Stadt, in der das Chaos fahrig ist und nicht froh macht, die Menschen sind in ihr positiv wie offene Registrierkassen, strahlend wie Kinoplakate und zerstört vom Leben ohne Buchen, Blätter, Milde, Güte, Freundlichkeit. Aber Hadayat-Ullah ist glücklich um seiner Moschee des Himmlischen Lichts willen, denn sie hilft die Fremdheit aushalten. Die Zeit ist wieder sein Besitz geworden, denn Allah ist die Zeit. Allah ist ihm näher als die Halsschlagader: man sieht sie nicht, fühlt sie nur, und wenn sie verletzt wird, kann man sterben.

Als er zwei Jahre Muslim war, sagte der Imam, er solle anfangen dafür zu beten, daß seine Heirat gut wird. In Europa und Amerika ergibt sich für einen Mann die Bekanntschaft einer Frau um äußerer Attraktionen willen – ihre Brüste, ihr Gang, ihr Lächeln, ihr Gesicht. Hadayat-Ullah erhält eine Frau seines Glaubens aus Mauritius vermittelt. Er schreibt ihr, sie schreibt zurück, und es ergibt sich, daß sie auf einer Reise nach Pakistan, dem Zentrum der Ahmadiyya-Bewegung, über Frankfurt kommt, und sie sehen sich zum erstenmal. *«Es hat sich daraus nicht die zwingende Notwendigkeit ergeben zu heiraten, im Gegenteil, wir entschlossen uns, die Sache abzublasen und uns nach einem anderen Partner umzusehen. Ich betete in dieser Zeit weiter, spezielle Gebete, die man in einer so schwierigen Situation sprechen kann, und gelangte in einen Zwiespalt. Einerseits war ich mir meiner Unschlüssigkeit bewußt, meiner europäischen Tradition, den Vorstellungen, die man hier eingeimpft bekommt – andererseits war ich von dem Geist, der aus ihren Briefen sprach, sehr angetan.»* Er schreibt nach Pakistan an den Leiter der Missionen in der ganzen Welt, und dieser verspricht sich nach einer Frau für seinen Glaubensbruder umzuschauen. Doch Hadayat-Ullah betet und meditiert weiter und kommt zu dem Entschluß, die Frau aus Mauritius zu heiraten. Er fährt nach London, um dem Kalifen diesen Entschluß mitzuteilen, denn *«der Kalif ist das Oberhaupt der Gemeinde, er nimmt durch sein erlauchtes Wissen einen hohen spirituellen Rang ein, daß man ihn in so wichtigen Situationen um Rat fragt.»* Briefe gehen hin und her, Telegramme, Telefonanrufe. Seine spätere Frau ruft eines Tages an und erklärt, sie sei in Karatschi, auf dem Wege nach Islamabad, der Hauptstadt Pakistans, wo sie als Botschaftsangehörige ihres Heimatlandes arbeiten werde.

«Wieso, wir wollen doch heiraten?»

Sie entscheiden sich rasch. Sie kommt an einem Sonntag, und am Mittwoch darauf heiraten sie in Gegenwart des Kalifen, der zufällig Frankfurt auf einer Reise passiert.

Zusammen mit seiner Frau und einer Tochter, Atia-Nuur (*Geschenk des himmlischen Lichts*), wohnt Hadayat-Ullah in einer Frankfurter Sackgasse. Er lebt in dieser Straße nach den Riten seiner Sekte, in Turban und weißer pakistanischer Hose. Er schreibt in großen Blättern des bürgerlichen Pressemarktes. Seine Bücher wenden sich inzwischen fast nur an jene, die bereit sind, von seiner Erleuchtung ergriffen zu sein. Er lebt wie ein Ausländer, der sich gegen seine Assimilierung sperrt. Damit hat er sich vollkommen aus einer Tageserfahrung herausbegeben, die einmal seine eigene war. Männer, die ihn besuchen, dürfen keinen Blick auf seine Frau werfen. «*Wir ehren unsere Frauen, ihre Rechte sind heilig, aber wir vermeiden Situationen, die zur Unkeuschheit führen könnten.*» Während im Arbeitszimmer Gespräche geführt werden, dringt aus dem Nebenzimmer das Schreien von Atia-Nuur und die besänftigende Stimme der Mutter. Diese Riten des Ausschlusses sind durch die Gesetzgebung des Propheten Mohammed vor vielen hundert Jahren begründet, unberührt vom Wandel der Zeiten, denn es gibt nur einen Gesetzgeber, den Propheten Mohammed.

«Ich lebe so, daß ich mich reinige, damit ich die Gegenwart Allahs immer besser erleben kann. Demgegenüber verblaßt alles vollkommen, was andere als wirklichen Genuß betrachten. Ich habe nun endlich das gefunden, was ich in Unrast und Hochmut gesucht hatte; gesucht in den aufbegehrenden Beatnik-Tagen der Schulzeit; den, wie ich glaubte, revolutionären Demonstrationen danach; den gefährlichen Reisen ins Unbewußte, mit diesen, wie ich glaubte, zeitlosen psychedelischen Stroboskopen, dann in dieser tragischen Hoffnung auf Zärtlichkeit in den Kommunen, den quälenden Selbstversuchen schließlich und den brüchigen, wahnsinnigen, verstörten Abenden danach in Gefängnissen und Anstalten.

Ich habe die Gnade Allahs, des Einen Gott, erleben dürfen. Ich bin an den Anfang meines Lebens gelangt, und mein Leben liegt im Heiligen Quran.»

Selten verändern sich Jahre so schnell wie in den Minuten nach seiner Konversion. 1973 wird er aufgefordert, als Vertreter der Bundesrepublik Deutschland an der jährlichen Versammlung der Ahmadies in Rabwah teilzunehmen. Er fährt nach Pakistan, und es beginnt eine tränenreiche Zeit. «*Ich war nicht mehr in Rabwah, ich war in den Herzen dieser Menschen, ich weinte mit ihnen, und tief innerlich bin ich noch heute angesprochen, noch heute treten mir die Tränen in die Augen, wenn ich an diesen Moment denke*», heißt es in seinem Reisebericht ‹Zur Stadt der glücklichen Tränen›. Am Grabmal Khalifatul Massih II. und seiner Gattinnen ist er innerlich aufgewühlt, «*ich spürte etwas von der Liebe, die diesen Mann beseelt hatte, so daß ich vor der Macht seiner Herrlichkeit in Tränen ausbrach*». Zum Ende seiner tränenreichen Reise schreibt er ein Gedicht, wieder tränenreich, das mit den Zeilen anfängt:

«I never wept so much / as in this holy place» –

Auf der Buchmesse kann man bei den Alternativ-Verlagen auf die Frage nach Hadayat-Ullah hören: «*Da drüben – bei Science-fiction!*» Hadayat-Ullah hört es ohne Zorn. «*Mögen wir durch unsere Gebete und die Beweise* des Verheißenen Messias Licht in das intellektuelle Dunkel bringen; ein Muslim geht vollkommen in Gehorsam an Gott auf. Das ist das einzige Heilmittel für die Menschheit überhaupt, die Anerkennung Gottes und die Anerkennung Seines Propheten.»

8. Kapitel

Bekenntnisse werden verlangt. Wenn man sie abgibt, wird ihnen nicht getraut

Als Sebastian T. die Tür öffnet, die dumpfe Wärme des Zimmers spürt, eintritt – Schwellenangst heißt diese tiefsitzende Panik, fällt ihm ein –, den Mund öffnet für ein abgeleiertes «Guten Tag», fühlt er, daß es Zeit ist, wachsam zu sein. Die Worte, die ihn erwarten – was, wenn die Schmeichelei gehässig ist, die Trauer wütend oder das Interesse ehrlich, die Bosheit gutartig und die Anspielung offen?

«Es geschieht in Ihrem Interesse!»

Bekenntnisse werden verlangt. Wenn man sie abgibt, wird ihnen nicht getraut. Und die fdGO ... – verstößt es gegen sie, wenn man spricht oder wenn man schweigt, wenn man seine Wut ausdrückt oder sie stumm macht, wenn man ein Flugblatt annimmt oder es verweigert, wenn man zur Aktion gegen die NPD geht oder wenn man es unterläßt?

Die Angst, die der Staat einflößt, liegt nicht nur in der Härte, sondern auch in der Unberechenbarkeit.

Die Gesetze sind nicht allgemein bekannt, sie sind Geheimnisse der kleinen Adelsgruppe, welche uns beherrscht.

Es gibt eine kleine Partei, die wirklich dieser Meinung ist und die nachzuweisen sucht, dass, wenn ein Gesetz besteht, es nur lauten kann: Was der Adel tut, ist Gesetz.

Doch die Fragen waren ohne Schmeichelei, Bosheit und Anspielungen.

«Haben Sie 1968 in Marburg ein Flugblatt des SDS als Verantwortlicher unterzeichnet?

Wenn ja, warum?»

«Waren bzw. sind Sie Mitglied der Vereinigung der Verfolgten des Naziregimes?»

«Waren bzw. sind Sie Mitglied des Marxistischen Studentenbunds?»

«Waren bzw. sind Sie Mitglied der Deutschen Kommunistischen Partei?»

«Haben Sie Funktionen im MSB oder der DKP ausgeübt? Wenn ja, welche?»

«Teilen Sie alle Ziele und Aussagen der vorgenannten Organisation bzw. Partei? Wenn ja, warum?»

«Die Antwort auf die Frage nach meiner Mitgliedschaft habe ich verweigert, denn ich hielt sie für verfassungsrechtlich nicht zulässig. Im Grunde aber hatte ich nichts zu verschweigen, denn ich hatte für den MSB im Bremer Studentenparlament kandidiert. Ich hatte auch nichts zur DKP zu verschweigen, denn damals war ich kein Mitglied.»

Angst ist ein Bildungserlebnis geworden, Zahllose, die aus Angst ihr Ideal der Freiheit und Selbstverwirklichung aufgeben, viele, die gedemütigt werden, einige, die ihren Beruf verlieren. Man kann auch seine Überzeugung vom menschenwürdigen Leben, ja selbst von alten menschlichen Idealen verlieren. Mit diesem Verlust haben Genossen aus Sebastians Umkreis ihre Verschonung vom Berufsverbot erkauft.

Wie lange, sag, kannst du im Lügenmeer leben, ohne dass du ein Fisch wirst?

Nach vier Monaten kommt der Ablehnungsbescheid mit Postzustellungsurkunde. Die Begründung wird über eine Seite geführt. In ihr heißt es u. a.: «Sie haben die Zweifel an Ihrer Verfassungstreue nicht ausräumen können, weil Sie nicht an der Ausräumung der Zweifel mitgewirkt haben.»

Sie haben den Täter. Die Tat wird sich schon finden. Nicht daß Sebastian ein Vorwurf gemacht werden kann. Bestraft wird der vermutbare Vorsatz. Das ist der Grund, ihn vor der Schwelle zu einem öffentlichen Amt zurückzuweisen. Was, wenn der Staat nicht nur den Meineid, sondern auch den Vorsatz zum Meineid, nicht nur die Körperverletzung, sondern auch den Vorsatz zur Körperverletzung, nicht nur den Mord, sondern auch den Vorsatz zum Mord bestraft?

Allein, es besteht kein Grund zur Unruhe. Strafwürdig ist nicht der Vorsatz im alltäglichen Privatleben. Nur solche Gedankenverbrechen sind Straftat, die gegen den politischen Konsens, den ideologischen Konformismus verstoßen. Kommunismus ist eine Straftat. Darin darf man nicht warten, bis es zur Tat kommt. Wer nicht rechtzeitig Gedankenverbrechen bekämpft, steht nachher vor dem Aufruhr der Massen, dem Sturm auf den Winterpalast, vor einer Niederlage in den eigenen Kolonien, und schließlich bricht sogar die Fassade im Lande selber zusammen!

Sebastian T. kam 1963 in die Ostermarschbewegung. «In meiner Schule gab es nur zwei Linke, mein Freund und ich.» Die Schüler beschimpften ihre beiden Klassenkameraden als Kommunisten, doch niemand wußte, was dieses Schimpfwort bedeutet. Sebastian lernte Radikale kennen, die Kontakte zu SDSlern hatten, auch die Zeitschrift neue kritik abonnierten. «Das hat mich interessiert, ich habe mir die Artikel angeschaut, und irgendwo war es faszinierend, daß es ein Organ gab, dessen Forderungen radikaler waren als bei uns in der Ostermarschbewegung, wir verstanden uns doch auch als Sozialisten.» Weil er sie nicht verstand, las er die neue kritik nicht weiter. Seine Zeitung war Die Zeit. Von zu Hause brachte er die Überzeugung mit: wenn ein Intellektueller ausflippt, wird er Straßenkehrer oder Schullehrer. Er selbst wollte Lektor bei Suhrkamp oder Journalist im Feuilleton der Zeit werden.

Als er das Abitur in seiner Heimatstadt Ulm gemacht hatte, war er sicher, jetzt einen Ausweg vor der häßlichen, geduckten Abhängigkeit von Schule und Elternhaus zu finden. *«Von Anfang an war mir klar, daß ich mir in Tübingen diesen SDS mal anschauen werde.»* Aber es ging ihm dort wie an der Hochschule: er kannte sich nicht aus, fand sich nicht zurecht, verstand nichts, fühlte sich verloren und allein gelassen. Die Sitzungen des SDS im Nebenzimmer einer Bierkneipe blieben ihm fremd. *«Ich konte mit diesen Diskussionen nichts anfangen. Ich hatte nicht deren Erfahrungen, war auch nie so ein wissenschaftlich-theoretischer Typ, daß ich mir das alles angeeignet hätte.»* Andere junge Studenten, die in den Versammlungen sprachen, hatten schon Sartre oder Marx gelesen. Sebastian wußte nichts davon.

Es gab bereits Vorformen der Fraktionierung des SDS, die später offen in Tübingen auftreten sollten. Eine Gruppe, die *«Dritte-Welt-Fraktion»*, vertrat die Theorie der Städte und Dörfer. Diese besagte, daß die Städte, das heißt hochindustrialisiete Staaten, eingekreist werden von den sich befreienden Dörfern, das heißt den unterentwickelten Ländern. Erst der Sieg der internationalen kolonialen Revolution werde den Boden für die Revolution in Amerika und Westeuropa bereiten. Eine andere Gruppe, die *«Hochschulfraktion»*, beharrte auf der Frage, was man, anknüpfend an die Realitäten der Bundesrepublik Deutschland im Land selbst machen könne.

Das alles langweilte Sebastian, die erregten Auseinandersetzungen schienen ihm aufgeblasen. Mit anderen Studenten zog er sich in eine Arbeit an der Studiobühne Tübingen zurück. Mit ihnen bereitete er die Vietnam-Lesung *«Freiheit & democracy»* vor, eine szenische Dokumentation. Er selbst bekam zwar nur eine Chargenrolle, weil er kein stimmhaftes S sprechen konnte, aber in den Vorarbeiten wälzte er Bücher, wertete Zeitungsnachrichen aus und wurde unversehens einer der am besten informierten Genossen des SDS über den Vietnam-Krieg. Bei der Premiere der szenischen Lesung überfiel ihn plötzlich eine furchtbare Angst, er könnte seine Stichworte vergessen, die Abrede für die Choreographie, auf der Bühne irgendwelche läppischen Fehler machen, doch als er herauskam und merkte, wie das Publikum erwartungsvoll auf ihn schaute, fühlte er: ich werde ihnen alles erklären über den Vietnam-Krieg, sie sollen Johnson genauso hassen wie ich und keine Nachricht von diesem Krieg mehr ohne Zweifel in unseren Zeitungen lesen.

Der Abend wurde ein großer Erfolg. Das hatte niemand von ihnen erwartet, und Sebastian ging mit diesem Impetus stolz in den SDS zurück.

Er war Pazifist. In dieser Haltung fuhr er 1966 zum ersten Vietnam-Kongreß in Frankfurt. Dort erlebte er den ersten Auftritt Herbert Marcuses vor der Neuen Linken in Westdeutschland, der über *«Vietnam – Analyse eines Exempels»* sprach, davon, *«daß der nur primitiv bewaffnete menschliche Körper und der Wille zur Verteidigung eines in neuer Hoffnung ermutigten Lebens die gewaltigste Destruktionsmaschinerie aller Zeiten in Schach hal-*

ten kann, und dies könnte das Signal werden für den Aufstand in den anderen Hinterländern des Systems, wo die Ausgebeuteten in der Hoffnung auf Befreiung leben.» Der Professor rief die Versammelten zur Solidarität der Vernunft und des Sentiments auf. «Diese instinktive und intelektuelle Solidarität ist vielleicht heute die stärkste radikale Kraft, die wir haben. Man soll eine solche Solidarität nicht verkleinern, besonders nicht die instinktive spontane Solidarität des Sentiments. Sie geht tiefer als die organisierte Solidarität, ohne die sie nicht wirksam werden kann; sie ist Teil der Gewalt des Negativen, mit der die Umwälzung beginnt.» Und schließlich: «In dieser Situation wird die Kraft des Negativen als Arbeit für die Befreiung des Bewußtseins und des Wissens zu einer Hauptaufgabe. Die Arbeit an der Befreiung des Bewußtseins ist heute unmittelbar politische Arbeit und muß unmittelbar politische Arbeit werden, denn es gibt keine abstrakte Dimension, keine Dimension der Wissenschaft, Natur- sowohl wie Geisteswissenschaft, in die die Repression und die Lüge nicht eingedrungen sind und aus der sie nicht erst einmal entfernt werden müssen, um wieder so etwas wie eine kritische Theorie überhaupt möglich zu machen.»

Es waren ergreifende Appelle an die viertausend Zuhörer, und sie blieben nicht folgenlos. Im Anschluß an den Kongreß fand eine Demonstration statt. Dabei gab es keine bittenden Parolen, sondern ein wütendes kollektives Selbstbewußtsein der Demonstranten, die «Ho ho ho chi minh» skandierend auf den Straßen liefen. Sebastian aber rannte nur eine Viertelstunde mit, stellte sich danach an die Seite auf den Bürgersteig und rief höhnisch: «Sech-zig! Sech-zig!»

«Ich war erschrocken über diese Manifestation. Erst ein wissenschaftlicher Kongreß, und dann brüllten die wie auf dem Fußballplatz, als hätten wir keine Argumente. Ich habe die ganze Sache instinktiv mit faschistischen Massenaufmärschen identifiziert.»

Als der Sieben-Tage-Krieg Dörfer und Städte im Nahen Osten verwüstete, stand er, wie der größere Teil des SDS Tübingen, zuerst auf israelischer Seite. Auf dem Mensavorplatz kam er mit arabischen Kommilitonen ins Gespräch, und was sie ihm sagten, verwirrte ihn. «Danach hatte ich erst mal gar keinen Standpunkt.» Sein Vater, ein Deutschnationaler, hatte nach dem Krieg einen Zug KZ-Häftlinge aus Dachau kommen sehen, ausgemergelt, kraftlos, weißblaß. Sebastian konnte das Bild nie vergessen, das sein Vater gesehen hatte. Als er von der grausamen Vertreibung der Palästinenser aus ihren Dörfern durch die Israelis hörte, wurde seine Überzeugung «wer gegen Israel ist, ist ein Antisemit» erschüttert, wie sein Pazifismus ins Wanken geriet, als er die Aussage des Verteidigungsministers McNamara vor dem US-Senat las: «Innerhalb des Jahres 1966 sollen in Vietnam eingesetzt werden: 1,7 Millionen Bomben, 4,8 Millionen 2,75"-Raketen, 88 Millionen Air-to-Ground-Geschosse, 1 Milliarden Gewehr- und Maschinengewehrmunition, 16 Millionen 40-mm-Granaten, 11 Millionen Runden Mortar- und Artilleriemunition, 2623 Kernwaffenköpfe sind in der strategic alert *force zum Einsatz bereit.»* Zum Schluß ließ er sich zu dem Satz hinreißen: *«Dies hat die Heldentat ermöglicht, innerhalb von Monaten 300 000 kampffertige Soldaten 10 000 Meilen entfernt einzusetzen und zu versorgen.»* Die Worte des Verteidigungsministers, dessen Amt Krieg ist, wie das Informationsdepartement das Amt hat, glaubhafte Lügen zu verbreiten.

Es war eine Errungenschaft der Studentenbewegung, sich bestimmte phantasievolle, provokative Aktionsformen zu eigen zu machen, um überhaupt Aufmerksamkeit für ihre Forderungen zu gewinnen. Im Verbandsjargon hieß das: *«Provokative Aktion, um eine negative Öffentlichkeit herzustellen – als Voraussetzung einer Öffentlichkeit überhaupt, denn die Öffentlichkeit ist tot in der Bundesrepublik Deutschland. Wir müssen eine Öffentlichkeit herstellen, in der demokratische Diskussion stattfindet. Weil die Leute nicht anders auf uns aufmerksam gemacht werden können, muß es durch Provokation geschehen.»* Es waren die Pendler zwischen Berlin und Tübingen, die die neuesten politischen Schlagworte mitbrachten. Sie waren der Theorieersatz des SDS Tübingen.

Als Komplement der Provokation galt die *«rationale Vermittlung»*. Eine provokative Aktion wurde nur dann als sinnvoll angesehen, wenn sie mit einer rationalen Aufklärung verbunden war, in der Informationen gegeben, Zusammenhänge aufgezeigt wurden, ein Erklärungszusammenhang hergestellt wurde, welches Ziel die Linken mit ihrer Provokation verfolgten.

Im Mai 1967 hängten SDSler in Tübingen an einer Stelle der Universität, wo es verboten war, eine Wandzeitung auf.

Schah-Besuch – Staatsvisite der Superlative: 10 000 Polizisten, in Schutzhaft genommene persische Studenten im Sauerland, Geheimpolizei überall.

Ein kleiner Mörder und Opiumhändler, der zufällig den Namen Schah trägt, auf Kosten einer unterdrückten Bevölkerung dazu, besucht die Bundesrepublik. Händeschütteln, kapitalversprechendes Lächeln – Faschisten in Orden und Frack unter sich, bejubelt von Sorajahausfrauen und Farah Dibah-Teenagern. Bringt der Schah die Grüße von mehreren tausend ermordeten politischen Gefangenen? Kiesinger, Brandt und Lübke werden ihn nicht danach fragen. Auch danach nicht: die Lebenserwartung im Iran liegt unter dreißig Jahren, 85 Prozent der Bevölkerung sind Analphabeten, 85 Prozent der Bevölkerung verdienen weniger als 280 DM im Jahr. 75 Prozent des Landes gehören Großgrundbesitz, Staat und Kirche, davon 56 Prozent allein den Feudalherren, 75 Prozent der Bevölkerung sind Bauern. Von diesen haben 80 Prozent kein eigenes Land.

«Auf dem Weg über wirtschaftliche Hilfe konnten wir das iranische Öl fest in die Hand bekommen . . . Durch unseren intensiven wirtschaftlichen Einsatz im Iran ist es uns gelungen, die ganze Außenpolitik des Landes zu kontrollieren» (N. Rockefeller). Deshalb: «Lieben wir Amerikaner den Schah und zählen ihn zu unseren besonderen Freunden» (L. B. Johnson).

Der Schah ist für Persien was Ky für Vietnam.

Eine halbe Stunde später fuhren fünf Autos vor, drei mit uniformierten Polizisten besetzt, zwei mit Zivilen. Drei Studenten, die vor der Wandzeitung diskutierten, wurden zu mutmaßlichen Rädelsführern ernannt, auf die

Kriminalabteilung für politische Delikte gebracht und dort fünf Stunden lang vernommen. Sebastian war unter ihnen. *Was für ein Staat,* dachte er, als er aus der Polizeistation wieder auf das bucklige Straßenpflaster trat, *was für ein Staat, der gegen Information fünf Polizeiautos und dreizehn säbelrasselnde Wachtmeister aufbietet! Denen werden wir's zeigen!*

Am nächsten Tag verteilten sie unter den Studenten ein Flugblatt. Die Kommilitonen sollten es als rationale Vermittlung der Ereignisse begreifen.

Gestern, am 30. 5., erschien wieder einmal die politische Polizei im Mensagelände und beschlagnahmte eine Wandzeitung des SDS. Vorwand zum Einschreiten: Der Wandzeitungstext, in dem unter anderem behauptet wurde, «der Schah sei ein kleiner Mörder und Opiumhändler».

Die politische Polizei und die deutsche Öffentlichkeit wissen nicht:

1. Es ist eine unbestrittene Tatsache, daß das Kriegsrecht in Iran seit vielen Jahren in Kraft ist, um die Opposition zum Schweigen zu bringen, da politische Gefangene gefoltert werden, daß vor einem Jahr Hunderte, wenn nicht Tausende, die sich zu keiner bewaffneten Rebellion zusammengeschlossen hatten, vom Militär niedergeschlagen wurden. (Die Liga für Menschenrechte an U Thant unter dem 4. Juni 1964. Zit. n. *Kursbuch* 2, 1965).

2. Dem früheren Justizminister Lotfi (im Kabinett Mossadegh) wurden die Augen herausgerissen und weitere schwere Verletzungen zugefügt, so daß er im Gefängnis starb. (B. Nirumand, Persien, S. 76).

3. Aus einer Bekanntmachung der 10. Armee in Fars: «Warnung an alle Einwohner und Dorfoberhäupter des oberen und unteren Bover Ahmadi-Bezirkes und anderer Gebiete der Provinz Fars! Für den Fall, daß ihr weiterhin zu Nasser Taheri, Abde'ullah Zarghampour, Habib Shabazi, Jafar Gholi Rustam und den Khans und Dorfoberhäuptern haltet und nicht zu eurer Arbeit zurückkehrt, werden eure sämtlichen Dörfer und Siedlungen bombardiert. Sollten hierbei Frauen, Kinder, unschuldige Menschen zu Schaden kommen, liegt die Verantwortung bei den oben aufgezählten Leuten.»

4. Dem Ausland ist bekannt, welche Kleider Farah Diba trägt und wie ihr Friseur heißt. Weiß die Weltbevölkerung auch, daß die iranische Armee seit Jahren einen brutalen Kampf gegen die Bevölkerung der Provinz Fars in Südpersien führt, daß sie dort Städte bombardiert und Frauen und Kinder tötet, um die Herausgabe einiger Armeeführer zu erzwingen, die sie dort versteckt glaubt? Weiß die Weltöffentlichkeit, daß dieselbe Armee an einem einzigen Tag im Juni 1963 einen religiösen Aufstand gegen die Unterdrückung niederschlug und dabei in einigen Stunden über viertausend Menschen zusammenschoß? (*Deutsches Panorama* 5, 1967, S. 53).

DER SCHAH IST OBERBEFEHLSHABER DER PERSISCHEN ARMEE. Der Schah – kein Mörder?

Die politische Polizei und die deutsche Öffentlichkeit wissen weiter nicht: *The Minority of One* berichtete im Dezember 1962 darüber, daß der Schah . . . das Monopol an Opiumplantagen besitzt. Während im Jahre 1953 Heroin im Iran unbekannt war, sind heute 20 Prozent der Iraner unter dreißig Jahren ihm verfallen. Der Schah führte Heroin zusätzlich zu Opium ein, weil es ergiebiger ist. Millionen Dollar werden damit jährlich vom Schah verdient, und im Jahre 1960 wurde seine Schwester, Prinzessin Ashraf, von der Schweizer Polizei verhaftet, weil sie Koffer voll Heroin hatte. Die Zollverwaltung der USA und das FBI wissen offensichtlich zuverlässig, daß der Iran die Hauptquelle für die in die Vereinigten Staaten geschmuggelten Narkotika ist, aber der Wert des Schahs für die westlichen Öl-Interessen und für andere ähnliche Mitglieder der «Freien Welt» verschafft ihm Straflosigkeit (Zit. n. *konkret*, Mai 1965, S. 22).

Wie in fast allen Ländern der Dritten Welt bildete sich in Persien keine selbständige bürgerliche Schicht.

Der persische Staat war seit jeher theokratisch organisiert. Der Schah als absoluter Herrscher übte die unmittelbare Herrschaft über Beamte und Feudalherren aus. Die aufkommende bürgerliche Kaufmannsschicht zeigte keine Neigung zur politischen Selbständigkeit. Sie schloß sich aus Interessenkongruenz dem Adel an. Macht zu Macht. Der Kolonialismus der Länder Westeuropas und der USA arbeitete eben aus diesen Machtprinzipien mit den Herren des Landes zusammen, die ihm eine reibungslose Abwicklung ihrer Geschäfte gestatteten. Kapitalismus und Imperialismus verbanden sich mit den ökonomischen Interessen der bestehenden Herrschaft.

Diese geschichtliche Entwicklung schlägt sich in der heutigen Situation Persiens nieder. So gut wie nichts ist verändert: Noch immer beherrschen knapp 5 Prozent die übrigen 95 Prozent der Bevölkerung. Noch immer gehören 75 Prozent des bebauten Landes Großgrundbesitz (56 Prozent), Kirche (15 Prozent) und Staat (4 Prozent). Mehr als die Hälfte der Bauern ist ohne eigenes Land.

Warum Hunger und geringe Lebenserwartung in einem Land, dessen Ölreichtum jährlich Milliardengewinne abwirft.

Hunger und Elend in einem wohlhabenden Land, das gezwungen ist, den weitaus größten Teil seines Reichtums an die acht ausländischen Ölgesellschaften abzuliefern (British Petrol Oil Comp., Standard Oil Comp. of N. J., Standard Oil of Cal., Texas Comp., Socony-Vacuum Oil Comp., Gulf Oil Comp., Royal Dutch Shell Comp. und Compagnie Française des Pétroles). Dieses vorteilhafte Geschäft wird dem Schah und seiner Klasse fürstlich honoriert: Der Schah allein kassiert jährlich 400 Millionen Dollar aus den Oil Royalities, zusätzlich eine Stillhalte-Apanage von 80 Millionen Dollar von den USA.

Der Reichtum des Schahs und seiner Klasse ist zugleich die Armut der Bauern. Die Doppelherrschaft in- und ausländischer Oberschichten wird mit Hilfe eines kostspieligen und durchorganisierten Apparats direkten Terrors aufrechterhalten.

Die Erbitterung der besitzlosen Bauern wächst. Um ihre Forderungen nach Land und Boden zu unterdrücken, bedarf es einer ungeheuren militärischen Repression: 200000 Mann Militär, 60000 Geheimpolizisten, 30000 Mann Polizei: Gewalt, Folterung, Flächenbombardements, Mord.

Trotz dieses Terrors werden sich die Bauern, die in- und ausländische Opposition nicht mundtot machen lassen. Das radikale Mißverhältnis zwischen Besitzlosen und Besitzenden fordert eine radikale Lösung. «Die Schwäche des Systems liegt in der Erhaltung des Status quo.»

Sozialistischer Deutscher Studentenbund – Tübingen (SDS)

Von der Universität erhielt der SDS ein Schreiben, daß Anschläge nur an den vorgesehenen Orten, nur in dem vorgesehenen Format gestattet seien. Bei Zuwiderhandlung . . .

«Da haben wir wieder eine Wandzeitung geschrieben, haben sie zerschnitten in sieben Plakate des vorgeschriebenen Formats, haben die uns um den Hals gehängt und uns vor die Mensa gestellt, so daß man den Text

fortlaufend lesen konnte. Das führte zu Massenaufläufen vor dem Gebäude und zu Diskussionen, wie es sie unter Studenten vorher nie gegeben hatte.»

Es gab unter den Linken nicht nur die verbissene Entschiedenheit, für ihre Sache, die gerechte Sache, einzutreten, sondern auch einen spielerischen, ironischen Ton, in dem sie versuchten, ihrer Gegner Herr zu werden, wie in der Antwort des Royalistischen Deutschen Studentenbunds (RDS) auf den Republikanischen Studentenbund Deutschlands (RSD), einer kurzlebigen Schöpfung des reaktionären Nationalismus unter den Studenten Tübingens.

RSD Republikanischer Studentenbund Deutschlands

Der 17. Juni 1953

bewies, daß ein kommunistisches System auf deutschem Boden ohne Präsenz der Roten Armee undenkbar ist. Der 17. Juni dokumentiert gleichzeitig, daß massive Gewaltakte zum ständigen Repertoire der sowjetischen Politik gehören.

In der Adenauer/Dulles-Ära wurde den Roten in einprägsamer Weise klargemacht, daß jeder Expansionsversuch mit rein militärischen Mitteln unangenehmen Gegendruck erzeugt. Die Kommunisten, im analytischen Denken geschult, zogen daraus ihre Lehren.

Getreu dem Motto «Festes Ziel – flexible Taktik» schalteten sie auf weiche Welle um.

Die Rechnung ging auf: Spürsinnige Lizenz-Journalisten in der Bundesrepublik entdeckten die «Humanisierung» des Kommunismus. Die Entspannungs-Phraseologie des Ostens beschert ihnen fortan wertvolle Bereicherungen ihres Wortschatzes. Ein sensationeller Erfolg wird offenbar: Die kommunistische Gefahr ist gebannt. Durch Druckerschwärze! Ungestört kann man sich künftig der Demontage des eigenen Staates widmen.

Das große Rülpsen setzt ein: gegen Bundeswehr, Notstandsgesetze, deutsche Rechtspositionen . . .

In erstaunlicher geistiger Perversion opponieren die Linksgedrallten gegen einen Staat, dessen freiheitliche Konstitution ihnen das öffentliche Rülpsen überhaupt erst möglich macht.

Während die Bewältigungsindustrie das deutsche Volk zur «negativ privilegierten Nation» stempelt und innere Unsicherheit erzeugt, während die Auswirkungen von Baudissinismus und linker Destruktion auf die Wehrkraft unseres Staates spürbar werden –

zeitigen zu gleicher Zeit Moskaus Koexistenz-Deklamationen Erfolge im Weltmaßstab:

Die Amerikaner beginnen mit dem Abzug aus Europa.

Korea und Vietnam dürfen sich in Deutschland nicht wiederholen! Deshalb muß unser Staat nach innen und außen gefestigt werden. Eine Aufgabe der jungen Generation!

Der Republikanische Studentenbund ruft die akademische Jugend aller deutschen Hochschulen zur Mitarbeit auf.

Darauf setz ich andertalbe! dachte Sebastian und schrieb ein Flugblatt.

Royalistischer Deutscher Studentenbund RDS

Deutsche Studenten!

Das Elend Deutschlands

Das deutsche Volk bietet heute nur noch einen jämmerlichen Abglanz seiner einstigen Größe.

Wie konnte es soweit kommen?

Nicht genug damit, daß ein geschwächter Westen nicht in der Lage und nicht gewillt ist, dem Moskauer Anspruch auf den restlichen (westlichen) Teil des Deutschen Reiches zu begegnen, nein, das deutsche Volk selbst besorgt ahnungslos die Geschäfte des Bolschewismus.

Wie ist es dazu gekommen?

Ein starker Westen konnte in den fünfziger Jahren noch den Roten in einprägsamer Weise klarmachen, daß jeder Expansionsversuch mit rein militärischen Mitteln unangenehmen Gegendruck erzeugte.

Wie immer, wenn die freiheitliche Welt den Kommunisten in geschlossener Front die Stirn bot, haben die Russen daraus ihre Lehre gezogen und ihre Taktik umgestaltet, diesmal auf «weiche Welle». Die Rechnung ging auf, besser als erwartet. Unbemerkt hat sich der rote Bazillus in die Lizenpresse, unter die Verzichtpolitiker der Parteien, die Vertriebenenorganisationen und unter die radikalen Studenten eingeschlichen. Die Steigbügelhalter der Roten fallen nur allzu gern auf die Deklamationen von «Koexistenz» herein, die den wahren Anspruch der Bolschewisten auf Weltherrschaft nur verschleiern sollen. Ungestört kann man sich künftig der Demontage des eigenen Staates widmen, sind doch selbst die angeblichen Bewahrer einer christlich-nationalen Wertordnung nichts anderes als Handlanger der roten Imperialisten.

So begrüßen wir zwar die nationale Erneuerung, wie sie sich in den Studentengruppen Nationaldemokratischer Hochschulbund (NHB) und Republikanischer Studentenbund Deutschland (RSD) ausdrückt. Doch selbst diese Gruppen sind von der Zersetzungstendenz angekränkelt: nennt sich doch die eine dieser Verbindungen «republikanisch», die andere «demokratisch».

Diese Verwirrung in Weg und Ziel beweist sich, wenn die Studenten gegen «Baudissinismus» protestieren, ohne gleichzeitig den Baudouinismus zu proklamieren.

Das deutsche Volk muß endlich gesunden. Die Nation muß nach innen und außen gefestigt werden, gegen die bolschewistische Überfremdung durch die Gastarbeiter und die Destruktion deutscher Radikalinskis genauso wie gegen den imperialistischen Internationalismus der Sowjetunion. Allen, die guten Willens sind, muß deutlich gesagt werden: die nationale Wiedergeburt kann nur im Rahmen einer nationalen Monarchie erfolgen. Hat doch gerade die griechische Monarchie gezeigt, daß nur der König den Staat vor der roten Springflut bewahren konnte.

Der Royalistische Deutsche Studentenbund hat sich die nationale Erneuerung als nationale Monarchie zum Ziel gesetzt. Die deutsche Einheit kann nur durch eine deutsche Monarchie wiederhergestellt werden. Deshalb fordern wir einen Gesamtdeutschen Kaiser, der RDS ruft die Akademische Jugend aller deutschen Hochschulen zu aktiver Mitarbeit auf!

RDS Royalistischer Deutscher Studentenbund, Tübingen, Wilhelmstr. 90

Durch die Öffnung des SDS auf die Universität und durch Aktionen, die aus Berlin geborgt waren, bekam die Gruppe einen viel größeren Einfluß in

Tübingen als in ihrem Zirkelstadium. Zum Schah-Besuch in der Bundesrepublik entwarf der Ring Christlich Demokratischer Studenten (RCDS) ein Flugblatt, das von allen studentischen Gruppen unterschrieben wurde, mit Ausnahme der Burschenschaften und des Nationaldemokratischen Hochschulbunds (NHB). Am 2. Juni gelang dem SDS der Durchbruch zu einer wirklichen Massenbewegung. «*Wir erreichten Studenten, die wir vorher nie zu erreichen gewagt hätten, Juristen, Naturwissenschaftler, Orientalisten usf.*» Der Campus war voll von Gruppen diskutierender Studenten. Mit Argumenten waren die SDSler gerüstet. Aus Berlin kam die Redeweise: «Ein Schlag mit dem Polizeiknüppel ist bewußtseinserhellender als hundert Bücher!» Der 2. Juni war der erste Höhepunkt der aktivistischen Phase, und der Aktionskreis des SDS erweiterte sich ungeheuer. Durch ihren Glauben an die durchschlagende Kraft der Wahrheit, ein Pathos der Aufklärung machten die Linken oft die Widerrede stumm. Zum erstenmal in ihrem Leben waren sie öffentlich beteiligt; heraus aus der Isolation der Hochschule in eine Öffentlichkeit, wo jeder mit jedem diskutiert! Studenten als sensibelster Teil der Gesellschaft deckten ihre Schwächen auf. Das war ein euphorisierender Erfolg, und sie zogen ihr Selbstbewußtsein gleichsam aus einem öffentlichen Amt, das ihnen aufgetragen war.

Als die Nachricht vom Tod Benno Ohnesorgs im Rundfunk gesendet wurde, bedurfte es keiner Vereinbarung. Spontan sammelten sich alle in der Cafeteria der Universität, und es sollten drei Tage und drei Nächte folgen, an denen sie ununterbrochen arbeiteten. Gegen die Lügen und Manipulationen der Presse stellten sie in der Nacht eine Dokumentation mit sämtlichen Meldungen her, derer sie über Berlin und aus dem Radio habhaft werden konnten. Vormittags verteilten sie diesen Pressespiegel an die Studenten, die nie zuvor so umfassend informiert wurden. Der Allgemeine Studentenausschuß, eher liberal als links, stellte ohne Überlegung seine Druckmaschinen zur Verfügung, und montags erschien die zweite Auflage der Dokumentation, auf den neuesten Stand gebracht.

Die Universität wurde fast überall von den Berliner Ereignissen erschüttert. Professoren sprachen zu Beginn ihrer Veranstaltung über das Geschehen, und Sebastian kam zu Ohren, daß sich Professor Eschenburg zu den Verteidigern der Polizeiaktion zählte. Er sagte: «*Ich halte nichts von Demonstrationen. Ich habe großen Respekt vor dem, was der Schah in den letzten Jahren in Persien geleistet hat. Um die Rechtsstaatlichkeit zu wahren, hat man bei diesen Vorfall das Ergebnis der gerichtlichen Untersuchung abzuwarten. Die armen Polizisten müssen bei diesem Vorfall alles ausbaden. Es ist nun einmal das Bestreben der Polizei, immer einen Schritt weiter zu gehen, als ihr Auftrag lautet, um ihr Risiko zu verringern. Wer zu Demonstrationen geht, hat das Risiko selbst zu tragen.*» Er sei selbst einmal bei einer Demonstration gewesen, und nur die Tatsache, daß er einen Filzhut getragen habe, hätte ihn vor größerem Schaden bewahrt.

Dieser Zynismus Eschenburgs ließ den Linken keine Ruhe. Sie wühlten in den Tübinger Archiven und fanden heraus, an welcher Aktion der Professor wahrscheinlich teilgenommen hatte. Es war die berühmte «Lustnauer Schlacht». Bei einer Versammlung der Sozialdemokraten in Lustnau bei Tübingen in den Jahren der revolutionären Wirren nach dem Ersten Weltkrieg versuchte der Tübinger Farbenring, dessen Vorsitzender damals Eschenburg war, den Saal zu stürmen und die Sozis zu vertreiben. «Das habe ich auf einem Teach-in erzählt, das gab natürlich Stimmung, der ganze Saal kochte!»

Im Herbst 1967 wollte Sebastian die Universität wechseln. Frankfurt reizte ihn wegen Adorno, Marburg wegen Abendroth. Daß er schließlich nach Marburg ging, lag weniger in seinem theoretischen Interesse begründet als darin, daß er Angst vor der Großstadt hatte – und gerade Frankfurt, wieviel Angst kann einem diese Stadt machen, die alles, was lebendig ist, würgt! – Sein erster Gang in Marburg war zum SDS. Das war ein ganz anderer Sozialismus als in Tübingen! Die Marburger Gruppe hatte ein hohes theoretisches Niveau. Seit Jahren gab es regelmäßige Schulungen für die Mitglieder des Verbands. Die alte Linke war in der hessischen Universitätsstadt ein Element der Kontinuität außerparlamentarischer Opposition. Der SDS Marburg verstand den Verband als die einzige funktionierende sozialistische Organistion der Bundesrepublik. Daraus ergab sich die Aufgabenstellung: mit den Mitteln der Intellektuellen für die Verbreitung von Klassenbewußtsein in der organisierten Arbeiterschaft zu sorgen. «Die hatten im SDS Marburg im Unterschied zu Tübingen einen Begriff von Arbeiterbewegung. Das war der große Unterschied.» Der größere Teil der Marburger Gruppe sah seine Aufgabe in der Schulungsarbeit mit gewerkschaftlich organisierten Arbeitern, die sie in der Arbeitsgemeinschaft für gewerkschaftliche Fragen (AGF) führten. Andere Genossen betonten: «Wir sind nicht nur eine sozialistische Organisation, wir sind eine sozialistische Studentenorganisation. Es gibt spezifische Aufgaben an der Uni.» Im SDS erhielten sie den Spottnamen «Hochschulreformisten», denn sie kämpften für die Reform der Hochschule.

Durch diese Gruppe war der SDS inzwischen an der Universität repräsentiert. Er hatte sich zu einer politischen Kraft unter den Studenten entwickelt. So kam es, daß sich nach dem Mordanschlag auf Rudi Dutschke Gründonnerstag 1968 alle Mitglieder und Sympathisanten des SDS spontan im Club Voltaire am Wilhelmsplatz versammelten. Es bedurfte keines Aufrufs. Die Studenten beschlossen, in Bussen und Privatwagen nach Frankfurt zu fahren, um die Demonstration gegen die Springer-Druckerei zu unterstützen. «Ich wußte, daß es kein Spaziergang wird. Ich schnappte mir einen alten Motorradhelm, schlitzte meinen Anorak an den Ärmeln auf und stopfte ihn mit Zeitungspapier aus. In Frankfurt fühlten wir uns mächtig stark. Ich stand ganz vorn an einem Bauwagen. Jedesmal wenn die Polizei den Wagen wieder aufgerichtet hatte und ihn zurückschob, gab es unter uns ein ‹Hauruck!› und wir schoben ihn wieder vor und kippten ihn um.» Erst beim

Abziehen bemerkten die Studenten, daß die ganze Zeit reglos mehrere Hundertschaften Polizei hinter ihnen gestanden hatten. Sie beobachteten den Kampf vor der Druckerei und hatten offenbar keine Weisung einzugreifen. «*Wir glaubten die ganze Zeit, es sei ein Sieg, die Auslieferung der Bild-Zeitung so lange verhindert zu haben. Aber hinter uns standen Hunderte von Polizisten, und mir kam das Ganze am Schluß wie absurdes Theater vor, wir die Akteure, die Bullen im Parkett.*»

Zurück in Marburg, gab es Diskussionen im Club Voltaire, in denen eine starke Gruppe begann, die Aktion militärstrategisch zu diskutieren. Die Genossen schlugen vor, in Marburg selbst Aktionen zu machen, um Polizeikräfte zu binden. Sie konnten sich aber nicht durchsetzen. Der Marburger SDS stellte sich hinter den politischen Demonstrationscharakter der Aktion und war sich dessen bewußt, durch die Blockaden Springer nicht enteignen zu können.

Als die Studenten am zweiten Tag nach Frankfurt fuhren, fanden sie die Polizeikräfte erheblich verstärkt und mit anderen Weisungen ausgerüstet als zuvor. Die Marburger liefen von hinten zur Galluswarte und fanden alles abgeriegelt. Sie setzten sich auf die Straße in der treuherzigen Erwartung, die Polizei werde auf die gewaltlose Aktion mit gleichen Mitteln reagieren. Tatsächlich preschte aber plötzlich ein Trupp Berittener in die Sitzenden hinein. Seinen Nebenmann von der Mainzer Landstraße in Frankfurt sah Sebastian in Marburg wieder, als er mit einem Gipsbein auf einem Teach-in auftrat. Die Pferde hatten ihm den Fuß zertreten. «*Das war eine Situation in Frankfurt, wie ich sie noch nie erlebt hatte. Ich hatte so etwas wie einen Black-out. Ich wußte gar nicht, wohin ich rannte. Ich wußte nur: weg, weg, du mußt weg! Wenn ich einen Stein gefunden hätte, ich hätte ihn genommen und den Bullen an den Schädel geworfen. In der Gegend fuhr ein Bärtiger mit seinem 2 CV herum, ein Zeichenlehrer, wie sich später herausstellte. Die Polizei identifizierte ihn sofort als Linken – das war er gar nicht, wurde es erst nach diesem Abend! –, zerrten ihn aus dem Auto und haben ihn auf der Stelle gottsjämmerlich verdroschen. Der wußte gar nicht, wie ihm geschah. Später zog er sein Hemd aus und hatte blutige Karree-Streifen auf dem Rücken. ‹Bisher war ich gegen die Studenten›, sagte er, ‹aber jetzt bin ich für sie›.*

Natürlich war die Springer-Aktion nicht falsch, aber in ihren Zielen unrealistisch. Wir gingen davon aus, daß wir tatsächlich Macht ausüben können. Wir haben wenig, in Frankfurt fast gar nicht, Rücksicht genommen auf die Gewinnung von Bündnispartnern, auf die es angekommen wäre, nämlich organisierte Arbeiter und Teile der Gewerkschaft. Aber, mein Gott, das sind Einsichten, die man nachher haben kann! Wenige von uns haben das damals schon begriffen.»

Die antiautoritäre Woge hatte Marburg inzwischen, wenn auch mit Verspätung, erfaßt. Im Kampf gegen die Notstandsgesetze besetzten Studenten das Auditorium und blieben die Nacht über drin. Es gab erregte Debatten darüber, ob diese Aktionsform wirklich dem Ziel dient, die Kampagne gegen die Gesetzgebung zu verbreitern, «*aber wir wußten keine anderen Möglichkeiten. Die Orientierung auf die Arbeiterklasse war zwar theoretisch in Marburg sehr stark verankert, aber eben nur theoretisch. Das hängt mit der Sozialstruktur Marburgs zusammen. Die Stadt hat keine Uni, sie ist eine Uni. Man konnte keine wirklichen Erfahrungen mit der Arbeiterklasse machen.*»

Wie anderswo gab es in Marburg unter den Studenten einen literarischen Zugang zur Arbeiterbewegung: über Bücher. Doch immerhin war es gelungen, in der AGF eine gewerkschaftliche Bildungsarbeit mit Arbeitern aufzubauen. Noch in späteren Streiks war ablesbar, daß Kollegen, die an Schulungen teilgenommen hatten, eine wichtige Rolle in gewerkschaftlichen Kampfaktionen spielten.

Doch die «*Traditionalisten*», Genossen des Marburger SDS, die mit jungen Arbeitern in gewerkschaftlichen Schulungen zusammenarbeiteten, hatten wenig in phantasievollen kämpferischen Aktionsformen zu bieten. Das war die Stärke der Antiautoritären. Ihre Bewegung in Marburg kulminierte in den Aktionen Ende 1968 gegen das Hessische Universitätsgesetz. «*Damals kam es zum ersten- und einzigenmal in Marburg zu militanten Aktionen. Ich verstehe sie als Rückzug auf die Universität, auch als Folge der erfahrenen Schwäche der außeruniversitären Kampagnen, also auch ein Teil Resignation.*»

Es ging um die Einführung des Numerus clausus. Die Professoren zogen sich zur Beratung in den Turm der Philosophischen Fakultät zurück. Ihre Sitzung war nicht öffentlich. Die Studenten standen verdrossen vor dem Gebäude und brüllten: «*Öffentlichkeit herstellen!*» Nachdem sie eine Stunde vor verschlossenen Türen gestanden hatten, nahmen die Mutigsten eine Bank und schlugen mit diesem Rammbock die Glastür ein. Das Sitzungszimmer war mit einer Holztür verschlossen, und die Professoren rückten vorsorglich einen Stahlschrank davor. Damit hatten sie sich selbst eingesperrt, bis der Hausmeister sie befreite. So konnten sie zwar ein Stündchen ihrer Geheimpolitik zelebrieren, aber ohne den Glanz alter Zeiten und immer in der Furcht, sich vor den Studenten rechtfertigen zu müssen.

Die waren nicht bereit, sich weiter der politischen Entmündigung auszusetzen. Als eine neue Senatssitzung anberaumt wurde, beschlossen sie auf einem Teach-in, zum Tagesordnungspunkt «*NC*» die Öffentlichkeit herzustellen. Fünf Minuten vor Beginn der Sitzung wurde bekannt, daß alles fünf Kilometer weit außerhalb verlegt werden sollte, in das Neubaugebiet der Universität auf den Lahnbergen. Die Studenten richteten einen Pendelverkehr ein, und innerhalb einer halben Stunde waren ca. tausend von ihnen am Ort. Auch das Sitzungsgebäude auf den Lahnbergen war von der Polizei abgeriegelt, und die Linken standen zwei Stunden lang fröstelnd im Freien und waren nur durch Dauerreden bei Laune zu halten. Als der Tagesordnungspunkt «*NC*» an der Reihe war, öffnete ein sympathisierender Assistent ein Fenster im zweiten Stock und rief herunter: «*Es ist soweit!*» Im Nu flog unten eine Flasche in die Glastür. Die Studenten standen erschreckt, rührten sich nicht und begriffen die Aktion nicht als Signal. So etwas hatten sie nicht erwartet. Jetzt aber schlug die Polizei von innen heraus die Glastür ein und spritzte mit Wasserschläuchen auf die frierenden Studenten. Das war das Signal. Wie auf ein einziges Kommando flogen Steine, Flaschen, Balken, und nach einer Viertelstunde war die gesamte Glasfront des Neubaugebäudes zerstört. Heulend fuhren Polizeiwagen zur Verstärkung auf, und die Jugendlichen hielten es für klüger, unter den Klängen ‹O Tannenbaum› und ‹O du fröhliche› abzuziehen, und die Polizei blieb zum «Schutz der Glastrümmer» zurück. «*Wir schätzten die Aktion später als Fehler ein. Wir hatten niemanden damit überzeugt, der es nicht schon war. Was wir uns eingehandelt hatten, waren fünfzig Strafanzeigen. Doch die Uni-Spitze wechselte. Der neue Rektor fuhr einen integrativen Kurs und stellte die Anzeigen ein.*»

1969 riefen die Studenten in Marburg, wie ihre Kommilitonen in Frankfurt und Gießen, einen unbefristeten Streik aus. Ihre Forderungen waren: autonome Arbeitsgemeinschaften, halbparitätische Mitbestimmung, vernünftiger Studienplan.

Klar, daß die Soziologen und die Politologen streikten. Diese Fächer waren schon immer Bastionen der SDS. Sebastian aber ist Germanist und er zergrübelte sich darüber den Kopf, wie seine Kommilitonen im Strudel der Bewegung in Wut geraten könnten. Die Marburger luden einen Frankfurter Germanisten ein, der vom Streik an seiner Universität berichtete. Zwei Tage später wurde eine Vollversammlung angesetzt: Tagesordnungspunkt: Streik. Es kamen 270 Studenten, mehr als je zuvor. Bei den Germanisten gab es nicht, wie bei den Soziologen, eine allgemeine Politisierung. Deswegen wurden Streikforderungen vorbereitet und eine Begrenzung des Aufstandes auf drei Tage proklamiert. «*Nach einer hitzigen Debatte trugen wir einen großen Sieg davon, für die meisten von uns völlig überraschend. Der Streik wurde mit großer Mehrheit beschlossen. Wir haben drei Tage lang in den Arbeitsgemeinschaften intensiv gearbeitet. Weil unsere Ordinarien Kunz und Klein hießen, war das Seminar mit Plakaten vollgepflastert: ‹Schlagt die Germanistik Kunz und Klein!›*»

Nach drei Tagen war wieder eine Vollversammlung geplant. Neunhundert Studenten kamen. Zum erstenmal wagten auch Assistenten, sich mit den Streikforderungen solidarisch zu erklären. Es waren Wissenschaftler, die jahrelang unter ihren Professoren gelitten hatten, von denen sie auf Gedeih und Verderb abhängig waren. Sie merkten: die Zeiten ändern sich, und sie schlugen sich auf die Seite der Studenten in der Hoffnung, sich aus der Dienstpflicht von ihren Standesherren befreien zu können. «*So konnten wir die Professoren dazu bringen – überzeugt war wohl keiner von ihnen –, einigen Forderungen zuzustimmen. Doch der Streikerfolg ist nicht nur an seinen unmittelbaren Ergebnissen zu messen, sondern er hat langfristig eine*

*Umstrukturierung der Organisation des Lehrbetriebs als auch der Lehrin-
halte mit sich gebracht. Heute gilt der Fachbereich 9 als einer der fortschritt-
lichen und heißt auch bei der CDU ‹kommunistisch unterwandert›.»*

In seinem Studium hatte Sebastian inzwischen von Soziologie auf Politologie umgesattelt. Er wollte jetzt Lehrer werden. Er war realistisch geworden, ohne Resignation. An der Arbeit als Lektor bei Suhrkamp erschien ihm
jetzt nichts mehr erstrebenswert.

Seinen wichtigsten Lehrer, Wolfgang Abendroth, kannte er seit seinem
ersten Semester in Marburg 1967/68. Damals gab es in Marburg eine
Auseinandersetzung um die Frage der Beteiligung der Studenten an den
Organen der Universität. 23 Professoren hatten zuvor in dem *Brief der 23* die
Forderung nach Demokratisierung der Hochschule als absurd zurückgewie-
sen. Die Universität sei ein Organ, in dem einen Platz für den Kopf, einen
anderen für die Füße gäbe. Nach einem Teach-in wollten die Studenten die
Professoren zur Rede stellen. Sie kamen auch von der Senatssitzung und
verdrückten sich sehr schnell, bis auf einen Juristen, der, mit verstaubten
Ehrvorstellungen, matrialisch vor die Studenten trat und schnaubend sagte:
«Ich stelle mich!» Er versuchte, den *Brief der 23* schmackhaft zu machen und
brachte doch nur zustande, daß es im Saal noch mehr brodelte als zuvor.
Nach ihm kam der Soziologe Hofmann. Er sagte: *«Regt euch nicht auf, wir
machen das schon für euch!»* Danach erschien Abendroth mit wehenden
Haaren und einem zerknitterten Anzug, beugte sich über das Pult und redete
zwanzig Minuten ohne Unterbrechung. Er holte historisch aus bis zur
Weimarer Republik und sagte, zum erstenmal im 20. Jahrhundert gebe es
eine demokratische und fortschrittliche Bewegung unter den Studenten und
welche Verantwortung sie habe. Er trat nicht als Bündnispartner, sondern
als Teil der Bewegung auf. Der Ton seiner Rede war: auf euch kommt es an,
werdet unruhig, greift Partei, denn wenn ihr es nicht macht, passiert gar
nichts!

Er wurde mit Ovationen überschüttet. Sebastian lernte ihn so kennen und
begriff, daß es einer war, auf den man sich immer verlassen konnte. Es war
derselbe Abendroth, der 1920 als Schüler Mitglied des Kommunistischen
Jugendverbands wurde, als Student in die Rote Holfe Hessen eintrat, zur
KPD ging, zur KPD-Opposition überwechselte, in der Gruppe *Neu Beginnen*
arbeitete, als Illegaler im Dritten Reich von der Gestapo verhaftet wurde, ins
Zuchthaus Luckau kam, als Politischer im Strafbataillon 999 kämpfte, in
Griechenland Kontakte mit den Widerstandskämpfern aufnahm und der
schließlich durch den Unvereinbarkeitsbeschluß von SPD und der Förderer-
gesellschaft des SDS aus der sozialdemokratischen Partei flog. Was für ein
Verein, der solche Kämpfer unter seinen Mitgliedern ausstößt! Eine Partei
der Unterwerfung unter ein ihr frühes verhaßtes System, ein Rudel von
Hunden, die den Wolf unter sich ausschließen, weil sie ihre Gattungsge-
schichte in ihm erkennen.

Bei Abendroth lernte Sebastian in Seminaren über die Geschichte der

Arbeiterbewegung. Zuerst traute er sich noch nicht zu ihm selbst, ging statt dessen zu seinen Assistenten, unter ihnen auch ausgezeichnete Kenner der Arbeiterbewegung. Einer von ihnen, Griepenburg, wußte auch um alle Fälschungen und Legendenbildungen, und das gab Stoff zum Zynismus. Bei Abendroth selbst hörte er Seminare – sie galten bei den Studenten als «*Vorlesungen mit Stichworten aus dem Auditorium*» – über das Verhältnis von Reform und Revolution.

Dadurch bekam Sebastian in der Auseinandersetzung über diese Frage im SDS Boden unter die Füße.

1969 zerfiel der SDS bundesweit.

Sebastian kam zu der Einsicht, daß der «*Antikommunismus*» des Verbands daran Schuld trage. Er meinte, man müsse eine neue nationale Studentenorganisation gründen, die sich vom SDS dadurch unterscheidet, daß sie nicht antikommunistisch ist, gleichzeitig aber das Vordringen der DKP an den Universitäten verhindert.

Junge Menschen an der Hochschule, die voller Zweifel über Spartakus Assoziation marxistischer Studenten waren, setzten sich mit dem Ziel zusammen, ihr eigenes Selbstverständnis gegenüber der Hochschulorganisation der DKP, zu formulieren. An der Arbeitsgemeinschaft nahmen auch Mitglieder des Spartakus teil und griffen in die Diskussion ein, «*bis der Punkt kam, daß im* Spartakus *selbst ein Papier zirkulierte, in dem wir, unter dem Spottnamen ‹Kritischer Spartakus› sehr hart angegriffen wurden. Wir fühlten uns sehr ungerecht behandelt. Doch alles drängte auf eine Entscheidung, und die große Mehrheit hat sich entschlossen, in den Spartakus einzutreten, darunter auch ich.*»

Jugendliche, die ein Jahr zuvor noch Antiautoritäre waren, gingen in den Spartakus, rechneten rigoros mit ihrer Vergangenheit ab und sprachen Abendroth ab, Marxist zu sein. Diese Haltung schloß aus, daß Fragen diskutiert wurden, die für Sebastian wichtig waren. Er wurde zwar Mitglied der Gruppe, aber begab sich in die innere Emigration. Er ging auf die Mitgliederversammlung, um selektiv zu sehen, wo Fehler gemacht wurden. Diese Haltung stabilisierte seine negative Abgrenzung, denn es wurden Fehler gemacht. Im Hintergrund stand bei seinen Zweifeln das Problem der DDR, der sozialistischen Länder. Bei seinen Genossen traf er scholastische Argumentationen an, und er fürchtete, sie seien Kennzeichen der kommunistischen Weltbewegung. «*Ich hatte viele Fragen. Für mich war nicht alles gegessen. Was mich besonders gestört hat, war, daß meine Genossen, die mit mir aus dem SDS kamen, innerhalb sehr kurzer Zeit merkwürdige Wandlungsprozesse durchgemacht haben, sie waren alle sehr, sehr überzeugt.*» Als der Spartakus in Marburg stärker wurde, gab es das Klima der revolutionären Pose unter ihnen, den Beifall der Claqueure. Diese Haltung kam aus dem Willen, Schluß zu machen mit der Selbstzerfleischung der Linken, auch aus der Entwertungsangst neuerlich Überzeugter. Sebastian aber dachte, es muß unter den Kommunisten Disziplin und den Mut zum

Dissens geben.

Als die Leitung des Spartakus zur Auflösung der Basisgruppen aufrief, war dies ein Beschluß, dem er sich nicht unterwerfen wollte. In der Marburger Basisgruppe galten andere Bedingungen als anderswo. Es war eine zentralistische Entscheidung, die ohne Kenntnis der Marburger Verhältnisse gefällt wurde. Sebastian lehnte sich dagegen auf, und nach einigem Hin und Her wurde sie nicht durchgeführt. Später hörte er von einem SED-Mitglied in der DDR dazu die Bemerkung: «*Der zentralistischste Verein, den ich kenne, ist die Volksarmee. Ich kann mir aber nicht vorstellen, daß, wenn eine Kompanie auf einem Berg steht, eine andere am Flußufer, die einheitliche Parole ausgegeben wird: Alle Mann in die Schlauchboote!*»

Was Sebastian beim Spartakus anzog, war dessen Einschätzung der Gewerkschaften, seine Politik der Aktionseinheit, die Bündnispolitik, «*und letztlich auch, daß eine Studentenorganisation für sich, gemessen an den Zielen des Sozialismus, nichts erreichen kann, sondern im engen Zusammenhang mit den Kräften der Arbeiterbewegung stehen muß, die das auch wollen*». Das waren die Überlegungen, die ihn zum Eintritt in die Gruppe bestimmten. «*Was anderes wäre es damals gewesen, hätte es eine starke sozialistische Partei gegeben.*»

Das Jahr 1972 führt ihn nach Bremen. Doch als er zum erstenmal aus den Gassen zierlicher Häuser zur Campus-Universität kommt, durchfährt ihn ein Schrecken. Ein Haufen grauer und farbiger Blöcke, nirgends zärtliche Spuren der Benutzung. Innen eine weitläufige, durchgängige Architektur, die Sachlichkeit von Laufgängen, Großräumen, funktionale Hallen, in denen sich die Linien als rechte Winkel weitläufig schneiden. Es ist nicht die Wohnung, die Spuren der revolutionären Spontaneität trägt. Er läuft ziellos durch den Großraum, in dem einige Dutzend Räume mit schallschluckenden Wänden abgestellt sind, und die atemberaubende Stille beklemmt ihn. Als er die Treppe erreicht, ist es wie eine Befreiung für ihn, eine Trillerpfeife herauszuziehen und zu pfeifen, doch selbst der gellende Ton wird stumpf, wie wenn er an Gummiwände prallt. Es ist ein Stück Glück, als er im Parterre eine Normaluhr passiert, die stehengeblieben ist: halb zehn, denn er fühlt den Drang, die Uhren zu zerstören, nicht um die Zeit festzustellen, sondern als wenn man damit das Signal einer neuen Zeit geben könnte.

Professoren und Studenten duzen einander in den Seminaren, doch ist die Reformuniversität nicht so alt wie ihre Kultur und die Reformprofs die Modernisierung der Polizei? Unter den Jugendlichen an der Uni sieht Sebastian eine laue Zärtlichkeit, sie umarmen sich, wenn sie einander begegnen, doch ihr Umgang ist wie die Totenmaske der Zärtlichkeit, die Umarmungen oberflächlich, eingerichtet wie auf Abbruch.

Es dauert lange, bis Sebastian seiner selbst in dieser Universität inne wird. Er beginnt im Spartakus der Hochschule zu arbeiten und kandidiert für das Studentenparlament. Was ihm Kraft gibt, sind die kommunistischen Arbeiter in Bremerhaven, ruhige, alte, erfahrene, mutige Leute. Sie können

Geschichten von der Räterepublik Bremen erzählen, auch davon, wie die Spontaneität den Sieg erstickt hat.

1973 macht Sebastian Staatsexamen. Es war das Ergebnis eines langen und schmerzhaften Konflikts in seinem Inneren. *«Für den Abbau meines Hochmuts, der Akademikerverachtung von Lehrern, meiner hochfliegenden Illusionen – dafür habe ich eine Therapie gebraucht!»*

Er bewirbt sich für den 1. Februar 1974 für den Schuldienst, noch ohne Bitternis und Resignation. Eine Anhörung, in der ein tauber Mann zuhört. Ein Ablehnungsbescheid, der die wahren Gründe verschweigt. Ein Leben, das die Furcht vor Enteignung quält – welchen Besitz hat Sebastian außer seiner Ausbildung?

Als er drei Wochen nach dem Ablehnungsbescheid einen Aufnahmeantrag in die DKP stellt, sind es Wut und Entschiedenheit, die ihn dazu bewegen. *«Durch das Berufsverbot bin ich auf die Realitäten in der Bundesrepublik gestoßen worden, auf das, was hier ansteht an politischen Notwendigkeiten. Bedenken, die ich gegen die Partei hatte, noch habe, sind nicht geschwunden, aber ihr Stellenwert hat sich für mich verändert.»* Was ihn von diesem Schritt früher abgehalten hatte, war die Kaltherzigkeit und Starrköpfigkeit mancher kommunistischer Studenten in Marburg. In der hessischen Universitätsstadt sind Mitglieder der Partei zu einem überproportional großen Anteil Studenten. Das ist in Bremen anders. Bei den Genossen aus dem Betrieb trifft Sebastian andere Haltungen. *«Sehr viel offener. Wenn du mit Studenten in Marburg über die DDR gesprochen hast, nahmen sie immer gleich die Haltung an, dich zu agitieren. Das war bei den Arbeitern in Bremen anders. Natürlich sind das Menschen, die, schon älter, einiges an Erfahrung aus der Arbeiterbewegung mitbrachten.»* Es zeigt sich, daß der studentische Dogmatismus nicht auf einen unverarbeiteten Stalinismus zurückgeht. Die Jugendlichen hatten endlich einen sicheren Hafen mit einer ideologischen Homogenität gefunden und wollen dieses neu erworbene Terrain gegen jeden Angriff verteidigen. Es sind nicht ihre eigenen Erfahrungen, die sie zu diesem neuen Standpunkt bewogen haben, sondern ein literarischer Zugang zur Arbeiterklasse. Je unsicherer sie sind, desto starrköpfiger und kaltherziger treten sie auf. Mit Genossen, die ein Stück aus der Geschichte der Arbeiterbewegung mitgemacht haben, kann Sebastian über den westdeutschen Weg zum Aufbau des Sozialismus reden, darüber, daß die Diskussionen der PCI und der PCF im Parteiorgan der DKP «Unsere Zeit» (UZ) übergangen werden, über die *«Sozialismus-Propaganda»* der DKP, über Biermann. Er ist bereit, mit den negativen Erscheinungen in der DDR ins Gericht zu gehen, *«doch es kommt darauf an, sie durch die Beschreibung der historischen Entwicklung erklärbar zu machen»*.

In der Partei überführte sich Sebastian in den ersten Monaten der Haltung, im großen Kollektiv nicht zu schwimmen, sondern unterzutauchen. *«Das war so das Denken: die Partei als die große Familie, nicht die Haltung von bewußten, verantwortlich handelnden einzelnen, sondern: da geh ich rein und da bin ich gut aufgehoben.*» Er hatte die endgültige Ablehnung in den Händen, gibt sie seinen Genossen, mit der Bitte, etwas zu tun, und es passiert nichts. «*Da war ich sehr enttäuscht, auch verbittert. Wieso bin ich eigentlich in den Laden eingetreten, wenn die gar nichts für mich tun? Ich habe dann gemerkt, daß ich eine falsche Haltung hatte. Nämlich zu meinen, ich gebe den lieben Genossen das Dokument, und sie werden's schon machen.*» Er merkt, daß Mitgliedschaft in einem Kollektiv nicht die eigene verantwortliche politische Initiative ersetzt. «*Da habe ich selbst etwas gelernt, bin für mich unabhängiger geworden, in einem wohlverstandenen Sinne.*

Nachdem ich mein Berufsverbot hatte, wußte ich, was zu tun war: nicht den Schwanz einziehen, sondern öffentlich darstellen, was ich politisch gemacht habe. Ich fühlte mich wohl bei dieser Arbeit. In der Politik, da kannte ich mich aus, das waren immer Gelegenheiten, bei denen ich aufgeblüht bin.» Mit seinen Genossen bereitet er eine Solidaritätskampagne *Berufsverbot für Sebastian T.* vor, geht vor Gericht und klagt gegen die Entscheidung. Auf den Prozeß wartet er noch 1976. «*Zumindest das Referendariat werden sie mich machen lassen müssen. Und wenn man dort gut gearbeitet hat, auch in der Gewerkschaft verankert ist, wird es erheblich schwerer, einen rauszuschmeißen. Ich bin da nicht so pessimistisch.*»

Es sind atemlose Tage. Auch die Nächte – zerfurcht von Schlaflosigkeit, Kopfschmerzen, Fieber. Das geht so lange, bis Sebastian sich eingesteht, daß er sich etwas vorlügt. Was er rational verarbeitet hat, ist emotional noch lange nicht verdaut – Berufsverbot, Existenzangst Enteigneter. «*Da stand ich nun da, was macht man mit einem Staatsexamen in Germanistik und Politik, das Arbeitsamt sagt dir, das ist so gut wie nicht vermittelbar. Das zog mir erheblich in die Knochen.*» Es braucht Zeit, bis er sich seine Situation eingesteht. Das macht ihn klüger, klarer, stärker. Das Berufsverbot erscheint ihm nicht mehr als sozialer Absturz. Es war schon immer das Schicksal kommunistischer Proleten, die auf den schwarzen Listen standen, so verschlagen in alle möglichen Berufe der Gesellschaft, die sie bekämpften. Ludwig Turek, 1898 geboren, wird Hausdiener, als er nicht mehr Kleinknecht sein kann, Buchdrucker, als er nicht mehr Hausdiener sein kann, Bergmann, Stahlwerker, Bierfahrer, Handelsreisender, «OB IM STAHLHOCHBAU ODER BEI ERDARBEITEN, ALS BAUARBEITER MIT ZWEIUNDDREISSIG MAUERSTEINEN AUF DEM BRETT ÜBER VIER LEITERN HOCH – IMMER STAND ICH IM ERBITTERTEN KAMPF GEGEN DEN TODFEIND DER ARBEITERKLASSE, DEN DREIMAL VERDAMMTEN AUSBEUTER UND SEINE HANDLANGER: JURISTEN, POLIZISTEN, MILITARISTEN.»

«*Ich bin dabei, es ist ein Prozeß zu begreifen, daß ich flexibel bleiben muß. Lernen muß, die Vorstellung aufzugeben: jetzt hat man seine Ausbildung abgeschlossen und einen Beruf fürs Leben. Ich muß mich darauf einrichten, wie es den Kollegen im Betrieb ja auch geht, daß man eben mal zwei Jahre da einen Job hat und die nächsten zwei Jahre woanders. Ich mache das nicht mit*

einem unglücklichen Bewußtsein, weil man so in alle Ritzen der Gesell-
schaft eindringt, man macht die unterschiedlichsten sozialen Erfahrungen.»
Es ist der Staat, der ihm den Kampf aufzwingt. Sebastian wird ihn führen.
Seine politische Haltung ist stabiler geworden. Er weiß: diese Gesellschaft ist
todkrank – aber sie kann noch töten. Sie muß geändert werden, denn ohne
Umwälzung zerstört sie alles, auch sich selbst.

9. Kapitel

Das schnellste Roß, das zur Vollendung trägt, ist Leiden

Als Lothar G. in den sechziger Jahren anfing, in Köln zu studieren, überkam ihn eine grenzenlose Verzweiflung an der Universität. Die Metaphern von Trakl, Kafkas Parabeln, das Gedicht bei Goethe – alles erschien ihm wie eine Welt gespenstischer, traumhafter Fiktionen. Die Universität, Alma mater, die mit ihren schlaffen, verwelkten Brüsten schon lange nicht mehr nährte, erschien ihm als die totale Leere, die Professoren als uferloses, bedeutungsloses Nichts. Später stellte es sich heraus, daß es die Leere der Gesellschaft war. Die Leere, die ihn angähnte, war die Leere des Systems.

Lothar war ein Fremder in den Hörsälen und Universitätshallen. Er robbte sich durch sein Studium, nicht wissend wofür. Er wollte sich wehren und wußte nicht wie. Als er ein Referat über Rilkes Duineser Elegien halten sollte, erschien er statt dessen mit einer Arbeit über die Beatles, nannte die frühen Songs «orphisch» und erlebte entzückt, wie der Professor mit sich überschlagender Stimme über den Skandal eiferte. Den Ton dieser Studenten hatte am 26. November 1966 in Berlin ein Flugblatt angegeben: das «Fachidioten-Flugblatt», das viel Muff unter den Talaren aufgewirbelt hatte.

«Die Misere an der Universität ist die Misere derer, die an ihr studieren müssen. Unerträglich sind die Zustände an der Freien Universität für uns Studenten.

Wir müssen uns herumschlagen mit schlechten Arbeitsbedingungen, stumpfsinnigen Seminaren und absurde Prüfungsbestimmungen. Wenn wir uns weigern, uns von professoralen Fachidioten zu Fachidioten ausbilden zu lassen, bezahlen wir mit dem Risiko, das Studium ohne Abschluß beenden zu müssen.

Administration und Senat erklären die Universität zur Misere der einzelnen Studenten, nicht um sie zu lösen, sondern um sie los zu sein.

. . .

An unserer Lage wird sich nichts ändern, solange nicht diejenigen sich selbst organisieren

> die es wirklich betrifft,
> die ausscheiden oder ausgeschieden werden,
> die diese Freie Universität nicht mehr aushalten,
> die sich nicht mehr mit ihr arrangieren wollen,
> die sich bewußt verweigern.»

Es gab Professoren in Berlin, die töricht genug waren, über das Flugblatt beleidigt zu sein. Sie stellten im Januar 1967 eine Strafanzeige gegen Unbekannt wegen Beleidigung. Die Berliner Kriminalpolizei hatte nichts Eiligeres zu tun, als in den Geschäftsräumen des SDS auf dem Kurfürstendamm 140 im zweiten Stock nach dem Verfasser zu suchen. Dabei ließ sie die Mitgliederkartei des SDS mitgehen.

Lothar ging in den Kölner SDS, weil er dort einen Ort sah, in dem er mit seiner Verzweiflung aufgenommen wird. *«Ich war ein gescheiterter Student.»* Im SDS konnten ihm die Genossen zwar auch nicht erklären, woher seine Verzweiflung, woher der Unmut, woher das Versagen kam. Aber im SDS brauchte er seine Verzweiflung nicht verstecken wie einen Makel. Er konnte darüber reden – das war ein Gefühl der Befreiung für ihn. Fast alles, was fest und sicher schien, war an der Universität für Lothar ins Schwanken geraten. Als er den Schock dieser Leere erlebte, erfuhr er im SDS das wohlige Gefühl, nicht allein zu sein. Mit anderen Verzweifelten trieb er in die Bewegung hinein und sah sich plötzlich als Handelnder, Teil von anderen Rebellierenden, ohne den Makel seines Scheiterns. Von Marcuse, Adorno, Horkheimer wußte er nichts, aber er war mit seiner Wut nicht mehr allein.

Der 2. Juni 1967, der Tod Benno Ohnesorgs in Berlin, lag schon ein Jahr zurück. *«Der 2. Juni hat so viel Aufruhr unter den Studenten erzeugt, weil der Tote ein Student war, einer von uns.»* Am Sonntag, dem 3. Juni, hielt Professor Scheuch auf der Kundgebung am Neumarkt eine Rede, sagte, *«die Studenten sind die neuen Juden, bleiben Sie kritisch und wachsam!»* Derselbe Erwin K. Scheuch, der seine Zuhörer zur Rebellion ermutigte, fand später seinen Ort in dem konservativen Bund Freiheit der Wissenschaft. Zuvor hatte er mit den Revoltierenden aus der Nachgeschichte des 2. Juni abgerechnet, in ‹Die Wiedertäufer der Wohlstandsgesellschaft›. In dem Buch erinnerte er maulend an die angebliche *«böse historische Kontinuität der Vergewaltigung des Mitmenschen aus Gesinnung»*.

Der SDS in Köln war nicht der Haufen Langhaariger mit verwaschenen, rissigen Jeans, stoppligen Bärten, mit dem Joint in der einen und dem roten Buch von Mao Tse-tung in der anderen Hand, wie ihn Lothar aus den Illustrierten und Fernsehsendungen kannte. Es waren junge Leute, die etwas auf Frisur mit Scheitel, Bügelfalte und Lederjacke hielten. Ernste Menschen, mit Stirnfalten zitierten sie Lenin, und ihre Stimme erhielt ein eigenartiges Timbre, wenn sie von der Arbeiterklasse sprachen. Die Genossen aus Frankfurt und Berlin nannten die Kölner mit einem süffisanten Lächeln *«Traditionalisten»*. Unter ihnen fühlte sich Lothar wieder wie ein Fremder. Mit den Aktionen gegen die Notstandsgesetze öffnete sich die Gruppe in Köln jedoch für den Zustrom anderer Linker, Studenten, die mit ihrem Leben und ihrem Studium nicht in eins waren. Von da an verloren die Traditionalisten die Vorherrschaft in Köln, es gab zwei Fraktionen, Antiautoritäre und Traditionalisten. Wie die KPD, der Schoß, aus dem die Traditionalisten kamen, glaubten sie, daß die Haltung zur Sowjetunion der Prüfstein für jeden

Kommunisten ist. Traditionalistische Delegierte des SDS traten auf den IX. Jugendfestspielen in Sofia gegen andere SDS-Mitglieder auf und ließen die Fäuste gegen die Antiautoritären vor der US-Botschaft fliegen. Sie wurden daraufhin vom Bundesvorstand ihrer Mitgliedschaft suspendiert, was der SDS nur einmal zuvor gewagt hatte, gegen die Kommune I. Die Fraktion der Traditionalisten in Köln dachte: Jetzt erst recht! und wählte den suspendierten Peter B. zum Delegierten zur 23. Delegiertenkonferenz des SDS. Die Auseinandersetzungen waren bereits ein Wetterleuchten der Sektenkämpfe unter den Linken, die zwei Jahre später, 1970, kamen. – Am 12. April 1969, als sich die Spaltungen im SDS schon unübersehbar ankündigten, schrieb die Organisation eine freche, pfiffige «Grußadresse an den 1. Parteitag der Deutschen Kommunistischen Partei»:

«Liebe Genossinnen und Genossen!

Die gegenwärtig in Frankfurt tagende Arbeitskonferenz des SDS begrüßt den ersten Parteitag der neugegründeten Deutschen Kommunistischen Partei. Wir geben unserer Freude über die Gründung eurer Partei Ausdruck, als damit der jahrzehntelange Kampf der proletarischen Vorhut der Massen, der KPD, durch machtvolle Verhandlungskämpfe mit dem staatsmonopolistischen Apparat der Bundesrepublik zu einem heroischen Ende geführt und so eurer Kommunismus in der Bundesrepublik endlich zu staatlicher Konzession gebracht wurde.

. . .

In diesem Sinne wünschen wir eurem Parteitag und eurem Kampf um das westdeutsche Parlament vollen Erfolg.

Mit Kampfesgrüßen!

Sozialistischer Deutscher Studentenbund»

1968 war noch das Jahr des Aufbruchs. Die Risse im Kölner SDS waren zwar schon zu sehen, doch noch nicht der Bruch. Lothar galt mit einem anderen Genossen als Anführer der Anarchos, der Aktionisten. Es begann mit der Besetzung des Rektorats. Die Universität war frei von Polizei, doch die Türen abgesperrt. Da marschierte Lothar mit seinen Stiefeln durch die Glastür. Fünfzig Studenten folgten ihm, alle Erstsemester. Die Universität kannten sie aus dem Fernsehen. Die SDS-Spitze zögerte nicht, die Aktion «anarchistisch, kleinbürgerlich» zu nennen. Doch zu aller Überraschung stellte sich die Mehrheit der Studenten hinter die Aktion. In einer Vollversammlung stimmten neunhundert Studenten für die Besetzung des Rektorats, siebenhundert dagegen.

Die Führer im SDS hielten Diskurse über «die Gewalt an sich», über Gewalt gegen Personen, Gewalt gegen Sachen, über begrenzte Regelverletzung, über Provokation und direkte Aktion. Die Aktionen der Antiautoritäten kritisierten sie meist, doch über die Gewalt hatten sie prinzipienfeste Anschauungen. Als die Zeit kam, da die Studentenbewegung zerrann, hielten sie Seminare über die Gewalt, und die Studenten lauschten ihnen gequält.

Lothar und sein Freund Rainer spotteten über diese Reden. Sie waren die

Aktivisten der Propaganda der Tat. Weil sie handelten, sammelten sich die wenigen Arbeiter um sie, die in den SDS gefunden hatten. Mit ihnen schlichen sie nachts zur Zeit der Notstandsdebatten verkleidet um die Uni und spritzten einen Metallkleber in die Sicherheitsschlösser. Am nächsten Tag war die Universität rundherum geschlossen, an jeder Tür mühten sich Installateure, die an den Schlüssern sägten, um sie herauszubrechen. Unterdes errichteten Studenten, Lothar unter ihnen, vor dem Haupteingang eine Barrikade, tausend Studenten ratlos davor, fünfzehn darauf. Niemand außer dem rechtsradikalen Professor Rubin kämpfte gegen die Verteidiger der Barrikade. Rubin war eilig in die Stadt gelaufen, um Farbbeutel zu kaufen, die er gegen die Barrikadenbauer warf, freilich ohne einen von ihnen zu treffen. Später warf er ungelöschten Kalk aus den Unifenstern. Dann kamen die rechten Studenten und fingen an zu prügeln, und die Linken riefen: «*Schläger! Schläger!*» Das brachte die Masse der Studenten auf, und viele stellten sich drohend gegen die Angreifer. Sie zogen sich zurück und bestellten die Müllabfuhr. Sie sollte die Barrikade wegfahren, doch ein Müllmann sagte schon am Telefon empört: «*Bist du verrückt, wir räumen doch nicht für euch den Dreck weg und kriegen eure Prügel!*» Abends um acht war Lothar totmüde von den Anstrengungen des Tages, er konnte wie betrunken kaum noch aufrecht auf den Beinen stehen. Er ging torkelnd ins SDS-Zentrum, setzte sich auf einen Stuhl und schlief ein. Ein paar Stunden später wachte er wieder auf und fand sich von SDS- und SHB-Leuten umgeben, die inzwischen die Barrikade weggeräumt hatten. Der SDS/AStA-Vorsitzende hatte es sich nicht nehmen lassen, mit einem Besen auch noch den Schmutz wegzukehren.

Inzwischen hatten Studenten der Kölner Studenten Union (KSU) Steckbriefe gedruckt. Mit Text und Bildern wandten sie sich an die *Kölnische Rundschau*, die ihnen kostenlos druckte. Am nächsten Tag waren in der Universität überall Plakate ausgehängt mit Fotos von Lothar und seinem Freund Rainer. Überschrift: «*Stoppt den Terror des SDS!*»

Lothar hatte unterdes Wohnung in einer Wohngemeinschaft im Salierring bezogen, mit SDS-Studenten aus der antiautoritären Fraktion, dem Arbeiter Rudi Jäger, dem Dreher Ossi, der sich als Deserteur versteckt hielt, und zwei Arbeiterstudenten aus Bremen. Sie waren Brüder und konnten sich beide schwer ausdrücken; die Sprache machte ihnen Schwierigkeiten – aber prügeln konnten sie, Rücken an Rücken! Eine Treppe drüber wohnte Chris. Er machte immer größere Molotow-Cocktails, die ganze Wohnung stank nach Benzin und Öl. Er besaß ein Waffenhandbuch, in dem Maschinengewehre und Panzer abgebildet waren. Er sagte: «*Diesen Panzer, diese Marke, können wir in Karlsruhe kaufen, damit können wir durch die Wände in die Aula fahren!*» Maschinengewehre, Granaten, Panzer und Molotow-Cocktails waren sein einziges Thema. Wenn ihm jemand seine Erzählungen nicht glaubte, blickte er in aller Verachtung kurz auf, erhob sich, verließ die Wohnung, ging an die nächste Tankstelle und kaufte Benzin und Öl. Damit kehrte er in die Wohnung zurück, holte sich riesige Flaschen, Bodenvasen, füllte sie mit dem Gemisch und machte sie mit Korken und Putzlappen zu. Dann stellte er sie behutsam in die Besenkammer.

Am 1. November 1969 erschien die erste Zeitung der Antiautoritären in Köln, *Ana & Bela*, ein «Kölnisches Volksblatt» über alles, was das Leben der Radikalen in der Stadt ausmachte und in einer Sprache, die die Grenzen des guten Geschmacks guter Zeitung lesender Bürger überschritt: «*Die ausbeutung der frau als gebär- & brutmaschine ist naturbedingt*» («*wenn sie vormittags nicht mit ihrem jüngsten im sandkasten sitzen müßte, wenn sie am nachmittag mehr tun könnte als für* HÄSCHEN HÖSCHEN *häkeln, wenn sie abends über mehr reden könnte als über die neuen gardinen der nachbarn und die steigenden kartoffelpreise, wenn sie auf mehr stolz sein könnte als auf ihre kinder, den erfolgreichen mann & ihr loch, ihre alte* DRECKSCHEISS-SABBERFOTZE, *dann wäre sie ein herrlich emanzipiertes wesen, wie das grundgesetz es vorschreibt*»), ein Interview mit der Gruppe «Steppenwolf», ein Bericht, wie ein SDS-Genosse, der Elektromechaniker Rudolf Jäger, 29, kurz vor seiner Wohnung von vier Männern überfallen wird, die ihm sein Notizbuch abnehmen, und ein Freudenschrei über «*die erste von Lehrlingen organisierte Aktion gegen Unternehmer*». Und auf Seite 4 der liebliche, wirre Krämermarkt linker Kleinanzeigen: «*Student, London, sucht kleinbrüstige Brieffreundin*», «*SDAJ (Sozialistische Deutsche Arbeiterjugend) sucht neues Zentrum. Möglichst Ladenlokal oder Ähnliches*», «*Antiquitätenhändler kauft guterhaltene Stalinbüste*», «*Suche großes Weibchen für meinen einsamen ‹Roten Chichliden›, Telefon 242925.*» Mit Beginn der Arbeit an *Ana & Bela* hatten sich Rainer und Lothar geschworen, nicht über die Mißstände zu berichten, sondern an ihrer Veränderung zu arbeiten. Mit Nummer 2 eröffneten sie eine Kampagne gegen das Jugendfürsorgeheim «Don Bosco» und dessen skandalöse Zustände. Einmal gelang es ihnen, eine Schülerdemonstration zum Don Bosco-Heim umzuleiten. Die Polizei kam nicht mehr nach, als alle vor dem Heim standen, Lothar eine Kundgebung vorbereitete, machten die Zöglinge hinter den Fenstern Bambule. Später wurde das Heim geschlossen.

Lothar und Rainer hatten inzwischen vierzehn Prozesse zu erwarten, wegen «*Rädelsführerschaft*», «*schweren Landfriedensbruch*», «*gemeinschaftlicher Haftung*» und anderes. Sie rechneten mit mehreren Jahren Haftstrafe und hatten einen Fluchtweg über die grüne Grenze nach Frankreich ausgetüftelt. Groenewold und Degenhard waren ihre Verteidiger. Alle anderen politischen Prozesse in Köln waren bereits abgesagt, weil die Gerichte die Amnestie erwarteten. Schließlich wurde überraschend vor dem ersten Prozeßtag auch der Prozeß gegen Lothar und Rainer verschoben.

Damals sollten die Bürgerkinder mit dem Staat, den sie bekämpften, ihren Frieden machen. Anders die Arbeiter. Rudolf Jäger wurde wegen Rädelsführerschaft in U-Haft genommen. Dort saß er drei Monate, hatte keinen Kontakt mit seinem Anwalt, jeder Brief nach draußen wurde abgefangen.

Einmal schnitt er sich die Pulsadern auf, ein andermal trat er in den Hungerstreik und mußte künstlich ernährt werden. Amtsgerichtsrat Bubenberger mit einer dunklen Vergangenheit aus dem Dritten Reich und seinem Sohn im SDS saß über Rudolf Jäger zu Gericht, unehelicher Sohn einer Österreicherin und eines SS-Offiziers aus der Division «Der Führer», seine Mutter nimmt sich neun Monate nach der Geburt das Leben, Selbstmordversuche, Gefängnisstrafen, Lehrlingsheim, Nervenfürsorge, Mitglied des SDS, danach von Zivilen krankenhausreif geschlagen.

Nach diesem Schock suchten Lothar und Rainer für fünf ausgebrochene Heimzöglinge eine Wohnung und teilten der städtischen Verwaltung mit: «*Die erste Wohngemeinschaft der Sozialpädagogischen Sondermaßnahmen ist eingerichtet!*» Zu jener Zeit erschien ‹Street fighting man› von den Rolling Stones. Die früheren Heimzöglinge machten daraus «*Street fighting Kollektiv*» und schrieben es an die Tür ihrer Wohnung in der Friedrich-Karl-Straße. Darauf begann der Landschaftsverband Köln Untersuchungen über den kriminellen politischen Untergrund der Gegend.

Zur gleichen Zeit versuchten Sozialarbeiter, von der Sozialverwaltung ein SSK-Haus zu erbetteln, ein Haus der «*Selbstgestellung*» – darin sollten sich die entflohenen Heimzöglinge selber stellen. Daraus wurde nichts; die Stadt ging nicht auf den Vorschlag ein. Inzwischen hatte sich in Köln herumgesprochen, daß man in Wohngemeinschaften schlafen konnte. Auch bei Lothar im Salierring saßen welche, die aus dem Heim abgehauen waren.

Jetzt beginnt eine schwindelerregende Abfahrt des SSK über Abgründe und Höhen: die *Ana & Bela*-Gruppe wird eine Agentur für Penn- und Eßstellen, «*wir machten uns zum Anwalt der Jugendlichen und schlugen für sie einen Platz im Gestrüpp des öffentlichen Bewußtseins*», nach einer Massenflucht von Fürsorgezöglingen wird ein Verfahren gegen den SSK wegen Kindesentführung eingeleitet, Hausbesetzungen, Verbot des SSK durch einen Erlaß des Ministers für Arbeit, Gesundheit und Soziales, aber das SSK lebt weiter, immer mehr Heimzöglinge kommen, Intellektuelle wollen mitarbeiten, der Arbeiter soll wieder der Geherda sein für einen politischen Plan, ein Kontaktzentrum wird im Sommer 1972 genehmigt, Geld von der Jugendhilfe, Entzug des Geldes, Kampagne der *Kölnischen Rundschau* gegen das SSK, Sperrung aller Mittel am 11. Februar 1974, Schließung der Häuser des SSK, das Unternehmen «Wir packen an» im SSK entwickelt sich zu einer Trödler- und Entrümpelungsfirma, ein Baukollektiv und eine Reparaturwerkstatt für Elektrogeräte und Möbel schließen sich an, eine Nothilfe von Ärzten und Krankenschwestern, «Ambulanz im SSK», gründet sich, der Verein «Helft dem SSK» entsteht, Heinrich Böll schreibt einen Aufruf an die Bevölkerung. («*Der SSK erfüllt eine wichtige und notwendige Aufgabe, der die Behörden hilflos gegenüberstehen*»). Inzwischen ist das SSK ein Teil der Stadt Köln geworden.

Frühjahr 1974:
Ein gelber Lastwagen mit der Aufschrift «*SSK – wir packen an!*» fährt vor

einem Haus vor, schiebt sich in eine Parklücke. Vier Jugendliche springen herunter, zwei steigen aus der Fahrerkabine. Nacheinander gehen sie in ein Haus am Salierring, nehmen die Stufen der ausgetretenen Steintreppen mit ein paar Sprüngen und stoßen die Tür zum Versammlungsraum auf. Sie sind nicht die ersten. Durch den Nebel von Zigarettenrauch kann man über zwanzig Leute im Raum erkennen, Jugendliche die meisten, Jungen und Mädchen. Ein Achtzehnjähriger in einem mattglänzenden Satinhemd, enganliegenden schwarzen Hosen und zurückgekämmtem dunklem Haar, der sich auf die Tischplatte stützt, neben ihm ein Hühne mit breiten Schultern, aus den hochgekrempelten Armen ragen kräftige, tätowierte Arme, die Augen flink, als sollte ihnen nichts entgehen, im Sessel sitzt ein Paar und knutscht, ein Mädchen läuft mit einer Tasse um den Tisch und ruft nach Kaffee. Auf dem Tisch liegen Groschenhefte, ‹Erst jetzt beginnt das Leben› und ‹Mörder zu mieten gesucht›, 80 Pfennige das Stück.

Unter Gesprächsfetzen, Gelächter und Spottworten beginnt die Diskussion – Arbeitsversammlung des SSK. Thema der Sitzung: Umbenennung des SSK in «Sozialistische Selbsthilfe Köln». Vor wenigen Tagen war jedoch in einer Arbeitsversammlung der Beschluß gefaßt worden, keine Fremdworte mehr zu benutzen. Die Arbeiter im SSK sagten: «Fremdworte sind eine Geheimsprache, die wir nicht verstehen. Damit verständigen sich die Bürger über uns, in den Amtsstuben, vor Gerichten, im Krankenhaus, in der Schule, auf der Verwaltung.»

«Sozialismus» aber ist ein Wort, das nicht übersetzt werden kann. Es sucht eine Erklärung. «In unserem Land», hebt einer an, «heißt es: es gibt unter den Menschen von Natur aus Unterschiede, Gute und Schlechte, Kluge und Dumme, Faule und Fleißige, Reiche und Arme. Die reichen Unternehmer sind die Fleißigen, die gebildeten Professoren die Klugen, die mächtigen Politiker die Guten. Die Guten sind klug, fleißig und reich, die Schlechten dumm, faul und arm. Man sagt, daß jeder, der sehr fleißig ist, auch reich werden kann.»

«Ich habe drei Jahre lang wie ein Tier gearbeitet, vierzehn Stunden am Tag, und ich bin nicht reich geworden – nur der Unternehmer!»

Andere sagen: «Wir haben die Stadt schon fertiggemacht, wir haben uns ein Haus genommen, es besetzt, als wir es brauchten, da waren die doch dümmer als wir!»

Es stellt sich heraus, daß die Professoren nicht die Klugen sind, sondern oft nur dummdreist, die Reichen nicht die Fleißigen, sondern sie fliegen mit ihren Jet-Maschinen zum Mittelmeer oder ins Tessin, und jeder weiß, daß unter den Politikern die größten Verbrecher zu finden sind, von Hitler bis Nixon. «Im SSK ist's anders. Uns geht es nicht darum, wer gebildet ist. Der bekommt keinen Pfennig mehr oder hat darum mehr zu sagen als andere. Gemessen wird jeder nur daran, ob er seine Arbeit macht. Auf 'm Lastwagen nützt dir dein Wissen nichts. Wenn du den Kohlensack nicht trägst, bist du 'ne Nuß.»

Macht unsre Bücher billiger! ...

. . . forderte Tucholsky einst, 1932, in einem «Avis an meinen Verleger».
Die Forderung ist inzwischen eingelöst.

Man spart viel Geld beim Kauf von Taschenbüchern. Und wird das Eingesparte gut gespart, dann zahlt die Bank oder Sparkasse den weiteren Bucherwerb: Für die Jahreszinsen eines einzigen 100-Mark-Pfandbriefs kann man sich zwei Taschenbücher kaufen.

Pfandbrief und Kommunalobligation

Meistgekaufte deutsche Wertpapiere - hoher Zinsertrag - schon ab 100 DM bei allen Banken und Sparkassen

Verbriefte Sicherheit

«*Draußen sind wir die Schlechten, hier im SSK nicht mehr. Das muß an unserer Gemeinschaft liegen. Ich glaube, es stimmt nicht, daß es von Natur aus Unterschiede gibt und daß es gerecht ist, daß manche oben und viele unten sind. Von Geburt sind alle gleich, es gibt keine besseren.*»

«*Hier sind wir anders als draußen. Nicht weil wir andere Menschen sind, sondern weil wir in einer anderen Ordnung leben, die wir sozialistisch nennen. Aber draußen ist es so, hier drinnen anders. Wie kann man das ändern?*»

«*Wir müssen die Reichen verjagen!*»

«*Und dann?*»

«*Dann müssen eben die regieren, die jetzt arm sind.*»

«*Nein, dann wird es genauso wie vorher. Auch wenn Lothar oder Rainer in die Regierung kommen, geht es genauso! Oder früher, in der Studentenbewegung, wenn Rudi Dutschke Bundeskanzler geworden wäre, was hätte sich dann für uns geändert . . .? Dann hätte sich bloß ein Clan in dem Stamm durchgesetzt, zu dem wir nicht gehören.*»

Schließlich sagt ein junger Arbeiter, wütend und auftrumpfend: «*Jeder, der dort oben hinkommt, wird ein Schwein. Der ganze Staat muß verschwinden. Es muß eine neue Ordnung eingeführt werden, wo jeder mitentscheiden kann, wie bei uns.*»

Die Diskussion wird eine ganze Stunde lang geführt, mit der Leidenschaft und Wißbegier Betroffener. Es redeten viele, niemand führte das große Wort. Und doch sind zwei Intellektuelle unter den Diskutierenden, Lothar G. und Rainer K., Mitglieder des SSK wie die anderen. Sie sind an keinem Punkt im SSK formal privilegiert. Keine Arbeit wird höher bewertet als eine andere, niemand darf sich auf eine Tätigkeit zurückziehen, niemand sich vor Handarbeit drücken. Robinson schanzt, aber Freitag kommandiert nicht. Die Arbeitsversammlung entscheidet über alles, zum Beispiel darüber, an wem es ist, beim Auftragsdienst, Telefondienst, Lkw-Dienst oder Möbellager zu arbeiten. In der Zusammenarbeit der Menschen verschiedener sozialer Gruppen haben Worte wie «*Zögling*» und «*Betreuer*» nicht überlebt. Auch «*Arbeiter*» und «*Bürger*» ist untauglich geworden zum Begreifen. «*Es geht darum, ob man im SSK für sich eine Umwelt schaffen kann, die einen zwingt, das eigene Bürgertum in dauernde Auseinandersetzung mit den Arbeitern zu bringen. Wenn meine eigene Existenz mit einem fünfzigjährigen Arbeiter zusammenkommt, der in seinem Leben zusammengeschlagen wurde, bekommt das Ganze eine historische Wahrheit und eine explosive Durchschlagskraft. Zwischen diesen Begegnungen ist ein zähes Ringen, um diese einander entgegenstehenden Kräfte in gemeinsame Bewegung zu bringen, immer wieder, andauernd. Das ist es, was für uns im SSK die tägliche Arbeit ist.*» Es ist ein Konflikt, der tief ins SSK eingedrungen ist und auch bleiben wird. Es gab eine Phase, in der sich Intellektuelle ganz aufgegeben hatten, sich nur auf Handarbeit zurückzogen. Sie haben ärmer gelebt, härter gearbeitet und weniger Geld gehabt als die anderen. Sie wollten im

Proletariat untertauchen. Das ist der Verrat, den sie geübt haben: Umwälzung durch «*Mittun*». Unter den Arbeitern hat ihnen das niemand anerkannt. Den Fürsten unter dem Bettlergewand haben sie immer gesehen. In den Momenten, wenn jemand von einer Tageszeitung oder vom Fernsehen kam, stießen die Arbeiter des SSK an die Grenzen der Gleichheit, und sie erfuhren eine verschworene Solidarität der Klassen zwischen dem Reporter und dem intellektuellen SSK-Mitglied. Die Intellektuellen, die im Proletariat untertauchen wollten, sind nie als Materialisten dort angelangt, sondern immer als verkrachte Idealisten. – Auch wenn sich die Auflösung der bürgerlichen Gesellschaft innerlich in einem Zerfallsprozeß produziert, hat doch der Bürger EINE KRAFT AUS SICH SELBST HERAUS. Für die Entwicklung dieser Kraft hat er viele Jahrhunderte gebraucht und hat sie, im besten Fall, auch seinem Klassengegner mitgeteilt. «*Doch das sind bürgerliche Kategorien. Was die proletarischen Kategorien sind, wissen wir noch nicht. Was verstanden werden will, muß sich diesen bürgerlichen Kategorien beugen.*»

Neben den Linken, die im Proletariat untertauchen wollen, gibt es die Versorgungsrevolutionäre, Architekten, Professoren, Lehrer, alle auf dem langen Marsch durch die Institutionen – eine Revolution mit Netz und doppeltem Boden. Der Glanz, in dem der lange Marsch leuchtet, zehrt nur von der Entmutigung, die es beim Aufbau von Gegen-Institutionen gegeben hatte. Er verlangt mehr Geduld, Entbehrung, Ausdauer und Mut, als die Linken erwartet hatten. So gehen sie resigniert an die Schule, stopfen morgens ihren Schülern jedes Loch im Kopf, bis sie beginnen, in anderen Köpfen als ihren eigenen zu denken. Nachmittags gehen die Lehrer ermüdet nach Hause, setzen sich in einen Sessel und lesen, bei einer Zigarette und einem Glas Tee, marxistische Staatsableitungen oder die Theorie des Massenarbeiters. Eine zerrissene Persönlichkeit. Wie er sein Unglück erträgt? Die Kraft, die er aufwendet, seine Zerrissenheit zu bewältigen, ist vertan. Später zitiert er Marx und Kropotkin und bezieht Stellung zu Problemen, doch alles im Himmel des Geistes. Der Kampf spielt sich zwischen Kapitalismus und Geist ab. «*Geistige Väter können nur geistige Kinder zeugen.*»

Wenn diese Linken über dreißig, verheiratet sind, Kinder haben, schließen sie Lebensversicherungen, Rentenversicherungen und Bausparverträge ab, in einer Gesellschaft, an deren Dauer sie nicht glauben, von deren Untergang sie überzeugt sind. Als Sozialisten glauben sie, im Kapitalismus in den unsichersten Verhältnissen zu leben, vertrauen sich aber gleichzeitig dem Allianz-Konzern, der Gerling-Gesellschaft an, als könnten diese über die Unsicherheit des Lebens in der kapitalistischen Gesellschaft hinweghelfen. Sie leben die Lüge. Der Sozialismus ist für sie ein Kapitalismus ohne seine Mängel. Doch wenn sich alles fortsetzt, ist es auch die Fortsetzung der Verhältnisse, und der Sozialismus wird nicht mehr als die Perspektive des Bruchs gedacht, ein anderes Leben, die große Produktion. «*Die Frage ist, ob man mehr Vertrauen in das Volk oder in den Kapitalismus hat.*»

Früher leisteten sie sich noch den Luxus, mit ihren Normen zu brechen.

Sie rauchten Haschisch, verwarfen die Sexualregeln, lebten in Wohngemeinschaften, besaßen verwaschene Jeans, trugen lange Haare. Sie, deren materielle Bedürfnisse gedeckt sind, leisteten sich, die Widersprüche des Landes am Rande des gesellschaftlichen Alltags zu erkennen, im Privatleben. *«Unter den heutigen Bedingungen kann man privat nur unglücklich sein. Die Frage ist jedoch, welche Rolle das private Unglück spielt. Sie wird von dorther bestimmt, welche Ziele man hat.»*

Im SSK ist jede Art des Lebensstils versammelt. Es gibt den Eigenbrötler, der abends bei verschlossener Tür allein mit seiner Katze im penibel aufgeräumten Zimmer sitzt, in anderen Zimmern die Wände mit Rockersymbolen, Pornozeichnungen und Parolen bemalt, woanders haben Kinder ein Tohuwabohu mit Zelten aus Gardinenstoffen und Kissen hergerichtet. Jede Lebensform wird im SSK verwirklicht, entscheidend ist allein, ob sie den Kern, die Arbeit des Kollektivs angreift oder nicht.

Zu der Zeit, als Rainer und Lothar von einer verrückten Liebe für die kleinsten Leute gepackt wurden, fern von den gesellschaftlichen Fettöpfen, studierten sie Jura und Germanistik. Der Traum vom Examen und der bürgerlichen Karriere war längst ausgeträumt. Das SSK sollte eine anerkannte Einrichtung für Jugendliche werden. Dafür verlangte der Sozialdezernent Körner einen ausgebildeten Sozialarbeiter im SSK. Sozialarbeiter konnten sich aber nicht halten. Am Schluß kam einer, der die Gruppe mit seinen Kenntnissen erpreßte. Da sagten Lothar und Rainer: *«Scheiße, wir fangen an zu lernen und hören auf, bessere Lernmethoden zu entwickeln»* und schrieben sich in der Fachhochschule für Sozialarbeit ein. Eh sie sich versahen, konnten sie sich zum Examen anmelden. Für die Examensarbeit setzten sie sich zusammen und wählten einen *«Fall»* aus der Jugendgerichtshilfe aus. Zuvor hatten sie sich eine Flasche Albrecht-Schnaps gekauft und fingen an zu schreiben. Es sollte eine empirische Arbeit werden, da sie die theoretische sozialpädagogische Literatur weder kannten noch lesen wollten. Lothar hatte einmal das Wort *«Interaktionsmodell»* aufgeschnappt. Nach dreizehn Gläsern Schnaps malten sie ein Bild mit Kreisen und Pfeilen und nannten es *«Interaktionsmodell des SSK»*. Am Ende der Arbeit warf jemand ein: *«O Gott, es ist ja eine empirische Arbeit, wir brauchen noch Zahlen!»* Unverdrossen entwarfen sie 286 Fälle, 43 Prozent evangelisch, 46 Prozent katholisch, 18 Prozent Sexualschwierigkeiten, 41 Prozent Elternkonflikte und anderes. Das war nicht schwer, das Ergebnis der Untersuchung hatten sie ja schon, sie brauchten nur noch die Zahlen. Mit dieser Arbeit wurden Lothar G. und Rainer K. examinierte Sozialarbeiter für das SSK.

Rasch begriffen sie später in der Arbeit: eine brauchbare Theorie der Sozialarbeit im Sinne der Betroffenen gibt es noch nicht. Im SSK wurde es notwendig, den Zusammenhang zwischen dem Elend und der Verwaltung des Elends aufzudecken.

In der Studentenbewegung hatte sich früh die Einsicht durchgesetzt: es gibt für wenige viel, für die meisten wenig, für viele nichts. Es waren

Gewissen und Erkenntnis, die die Wendung der linken Intellektuellen zu den Arbeitern, der «*Produzentenklasse*», brachte. Als sie sich an die Arbeiter wendeten, fühlten diese sich nicht gemeint. Auf die intellektuellen Agitatoren fiel immer der Verdacht: sie haben es nicht nötig, zur roten Fahne überzulaufen, ihre Lebensverhältnisse sind gesichert, nicht drückend, ihre Zukunft ist hoffnungsvoll, nicht ausweglos. Immer blieb das Mißtrauen gegenüber jenen, die den Arbeitern, zerschlagen von der Arbeit, nach der Schicht ihre Lage erklären wollten. Es gab bei den Arbeitern ein feines Gefühl für das Unaufrichtige, wenn sie von einem Jurastudenten Flugblätter entgegennahmen, der später Staatsanwalt wird, oder von einem Betriebswirtschaftler, der später Personalchef wird.

Die alte Sehnsucht der intellektuellen Linken, die Arbeiterklasse für ihre revolutionären Ziele zu gewinnen, erfüllte sich nicht. So nahmen sie, in München, Frankfurt, Berlin und Köln, den Ausweg zu den Fürsorgezöglingen, die oft bereiter schienen für die Rolle, die ihnen zugedacht war, den historischen Beruf zur Revolution. Die intellektuellen Linken zögerten nicht, dem neuen revolutionären Subjekt einen Namen zu geben: Randgruppen, Deklassierte, Lumpenproletariat. Die Menschen – der uneheliche Sohn im Fürsorgeheim, der nie die Liebe einer Mutter gespürt hat, der Lehrling, der einen Bruch begangen hatte, um ein Moped zu klauen, das Mädchen, das gelegentlich auf der Straße anschaffen ging, um ihr Lehrlingsgehalt aufzubessern – diese einzelnen wurden mit Begriffen niedergeschlagen und sollten nur als soziale Gruppe wiederaufstehen. Plötzlich kam eine neue Direktive vom SDS-Zentrum in Frankfurt, die der Randgruppenstrategie ein Ende machen sollte, und die neue Losung hieß: «*In die Betriebe!*» Viele Intellektuelle, die sich dem beugten, waren Touristen in der Arbeiterklasse. Vor die Klasse traten sie mit einer hybriden, angemaßten Demut, schmallippig und treuherzig. Dem einzelnen Arbeiter aber forderten sie Respekt vor der Intelligenz ab und vor ihrer Führung. Arbeiter lernten so den Verdacht. Lernten auf die Hände schauen, nicht aufs Maul, wie die Indianer in Nordamerika, die nach dem dritten Besuch der Weißen von den großen Segelschiffen nicht mehr die Hände für den gleißenden Tand öffneten, sondern die Fäuste ballten. So erging es den Arbeitern.

Lothar und Rainer beugten sich der neuen Losung nicht. Vor dem Republikanischen Club in Köln mußten sie sich vor den Richtern der Politik einer Qualitätsprüfung unterziehen. «*Ihr seid karitativ, nicht politisch!*» war der Vorwurf. Weil sie einzelnen geholfen hatten, nicht der Klasse. Die Solidarität der Linken im Republikanischen Club war wie eine Unterstützung vom Sozialamt. Das Sozialamt will später sein Geld auf Heller und Pfennig zurückerhalten, und die Genossen im Republikanischen Club erwarteten, ihre Solidaritätsleistung auf Heller und Pfennig zurück, auszuzahlen an den Verein. Lothar und Rainer setzten sich ohne Hast zu den anderen und entgegneten ruhig und bedachtsam: «*Es genügt, denen zu helfen, versteht ihr, zu helfen, auch einzelnen. Sie brauche nicht ‹Lohnarbeit und Kapital› zu lesen. Wenn man in der richtigen Art hilft, ist es schon politisch.»*

«*Wo steht ihr denn eigentlich?!*» Eine Frage, gestellt im aufflammenden Feuer der Fraktionskämpfe unter den Linken.

«*Wir stehen ganz unten. Da steht man am besten.*» Und in der Sprache, die sie bei den Arbeitern im SSK erworben hatten, erklärten sie ihre Haltung vor den fassungslosen Zuhörern, die erwartet hatten, eine Erläuterung über das Verhältnis von Proletariat und Subproletariat zu hören.

«*Ein Teller Erbsensuppe ist karitativ, ein Flugblatt politisch. Tatsächlich ist weder ein Teller Erbsensuppe aus sich heraus karitativ noch ein Flugblatt aus sich heraus politisch. Es kommt darauf an, wie man sie gibt. Wenn man sich den Teller Erbsensuppe erkämpft, ist er politisch.*»

Als sie die Räume verließen, war es ein Sieg der Erfahrung gegen das theoretische Konstrukt. Immer wieder, wenn die Genossen mit ihren Argumenten zu einem Schlag ausholten, trafen sie ins Leere. – Wer sich vom linken Konsensus ausschließt, ist entweder ein Anarchist oder ein Verrückter. Kleine Schritte, etwas aufzubauen, gelten in der linken Meinung schon als verdammenswert. Dann hallt es wider von Verdammungsworten wie Reform und Reformismus. Die feinste Methode, den SSK zu vernichten, ist, ihn einzuordnen, in die Ordnung des Bekannten zu zwängen. «*Was ihr macht, ist Makarenko.*» Wenn etwas so in die Ordnung des Bekannten gedrängt wird, soll sich die Sache der Herrschaftstechnik des Wissens unterwerfen. Die Rede geht nicht mehr über die Arbeit, sondern: «*Wie lange sind wir noch Makarenko, und wo hören wir auf, Makarenko zu sein? Das schnürt uns den Hals zu, wenn es den Versuch gibt, uns in die Ordnung des Bekannten zu bringen. Damit wird ausgeschlossen, das das Volk ein Lehrer sein kann, wo etwas ganz Neues aus der Erfahrung und dem persönlichen Leiden gefunden wird.*»

Ein Bild vom LEIDEN DES VOLKES hatte Lothar und Rainer schon lange verfolgt, ein Leiden, das eine politische Kraft ist. Worin sie sich von anderen Linken unterscheiden, ist, daß sie Achtung vor dem Leiden des Alltags haben. Vom Leiden anderer sprechen nur noch die RAF-Gefangenen unter den Linken. Aber erwähnen sie es nicht doch nur, um ihr eigenes Leiden zu illustrieren?

Als Lothar und Rainer dem Leiden nachspürten, erlebten sie eine unendliche Erkenntnis und Belehrung. Nirgends erhebt sich mehr drohend die Frage «*Arbeiter oder Kleinbürger?*», denn Leiden gibt es überall im Volk und auch Aufbegehren dagegen. In dieser Wahrnehmung kann man auch die Achtung vor dem Mythos «*Arbeiterbewegung*» verlieren. Man entdeckt auch Arbeiter, die sehr kühle Geschäftemacher und viewe Typen sind. Daneben gibt es Leute, die aus dem Bürgertum kommen, das Leiden wahrnehmen und darunter selbst leiden, daß sie ihre Klasse verlassen, zwar nicht den Geruch und das Benehmen ihrer Klasse, aber die Ängste und die Solidarität des Bürgertums. Dann kann man erleben, wie eine alte Frau von 72 Jahren, die seit 1949 um eine menschenwürdige Behausung kämpft, am

Tag nach der Besetzung eines Hauses in Köln zu den Besetzern kommt und um Aufnahme bittet. Dieselbe Frau erreicht es am nächsten Tag, in der Gegend des besetzten Hauses tausend Unterschriften für die Aktion zu erhalten. Sie geht mit dem Papier in die städtische Verwaltung, an der Pförtnerloge vorbei, was sie zuvor nie gewagt hätte, betritt das Zimmer des Baudezernenten und beginnt vor ihm und vor seinem Mitteldezernenten, seinem Unterdezernenten und seinem Unter-Unterdezernenten über das Elend des Wohnens in der Stadt Köln zu schimpfen, wirft die Tür und läßt die städtischen Bediensteten sprachlos und erschrocken zurück.

Wer bereit ist, dies Aufbegehren wahrzunehmen, erhält damit einen Kompaß für mögliche Empörung, auch außerhalb der Arbeiterbewegung, die nur eine Bewegung unter anderen ist; es gilt nicht, nach der sozialen Herkunft zu fragen, nach Klasse und Stand. Was gilt, ist die Empörung des leidenden Volkes, das sich auflehnt gegen sein Geknechtetsein. Diese Kraft der Menschen ist es, die etwas verändert. Wenn diese Kraft freigesetzt wird, kann sie einen ganzen Flächenbrand entzünden. Es ist das Leiden, wie man es bei Dostojewskij findet, nicht bei Lenin. Es brennt wie eine Zündschnur. *«Am Elend wird die Struktur der Klassengesellschaft besonders deutlich. Alle Entfremdung, alle seelischen Probleme werden nach unten weitergegeben. Unten, auf der Ebene der Arbeiter, schlagen sie dann um in offene, materielle Not. Die höheren Klassen stabilisieren ihr eigenes Elend mit dem der unteren Klasse, indem sie ihre Ärzte werden, ihre Therapeuten, ihre Richter, ihre Sozialarbeiter, Rechtsanwälte, Lehrer.»* Die Achtung vor dem Leiden in großen Teilen des Volkes ist der Beginn einer Umwälzung, der einen anderen Horizont freigibt. Dort hat die Sozialistische Selbsthilfe Köln einen Platz. Es ist keine Projektgruppe, kein Verein, keine Institution, ja nicht einmal eine Gegen-Institution. Es ist ein Prozeß.

10. Kapitel

Die Macht der Schwänze hat ihre Grenze

1

1968 sagte Marion in der Kommune II in Berlin: «*Es kam die Zeit der ersten anarchistischen Einzelaktionen, der Massenversammlungen an der Uni und der ersten größeren illegalen Demonstrationen. Ich machte überall begeistert mit, hatte endlich einen äußeren Feind gefunden und kapierte in theoretischer Arbeit, die mir äußerst schwerfiel, langsam gesellschaftliche Zusammenhänge. Ich lernte von meiner Person zu abstrahieren, begriff soziale Umstände als Ursache psychischen Fehlverhaltens, dieses wieder als Folge der autoritären Erziehung und diese wieder als gesellschaftliche Notwendigkeit. Entfremdung, Verelendung und Ausbeutung als Grundpfeiler unserer Gesellschaftsstruktur, geplanter Verschleiß und tote Kosten als Notwendigkeit für das Funktionieren des Kapitalismus auf Kosten der unterdrückten Individuen – endlich hatte ich Begriffe für das Unbehagen, das mich schon lange quälte.*»

2

Gabriele Wohmann
So ist die Lage
Bei meinem Versuch nach etwas Belangvollem Ausschau zu halten
Mich den wahren Sorgen der Menschheit zuzuwenden
und von mir abzusehen
Bin ich sofort auf die Brandopfer, auf die Bombardierten,
auf die Verhungernden und auf euch gestoßen
Ich wollte das neue Jahr einmal nicht mit Innenaufnahmen
von mir beginnen
Jetzt kann ich loslegen inmitten der Ereignisse
Allein meine denkbaren Überschriften füllen einen Notizblock
Bin aber stark in Anspruch genommen von den Fangzügen
aus den Untiefen des Weltgeschehens
Bin ich betroffen vom Mitschnitt der Katastrophen
Habe ich todernst gefrühstückt ansässig unterwegs in Mitleidenschaft
gezogen
Halt den Mund, muß ich dem Sprecher in meinem Kopf zurufen

Denn diese überaus wichtige Kleinigkeit zwischen dir und drei oder vier
anderen Personen
Läßt außer euch keinen aufhorchen und alles beim alten
Mehr Ausgeglichenheit und Wohlbefinden
damit die großen Themen eine Chance bei dir haben
Schluß mit den privaten Obsessionen und inneren Anlässen
Im neuen Jahr werden die Fliegengewichte
individualistische Schwierigkeiten
Beim Namen genommen und niedergeboxt
Das Elend gibt es nämlich wirklich, Leiden ist anders, es wird gestorben
Aber wie kommt es, daß mich die Fernsehbilder jetzt
Weniger angreifen als dein Tonfall vorhin
Daß es mich beschäftigt wie wir uns GUTE NACHT sagen
Während die Erdbebengeschädigten keine Schläfstätte haben
Wie kommt es, daß ich über die Freundlichkeit nachdenke
Über das Abendessen, über unsere kommenden Sätze
über das Unbeendbare zwischen uns
Während ich dem Massentod zuschaue
Trotz ausreichender Bildqualität ein Gähnen unterdrückend
Jederzeit doch für den Einzeltod zuständig gegen deinen Tod
zum Beispiel immer auf den Barrikaden
Beim Versuch nach etwas Belangvollem Ausschau zu halten
und von mir abzusehen
Mitten im Material für den Rohschnitt
Verirrt und verhakt in den Trümmern und Grimassen
und in den letzten Infusionen
Zwischen den Toten und denen die tot sein werden
Im Gedränge der Wörter über die Lage die so ernst ist wie immer
Dermaßen also eingeschlossen in überregionalem Entsetzen
Und von allem was mich auch betrifft, auch mich, wirklich durchaus
Beim Versuch von mir abzusehen
Bin ich auf mich gestoßen.

3

Vom 31. Oktober bis 5. November 1976 fand in Rimini der zweite zentrale
Kongreß von Lotta Continua, italienischen Linksradikalen, statt. Die Frauen
bildeten am ersten Kongreßtag eine Gruppe, zu der Männer keinen Zutritt
hatten. Später sprachen sie auf den allgemeinen Versammlungen, und es
wollte manchmal scheinen, als ob kein Stein auf dem anderen bleibt. Laura
aus Turin: «Ihr seid Genossen und Männer, und ihr müßt euch in der
Diskussion wie Männer verhalten. Ihr müßt euch darüber klarwerden, daß
ihr von morgens bis abends von der Vorherrschaft der Männer Gebrauch
macht. Die Fabriken stellen sich nicht nur dar als Konzentration von Arbeitern, sondern darüber hinaus als Konzentration von Männern. Historisch

gesehen, hat sich die Arbeiterbewegung ohne die Frauen entwickelt. Von daher ist sie chauvinistisch. Sagt uns doch, wie wir die Genossen nennen sollen, die sich Tag für Tag auf den Straßen und Plätzen wie unsere Feinde aufführen –?»

4

Frauen waren im Sozialistischen Deutschen Studentenbund von vornherein Mitglieder minderen Rangs. Der Freund erklärte ihnen unwillig Krahls Theorie vom Gesamtarbeiter, und in «Lohn, Preis und Profit» lernten sie, daß der Lohn nicht nur zum Leben ausreichen muß, sondern auch für die Fortpflanzung der Lohnarbeiterklasse. Der Kapitalist muß auch daran denken, daß die Arbeiterfrau ihre Schenkel öffnet und der Arbeiter seinen Samen in ihren Leib ergießen kann, denn außer dem Kapital muß auch die Lohnarbeit Zukunft haben – Arbeiterkinder, die die Stelle des Vaters an der Maschine einnehmen können. Von der Arbeiterin, Mutter und Hausfrau, ist sonst in der Geschichte der Arbeiterbewegung nicht die Rede, nur von der Arbeiterbewegung eben, ihren Kämpfen in Streiks, Aufständen und Niederlagen.

1968 war Frankfurt voll von den Schriften Wilhelm Reichs. An der Universität leuchtete über den Campus eine Wandinschrift in roter Farbe: «*Lest Wilhelm Reich und handelt danach.*» Zugleich machte die Pille die Frauen frei für ihr Verlangen. Sie entdeckten den Genitalorgasmus, Protest gegen bürgerliche Sexualnormen, gegen die Lüge romantischer Liebe. In der Wilhelm Reich-Welle steckte ein Aufbegehren gegen die Verlogenheit der Schlagersänger – bis die Offenheit des sexuellen Verlangens in die Brutalität umschlug: «*Komm, ich will mit dir ficken!*» Nirgends mehr das Glück heimlichen Begehrens, nirgends mehr der sentimentale Mythos schwärmerischer Liebesbegegnung.

In der Neuen Linken wurde der Grund für den Zorn auf alle linken Männer, für die lange Wut der Frauen gelegt, die sich das Recht erkämpfen, daß man nicht nur einen Teil von ihnen, ihren Körper, nimmt. Sechs Jahre später mußten sie sich befreien wie eine Kolonie, gegen die Männer als Kolonialherren, unterschiedslos – ob Sergeant oder Gemeiner. Ihre Erfahrungen mit linken Männern wurden eine frühe Schule der Entschlossenheit, später wird diesen die Technik sexueller Ausbeutung heimgezahlt, mit der sie sich durch einen «*Genossenausweis*» das Entrébillett in das Bett linker Frauen verschaffen wollten – «*sei doch nicht so rigide, wir sind doch Genossen!*» Nach Jahren erhebt sich bei jeder unbedachten Äußerung der Verdacht des Eigennutzes. Durch die permanente Fähigkeit des Mißtrauens sind so den linken Frauen harte Erfahrungen vergolten worden.

Wie die Studentenbewegung 1968 sollte die Frauenbewegung Jahre später eine «*Jedermann-Bewegung*», «*Jederfrau-Bewegung*» werden, international wie jene. Doch schon 1968 gab es Stunden des Aufstands der Frauen, eine Revolte in der Revolte. Helke Sander schrieb in einem Referat im «Aktions-

159

rat zur Befreiung der Frau» in Berlin: «*Diese Tabuierung (das ist die Trennung von Privatleben und antikapitalistischem Kampf) hat zur Folge, daß das spezifische Ausbeutungsverhältnis, unter dem die Frauen stehen, verdrängt wird, wodurch gewährleistet wird, daß Männer ihre alte durch das Patriarchat gewonnene Identität nicht aufgeben müssen.*» Dabei wollte sie es nicht belassen. Auf der 23. Delegiertenkonferenz 1968 in Frankfurt hielt sie eine Rede vor den Delegierten; sie hörten väterlich wohlwollend zu, gutmütig blasiert, verlegen, auf die «*Politik*» wartend, oder auch erschrocken. Helke Sander sagte unter anderem: «*Wir stellen fest, daß der SDS innerhalb seiner Organisation ein Spiegelbild gesamtgesellschaftlicher Verhältnisse ist. Dabei macht man Anstrengungen, alles zu vermeiden, was zur Artikulierung dieses Konflikts zwischen Anspruch und Wirklichkeit beitragen konnte, da dies eine Neuorientierung der SDS-Politik zur Folge haben müßte. Diese Artikulierung wird auf einfache Weise vermieden. Nämlich dadurch, daß man einen bestimmten Bereich des Lebens vom gesellschaftlichen abtrennt, ihn tabuisiert, indem man ihm den Namen Privatleben gibt ... Warum sagt ihr nicht endlich, daß ihr kaputt seid vom letzten Jahr, daß ihr nicht wißt, wie ihr den Stress länger ertragen könnte, euch in politischen und geistigen Aktionen körperlich zu verausgaben, ohne damit einen Lustgewinn zu verbinden ... Warum kauft ihr euch denn alle den Reich? Warum sprecht ihr denn hier vom Klassenkampf und zu Hause von Orgasmusschwierigkeiten? ... Genossen, wenn ihr zu dieser Diskussion, die inhaltlich geführt werden muß, nicht bereit seid, dann müssen wir allerdings feststellen, daß der SDS nichts weiter ist als ein aufgeblasener konterrevolutionärer Hefeteig. Die Genossinnen werden dann ihre Konsequenzen zu ziehen wissen.*» Nach diesen letzten Worten ihrer Rede bewarf sie die Genossen vom Bundesvorstand des SDS mit Tomaten. Die Revolte in der Revolte hatte begonnen.

In Frankfurt bildete sich ein «Weiberrat». Die 23. ordentliche Delegiertenkonferenz des SDS in Frankfurt war abgebrochen worden. Auf ihrer Fortsetzung, der außerordentlichen Delegiertenkonferenz in Hannover, sprach eine Genossin aus der Frauengruppe des Frankfurter SDS und sagte unter anderem:

«*Wir wollen uns nicht unter das Problem der kleinen Gruppen eingemeinden lassen, zumal wir den Verdacht haben, daß eben diese kleinen Gruppen an jener Machtstruktur, die wir angreifen, lediglich partizipieren wollen. Auf der anderen Seite haben wir gestern beobachten können, wie die Machtstammhalter des SDS auf eben jene Gruppe reagieren, nämlich so, als ginge es wirklich um die Macht im SDS. Wir bestehen darauf, daß wir weder eine kleine Minderheit unter vielen antiautoritären Motzenden sind noch daß wir eine Gleichberechtigung im Sinne der zementierten Cliquenwirtschaft verlangen, sondern daß allein schon unsere Solidarisierung eine Praxis darstellt, die sich nicht einordnen läßt in den gegenwärtigen Kanon einander bekämpfenden Fraktionen.*»

Zuvor hatte es einen Aufstand der «*SDS-Dörfer*» gegen die «*SDS-Metropolen*» gegeben. Dieser Gesellschaft der Rebellierenden wollten sich die Frauen aber nicht zurechnen lassen, und hinter der Rede der Genossin standen unausgesprochen bereits die feministischen Worte «*wir sind keine Minderheit, wir sind eine Mehrheit*».

Die Diskussion war durch ein Flugblatt des «Weiberrats» ausgelöst worden, das die Männer im SDS mehr noch getroffen hatte als die Tomaten in der 23. ordentlichen Delegiertenkonferenz des SDS.

Wir machen das maul nicht auf!

wenn wir es doch aufmachen, kommt nichts raus!

wenn wir es auflassen, wird es uns gestopft: mit kleinbürgerlichen schwänzen, sozialistischem bumszwang, sozialistischen kindern, liebe, sozialistischer geworfenheit, schwulst, sozialistischer potenter geilheit, sozialistischem intellektuellem pathos, sozialistischen lebenshilfen, revolutionärem gefummel, sexualrevolutionären argumenten, gesamtgesellschaftlichem orgasmus, sozialistischem emanzipationsgeseich – GELABER!

wenn's uns mal hochkommt, folgt: sozialistisches schulterklopfen, väterliche betulichkeit; dann werden wir ernst genommen, dann sind wir wundersam, erstaunlich, wir werden gelobt, dann dürfen wir an den stammtisch, dann sind wir identisch; dann tippen wir, verteilen flugblätter, malen wandzeitungen, lecken briefmarken: wir werden theoretisch angetörnt!

kotzen wir's aus: sind wir penisneidisch, frustriert, hysterisch, verklemmt, asexuell, lesbisch, frigid, zu kurz gekommen, irational, penisneidisch, lustfeindlich, hart, viril, spitzig, zickig, wir kompensieren, wir überkompensieren, sind penisneidisch, penisneidisch, penisneidisch, penisneidisch, penisneidisch.

frauen sind *anders!*

BEFREIT DIE SOZIALISTISCHEN EMINENZEN VON IHREN BÜRGERLICHEN SCHWÄNZEN!

Als Petra das Flugblatt in die Hand bekam, dachte sie: *Brutal, aber witzig. Der Tabubruch ist gut.*

Sie studierte Pädagogik an der Abteilung für Erziehungswissenschaften (AfE) und wagte, im selben Jahr in den SDS zu gehen. «*Auffallend war, daß sie freundlicher untereinander waren. Man merkte: sie kannten sich und bildeten eine Gruppe, traten ganz keck auf, im Gegensatz zu den verschüchterten Studenten. Doch die Männer waren forscher als die Frauen.*» Zwar hatten die Frauen schon auf den Delegiertenkonferenzen das traditionsreiche Spiel der Geschlechter gestört, aber sein Hauptdarsteller, der patriarchalische Popanz, schien auf den quietschenden Brettern der Bühne noch immer Kraft genug für eine weitere Vorstellung zu haben. Ob anwesend oder nicht, blieben die linken Männer mit ihren weiblichen Repräsentanten die Regisseure.

Die Aufnahme verlief ohne Formalitäten. «*Wer sich dazurechnet, gehört dazu.*» Auf den Mitgliederversammlungen des SDS aber sprachen außer den Männern nur zwei Frauen, immer dieselben. Die meisten Frauen im Keller des Kolb-Studentenheims auf den Mitgliederversammlungen waren Motorradbräute, die dorthin gingen, wohin ihre Typen fuhren. Manchmal erhielten sie Erklärungen über die Sache, doch auf der Ebene eines konventionellen Flirts. Von Anfang an schien es Petra, als wenn es im SDS Garde und Fußvolk gab. «*Ich werde Fußvolk sein.*»

In der AfE arbeitete Petra mit anderen in einer Basisgruppe. Dort war es anders als im SDS, dadurch, daß ihr Studium ein Frauenstudium war. Siebzig Prozent derer, die an der AfE studierten, waren Frauen. So war auch die Basisgruppe überwiegend mit Studentinnen besetzt.

Es gab so etwas wie eine Frauengruppe im SDS, kam Petra zu Ohren. «*Ich dachte: Kaffeekränzchen.*» Doch eines Tages kam eine Studentin aus dem Weiberrat in die Basisgruppe, um die Frauen nach ihrer Situation an der AfE zu befragen. Daraus entstand ein Flugblatt, das dieses Studium erklärte. Die Rolle der Frau ist dienen, bemuttern, und wenn ein Studium, dann eines, das diese Rolle verlängert.

sds-projektgruppe frauen – sds-projektgruppe frauen – sds-projektgruppe frauen

«Der Konflikt zwischen den Anforderungen technologischer Hochschulreform und den Bedürfnissen der Studenten nach Selbstverwirklichung und Selbstbestimmung im Studium wird gegenwärtig an der AfE offen erkennbar. Er ist darüber hinaus latent in allen Fakultäten vorhanden: das heißt, die Regelementierungen, die gegenwärtig an der Ausbildung zum Lehrerberuf vorgenommen werden sollen, werden über kurz oder lang die Studenten aller anderen Fakultäten wieder betreffen. Ursprünglich hatte die AfE keine ‹wissenschaftlichen Ansprüche›, das heißt, das Studium war unmittelbar auf das Berufsziel ausgerichtet. Dann hatte man dem allgemeinen Druck nachgegeben und den Studenten der AfE formal die Gleichberechtigung mit der Universität zugestanden, das heißt, man hatte den Studenten der AfE eine ‹Wissenschaftlichkeit› da vorgegaukelt, wo man im Grunde nur aus war auf Effizienz, das heißt, die Lücke auf dem Lehrermarkt zu füllen.

1. In diesem Zusammenhang ist es bedeutsam, *daß an der AfE ca. 70 Prozent Frauen studieren. An keiner anderen Fakultät sind Frauen so überrepräsentiert wie hier. Wie kommt das?*

2. Der Lehrerberuf ist der einzige akademische Beruf, der von der Gesellschaft für Frauen akzeptiert und ‹gefördert› wird. Denn dieses Berufsbild läßt sich noch reibungslos mit den ‹natürlichen Bestimmungen der Frau› als Mutter und Untertanin des Mannes verbinden.

3. Es ist allgemein bekannt, daß in den ersten Grundschuljahren gesellschaftliche Normen und Werte anerzogen werden, die über Anpassung an politische Verhältnisse oder Widerstand gegen sie entscheiden. Die Erzieherinnen der Grundschulklassen fällen also wichtige Entscheidungen über die Entwicklung selbständigen oder sich unterordnenden Verhaltens der Mitglieder einer Gesellschaft.

4. Angesichts der objektiven Wichtigkeit dieses Berufs muß man sich fragen: wie kommt es, daß diese Gesellschaft solche Erziehungsfunktionen Frauen überläßt, das heißt Frauen, denen sie laut Umfrage (Hans Anger, ‹*Probleme der Universität*›, Tübingen 1960) ‹Denkfähigkeit, Kritikvermögen und Intelligenz› generell abspricht. (Wir wissen alle, welche Funktionen solche Vorurteile in der Gesellschaft erfüllen.)

5. Man kann daraus nur den Schluß ziehen, daß unsere Gesellschaft ihre Mitglieder nicht zu ‹Denkfähigkeit, Kritikvermögen und Intelligenz› erziehen will.

6. *Den Frauen (den Studentinnen) werden ‹Fleiß, Lerneifer, Sorgfalt, Gewissenhaftigkeit, Gedächtnis und Rezeptivität› bescheinigt.*

7. Diese ‹Fraueneigenschaften› bilden die erzieherische Grundlage für Unterordnung unter autoritär vorgegebene Zustände in Schule, Universität und Beruf. Fleiß und Lerneifer garantieren das reibungslose Funktionieren im Sinne zementierter Herrschaftsverhältnisse.

8. Frauen sollen also eine willige Armee im Dienste der Erziehung zur Anpassung sein. Wobei sie im Rahmen der gegenwärtigen Universität noch ständig daran gehindert werden, Möglichkeiten einer kritischen Erziehung zu erarbeiten.

9. Da Frauen eh nicht denkfähig sind, da sie zu der gleichen (behaupteten) Denkunfähigkeit andere erziehen sollen, muß ihr Ausbildungsgang darauf gerichtet sein, Kritikvermögen gar nicht erst aufkommen zu lassen:
a) Er muß kurz sein (sechs Semester),
b) er muß mit viel blindem Fleiß durchlaufen werden (fünfundzwanzig Wochenstunden, zwanzig Scheine),
c) er darf keine Zeit lassen zum eigenen Lesen, Denken, geschweige Handeln: das heißt Streichung oder radikale Kürzung der Grundwissenschaften: Soziologie und Politik.

10. Wenn dagegen längeres Studium, Neubestimmung der Erziehungsziele sowie statt sturer Rezeption des angebotenen Stoffes die Möglichkeit zu kritischer Auseinandersetzung mit den Studieninhalten gefordert und durchgesetzt werden, heißt das, die bestehenden gesellschaftlichen im doppelten Sinne anzugreifen: einerseits durch die Neubestimmung traditioneller weiblicher Berufs- und Verhaltenserwartungen, andererseits durch den Widerstand gegen technokratische Hochschul- und Schulreform.

Wir solidarisieren uns mit den Forderungen der AfE-Studentinnen!»

sds-projektgruppe frauen – sds-projektgruppe frauen – sds-projektgruppe frauen

Das Flugblatt wirbelte Staub unter den Studentinnen der AfE auf, denn es drückte Gedanken aus, die sie selber im Kopf hatten, aber nicht auszusprechen wagten. Einige von ihnen kamen daraufhin in die Basisgruppe.

Petras zweiter Kontakt mit dem Weiberrat kam durch einen Selbstmordversuch einer Kommilitonin aus der Basisgruppe zustande. «*Ich hatte das Gefühl, der SDS, der für die Politik verantwortlich war, ist auch verantwortlich für die Pannen, Schicksale, die sich um ihn abspielen.*» Sie wußte, daß eine Frau aus dem Weiberrat Kontakt zum Analytiker hatte, und hoffte, daß sie helfen kann. «*Das ist dann auch passiert. Wir sind hingegangen, und die Frau ist sehr ernsthaft auf uns eingegangen, die Selbstmordkandidatin wurde zum Sigmund-Freud-Institut vermittelt.*»

Im Weiberrat bemerkte Petra aber schon bald Risse in der Gruppe, Alarmsignale für sein nahes Ende. Einige Frauen begriffen ihn als politischen Nachhilfeunterricht, als Alphabetisierung. Andere bestanden darauf «*nein, wir machen etwas anderes als die Männer im SDS*», doch immer in der

Angst, etwas zu versäumen: Teach-ins, Besetzungen, Auseinandersetzungen mit Habermas; die Black-Panther-Gruppe. Der Weiberrat war nie richtig anerkannt, nicht bei den Genossen, nicht bei den Frauen. Er galt immer als Appendix der Revolte, was Politik war, bestimmte der SDS. Trotzig legten neue Weiberratsfrauen in der Gruppe ein Papier vor, das mit dem Bericht einer Frau begann:

«*Ich hab das ‹zweifelhafte Glück›, mit mehreren Studenten auf einem Flur zu wohnen. Ich geh jeden Tag an meinen Arbeitsplatz und bin zufrieden. Eines Tages klopft einer dieser Studenten bei mir an die Tür und sagt mir, daß ich wahnsinnig ausgebeutet werde. Das macht mich stutzig. Ich frage ihn, was ich tun soll, damit mir das bewußt wird. Er gibt mir ‹Lohn, Preis und Profit› von Marx und sagt: ‹. . . lies das.› Vom nächsten Tag an gehe ich ins Büro und passe auf wie ein Luchs. Wo werde ich ausgebeutet? Ich spüre nichts, aber ich halte die Augen offen. Jeden Abend beuge ich mich über ‹Lohn, Preis und Profit› und lese – nichts. Ich lese noch einmal – wieder nichts. Ich wende mich wieder an den Studenten und sage, daß ich immer noch nicht gemerkt habe, wie ich ausgebeutet werde. Da sagt er mir: ‹Lies weiter! Du mußt so lange lesen, bis es dir eingeht.› Ich lese noch einmal – wieder nichts. In dieser Zeit war ein großes Durcheinander im Büro. Mehrere Frauen waren mit ihrer Arbeit unzufrieden. Mit denen unterhielt ich mich darüber, woher das wohl käme. In gemeinsamen Gesprächen fiel uns unsere ungerechte und ungleiche Behandlung auf, und wir stellten fest, daß von uns verlangt wird, die Rolle der ‹Frau im Büro› zu spielen. Wir überlegten uns, was wir dagegen tun könnten. Wir zogen zum Beispiel trotz Verbot Hosen an.*»

In der Universität entstanden inzwischen marxistisch-leninistische Gruppen. Für Petra war die neue Situation der Entzug eines Klimas, in dem es Gefühle der Gemeinsamkeit, Freundschaft und Wärme gab. Sie fühlte in sich jedoch gleichzeitig den Druck, sich den Argumenten der Marxisten-Leninisten zu stellen. «*Es stimmt ja, daß die Universität keine Insel ist, außerhalb der Hochschule gibt es die Arbeiterklasse.*» Aber die Schärfe, die persönlichen Attacken, mit denen diese Überlegungen eingeführt wurden, schreckten Petra ab. Unterschiedliche Meinungen ließen auch Beziehungen, Freundschaften auseinandergehen. Maoistische Frauen hatten später für die Frauenbewegung nur die abfälligen Worte übrig: «*Diese Weiber aus den Mittelklassen kümmern sich um nichts anderes als um ihren blöden Orgasmus.*» Noch 1975, als die Aktion der Frauen die einzige Bewegung in Westdeutschland und West-Berlin ist, die diesen Namen verdient, schreiben die Maoisten vom Kommunistischen Bund Westdeutschlands (KBW): «*Der Feminismus als eine Version des bürgerlichen Individualismus will den proletarischen Frauen einreden, statt am Kampf der Klasse teilzunehmen, ihn zu spalten und zunächst mal ihre Männer als ‹Chauvinisten› usw. zu bekämpfen, bevor der Kapitalismus bekämpft wird . . . Wir hätten uns als kommunistische Organisation an einen Feministenaufzug anhängen müs-*

sen, der sich, Pop-Musik spielend, kostümiert, Farbe klecksend und ideologisch einen üblen Gestank verbreitend durch die Gegend bewegt. Oder wir hätten uns mit diesen eifersüchtigen auf ihre Selbstdarstellung bedachten Weibern herumkloppen müssen.»

Ende der sechziger Jahre schien der Marxismus-Leninismus in seinen pfauenhaften Auftreten noch so viel Ausstrahlung zu haben, daß sich Initiativen ihm nicht entziehen konnten. Als sich der zweite Weiberrat bildete, war er von Überlegungen über die proletarische Frau getragen; es gab Kontakte zu Krankenschwestern. «Doch der Drang zur ‹tatsächlichen Politik›, das, was damals die Genossen machten, Parteiversuche und so weiter, wurde immer wichtiger, die Frauensache ein Anhängsel. Die Frauengruppe wurde zwar nicht offiziell aufgelöst, aber die allgemeine Atmosphäre war nicht so, daß wir uns so wichtig nehmen konnten, eine eigene Gruppe zu bilden.» Das kurze Leben des zweiten Weiberrats währte nur von der Phase des Marxismus-Leninismus-Aufbaus bis zu dem Untergang, in dem der SDS in seiner Selbstauflösung alles mit sich riß.

1970 trafen sich Frauen, die sich wieder als Frauen organisieren wollten, im Club Voltaire. Es waren ehemalige Studentinnen und Nicht-Studentinnen, Frauen, die von der Studentenrevolte erfaßt worden waren, Kindergärtnerinnen, Krankenschwestern oder solche, die studiert hatten oder mit Genossen befreundet waren. Sie verabredeten sich im Club Voltaire, und wie überall bei den Linken jener Zeit wurde der Ruf nach Schulung laut. Sie lasen «Lohnarbeit und Kapital», aber auch «Mythos des vaginalen Orgasmus», der Text auf Matritzen abgeschrieben und abgezogen. Frauen, die durch ihren Beruf herumkamen, Journalistinnen, erzählten von der Frauenbewegung in den USA, von den «Dolle Minnas» in Holland.

Frauensachen – gut, sie sind zwar auch wichtig, doch sie wurden mit einer Unzufriedenheit betrieben, denn eigentliche Politik ist das, was die Genossen machen.

Zwar hatte der Weiberrat 1971, am 8. März, dem internationalen Frauenkampftag, einen Aufkleber verklebt: «Die Frau wird überall verkauft: in der Werbung als Puppe / in der Schule für dumm / im Büro ist sie billig / im Haushalt umsonst», doch die Schaltstelle für eine neue Politik, ein neues Bewußtsein der Frauen ist die «Aktion 218» gegen den Abtreibungsparagraphen. Es ist ein existentielles Problem der Frauen, auf das sie sich einlassen. «Wir haben selbst dadurch sehr viel gelernt und uns gewandelt.» Eine breite Bewegung von Gruppen, Aktionen, Demonstrationen, Versammlungen entsteht. «Die Frauen, an die wir immer ranwollten, da waren sie!» Der Weiberrat fährt zu einem Treffen der Aktionsgruppen gegen den § 218, und das mit dem Ehrgeiz, dort zu sagen: «§ 218, das ist ein Klassenparagraph, glauben Sie nicht, daß es Ihnen mit der Abschaffung dieses Paragraphen besser geht, da gibt es noch das bürgerliche Gesetzbuch, bürgerliche Rechtsprechung.» Auf dem Treffen merken sie jedoch sehr bald, daß dies nicht ihre Rede sein wird. Frauen erzählen über Abtreibungen und beginnen damit, über sich selbst zu berichten. Das war ihnen früher nicht erlaubt. In Frankfurt macht die Gruppe Unterschriftensammlungen gegen den § 218. In Windeseile kommen Hunderte, Tausende Unterschriften zusammen. Das wird als so bedrohlich angesehen, daß zum Beispiel in München die Polizei in aller Frühe eine Hausdurchsuchung in einer Frauenwohnung durchführt und die Unterschriftenlisten beschlagnahmt.

§ 218 ist ein Thema, das alle Frauen verstehen, viele haben darin Erfahrungen, fast alle sind sogar bereit, auf die Straße zu gehen gegen das Verbot der Abtreibung, was ihnen sonst ganz fremd ist. *«Wir haben in dieser Aktion gelernt, die Frauen wirklich ernst zu nehmen. Wir haben gehört, wie Frauen sich äußern, welche Probleme sie wirklich haben, welche Möglichkeiten es gibt, sie zu ändern. Wir haben einen ganz neuen Blick entwickelt. Das hohe Roß, auf dem wir saßen, hat uns abgeworfen. Die eigenen Erfahrungen ernst nehmen – und die Erfahrungen der Frauen ernst nehmen . . .»* Die Frauen sprechen, wenn sie miteinander reden, von Menschen und nicht nur von Klassen. Von persönlichen Erfahrungen ist jetzt die Rede. *«Wir haben das erste Mal darüber geredet, denn wir hatten jahrelang niemanden, mit dem wir hätten reden können, oder wir hatten uns geniert, die Abtreibung als kriminellen Akt empfunden. Jetzt sprachen die Frauen das erste Mal darüber, ohne Schuldgefühle. Sie merkten auch, daß es nicht nur ihre individuelle Erfahrung war, sondern die vieler Frauen. Das stieß sie darauf: es ist kein individuelles, sondern ein gesellschaftliches Problem. Natürlich ist es auch eine Klassenunterdrückung, weil Arbeiterfrauen schwieriger an den Engelmacher herankamen, aber darüber hinaus eine spezielle Frauenunterdrückung.»* Es stellt sich heraus, wie viele Bereiche der Gesellschaft frauenfeindlich sind, die Pharmaindustrie, die Mode mit ihrer Körperfeindlichkeit, Abtreibung, Sexualität. Als die Pille aufkam, war es für die Frauen eine Entlastung von der Schwangerschaftsfurcht. Heute sehen sie aber, wie sie mit unsicheren Pharmaerzeugnissen zu Versuchskaninchen gemacht werden, und erheben Anspruch auf das Recht auf ihren Körper. Jetzt stellen sie die Frage: Warum soll ich meinen Körper ruinieren? Die Verhütung ist ebensogut sein Problem. Auf Frauentoiletten steht jetzt der auftrumpfende Spruch: *«Mein fester Wille – nie wieder Pille.»*

Inzwischen ist in Frankfurt ein Frauenzentrum entstanden. Schwangere Frauen kommen an den Abenden in der Hoffnung auf Hilfe, vom fünfzehnjährigen Mädchen bis zur 45jährigen Frau. Den Raum des Frauenladens betreten sie meist schüchtern, verlegen und sprachlos. Doch dann erzählen sie von ihren ersten sexuellen Erfahrungen, den Demütigungen darin, von der Familie, von dem höheren Rang, den der Bruder einnimmt, vom eigenen Körper, dem Leiden darunter, weil er den allgemein respektierten Normen nicht entspricht – die Brust zu groß oder zu klein, das Gesicht nicht zart genug oder zu weich. Auf den Busfahrten zur Abtreibung nach Holland sind sie erleichtert, auf diesem Weg nicht allein zu sein.

«Wir wurden erst im Laufe der 218-Aktion feministisch. Was neu war: es

ging konsequent um einen uns unmittelbar betreffenden Teil. Wir nahmen einen Teil unseres Lebens so ernst, daß wir daraus eine Politik machten.»

Seit Frauen ihre Körperlichkeit, ihr Ich neu begreifen, überschwemmt eine Welle der Frauenkultur das Land. Neue Worte – Feminismus, Sexismus – und alte Worte mit neuem Sinn – Chauvinismus – drängen in die Sprache und begehren Einlaß. Überall flackert eine Kulturrevolution der Frauen auf, die sich nicht mehr von den Männern das Wort verbieten lassen. *«Die Durststrecke der weiblichen Ichlosigkeit liegt hinter uns»*, sagt Christa Reinig. *«Die Männer sollten die Sprache der Frauen so gründlich erlernen, wie die Frauen seit je und von Kindheit an die Sprache der Männer lernen müssen.»* Anders als der Mann vor dem Gesetz bei Kafka wagen Frauen, das Tor zu durchschreiten, den Türhüter nach seiner Rechtfertigung zu fragen. Manchmal zersplittern in dem, was Frauen schreiben, Worte, manchmal sind Sätze warm wie ein Körper, der sich anschmiegt, oder kühl von der Bitternis von Erfahrungen. Es gibt eine Ahnung, was Feminität der Worte, der Sätze, der Sprache sein könnte, vielleicht auch von einer Wildheit, die es nur bei Jean Genet gibt – bei Frauen, die sich selbst schreiben. SCHREIBEN VERSCHAFFT IHR ZUGANG ZU DEN EIGENEN KRÄFTEN, GIBT IHR IHREN BESITZ ZURÜCK, IHRE LUST, IHRE ORGANE, IHREN KÖRPER. Männer hätten das auch in den Texten der Fleisserin, der Virginia Woolf, der Lasker-Schüler oder der Sylvia Plath lesen können, aber sie waren zu träge, zu feige, ohne den Stachel der Frauenbewegung.

1972 sagten radikale Feministinnen in Manchester: *«Wenn wir wirklich ernsthaft die Gesellschaft ändern und die Geschlechtertrennung loswerden wollen, also Kapitalismus in all seinen subtilen und weniger subtilen Formen, dann müssen wir unser Leben ändern – was nicht bedeutet, daß wir unsere Zeit bloß damit verbringen, über Besitz von Menschen und Eigentum, über freie Liebe und Geschlecht etc. zu sprechen – es bedeutet, daß wir unser männerorientiertes Leben aufgeben müssen; daß wir leben müssen, vertrauen, arbeiten, spielen, ficken, lieben, hassen* MIT FRAUEN – alle *Heterosexualität aufgeben – wirklich in die Praxis umsetzen, worüber wir seit Generationen reden:* SCHWESTERLICHKEIT.*»* Sie wollen die Männer sich selbst überlassen, auch weil das Patriarchat Heterosexualität von vornherein zu einem Verkehr von Ungleichen verurteilt. Noch die romantische Anbetung ist ein Instrument der Knechtung – hingeben soll sie sich ihm. Bei Männern gab es schon immer eine versteckte, heimtückische Homosexualität, sie ORGANISIEREN ÜBER DEN FRAUENTAUSCH EINE HOMOSEXUELLE PRAXIS, DIE SICH DURCH DEN KÖRPER DER FRAU HINDURCH VERWIRKLICHT. Ein italienisches Papier schreibt über die Homosexualität der Frauen, eine *«im weiteren Sinn begriffene Beziehung mit der Mutter, also die grundsätzliche, primäre Beziehung aller Frauen. Die Rivalität mit dem männlichen Geschlecht ist die Konsequenz davon. Die Mutter enttäuscht die Tochter nicht, weil der väterliche Penis in sie eindringt, sondern das Gesetz des Vaters sie besitzt. Durch das Begehren der Mutter erlangt der Penis großes Prestige in den*

Augen des Mädchens, wird er der Gegenstand von Bewunderung und Begehren.»

Die Hippiebewegung der USA wollte noch in dem *soul fuck* die Utopie der Versöhnung von Mann und Frau vorwegnehmen. Die Weichheit des langhaarigen Jungen signalisierte eine Komplicenschaft mit der Frau, alles in dem Verlangen einer *cultivation of feminine softness*.

Die Frauen der feministischen Bewegung aber glauben: nur FREMDHEIT IST DAS GEGENGIFT GEGEN ENTFREMDUNG. In Westdeutschland und West-Berlin gewinnen sie Verbündete aus den Reihen ihrer Gegner, antisexistische Männer, auch schwule mit ihren weichen, zarten Gesichtszügen. Sie verweigern Konkurrenz, Leistung und Macht, alles männlicher Ehrgeiz, und jenseits von Eden taucht die schmale Figur des James Dean auf, der Anti-Mann zur Massenidentifikation. Bei ihnen gibt es eine revolutionäre Ethik, Sensibilität für die Unterdrückungsverhältnisse zwischen den Geschlechtern. Nicht selten erleben sie, daß es bei Frauen der feministischen Bewegung die auftrumpfende Attitüde gibt, selbstherrlich, autoritär und stolz und bei ihnen den Rückzug auf den stummen Boykott der Männer. Ob Männer inzwischen so *soft* sind, weil sie den Verlust der Frauen als Mütter fürchten – nicht mehr als Sexualobjekt

Inzwischen haben sich die Frauen einen feministischen Markt geschaffen. Doch wo es Markt gibt, entsteht auch Konkurrenz. Publikumszeitschriften der Frauenbewegung kämpfen um die feministische Käuferin, Frauenbuchläden um die feministische Kundin. Den Männern ist es bis heute kaum gelungen, der frühkapitalistischen Wirrnisse unter linken Kleinbetrieben Herr zu werden. Ob Frauen der feministischen Bewegung auch so hilflos davor stehen werden?

In Frankfurt schießen immer neue Initiativen der Frauenbewegung hervor, Frauenhaus, Frauencafé, Frauenbuchladen und viele andere sind geplant, Waschsalons, Kinderspielstuben, Kleidertausch, Frauenstadtteilgruppen und anderes. In dieser großen Bewegung treffen Frauen, die aus einer langjährigen, politischen Erfahrung kommen, sich «Genossin» nennen, auf junge Frauen, die erst jetzt zu den Feministinnen stoßen. *«Es gibt die ‹alten› Frauen mit bestimmten Erfahrungen, und es gibt Frauen, die jetzt dazustoßen. Von der linken Sache wissen sie wenig. Bestimmte Diskussionen möchte ich nicht mehr führen, ich möchte nicht die Frauen in der Bewegung agitieren. Ich habe meine Erfahrungen, möchte aber an bestimmten Punkten weiterdiskutieren, nicht immer wieder bei Adam und Eva anfangen. Ich bin nicht mehr ängstlich, daß diese Frauen einem politischen Pluralismus anheimfallen, und ich treffe irgendwann Frauen, die sagen, ich bin vom Frauenzentrum und mache eine CDU-nahe Aktion. Frauen sind mutiger geworden, über ihre eigenen Sachen nachzudenken, und wenn die Frau konsequent an den sie betreffenden Punkten weiterdenkt, dann kollidiert sie automatisch mit allen gesellschaftlichen Institutionen. Gut, die Abschaffung der Kleinfamilie, es ist noch denkbar, daß das Kapital andere Formen* von Reproduktionsmöglichkeiten schafft, aber jede Form von Wohngemeinschaften, Frauenhäusern, Frauenzentren hat immer Elemente von antikapitalistischem Widerstand. Es ist immer ein Angriff auf die traditionelle geschlechtsspezifische Arbeitsteilung und die traditionelle Frauen- und Mutterrolle. Und wenn diese Rolle angegriffen wird, das halte ich für einen zentralen Angriff gegen die patriarchalische Gesellschaft.»

In seinem Vortrag ‹Marxismus und Feminismus› sagt Herbert Marcuse in der Frankfurter Universität zum Schluß resümierend: «Ich glaube, daß wir Männer für die Sünden der patriarchalischen Zivilisation und ihre Tyrannei der Macht zu zahlen haben. Frauen müssen frei werden, um ihr eigenes Leben zu bestimmen, nicht als Ehefrau, nicht als Mutter, nicht als Mätresse, nicht als Freundin, sondern als individuelles menschliches Wesen. Es wird ein Kampf, durchdrungen von schmerzlichen Konflikten, Pein und Leiden (psychisch und physisch). Eines der vertrautesten Beispiele heute, das immer wieder auftritt, ist, wo ein Mann und eine Frau an verschiedenen Orten Arbeitsstellen haben oder bekommen können und sich die Frage erhebt, wer folgt wem? Ein weitaus ernsteres Beispiel ist die widerstreitende erotische Beziehung, die unvermeidlich in dem Prozeß der Befreiung aufkommen wird. Diese erotischen Konflikte können nicht in einer leichten, spielerischen Art noch durch Starksein, noch durch das Errichten von Tauschbeziehungen gelöst werden. Dies solltet ihr der Tauschgesellschaft überlassen, wo es hingehört. Der weibliche Sozialismus wird seine eigene Moral zu entwickeln haben, die mehr und anders sein wird als die schlichte Auflösung der bürgerlichen Moral, Frauenbefreiung wird ein schmerzlicher Prozeß sein, doch ich glaube, daß er notwendig sein wird – eine wesentliche Stufe im Übergang zu einer besseren Gesellschaft für Mann und Frau.»

11. Kapitel

Alte Linke und Außerparlamentarische Opposition

Im Rotbuch *Verschwörung gegen die Freiheit* wurde 1960 eine Liste von über 450 Namen veröffentlicht, Hochschullehrer, Schriftsteller usw., derer sich die «kommunistische ‹Kulturarbeit›» im Westen bediene. Unter diesen *fellow travellers* sollten unter anderen sein: Wolfgang Abendroth, Bele Bachem, Max Born, Otto Dix, Leonhard Frank, Helmut Gollwitzer, Heinz-Joachim Heydorn, Hans Henny Jahnn, Erich Kästner, Victor de Kowa, Wolfgang Koeppen, Martin Niemöller, Renate Riemeck, Ernst Rowohlt, Ernst von Salomon, Olga Tschechowa, Luis Trenker, Fritz von Unruh, Günther Weisenborn. Auf den Verdacht, gegen die Staatsideologie des Antikommunismus zu verstoßen, sollte Ausschluß aus der Gesellschaft stehen. Alle, die sich zur Bewegung gegen die atomare Aufrüstung der Bundeswehr zählten, verstießen gegen das Gebot des gesellschaftlichen Konformismus. Renate Riemeck schrieb 1958 in den *Blättern für deutsche und internationale Politik*: «Worauf warten wir eigentlich noch? Auf das Wunder, daß der westdeutsche Regierungschef seine grundsätzliche Haltung ändern könnte? Wollen die großen Massenorganisationen der Gewerkschaften und der SPD die Warner allein lassen? Oder werden Opposition und Gewerkschaften endlich das politische Leben der Bundesrepublik aus der Stagnation reißen, in die es durch die achtjährige Herrschaft eines großen alten Mannes geraten ist, werden sie das Tarnmanöver der Bundesrepublik entlarven, die Hinhaltetaktik und Verschleierungsmethoden aufklären, Mut haben, im richtigen Augenblick zu dem Protest aufzurufen, zu dem ein Volk fähig ist?» Dieser Appell war das erste überregionale öffentliche Auftreten von Frau Professor Dr. Renate Riemeck in der Bundesrepublik Deutschland.

Die außerparlamentarische Opposition in der Adenauer-Ära entzündete sich an der atomaren Bewaffnung der Bundeswehr. Stärker als gewohnt traten Frauen auf. Im Juni 1957 veröffentlichten unter anderen die Schriftstellerinnen Gertrud von le Fort, Ina Seidel und Luise Rinser eine Erklärung, die von mehr als viertausend Frauen unterschrieben wurde: «Wir stimmen ebenso dem Appell der Atomphysiker zu, in Deutschland keine atomaren Waffen, welcher Art auch immer, zu haben.» Schriftsteller wie Hans Henny Jahnn, Ernst Kreuder, Erich Kästner, Heinrich Böll, Wilhelm Lehmann und

Paul Schallück sagten dem Atomtod den Kampf an. Wenig später erschien eine Erklärung von ca. hundert Akademie- und Universitätsprofessoren, unter ihnen Renate Riemeck, die nicht bereit waren, für Krieg oder Kriegsvorbereitung wissenschaftliche Arbeit zu leisten. Am 30. März 1958 wurde eine «Aktionsgemeinschaft» der Komitees gegen die Atombewaffnung in Frankfurt gegründet. Die Anwesenden wählten in den «Zentralen Arbeitsausschuß» unter anderen Niemöller und Riemeck. Er sollte Kontakt zu den Gewerkschaften und dem Ausschuß «Kampf dem Atomtod» herstellen. Zuvor hatte Renate Riemeck am 28. Februar einen Aufruf initiiert «an das ganze deutsche Volk», besonders an die Gewerkschaften, den 44 Professoren unterschrieben. Damit wurde der Protest gegen die Atombewaffnung eine Volksbewegung. Das Ziel war, die unter den Akademikern bestehende Beunruhigung über die Rüstungspläne der Bundesrepublik mit der in der Gewerkschaft aufflackernden Empörung zu verbinden. Das Echo war ungewöhnlich groß. Es kam von der IG Bau–Steine–Erden, über die DAG, IG Chemie–Papier–Keramik bis in das DGB Funktionärsorgan *Die Quelle*. Gewerkschaftskonferenzen erhoben die Forderung nach gewerkschaftlichen Kampfmaßnahmen. Eine Bezirkskonferenz der ÖTV forderte den DGB auf, «*den 44 Universitätsprofessoren ... jede gewerkschaftlich mögliche Form der Unterstützung zuteil werden zu lassen, einschließlich der Stillegung von Betrieben, wenn die Bundesregierung auf anderem Wege von der Atombewaffnung nicht abgehalten werden kann*». Das war etwas Neues in der Adenauer-Ära: «*Professoren haben sich zum erstenmal entschlossen, an die Gewerkschaften zu appellieren.*» Auch daß Professoren auf Maikundgebungen sprachen, hatte es zuvor nur unter dem Zwang der Naziherrschaft gegeben. Die Maifeiern 1958 standen unter dem Zeichen der Bewegung «Kampf dem Atomtod». Otto Brenner kündigte in Hamburg Warnstreiks an, wenn Politiker der Stärke nicht anders zur Vernunft zu bringen seien, auf anderen gewerkschaftlichen Versammlungen sprachen die Professoren Renate Riemeck, Gollwitzer, Rohde, Schaefer, Strathmann und Weismantel. Träger der außerparlamentarischen Opposition waren in jener Zeit die Professoren, nicht die Studenten, denn noch galt, daß an den Hochschulen ein überdummer Servilismus kultiviert wird, sie sind BRUTSTÄTTEN POLITISCHEN OBSKURANTENTUMS. DER MENSCH IST NICHTS, DAS ENDZIEL ALLES. DAS ENDZIEL ABER IST DAS EXAMEN. Erst ein Jahr später erschienen dreihundert Studenten zum Kongreß gegen den Atomtod im Neubau der Wirtschafts- und Sozialwissenschaftlichen Fakultät der FU, unter ihnen Ulrike Meinhof, führendes Mitglied des «Studentischen Arbeitskreises für ein kernwaffenfreies Deutschland» in Münster. Der Kongreß nahm eine Schlußerklärung an, in der eine Interimslösung zur Wiedervereinigung gefordert wurde. Manfred Rexin sagte auf der Abschlußkundgebung: «*Die Studenten des Kongresses weigern sich zu glauben, daß das deutsche Volk Hitler überlebt hat, um mit Adenauer unterzugehen.*» – «*Totengräber unserer Freiheit*», zeterte die *Berliner Morgenpost*.

«*Meine parteipolitische Betätigung ging auf eine Rede von Wehner zurück, der 1960 zum erstenmal für die SPD die grundsätzliche Zustimmung zur Außenpolitik Adenauers zum NATO-Bündnis erklärte.*» Diese Erklärung Wehners veranlaßte viele Leute zu fragen: Können wir noch hoffen, mit der SPD eine Wende herbeizuführen? Später hieß es zwar, versprengte Kader der «*Kampf dem Atomtod-Bewegung*» hätten die Deutsche Friedensunion (DFU) gegründet, Renate Riemecks Partei, doch sie erhielt bei den Bundestagswahlen 1961 600000 Stimmen (1,9 Prozent). Darin drückte sich ein beträchtliches politisches Potential gegen den Starrsinn des christkatholischen Greisen an der Regierung und seiner unterwürfigen Oppositionspartei aus.

Am 18. Juli 1960 setzte der Staat gegen Renate Riemeck eine Maßnahme durch, die er für sein Recht hielt und die fünfzehn Jahre später grausame Tagesrealität für viele werden sollte: Berufsverbot. Sie hatte eine Professur an der Pädagogischen Akademie in Wuppertal inne. Ein Neffe Konrad Adenauers war Staatssekretär im Kultusministerium in Düsseldorf geworden, und man hatte ihm zu Ohren gebracht, daß Frau Professor Riemeck in *Blätter für deutsche und internationale Politik* und in Niemöllers *Stimme der Gemeinde* Artikel geschrieben hatte, die mit dem Status eines Beamten unverträglich sein sollten. Das war der Anlaß für den Entzug der Prüfungsvollmacht. Ohne Prüfungsvollmacht lehren, «*das hieß mit anderen Worten, daß die Studenten, die sich für meine Seminare interessierten, das sozusagen als Hobby betrieben hätten*». Sie kehrte nie wieder an die Hochschule zurück, auch nicht, als sie Aufforderungen erhielt, sich zu bewerben, denn die Laufbahn eines Beamten ist in der Regel die Karriere der Selbstverleugnung. Das stattliche Professorengehalt ist in Wirklichkeit ein Schmiergeld für Anpassung und Aufgabe politischer Identität. Das wollte sie sich mit viertausend Mark nicht erkaufen.

Acht Personen des öffentlichen Lebens veröffentlichten eine Erklärung gegen den Entzug der Prüfungsberechtigung, unter ihnen der Kultusminister a. D. Adolf Grimme, Professor Levin Schücking und Professor Alexander Schenk Graf von Stauffenberg:

«Als das totalitäre System des Nationalsozialismus im Zweiten Weltkrieg zerbrach, schien der Weg für eine freiheitliche, demokratische Neuordnung offen. Grundgesetz und Länderverfassungen der Bundesrepublik haben eine solche staatliche Ordnung statuiert. Im Gegensatz hierzu suchen staatliche Machtfaktoren politisch nichtkonformistische Haltungen und Äußerungen von Staatsbürgern mit nichtverfassungsmäßigen, scheinlegalen Mitteln auszuschalten und beteiligte Persönlichkeiten einzuschüchtern und mattzusetzen. Diese Methode verstößt in flagranter Weise gegen die freiheitlich-demokratische Grundordnung, die die ehernen Grundrechte der freien Meinungsbildung und Meinungsäußerung und der Freiheit von Forschung und Lehre garantiert. Gänzlich unhaltbar sind die Versuche, durch Verwaltungsanordnungen oder durch Disziplinarverfahren im Widerspruch zu den Vorschriften des Grundgesetzes und der Länderverfassungen für Staatsbürger im öffentlichen Dienst einen Verfassungsstatus minderen Rechts einzuführen oder das akademische Leben poli tisch gleichzuschalten.

Aus ihrem Gewissen heraus erheben die Unterzeichner ihre Stimme. Sie warnen, auf dem eingeschlagenen verhängnisvollen Wege fortzuschreiten. Die Lehren der kaum hinter uns liegenden furchtbaren Vergangenheit können und dürfen nicht vergessen werden. Die gewissenhafte Beachtung der Normen einer freiheitlich-demokratischen Grundordnung und die unverbrüchliche Treue zu ihr bilden die unerläßliche Voraussetzung dafür, daß der Sinneswandel, die Metanoia der Deutschen, glaubwürdig in Erscheinung tritt, daß die nationalsozialistische Vergangenheit überwunden und bewältigt wird und nicht in neuen Formen wiedererstehet und daß nicht durch die innenpolitische Entwicklung im Ausland erneut Mißtrauen, Argwohn und Feindseligkeit erweckt werden. Der Kampf ums Recht erfordert, daß jeder das Unrecht, das einem anderen, gleichviel von wem, zugefügt wird, als ein ihm selbst widerfahrenes Unrecht empfindet und sich mit dem Angegriffenen, Verfolgten oder Geschädigten in der Verteidigung solidarisch fühlt.

In diesem Sinne appellieren die Unterzeichner an die in ihrer zweifelsohne großen Mehrheit freiheitlich gesinnte deutsche Öffentlichkeit. Es muß den Anfängen gewehrt werden. Noch ist es Zeit.»

Die Zeitgenossen lasen die Erklärung empört oder gleichmütig, die Nachgeborenen lesen sie heute sprachlos, angerührt von dem pathetischen Vertrauen in die Demokratie der Bundesrepublik. Inzwischen ist die «fdGO», die «freiheitlich-demokratische Grundordnung», ein staatliches Ideologem geworden, Phrase für den Zwang zum Konsens, der Extremistenerlaß ein Versuch, die Kompetenz des Bundesverfassungsgerichts auszuhöhlen, Erweiterung des Maßnahmestaats, Aufbau des Doppelstaats, Teil einer Nebenverfassung. Im Land selbst gibt es das Klima der Angst, die kritische Öffentlichkeit des westdeutschen Notstandsstaats kann sich vor allem im Ausland Gehör verschaffen, das nirgends Grund hat zu glauben, daß DIE METANOIA DER DEUTSCHEN GLAUBWÜRDIG IN ERSCHEINUNG TRITT. Geschichte, hat sich gezeigt, ist in Deutschland aufgehoben, doch nicht wie bei Hegel, sondern wie ein alter, faulender Bismarckhering im Kühlschrank.

Mit einer kühlen gesellschaftlichen Sensibilität hatte Renate Riemeck schon in den sechziger Jahren geschrieben: «Wir müssen an diesem Gedanken des Widerstands festhalten, denn der Faschismus marschiert in Europa! Er kommt diesesmal nicht in Schwarzhemden und in SA-Stiefeln, nicht in ‹Duce›- und ‹Deutschland erwache›-Rufen. Er kommt im Gewande der Legalität ... Deshalb sind außerparlamentarische Taten, welcher Art sie auch sein mögen, das einzige Mittel, um – gegenüber der ständigen Gefahr der Verfälschung des Wählerwillens – eine echte politische Meinungsbildung in unserem Volke zu reaktivieren.»

Das war ein vorausschauendes Wort, ohne so gemeint zu sein. In den Jahren der Revolte riefen die Studenten auf den Straßen «Kapitalismus führt zum Faschismus – Kapitalismus muß weg!» – Nach 1960 kam aus England die Ostermarschbewegung auf das europäische Festland, und noch 1967 hielt Peter Rühmkorf eine Rede, als die Friedlichen mit ihren Märschen die Straße an die Unfriedlichen abtraten: «... vieles erscheint uns daran handgestrickt

173

und eher gut gemeint als effektiv; die Demonstrationsformen sind nachweislich unzulänglich, in jedem Fall verbesserungsbedürftig.» Wenige Wochen später waren in Berlin die Studenten auf der Straße vor der Deutschen Oper, noch immer friedfertig, aber die Polizei prügelte auf alle ein, wie nie zuvor in dieser Stadt, und erschoß einen der Friedfertigen, da faßte sich Peter Rühmkorf und schlug einen anderen Ton in seiner Rede auf der Hamburger Moorweide an und sagte, daß es *«gerade hier eine qualifizierte Minorität an Presse»* gibt, *«geübt in der Entschleierung perfider Sachverhalte. Es gibt ein reiches Potential von politisch aufmerksamen Bürgern ... Es gibt eine gewaltige Menge kleiner und großer Steuerzahler, die nicht bei Studenten einzusparen gewillt sind, was andernfalls dann wohl der weiteren Armierung einer bereits überbewaffneten Polizei zugute kommen soll. Es gibt eine Studentenschaft, seit einiger Zeit sehr animos reagierend gegenüber den kaum noch verhüllten Not- und Übelständen unseres Gemeinwesens und aufgeklärter, als es die Polizei erlaubt. Es gibt Künstler und Intellektuelle, die sich für Repräsentationszwecke nicht eignen und nicht hergeben. Alles in allem, meine Damen und Herren, wir sind eine ganze Menge, nicht an die Wand zu regieren und notfalls und notstands auch auf die Beine zu bringen.»*

In den fünfziger Jahren hatte ein Polizist bei der Verfolgung eines Menschen von der Schußwaffe Gebrauch gemacht. Das erregte in der Bundesrepublik großes Aufsehen, und die öffentliche Meinung war: die Polizei darf nicht – schon wieder! – Schießgewalt bekommen. Als Benno Ohnesorg in der Krummen Straße erschossen wurde, war es für Renate Riemeck ein Schock, denn das hieß: in der innenpolitischen Landschaft hat sich etwas so sehr verändert, daß auf Demonstranten geschossen wird. Sofort verband sich mit der Nachricht vom Tode des Studenten für sie ein Trauma der Erinnerung aus den zwölf Jahren faschistischer Diktatur. Als Kind hatte sie unfreiwillig in Berlin zugesehen, wie ein Mensch verhaftet wurde, sie hörte ihn schreien *«ich bin unschuldig, ich bin unschuldig!»* und Schüsse knallten. 1945 war es für sie eine Selbstverständlichkeit zu glauben, daß die Polizei nie wieder zu solchen Maßnahmen berechtigt sein dürfte. Doch nach zweiundzwanzig Jahren war es wieder so weit, daß man in Deutschland auf friedliche Menschen schießt.

«Doch der Tod Benno Ohnesorgs war durch die für mich überraschende Bewegung der Solidarität an den Universitäten ein Zeichen, daß sich grundsätzlich etwas geändert hat an dem akademischen Leben überhaupt. Als ich erfuhr, was nach seinem Tod geschah, war das für mich ein Signal, jetzt hat die Jugend, die Generation an den Universitäten, eine Aktion vollbracht, zu der die alte APO nie fähig gewesen wäre.»

Wegen Krankheit mußte sie in den nun kommenden Jahren der Studentenrevolte Zuschauer sein – und wie gern wäre sie Aktivist gewesen!

«Jede außerparlamentarische Opposition hat natürlich immer eine revolutionäre Komponente. Sie will ja Veränderungen herbeiführen – in der

Politik, in der Gesellschaft, in den ökonomischen Verhältnissen. Es gab bei den Studenten die Tendenz, eine Alternative zu den bestehenden Formen des politischen, gesellschaftlichen und ökonomischen Lebens zu entwickeln.» Renate Riemeck sah mit Hoffnung, wie die Kampagne gegen die Notstandsgesetze ein Bündnis von Teilen der Arbeiter und der Studenten zu verheißen schien. Es zeigte sich aber, daß die Studentenbewegung eine Kampagnenbewegung war, ohne den Ehrgeiz, das Bündnis des Kampfs gegen die Notstandsgesetze strategisch umzumünzen. Sie war nicht auf die Mobilisierung der Massen gerichtet, wenn auch die Bewegung an den Universitäten oft ihre Grenzen verließ, als sie ihre selbstauferlegten Beschränkungen wahrnahm. Die Ehrlichkeit, in der Studenten manchmal Arbeitssituation, Lebenssituation und welthistorische Perspektive miteinander vermittelten, was es, die andere Teile der Bevölkerung gelegentlich im Sturm der Bewegung mitriß. *«Aber es war für mich bedenklich, als ich die Forderung erlebte: Wir brauchen die Basis! – und es war erst der zweite Schritt . . . Diese Haltung am Anfang hätte zu ganz anderen Folgerungen geführt.»* Als Studenten in die Betriebe gingen, erhoffte sie sich nichts davon, außer individuelle Erfahrungen. *«Ich habe mich nicht berechtigt gefühlt, solche individuellen Erfahrungen zu verhindern, indem ich öffentlich so etwas gesagt hätte wie: das wird ja doch nichts, daraus wird nichts.»* Sie erwartete, daß jemand mit Erfahrungen vom Fließband Lebensprobleme, soziale, individuelle anders bewältigt als ohne sie. *«Mir hat meine Arbeit als Werkstudent nie geschadet, es hat mir genützt, in der gewerkschaftlichen Arbeit, mit Arbeitern, mit den Proleten zusammenzukommen.»*

Dann ereignet sich die Entmischung, Fraktionierung der Linken und das *roll back* des Staates gegen sie, wie um Rache an der sieglosen Studentenrevolte zu nehmen. *«Doch es ist nicht so, daß die Revolte verstrichen ist und danach alles wie in der Zeit zuvor. Vieles, was Ende der fünfziger, Anfang der sechziger Jahre geschah, ist heute nicht mehr denkbar. Als ich Berufsverbot bekam, haben vielleicht zwanzig Professoren dagegen protestiert. Heute gibt es eine Bewegung gegen die Berufsverbote.*

Rückschlag – das heißt doch: das Pendel schlägt noch aus. Ich glaube, man kann aus der Geschichte lernen. Im 19. Jahrhundert gab es die nationalrevolutionäre Studentenbewegung, 1817 das Wartburgfest, 1819 der Mord Kotzebues durch den Studenten Sand, Metternich will ‹der Sache die beste Folge geben, die möglichste Parthie aus ihr ziehen›, es kommen die Karlsbader Beschlüsse, Demagogenverfolgungen, Pressezensur, aber unter denen, die sich dreißig Jahre später, 1848, erhoben haben, waren auch die Studenten vom Wartburgfest.»

12. Kapitel

Eine Utopie ist noch nicht dadurch entwertet,
daß wir nicht vor ihr bestehen.

Wenn man in einem Elternhaus von Fabrikanten aufwächst, der Adoptivvater, Stresemann-Anhänger, KZ-Insasse, das Haus mit einem rabiaten Antifaschismus und Antikommunismus füllt, kann es sein, daß man nur einen Teil davon bereit ist zu übernehmen. Als Günter Maschke 1949 nach Trier zog, fand er eine Kleinstadt vor, dampfend von Katholizismus und provinziellem Stolz. Es war, als suchte er die Enge der Stadt zu verlassen, als er sich 1960 der Deutschen Friedensunion (DFU) anschloß. Er suchte die Freundschaft der Kommunisten in der Partei, weil ihm deren Standfestigkeit und Courage imponierten. Er trat in die illegale KPD ein, saß in Wohnungen mit verwitterten alten Genossen der Partei zusammen und war an nächtlichen Plakataktionen beteiligt.

Nicht daß er gefunden hätte, wonach ihm war. Er schloß die Schule mit der mittleren Reife ab, machte seine Prüfung als Versicherungskaufmann und fuhr mit 100 Mark in der Tasche nach Stuttgart, um sich zu den Füßen Max Benses zu setzen. Sein geheimes Ideal, von dem zu Hause nicht die Rede sein durfte, war, Autor zu werden. In dem Kreis um Max Bense und Ludwig Harig lernte er an der Technischen Hochschule in Stuttgart Gudrun Ensslin kennen. Sie wollte mit ihrem Freund Bernward Vesper einen Verlag gründen, «Studio Neue Literatur». Günter Maschke zögerte nicht, ihr einen Band mit seinen Gedichten vorzuschlagen, *«doch ich hatte eben nicht viel geeignete Texte dafür, so kam ich nur in einer Anthologie vor: Deutsche Dichter gegen den Atomtod oder so ähnlich hieß das».*

Finanziell ging es ihm dreckig. Er schlief im Keller der Evangelischen Mission und ernährte sich von karitativen Süppchen. Inzwischen hatte er Gudruns Schwester kennengelernt, Johanna Ensslin, und zog mit ihr nach Tübingen. In kurzer Zeit wurde er Redakteur der Studentenzeitung *Notizen*. Zusammen mit Jörg Lang übernahm er die Redaktion und hörte sich immer wieder an, wie Lang sich vom rechten Flügel der SPD her über seine linksradikalen Ansichten mokierte. Zehn Jahre später wird das Bild spiegelverkehrt: als Günter Maschke seinen Frieden mit der Gesellschaft gemacht hat, führt Jörg Lang mit der Waffe im Untergrund Krieg gegen sie.

In Stuttgart sah Maschke 1964 eine Suchanzeige als Plakat an den Häuserwänden aushängen:

SUCHANZEIGE
Ist für Sie die Auflehnung gegen die Unterdrückung in unserer Gesellschaft nur als geistige Revolte im Paperback denkbar? Stehen Sie der gelungenen Gleichschaltung Ihrer Person mit Demut gegenüber?
Oder glauben Sie gar noch an Ihre Freiheit?
Geilen Sie sich im Seminar an Marx auf?
Oder entsagen Sie der Welt mit der müden Geste des Adorniten?
Sind Sie der Star im intellektuellen Kaffeekränzchen?
Liebäugeln Sie auch mit einer leitenden Position, um als Schaf im Schafspelz zu wüten und schließlich sogar Ihr ursprüngliches Unbehagen zu begraben?
Sicher kennen Sie auch die folgenden Sätze und legen sich dann zur Ruhe:
«Mit dieser Welt gibt es keine Verständigung, wir gehören ihr nur in dem Maße an, wie wir uns gegen sie auflehnen» (A. Breton).
«Alle sind unfrei unter dem Schein, frei zu sein» (L. Kofler).
«Freiheitsberaubung wird als organisiertes Vergnügen geliefert» (G. Anders).
«Die Zivilisation muß sich gegen das Traumbild einer Welt verteidigen, die frei sein könnte. Kann die Gesellschaft ihre wachsende Produktivität nicht dazu verwenden, die Unterdrückung zu verringern, so muß die Produktivität gegen die einzelnen gewendet werden; sie wird selbst zum Instrument weltumfassender Lenkung» (H. Marcuse).
«Man will nichts tun, und man wird getan» (S. Kracauer).
Eine Gefahr vergeht nicht, wenn man sie zweimal ausspricht. Sie vergeht auch nicht, wenn man in Organisationen der offiziellen Linken eintritt, in denen man notwendig als Karteileiche in kritischem Quietismus enden muß.
Wenn auch Ihnen das Mißverhältnis von Analyse und Aktion unerträglich ist, wenn auch Sie verstanden haben, daß die zersplitterten Linken nur im gemeinsamen Kampf ihrer historischen Aufgabe gerecht werden kann, dann kommen Sie zu einem Gespräch mit Vertretern unserer Gruppe.

Es waren Plakate der «Subversiven Aktion», Maulwürfe, die am Rande der Gesellschaft wühlten, unerbittliche, kompromißlose *«Rädelsführer des organisierten Ungehorsams»*, Aktivisten der *«Mikrorebellionen für den totalen Umsturz»*. Rudi Dutschke war unter ihnen, Bernd Rabehl, Dieter Kunzelmann, Frank Böckelmann. Sie entschlossen sich später, als *«U-Boote»* in den SDS zu gehen, um ihn zu radikalisieren, oft mit dem unguten Gefühl, in diesem Kompromiß ihre Radikalität aufzugeben. Im April 1965 schickte Dutschke einen Brief an eine Gruppenversammlung der «Subversiven Aktion», in dem es skeptisch und nüchtern unter anderem hieß: *«Wir haben uns keinerlei Illusionen über den Charakter des SDS hinzugeben; er ist ein Gelegenheitsprodukt der revolutionären Ebbe der Nachkriegszeit.»*
Günter Maschke setzte sich 1964 mit den Unterzeichnern des Plakats «Suchanzeige» in Verbindung. Aus München reiste Frank Böckelmann an, und Maschke erhielt den Auftrag, in Tübingen eine Gruppe der Subversiven aufzubauen. Mit seinen Genossen saß er abends bei Lampenlicht über

Texten von Marcuse, Lukács, Fanon, Horkheimer und Adorno, die alle später theoretische Autoritäten des SDS werden sollten. «*Ich hatte zwar eine marxistisch-leninistische Attitüde angenommen, doch die Probleme der Gewerkschaften, des Proletariats, der sozialen Frage allgemein interessierten mich im Grunde überhaupt nicht wirklich. Deswegen entschied ich mich auch nicht für den SDS, wo sie alle eine größere Rolle spielten, sondern für die Subversive Aktion.*» Im September begannen für ihn die Aktionen mit den Subversiven. Er klebte mit anderen zum Katholikentag in Stuttgart Plakate («*Verantwortlich: Günter Maschke, Trier, Zellstr. 17*»). Der Text im Ton der Theorie der Subversiven; der Vater war der Marxismus, die Mutter die Psychoanalyse, der Eidam die Kritische Theorie – doch das Kind ist häßlich, kraftlos und ohne Blut:

«Waren der allmächtige Gott und seine Kirche der Liebe mit ihren tiefwurzelnden archetypischen Symbolen ursprünglich eine Projektion des Verdrängten und damit zumindest indirekte Kritik am Bestehenden, so degenerierte Gott, indem man die schlechte Welt mit ihm in Einklang brachte, zum patriarchalischen Über-Ich, das die jeweilige Form der Unterdrückung übernahm und rechtfertigte. Die *neue* Menschlichkeit, die *neue* Hoffnung und die *neue* Erlösung des Menschen liegen im unerbittlichen Kampf gegen die Herrschaft der zum Selbstzweck gewordenen Produktion, die die fundamentalen Beziehungen des Menschen zur Welt und zu seinem Nächsten verstümmelt und ausbeutet. Das Absterben der Theologie ermöglicht die Erfüllung ihres Anspruchs.»

Subversive Aktion

1965 erhielt Günter Maschke seinen Gestellungsbefehl zur Bundeswehr. Er erklärte, den Wehrdienst verweigern zu wollen, und fügte gleich in ausschweifendem Selbstbewußtsein hinzu: «*Auch den Ersatzdienst werde ich verweigern.*» Am 28. Oktober wurde er von einer Feldjägerstreife auf der Straße festgenommen. Als er in zwei Instanzen als Kriegsdienstverweigerer nicht anerkannt wurde, entschloß er sich, inzwischen wieder auf freiem Fuß, zur Desertion. Paris, Zürich, Wien waren die Stationen. In Wien konnte er sich als freier Mitarbeiter der *Volksstimme* und des *Wiener Tagebuch* durchschlagen. Darin machte er sich zum Messias der neuen kritischen marxistischen Theorie, Marcuse, Adorno, Bloch, Namen, die den österreichischen Kommunisten nicht geläufig waren.

Die trügerische Ruhe sollte nicht lange anhalten. Ende 1967 sprach er auf einer Protestversammlung der Wiener Studenten gegen den Vietnam-Krieg und wurde kurz darauf als unerwünschter Ausländer inhaftiert. Ihm drohte die Abschiebung nach Westdeutschland, dort aber drohte ihm die Haft wegen Desertion. Die siebzehn Tage in der Zelle waren nervenaufreibend für Maschke, während sich draußen seine Freunde um eine Lösung bemühten. Wie eine Erlösung war es, als das Angebot von politischem Asyl durch die kubanische Botschaft in Wien kam. Im Februar 1968 wurde er aus Österreich ausgeflogen und kam in Kuba an. «*Ich hatte eigentlich gar keine Vorstellung von Kuba, auch keine Revolutionsromantik.»*

Es war die Zeit, als Che Guevara in Bolivien getötet wurde, der vor seinem Tod sagte: *«Das Land, das ich mit meinem Blut tränke, ist das einzige Stück Erde, das mir gehört»*, als Kuba das Zentrum der lateinamerikanischen Revolution war und als Castro in einer Rede sagte:

«Wer keinen echten revolutionären Geist besitzt, darf sich nicht Kommunist nennen. Jedermann kann sich ‹Adler› nennen, ohne eine einzige Feder am Rücken zu haben . . . Und wenn in irgendeinem Land diejenigen, die sich Kommunisten nennen, ihre Pflicht nicht zu erfüllen wissen, dann stehen wir zu jenen, die auch, ohne sich Kommunisten zu nennen, in der Aktion, im Kampf wie echte Kommunisten handeln.»

Das frühere «Hilton» in Havanna trug ein Transparent, zehn auf zwanzig Meter, mit der Aufschrift *«Pflicht des Revolutionärs ist es, die Revolution zu machen»*, auf einem Ministerium in der Stadt leuchteten die Worte *«Schafft zwei, drei, viele Vietnam»*. Auf Kuba, Fidel Castro, den Lider Maximo, Che Guevara war der Blick der Neuen Linken gerichtet, auf jene Insel, die sich nicht der sowjetischen Staatsbürokratie unterwarf. Noch 1962 wurde Annibal Escalante, Altkommunist und Moskau treu ergeben, des Landes verwiesen. Zugleich aber hatten die USA einen wirtschaftlichen Boykott und eine diplomatische Isolierung gegen Kuba organisiert und die verzweifelte Landung der Weltpolizisten in der Schweinebucht initiiert. Wer konnte dem David gegen Goliath helfen, wenn nicht die Sowjetunion? Die UdSSR zahlte Milliarden Rubel für das Land, in dem die Wirtschaftsführung Che Guevaras Unheil angerichtet hatte, und verlängerte die Kredite bis 1968. So wurde der *«kubanische Weg zum Sozialismus»* von der UdSSR sowjetisiert.

In Kuba angekommen, war Maschke von Sprachen, die ihm geläufig waren, abgeschnitten. Er lernte an einer Sprachschule Spanisch und hoffte, daß sich das Land ihm danach öffnen werde. Doch er bemerkte durch den Schleier revolutionärer Faszination, daß die Menschen auf der Insel Hunger litten. *«Es ging der Bevölkerung dreckig, und nicht zu einem geringen Teil war die neue Klasse Kubas schuld daran, wegen ihrer administrativen, wirtschaftlichen und innenpolitischen Unfähigkeit.»* Maschke lernte eine Kubanerin kennen, die aus dem Großbürgertum stammte und Krankenschwester in der Guerilla Castros gewesen war. Das Mädchen fühlte sich inzwischen der Opposition zugehörig und wurde bei der kubanischen Geheimpolizei als Konterrevolutionärin geführt. Das Verhältnis Maschkes mit ihr ließ auch einen Verdacht auf ihn fallen. Tatsächlich war er unglücklich im Land und unzufrieden mit den Maßnahmen der Übergangsgesellschaft. Manchmal entsann er sich seiner Zeit in Tübingen, als Ernst Bloch in den *Notizen* geschrieben hatte: *«Es können gerade materialistisch keine Generationen verheizt, aufgeopfert werden, um eine künftige Harmonie zu düngen, ein unvermitteltes Eschaton bloßer Ferne. Und sachlich muß sich das Fernziel in jedem Nahziel kenntlich machen, ebensowohl damit das Fernziel nicht leer ist, abstrakt, unvermittelt sei, wie damit das Nahziel nicht blind, opportunistisch, in den Tag hineinlebend sei.»*

Der Beginn der Entfremdung Günter Maschkes vom Sozialismus datiert für ihn seit Sommer 1968. Damals reisten etwa hundert SDS-Mitglieder nach Kuba und arbeiteten dort in einem Arbeitscamp für Kaffee, während die Führer des SDS mit der IKAB, einer kubanischen Intourist, durchs Land gefahren wurden. Maschke freute sich darauf, die deutschen Genossen, unter ihnen Bernd Rabehl, Wolfgang Lefèvre und Reimut Reiche, zu sehen und mit ihnen seine bitteren Erfahrungen mit Sozialismus und Übergangsgesellschaft zu diskutieren.

DIE KÜNFTIGE SOZIALE GESELLSCHAFT DARF NUR VON UNTEN NACH OBEN ERRICHTET WERDEN DURCH DIE FREIE ASSOZIIERUNG UND FÖDERIERUNG DER ARBEITER ZUNÄCHST IN DEN ASSOZIATIONEN, DANN IN DEN GEMEINDEN, DEN DISTRIKTEN, DEN NATIONEN UND ZULETZT IN EINER GROSSEN INTERNATIONALEN UND UNIVERSELLEN FÖDERATION. ERST DANN WIRD DIE WAHRE UND LEBENGEBENDE ORDNUNG DER FREIHEIT UND DES ALLGEMEINEN GLÜCKS VERWIRKLICHT WERDEN, DIESE ORDNUNG, WELCHE DIE INTERESSEN DER EINZELNEN UND DER GEMEINSCHAFT NICHT LEUGNET, SONDERN SIE VIELMEHR BEJAHT UND IN ÜBEREINSTIMMUNG BRINGT. (Bakunin).

Maschke setzte große Erwartungen in das Gespräch mit den SDSlern, denn er erhoffte sich, daß sie aus ihrer größeren Distanz Zutreffenderes über Kuba sagen könnten als er. *«Aber gerade diese Erfahrung machte ich nicht; es war, wie wenn sie mir auf die Schulter klopften und beruhigend sagten, das ist eben so, der Aufbau des Sozialismus ist schwierig. Alles wurde in der griffigen Redewendung abgekürzt: ‹Wo gehobelt wird, da fallen Späne.›»*

DIE ARBEITERKLASSE HAT KEINE FIX UND FERTIGEN UTOPIEN DURCH VOLKSBESCHLUSS EINZUFÜHREN. SIE WEISS, DASS, UM IHRE EIGENE BEFREIUNG UND MIT IHR JENE HÖHERE LEBENSFORM HERVORZUARBEITEN, DER DIE GEGENWÄRTIGE GESELLSCHAFT DURCH IHRE EIGENE ÖKONOMISCHE ENTWICKLUNG UNWIDERSTEHLICH ENTGEGENSTREBT, DASS SIE, DIE ARBEITERKLASSE, LANGE KÄMPFE, EINE GANZE REIHE GESCHICHTLICHER PROZESSE DURCHZUMACHEN HAT, DURCH WELCHE DIE MENSCHEN WIE DIE UMSTÄNDE GÄNZLICH UMGEWANDELT WERDEN (Marx).

An der Schule, auf der Maschke gelernt hatte, lehrte er jetzt. Er lernte dort unter den Schülern eine Kubanerin kennen, die später seine Frau werden sollte. Er lebte mit ihr monatelang zusammen und mußte eines Tages feststellen, daß es bis zum Schluß Mißtrauen, eine nie aufgegebene Reserve gab. Sie wagte über ein halbes Jahr nicht, ihre Ansichten über das Castro-Regime zu äußern. BEWAHRE DIE TÜR DEINES MUNDES VOR DEM, IN DESSEN ARMEN DU SCHLÄFST!

Dasselbe passierte mit Padilla, einem kubanischen Lyriker. Er blieb skeptisch bis zum Schluß und traute seinen Freunden Maschke und Enzensberger bis zuletzt zu, ihn zu denunzieren. *«Diese Vereinsamung des Menschen, daß dem Kontakt jede Unbefangenheit fehlt, war für mich sozusagen das Urerlebnis des Totalitarismus.»*

Bei aller Zurückhaltung, die sich Padilla auferlegt hatte, ereignete sich um ihn später doch eine politische Affäre. Sie endete mit einer Selbstkritik des kubanischen Dichters, die bei den westeuropäischen Linken einen bitteren Geschmack hinterließ, weil sie an die Selbstkritiken der Angeklagten bei den Moskauer Schauprozessen erinnerte. In den Zusammenhang der Padilla-Affäre geriet auch Maschke als Freund des Dichters. Er wurde in Havanna verhaftet und in einem Flugzeug nach Moskau abgeschoben.

In Westdeutschland empfängt ihn die Grenzpolizei. Es waren dreizehn Monate, die er bis Ende 1970 in den Gefängnissen von München und Landsberg/Lech absitzt. Auf der Seite von *883*, auf der es ein Ostinato *«Freiheit für Bommie»* gibt, heißt es jetzt auch *«Freiheit für Maschke!» «Die glaubten damals, ich sei noch einer der ihren.»* Die «Tupamaros München» führten mit einem Molotow-Cocktail eine Aktion gegen den Richter Maschkes in dessen Wohnung durch.

Nach dem Knast geht Maschke nach Köln und baut eine antiautoritäre Gruppe auf, die sich «Gruppe Eifelstraße» nennt – eine Art Spätgeburt der APO, die als antiautoritäre Bewegung in Köln nie richtig gelebt hatte. Ihm drängt sich inzwischen die Frage auf: *«Wie stellst du dich zu deiner politischen Vergangenheit, wie führst du sie weiter oder wie beendest du sie?»* In *Kursbuch* 23 schreibt er 1971 einen Aufsatz über ‹*Entfremdung, Herrschaft, Produzentendemokratie*›. Darin hält er fest an den Zielen des Marxismus, doch die Zeilen sind ein Bekenntnis als Postulat, ein Schwanengesang des Genossen Günter Maschke, gerichtet an alle Staaten des realen Sozialismus und an die Bewegung der Neuen Linken: *«Und last but not least die Schaffung einer Revolutions- und Organisationstheorie, die von Anfang an Revolution als Handeln sich emanzipierender Massen definiert und die Vorbedingung hierzu in ihren Organisationsformen findet.»*

«Wenn man an diesem Punkt des reinen Postulats angelangt ist . . . das scheint mir unmittelbar der Punkt zu sein, wo man abspringt.»

Heute wohnt Maschke zusammen mit seiner kubanischen Frau in einer komfortablen Wohnung, die Wände voller Bücherregale, darauf Konservative von Rang – Moeller van den Bruck, Hippolyte Taine, Gehlen, Carl Schmitt – und Renegaten – Gustav Regler, Stephen Spender, Solschenizyn, Medwedew und viele andere. Wenn Maschke redet, taucht vieles aus der Erfahrung von Renegaten auf, das früher oder später erlebt wurde: Daß Menschen in der Politik bei Kommunisten nichts gelten – bei den Deutschnationalen oder den Christsozialen galten sie noch nie etwas, aber ist Kommunismus nicht das Erkämpfen der Menschlichkeit? – Ihre Leitartikel asthmatisch, ihre Aufrufe rachitisch, ihr Denken sklerotisch, und sie selbst, in der Not, nicht eins mit den Notleidenden, sondern die Kaste der Kader. Doch gibt es nicht auch Kämpfer aus den Niederauffahrten des Kommunismus wie Rosa Luxemburg? Die Frau, die gesagt hat: *«Das Knie auf die Brust und den Daumen aufs Auge»*, konnte schreiben: *«Ich bückte mich und sah ein lautloses Trauerspiel: ein großer Maikäfer lag auf dem Rücken und wehrte* sich hilflos mit den Beinen, während ein ganzer Haufen Ameisen auf ihm herumwimmelten und ihn – bei lebendigem Leibe verzehrten! Mich schauerte es, ich nahm mein Taschentuch heraus und fing an, die brutalen Bestien wegzujagen.»

«Ich bin sozusagen der Meinung, daß ich ein klassisches Renegatenschicksal durch meinen Kontakt mit dem realen Sozialismus absolviert habe. Wenn man das Unbehagen an der Gesellschaft erlebt hat wie ich, kommt man zu keiner naiven Identifikation mit dem System. Aber die Alternative zum westlichen Kapitalismus ist nicht der Sozialismus in Paperbacks und sind nicht die Ordnungsideen der unabhängigen und dem Ostblock skeptisch gegenüberstehenden Linken, sondern die real mögliche Alternative ist bei einem Zusammenbruch unseres Systems nur, daß dieses Machtvakuum von der angrenzenden imperialistischen Macht der Sowjetunion gefüllt wird.

Die Geschichte ist sinnlos, hat keine Tendenz, die Geschichte ist Kampf, dieser Kampf wird unter gewissen Feldzeichen geführt, die ihm Sinn verleihen sollen, weil gewisse menschliche Interessen dahinterstehen, die sich durch die gesellschaftliche Evolution Raum verschaffen müssen. Aber mit menschlicher Emanzipation, Befreiung und Glück hat das nichts zu tun. Ganz Hegel: ‹In der Weltgeschichte sind die Seiten des Glücks leere Seiten.›

Benn hat sehr schön gesagt: ‹Die Oberen wollen oben bleiben, die Unteren wollen nach oben kommen.› Das ist das Normalste der Welt. Aber die Illusion vom Klassenkampf, die menschliche Kreativität, die Solidarität und alles im Sozialen zu finden, halte ich für sinnlos. Diese Illusion muß man endlich ad acta legen.

Hinzu kommt, daß ich die Bundesrepublik positiv einschätze. Das hängt natürlich auch mit meiner persönlichen Situation zusammen. Ich habe als Publizist Erfolg gehabt und bin jetzt dabei, mit großer Verspätung auf Grund meines Bildungsganges, eine ganz aussichtsreiche wissenschaftliche Karriere zu beginnen. Da das Engagement eines Marxisten zur Revolution eigentlich nur über das Interesse laufen kann, habe ich heute kein Interesse mehr an der Revolution. Nach meinen Erfahrungen in Kuba gilt für mich heute nicht mehr: schwarz oder weiß, sondern grau oder schwarz.

Ich übersehe zwar nicht, welches Unbehagen in der westdeutschen Gesellschaft herrscht, aber sie scheint mir doch weitaus besser und verteidigungswerter zu sein als alle bestehenden sozialistischen Systeme. Insofern bin ich ein Verteidiger dieser Ordnung. Der Konflikt zwischen Individuen und Gesellschaft ist unlösbar, nicht auflösbar. Wir müssen für uns die Entfremdung als eine Chance ansehen.

Und politisch . . . – ich bin für die Reform des Bodenrechts und für das Verbot der DKP. Mehr kann ich zu meiner politischen Einstellung nicht sagen. Die Begriffe links und rechts haben ausgespielt.

Die Studentenrevolte ist noch jetzt für mich ein lebendiges Faszinosum, *das man nicht los wird. Im Kampf fühlt man sich wohler. Früher war es viel leichter, klarer zu schreiben, heute bringt jeder Gedanke seinen Widersacher hervor. Eine rabiate Linke wäre mir lieber, das wäre ein erfrischenderes Gefühl als jene larmoyante Linke, revolutionäre Pappkameraden, die es gibt!»*

Die revolutionäre Ebbe hat einen Typus mit dem linken Gesichtsausdruck hervorgebracht, in dem sich die Redeweise spiegelt: *«Alles ist Scheiße!»* Das ist die Trivialform von Adornos «Das Ganze ist das Unwahre». Dieser Typus macht die Sehnsucht Maschkes nach Gefechten zäh und stockfleckig, sein Leben langweilig und dürr.

Lieber würde er als konservativer Anarchist, als solipsistischer Radikaler gelten denn als der Zyniker des Status quo, der er ist. Sein Wohlleben in einem Staat ist ihm bisher Anlaß genug für den Satz vom zureichenden Grund der Zufriedenheit mit den Verhältnissen von Herrschaft und Knechtschaft.

Ob er, wie Candide, Tragödien des Optimismus in der besten aller Welten erleben wird?

Doch die Zuschauer bei Katastrophen erwarten zu Unrecht, daß die Betroffenen daraus lernen. Auch ein Versuchskarnickel lernt nichts über Biologie, die Satten nichts im Krieg gegen die Hungrigen. Jene schmälzen ihre Suppe mit dem Fett dieser, und der Imperialismus des Landes, das sie fett macht, wird seine Verteidiger und sich selbst tödlich bedrohen. Vielleicht nicht wie in der Revolution von 1917, sondern wie in dem langsamen, steten Verfall des Römischen Reiches. Dieser kann in seiner Dauer das Aufbegehren als Handeln sich emanzipierender Massen definieren und die Vorbedingung hierzu in seinen Organisationsformen finden.

13. Kapitel

Vom weißen Kragen zur roten Fahne

Als Malte F. aufwuchs, soll sich sein Vater besondere Verdienste um die katholische Kirche erworben haben. So jedenfalls hieß es in einem Schreiben, übersandt mit einem Orden vom Vatikan: «. . . *und wir entnehmen, daß Du Dich um das Wohl der katholischen Kirche hoch verdient gemacht hast.*» Schon als er mit Aufsichtsratsvorsitzenden und Ordensschwestern groß wurde, wuchs in ihm ein Haß gegen die katholische Kirche. Er hatte Anlaß, sie zu fürchten, doch wie sollte er sich ihren Krallen entziehen? Er befaßte sich mit allen möglichen Religionen, Zen-Buddhismus, Hinduismus, Islam. Über eine Pfadfindergruppe kam er nach Marokko, lernte islamische Würdenträger kennen, die ihn ermunterten, zum Islam überzutreten – «*wenn das Ergebnis unseres Gesprächs so ist, wie du sagst, warum ziehst du daraus keine Konsequenzen?*» So geschah es, und Malte kam in alle möglichen Kommissionen in Westdeutschland, so auch eine für Moscheebau, die ihn nach Indien, Saudi-Arabien und fast alle Länder des Nahen Ostens führte.

Er begriff bald die politischen Auseinandersetzungen innerhalb des Islam; sein einschneidendstes Erlebnis war eine Einladung bei König Feisal, und die Zeremonien erregten sein Gefühl für Romantik. Aber er sah, daß sich im Islam ein tiefer Graben auftat, zwischen Traditionalisten und Modernisten. Er beschäftigte sich mit dem Ur-Islam und entdeckte darin, wie im Ur-Christentum, Elemente des Sozialismus. Das war es, wonach er suchte, nicht der einzige Gott, Allah, und sein Prophet Mohammed.

Während der nordafrikanischen Befreiungskriege arbeitete er im Betreuungsdienst nordafrikanischer Organisationen, die unter anderem Arbeitsplätze in Westdeutschland besorgten. Was Malte von den Greueltaten der Franzosen in ihren Kolonien hörte, empörte ihn. Die kolonisierte Welt soll eine Welt ohne Werte sein, Quintessenz des Bösen. Diese Atmosphäre von Gewalt und Drohung machte Malte entschlossener, verbissener.

1967 war Malte 38 Jahre, Texter in einem Werbebüro. Morgens suchte er sich ungesehen an den Chefs vorbeizudrücken, denn er gehörte nicht zu den Marketing-Stars. Immer tauchten sie unerwartet auf, Arthur, Creative-Director, Dieter, Personal-Direktor, und Manfred, Geschäftsführer, schmallippig, Zweireiher, Nervosität und Blicke, die Kumpanei mit dem Produkt verraten sollten: «*Wir wissen, wir sind kaum zu schlagen. Wir kämpfen für Ihr Produkt, als wäre es unser eigenes.*» Mit ihrer zynischen Demut versicherten sie kühl: «*Wir wissen, was wir schaffen, dient nicht der Kunst, sondern dem Kampf. Das kaufende Volk wollen wir treffen.*».Malte schlich mit Ekel an seinen Stahlrohrsessel, seinen Glanzschreibtisch, eine Mischung aus Gediegenheit und Plastikkultur, das dröhnende Lachen des Creative-Directors über seinen Stammwitz in den Ohren: «*Werbung ist keine Hure, sondern der Verkehrspolizist der freien Marktwirtschaft!*» An der Wand hing ein farbiges Poster von Marilyn Monroe mit ihrem großen, wollüstigen, rosigen Busen, daneben ein anderes mit der schlanken, gazellenhaften Josephine Baker mit den sanften Rundungen ihrer zierlichen spitzen Brüste und des schmalen Pos. Er hatte eine Schreibmaschine gestellt bekommen, zwar nicht gerade eine gute, aber knallig rot. Er blätterte lustlos in den Fachzeitschriften *new business* und *werben & verkaufen,* sollte kreativ sein und hatte bloß den lächelnden, idiotischen Gedanken über die tragische Geschichte eines Werbemannes im Kopf, der sich erschießt, weil er seinen Beruf verfehlt hat, denn er kann kein Englisch. Um ihn tanzten die Kreativen im Großraumbüro herum, einer raste brüllend hin und her: «*Wer sitzt auf dem Leuchtkasten, du, Jutta, oder du, Hans?*»

Alle, ob «*Tiefenheinis*», Tiefenpsychologen, oder «*Nasenzähler*», experimentelle Psychologen, machten ihre Arbeit mit einem mulmigen Gefühl. Den Käufer verachteten sie in Wirklichkeit, «*du hast Einblick in den Mechanismus der Märkte – und schreibst über Aroma-Knospen!*» Für die Kreativen war Kreativität ein Plan, mit dem sie den zündenden Funken erwarteten, wie später ein Teil der Linken, die Spontis, Spontaneität zum Programm machten. Doch ihre Zweifel begruben die Werbeleute im Wohlleben ihres Monatsgehalts von 5000 bis 8000 Mark, immer mit dem Kinderwunsch lebend: ich arbeite so lange, bis ich genug Geld habe, einen Bauernhof zu kaufen. Weil hier alles so kaputt war, gab es die Sehnsucht nach einer heilen Welt.

Tag für Tag saßen die Kreativen, 27, zusammen, im vierten Stock in ihrem Großraumbüro, soffen viel, rauchten viel, warteten auf den zündenden Funken, doch die Enge war auch ein Brutkasten der Hinterlist, des Mißtrauens und der kleinen Gemeinheiten. Es gab eine dumpfe, klebrige, boshafte Vertrautheit im vierten Stock. Dort sollte Malte «*eine Marke aktualisieren*», mit einem Etat von acht Millionen Mark, das ist schon eine Anstrengung wert – aber alle seine Ideen gehörten der Firma, die Kreativität wird für den Verkauf verlangt, das macht sie unehrlich, gemein und heimtückisch.

Johannes R. saß zur selben Zeit einige Kilometer entfernt in der Devisen- und Auslandsabteilung der Deutschen Bank. Wollte man der Bank-Direktion glauben, machte er eine hoffnungsvolle Karriere. Eines Tages bat ihn der Leiter seiner Abteilung in das Chefzimmer und eröffnete ihm: «*Ich muß eine organisatorische Veränderung durchführen und bitte Sie, mich dabei zu unterstützen.*» Unter den zweihundert Mitgliedern der Abteilung sollte ein Fragebogen ausgefüllt werden, der über den genauen Arbeitsablauf, die täglichen Arbeitsgänge, mit Zeitangabe und Arbeitsgebiet, Auskunft gibt. *Wie*, dachte Johannes, als nach dem Verlassen des Chefzimmers die erste Überraschung von ihm abgefallen war, *wir sollen einen Plan, Minute für Minute, von unserer Arbeit machen? Kommt nicht in Frage!* In der Abteilung erzählte er von dem Vorhaben der Bank, und die meisten begriffen mit der Wachsamkeit und dem Instinkt der Abhängigen, was auf sie zukommen sollte. Eine Arbeitsgemeinschaft entstand. «*Wir schrieben ein Schriftstück, und gaben es an die Geschäftsleitung weiter.*» Aber es geschah nichts. Es stellte sich heraus, daß ein Großraumbüro gebaut wurde, unberührt von den Protesten der Bankangestellten. Die Schreibtische wurden in Winkeln abgezirkelt aufgestellt, Telefone mit einer Hand erreichbar, Briefbogen mit der anderen, und die Angestellten der Bank verfolgten das Geschäft der Einrichter und Innenarchitekten wie ein Verhängnis, das langsam auf sie fällt. Schließlich gingen sie zur Leitung, wollten sagen: «*Wir wollen so arbeiten wie bisher!*», das heißt, in die Sprache der Ämter und die Welt der Geschäfte übersetzt: «*Wir brachten zum Ausdruck, daß wir den Arbeitsablauf in der bisherigen Form durchführen wollten.*» Da hatte die Leitung genug von der Widerborstigkeit der Unterlegenen, bestellte sie zum Personalchef, der ihnen erklärte: versetzt, entlassen, gekündigt. Johannes wurde von der Zentrale in eine Filiale versetzt, ein sozialer Abstieg. In der Bank Bockenheimer Landstraße hatte es schon lange keine Veränderungen mehr gegeben; achtzehn Mitarbeiter auf engstem Raum, für alle eine Toilette, ein Waschbecken. Der Chef gab ihm auf der Zentrale mit: «*Die Verhältnisse dieser Firma entsprechen nicht unseren Vorstellungen, und Sie haben die Chance, durch persönlichen Einsatz eine Verbesserung herbeizuführen.*» Tatsächlich wollten sie nur einen Dummen finden, der mit seiner Güte, Tatkraft und Freundlichkeit das kompensiert, was die Deutsche Bank nicht vorgibt. Die Verhältnisse waren so, daß alle in Fehde untereinander lagen, es gab ständig Streit. Den Grund, warum sie nicht miteinander auskamen, suchten sie stets bei sich selbst, statt in den unwürdigen Bedingungen der Filiale. Johannes stellte gleich Forderungen an die Zentrale der Deutschen Bank, sie solle sich bemühen, andere Geschäftsräume zu finden. «*Das geschah auch, sie fanden geeignete Räume in der Leipziger Straße, eröffneten aber dort eine zweite Filiale in Bockenheim, statt unsere auszuräumen.*»

Die Zweigstelle der Deutschen Bank, die er jetzt leitete, lag genau gegenüber von Campus und Universität. Viele Studenten hatten dort ein Konto eingerichtet, um das Geld ihres Stipendiums abzuholen. Dadurch lernte Johannes SDSler kennen, meist konnte man sie schon von weitem erkennen, mit Ledermütze, langen Haaren, Bart, Jeans und dem Mao-Button an den Revers. Er kam ins Gespräch mit ihnen, sie luden ihn zu Veranstaltungen ein. Wenn öffentliche Diskussionen auf dem Campus stattfanden, konnte er den Lautsprecher bis in die Bank hören, und er machte sich keine Gewissensbisse darum, die Bank während des Tages zu verlassen und drüben auf der anderen Straßenseite Krahl zuzuhören, K. D. Wolff, Habermas, einmal auch Dutschke. Noch immer schien ihm aber der Aufruhr an der Universität eine Sache der Studenten zu sein. Er war 1967 32 Jahre alt, schon vierzehn Jahre im Beruf, und kam sich fremd unter den Jüngeren vor – und jünger als er waren fast alle auf den Versammlungen. *«Für mich stand meine eigene Situation im Vordergrund. Die wurde auch diskutiert, aber in der Kneipe oder in Wohnungen von Linken.»* Als der Ruf nach Betriebsarbeit laut wurde, erzählte er, wie schwierig es war, als Betriebsangehöriger seine Interessen zu vertreten, wie schwierig dann erst, als Außenstehender die Interessen derer da drinnen wahrzunehmen!

Doch über sich selbst erfuhr er mehr in den Gesprächen mit SDSlern. Sie zerstörten sein Vertrauen in die soziale Verantwortung eines Unternehmens, daß die Entlohnung gerecht sei, soziale Sicherheit, Altersversorgung gewährleistet, daß Angestellte mit Fürsorge und Anteilnahme der Betriebsleitung rechnen könnten – alle Glaubenssätze aus der Ideologie der freien Marktwirtschaft verloren an Halt. Er begriff, daß es eine Rechnungsführung von Leistung und Nutzen gibt, die mit Angeboten von sozialer Sicherheit und Entlohnung abgegolten wird. *«Das gab mir viele Denkanstöße und manchmal blitzhelle Blicke hinter die Attrappen des sozialen Systems.»*

Auch das Büro von Malte F. lag in der Bockenheimer Landstraße. Die Erregung von den Demonstrationszügen der Studenten unten auf der Straße schwappte bis in den vierten Stock, bis zu den Kreativen, Textern, Gestaltern, Kontaktern. Beim Fußvolk des Werbebüros gab es eine untergründige Sympathie für die Studenten, vor allem für ihre Forderung *«Amis raus aus Vietnam».* *«Die politischen Mittel der Rebellion waren noch so, daß sie nicht die Ängste der Angestellten erregten.»* Anders bei den Oberen – der Creative-Director murmelte: *«Man müßte die Wasserschläuche mit Benzin füllen und anstecken!»* Malte wurde erregt und durchbrach das ungeschriebene Gesetz, seine Äußerungen schweigend hinzunehmen, rief *«Sie sind unbelehrbar!»* und die Herren vom Leitungsgremium zahlten es ihm mit eisigem Schweigen heim.

Ein junger Werbeassistent, der regen Kontakt mit den linken Studenten hatte, Hans-Jürgen Krahl, K. D. Wolff und Frank Wolff kannte, lud ihn ein, mit zu einer Universitätsversammlung am Abend zu kommen. Mit heftigen Gefühlsaufwallungen nach den Erlebnissen des Tages lief er zusammen mit seinem Kollegen zur Uni, sie war nur vier Minuten entfernt. In Zorn und einem ungestillten Verlangen nach Gerechtigkeit ging er die Treppen zum Hörsaal VI hoch und stellte fest: *Die sind anders!* Es gab Wärme und Solidarität, schien ihm, wenn auch durch den Schleier seines Krachs im Werbebüro hindurch. Er fühlte eine aufgeladene Atmosphäre, *hier ist eine Sache im Aufbruch, hier gehörst du hin,* wenn ihm auch die Themen, die verhandelt wurden, rätselhaft blieben.

Er las danach das erste revolutionäre Buch in seinem Leben, rot gebunden, schmal und billig. Es hieß ‹Das Kommunistische Manifest›, die Verfasser: Karl Marx und Friedrich Engels. Er war davon angerührt, fand Haltungen wieder, die ihm geläufig waren. Wieder bei den Studenten, sah er, daß sie sich als Gruppe begriffen, im Werbebüro herrschte die Furcht vor dem anderen Texter, die Angst, er könnte Ideen klauen, sie als seine ausgeben. Bei den Linken gab es damals noch nicht die Arroganz und Isoliertheit der Menschen, die Malte später in der ML-Bewegung kennenlernen sollte und die ihm aus seiner Arbeit geläufig waren.

Malte kam mit Leuten zusammen, die er früher nie getroffen hätte, Arbeiter, Fürsorgezöglinge, die mit linken Studenten im Heim in Staffelberg eine Revolte angezettelt hatten. – Malte wollte sein Leben ändern. Er hatte einen Sohn und fing an, sich Gedanken zu machen, wie er ihn erziehen sollte. Ob die Erziehung bisher die richtige war? Es stellte sich das Problem, einen Kindergarten zu suchen. Klar war, ein religiöser Kindergarten kommt nicht in Frage. Er bekam Kontakt zu dem ersten Kinderladen in Frankfurt, in der Eschersheimer Landstraße. Dort hospitierte er und führte Diskussionen – wochenlang, monatelang. Eine Elterngruppe bildete sich, und es kam zur Gründung des neuen Kinderladens im Zentrum Frankfurts. Wie fast alle Eltern nahm Malte an der Schulungsgruppe teil. Hier gab es die ersten Auseinandersetzungen. Ein Teil der studentischen Eltern radikalisierte sich und drückte die Linksliberalen zur Seite, bis sie mit ihren Kindern den Laden verließen. Die Gruppe spaltete sich in zwei, später sogar drei Teile. Maltes Kind begann zu Hause zu rebellieren, wollte sich nicht mehr alles sagen lassen, seine Frau war entsetzt. Dieser Streit führte schließlich zur Trennung. «Danach bin ich freier geworden für politische Arbeit.» Er ging in eine Schulungsgruppe des «Sozialistischen Clubs».

Johannes R. war indessen in seiner Arbeit mißmutig und isoliert, ohne Erfolg in seinem Ehrgeiz, bei der Geschäftsleitung eine Verbesserung der Arbeitsbedingungen durchzusetzen. Mit Kopfschmerzen und Magenschmerzen wollte er die Konsequenzen ziehen, aussteigen, kündigen, wechseln. Er bewarb sich bei der Bethmann-Bank, ein Zwergunternehmen mit 250 Mitarbeitern, die Deutsche Bank hat 300000. «Ich hatte die Hoffnung, daß ich in einer so kleinen Bank eher die Möglichkeit habe, was durchzusetzen.»

Er wurde angestellt, bekam die Prokura, wurde zu Gesprächen der Geschäftsleitung hinzugezogen. Als Leiter einer Filiale konnte er die Arbeitsbedingungen dort verändern. «Wir haben ein lustiges Leben geführt dort. Wir fingen um halb zwölf an, unser Mittagessen zu kochen – wir kochten uns selbst –, wenn's warm war, haben wir uns abwechselnd zwei, drei Stunden freigenommen, früher aufgehört, kamen mal morgens unpünktlich.» All das durfte der Geschäftsleitung nicht zu Ohren kommen, aber niemand aus der Belegschaft verriet etwas davon, sie wurden eine verschworene, fröhliche Clique, denn sie sahen Vorteile für sich in dem neuen Arbeitsablauf. Zudem war Johannes der Chef der Filiale, wurde so von seinen Angestellten angesehen. Sie lebten in einer Haltung zwischen Angst und Unterwerfung unter einer Leitung, die Freiheiten von ihnen verlangte. Sie waren zwar froh, unautoritäres Verhalten eines Vorgesetzten genießen zu können, hielten sich aber immer eine Hintertür zur obersten Geschäftsleitung offen. *«Was ich nicht erreichen konnte, war, das Obrigkeitsdenken der Mitarbeiter zu zersetzen.»*

Vom Aufruhr der Studenten war Johannes jetzt getrennt, denn seine neue Filiale lag in Frankfurt-Sachsenhausen. Doch die Linken waren inzwischen in die ganze Stadt aufgebrochen, und er suchte sie in seinen, den südlichen Stadtteilen. Er wollte in eine Wohngemeinschaft, um mit anderen Genossen zusammen zu leben. Seine Bekannten aber waren überwiegend in seinem Alter, verheiratet, hatten Kinder, und wenn sie in eine gemeinsame Wohnung ziehen wollten, ging es ihnen darum, Eigentum zu schaffen. Sie wollten ein Haus kaufen, es in Eigentumswohnungen aufteilen, darin wohnen. *«Das waren nicht meine Interessen.»* Zufällig traf Johannes einen alten Freund, der dasselbe wollte wie er. Sie trafen sich ab jetzt zweimal die Woche in einer Gruppe, *«um zu diskutieren, wie wir uns das vorstellen»*. Die Diskussion über die Inhalte, die sie zusammenbringen sollten, war ein abenteuerliches Unternehmen. Es war die Rede von Aufnahme Drogensüchtiger, Knastentlassener, Auflösung von Zweierbeziehungen, Eheproblemen, Abschaffung des Eigentums im Haus. Sie kamen schließlich zu dem Ergebnis, daß nicht von vornherein eine Bestimmung vorgegeben werden sollte, *«wir wollten gemeinsam im Haus ein Konzept entwickeln»*. Es stellte sich heraus, daß es nicht viel teurer war, ein Haus zu kaufen als eines zu mieten. Johannes war der Fachmann in Geldsachen, und er konnte auch die Finanzierungsmöglichkeiten besorgen. Sie fanden schließlich ein Haus in Sachsenhausen, das zum Verkauf stand. *«In dem Haus wohnten drei Wohngemeinschaften. Wir wollten die natürlich nicht rausschmeißen, wir wollten uns mit denen auseinandersetzen.»* Nach einigem Hin und Her zogen ein paar Leute weg, einige blieben drin.

«Wir diskutierten im Haus, wie wir politisch aktiv werden konnten und fanden die Stadtteilgruppe am ehesten geeignet.» Dorthin gingen alle aus der Hausgemeinschaft, schrieben Flugblätter, verteilten sie und diskutierten an Ständen in Sachsenhausen mit der Bevölkerung.

Malte F. hatte sich in seiner Schulungsgruppe zum erstenmal in seinem Leben im Denken, Sprechen und Schreiben zu disziplinieren. Er traf sich mit anderen zweimal die Woche, sie achteten auf die Einhaltung gewisser Verbindlichkeiten, wie Vorbereitung und Protokoll. Als sich bei Malte Ermüdungserscheinungen, Ratlosigkeit und Unlust einstellten, waren schon anderthalb Jahre in der Gruppe vergangen. Sie hatten sich vorgenommen, eine Untersuchungsarbeit über «Die Lage der Angestellten» zu machen, sie kam auch voran, aber immer wieder gab es ein Drängen nach praktischer Arbeit. Sie waren die Theorie satt, das Wort «*Proletariat*» hing ihnen zum Hals heraus, lieber hätten sie einen Metallarbeiter oder einen Chemiewerker aus Fleisch und Blut gesehen. Es ging darum, in einem anderen, einem größeren politischen Zusammenhang zu arbeiten, «*das haben die anderen auch so empfunden, und jetzt ging's darum: wo, mit wem?*» Malte las über die Geschichte der Arbeiterbewegung an seinen freien Abenden, stieß auf die KPD, «*und da lag es sehr nahe, die DKP zu kontaktieren, die, meiner Ansicht nach damals, Nachfolgeorganisation der KPD*». Ohne viel Aufhebens um die Sache zu machen, ging er in eine Stadtteilgruppe der Partei. Er fand, daß die Zusammensetzung ganz anders war, als er es gewohnt war: halb Arbeiter, halb Angestellte, unter ihnen wenige Intellektuelle. «*Es kamen keine hochgestochenen Beiträge, die meisten waren Gewerkschafter, sie sprachen über Arbeit, Arbeitnehmer. Ich habe ein Stück Arbeitergeschichte selbst erlebt. In der Stadtteilgruppe war ein ehemaliger Offizier der Internationalen Brigaden in Spanien, intelligent und gleichzeitig bescheiden. Es gab größere Ernsthaftigkeit und Stetigkeit bei der DKP, weniger große Worte, keine spontanen revolutionären Strohfeuer, mehr politische Kleinarbeit.*»

In Frankfurt brodelte es indessen im Westend. Spekulanten kauften Häuser auf, ließen sie abreißen und errichteten Betonsilos. Von 1961 bis 1970 war die Bevölkerung von Bockenheim von 44 000 auf 38 000 zurückgegangen, gleichzeitig nahm der Anteil von Rentnern, Studenten und ausländischen Arbeitern zu. Die Linken nahmen sich leerstehende Häuser, besetzten sie, wohnten darin, immer unter der Drohung einer polizeilichen Räumung. In einem Häuserblock Bockenheimer/Schumannstr. war es ihnen gelungen, die besetzten Häuser zu einem Symbolfall zu machen. Schon lange erwarteten die Linken dort in beklemmender Stimmung die Räumung. Mehrmals waren sie durch Fehlalarme aufgeschreckt worden, als die Polizei mit Wasserwerfern durch die Straßen fuhr, als durch den Polizeifunk die Meldung vom Transport mehrerer Hundertschaften kam. Ein Mädchen aus den besetzten Häusern sagte nervös, gespannt und mit einem grimmigen Lächeln: «*Es gibt ein demokratisches Grundrecht auf Räumung!*»

In der Nacht vom 22. Februar 1974 war es soweit. Um vier Uhr morgens klingelte das Telefon bei Johannes. Räumung. Er kramte einen Zettel aus dem Versteck und rief ein paar Nummern an: «Blaues Veilchen» – das Codewort für die Räumung. Danach suchte er seine Ausrüstung zusammen, Helm, Sackschutz, einen wasserdichten Mantel, Taschentuch und Zitrone gegen Tränengas. Auf der Fahrt zum Westend hörte er Kracher, Autohupen und Glockenläuten. Jeder in dieser Stadt sollte wissen, wann der Magistrat sie zerstört. Die Häuser waren auf beiden Seiten hermetisch abgeriegelt, durch zweitausendfünfhundert aus ganz Hessen zusammengezogene Polizisten. Die Stadt war ein Tatort geworden. Fröstelnd stand Johannes mit anderen auf der Allee, hundert Meter von der Polizeiaktion vor den besetzten Häusern entfernt. Um halb sieben brach der Berufsverkehr zusammen, die Polizeitruppen marschierten auf, fingen an zu schlagen, Tränengas zu sprühen. Johannes sah noch, wie sie einem auf den Bauhelm schlugen, er wehrte sich, lief davon, zwei Polizisten verfolgten ihn, dann drei, vier, sechs. Der Demonstrant lief keuchend, atemlos wie um sein Leben, versuchte ein herausfahrendes Auto zwischen sich und die Verfolger zu bringen, um den Rücken frei zu haben. Das Auto fuhr vor, die Seitentür öffnete sich, der Fahrer zog den Demonstranten am Ärmel herein, er setzte sich benommen in den Wagen, die Tür stand noch offen während der Fahrt. Mit einem Blick auf den Stock, den der Demonstrant in der Hand trug, sagte der Fahrer: «*Den brauchst du hier nicht. Du blutest ja wie ein Schwein – wo willst du hin?*» Jetzt kam der Demonstrant zu sich, sah auf die Zähluhr, sagte erschrocken: «*Ich hab kein Geld dabei.*» Der Fahrer entgegnete: «*Das ist jetzt nicht die Frage, du mußt hier weg*», und fuhr ihn fort.

Um Dreiviertel sieben kamen die Arbeiter, eine Frau rief schrill zu den Demonstranten herüber: «Wir *gehen arbeiten!*»

«*Wir arbeiten auch!*»

«*Wo denn, wann denn?*»

«*Hier und jetzt, du siehst doch, was das für eine Arbeit ist!*»

Fußgänger mußten auf dem Weg zur Arbeit von der Straßenbahnhaltestelle an der Bockenheimer Warte die Polizeilinie passieren, bei jedem rückten die Grünen näher zusammen und forderten Auskunft über das Ziel. Es war wie ein Bild aus einem Kolonialland, in dem die Kolonialpolizei den Niggern den Weg versperrt und nach Ausweis und Zielort fragt, ihre Knüppel bewegen sie spielerisch in der Hand, auf der Brust einen silbernen gezackten Stern, im Gesicht die Miene gutmütiger Brutalität.

Ein Genosse aus der Stadtteilgruppe Sachsenhausen mit wasserverklebtem Haar, die Nässe dampfte den Geruch von Tränengas aus, eine Platzwunde über dem Auge, stellte sich neben Johannes und erzählte in einer Ruhepause der Schlägerei einen schmerzhaften Traum: «*Vor uns eine Front von Polizisten auf gerader Linie über der Straße, ein Polizist, ein Zwischenraum, ein Polizist, ein Zwischenraum und immer so weiter. Zwischen uns drängt sich einer mit einer Waffe durch, nimmt die Polizisten ins Visier und schießt, ein Polizist nach dem anderen fällt langsam, dann erheben sie sich vom Boden, die Gesichter grau und fahl, gehen behutsam und ohne Schwere vorwärts auf uns zu und fangen an zu schießen und zu schlagen, bis alle Genossen, die nicht mehr entkommen konnten, ihre blutüberströmten Gesichter in den Händen halten.*»

Ein anderer blessierter Demonstrant kam zur Gruppe und berichtete von der Straßenbahn, die am Opernplatz vor der Bockenheimer Landstraße abbog. Der Fahrer gab eine Ansage durch die Sprechanlage durch: «*Die Bockenheimer Landstraße ist gesperrt, damit die Reichen noch reicher werden. Wir fahren über den Platz der Republik.*»

Das letzte Bild im Häuserkrieg: die von der Abbruchfirma zerstörten

Häuser; Erker mit Spitzgiebeln schwankten und fielen wie nach einem furchtbaren Bombenangriff. Hubschrauber kreisten über der Innenstadt. Während die Zeitungen Bilder von den Trümmern druckten, gab der Polizeipräsident Müller mit einem obszönen Lächeln einen Bericht über Verletzte und Verhaftete – das ganze Spektakel: ein Bild vom Verfall des Lebens in dieser unförmigen, atemlosen Stadt. Vor dem Hintergrund der Ruinen riefen die Sozialdemokraten: Haltet den Dieb! Vor dem Schutthaufen der Mietshäuser kam ihnen über die Lippen: Demonstranten, Terroristen, Politrocker, Anarchisten, Kriminelle. Die Linken wußten: man kann den Magistrat nicht zwingen, die Wahrheit zu sagen, man kann ihn nur zwingen, unverschämter zu lügen.

Am nächsten Tag, Freitag, war die Stadt voller Flugblätter. Der Ortsverein Bockenheim der SPD schrieb:

«– *die Bodenpreise steigen (daran bereichern sich die Spekulanten);*
– der Verkehr bricht zusammen;
– Wohnraum wird zerstört;
– die Mieten steigen, die Bevölkerung wird vertrieben;
– die Folgekosten sind regelmäßig viel höher als die Einnahmen, die durch Gewerbesteuer reinkommen.»

Die DKP:

«*Was nottut, ist das gemeinsame Handeln von Sozialdemokraten und Kommunisten, von Gewerkschaftern und Jugendvertretern, von Schülern und Studenten, von Demokraten und Sozialisten dieser Stadt, gegen Bodenspekulation und Mietwucher.*»

Der Frankfurter Häuserrat:

«*Müller will auch noch vorschreiben, was wir sagen dürfen:*
Auflagen: – es darf keine Transparente geben, die zu strafbaren Handlungen aufrufen (zum Beispiel Mietstreik, Hausbesetzungen, Nötigung oder Widerstand);
         – wenn Leute mit schwarzen Helmen oder Tüchern auftauchen, greifen die Grünen ein;
         – es dürfen keine Stöcke oder andere ‹Waffen› mitgeführt werden.

Das heißt: die Leute sollen im Sonntagsanzug kommen, nichts in den Taschen haben und Transparente mit der Aufschrift tragen ‹Gegen die Räumung›! Geordneten Protest, so wie Müller/Bielefeld ihn wollen, gibt es nicht! Aber es gibt Leute, die so zur Demonstration kommen, wie sie wollen, die in der Tasche haben, was sie wollen, und die sagen und auf Transparente schreiben, was sie wollen.»

Am Samstag, dem 23. Februar 1974, setzte sich schweigend eine Demonstration gegen die Häuserzerstörung wie ein Totenmarsch für die toten Häuser in Bewegung. Doch es gab auch die verhaltene Wut der Demonstranten, Steine flogen, Polizeiautos wurden zerstört. Als der Zug der fünftausend ein demoliertes Polizeiauto passierte, kam begeistert aus den Reihen der Sprechchor: «*Zugabe, Zugabe, Zugabe!*» Unvermittelt setzte die Polizei Wasserwerfer gegen die Demonstranten auf der Höhe der Häuserruinen ein. «*Als die Demo an der Schumannstraße gespalten wurde, ein Teil zur Uni abgedrängt, der andere in die Bockenheimer, wurde ich zwangsläufig in den Polizeieinsatz verwickelt. Ich war zum erstenmal allein auf mich gestellt und lernte, in einer Demo zu reagieren, mich zur Wehr zu setzen.*» Einige Demonstranten begannen zu rennen, wußten sie doch von der Nacht der Räumung, daß Polizisten sagten: du oder ich. Besonnene hielten sie auf, errichteten gemeinsam Straßensperren aus Autos, Bohlen, Brettern und Pflastersteinen. Dann begann die zweite Schlacht im Häuserkrieg, Steine flogen, Brocken flogen zurück. VIEL GEFÄHRLICHER ALS DIE KLEINEN VERBRECHER SIND DIEJENIGEN, WELCHE SIE VERFOLGEN UND VON WELCHEN SIE VERFOLGT WERDEN, DENN DIESE HANDELN ALS EIN HAUFEN, WENN SIE IHRE VERBRECHEN BEGEHEN, UND NENNEN SIE SITTLICHE TATEN. Ein Demonstrant aus einer Gruppe von Lehrlingen sagte an diesem blutigen Samstagnachmittag: «*Astreine Kumpel das, die halten zusammen, von denen ist keiner allein, wenn die Bullen kommen.*» Eine Abendzeitung erschien mit dem fetten Titel: «*1000 Politrocker terrorisieren die Stadt*», der Oberbürgermeister Rudi Arndt sprach von «*faschistoiden Chaoten, die schlimmer sind als die SA und die SS in der Nazizeit*». Am Abend des Samstags blieben 77 verletzte Polizeibeamte zurück, 100 blessierte Demonstranten, 192 verhaftete. Bundesinnenminister Genscher ließ sich 7,5 Millionen Mark zusätzlich bewilligen. Für den sozialen Wohnungsbau? Nein, um Sondereinheiten des Bundesgrenzschutzes zu einer «Anti-Terror-Gruppe» im Straßenkampf umzuschulen. Der Bauplatz der zerstörten Häuser ist bis heute unbebaut geblieben, und bis heute hat es nie mehr unter den Frankfurter Linken eine Massenaktion gegen die Zerstörung der Stadt gegeben; sie ist zu einer unkontrollierten Wucherung von Dreck und Stein und Beton geworden.

Der nächste Tag, Karnevalssonntag; es gab eine gezwungene Fröhlichkeit, mit der Frankfurter am Straßenrand standen und den Karnevalszug erwarteten. Einige hielten *Bild* in der Hand, «*Blutiger Karneval*» lautete die Schlagzeile. Ein Sprecher rief verzweifelt ins Mikrofon: «*Das ist Karneval, das ist Stimmung, das ist Karneval, das ist Stimmung!*» Dann zog der Zug durch die Menschenmenge, angeführt von sechs Polizeimannschaftswagen, danach Karnevalswagen, Gruppen von Narren, die Maske der Fröhlichkeit. An fünf strategischen Punkten standen Wasserwerfer und Polizeihundertschaften, bereit, ihre Knüppel auf dem lustigen Treiben tanzen zu lassen, eine gespenstische Atmosphäre, elektrisiert von der Alarmbereitschaft. Ein Zuschauer rief erregt zur Polizeilinie: «*Gebt uns Gewehre, gebt uns Gewehre, wir knallen sie ab!*»

Malte war anfangs mit politischen Freunden ab und zu zum Häuserrat gegangen. Von Italien wußte er, daß die Unione Inquilini den Häuserkampf mit einer breiten Organisierung führte, Rechtshilfe, Wohnungen zur Unterbringung der Exmittierten. Nichts davon sah er in Frankfurt, «*es war eine*

Jugendrevolte, nicht zu vermitteln, nur ein großes Schauspiel, ‹Revolution im Westend›. Die DKP hatte versucht, Gewerkschaften miteinzubeziehen. Aber der Häuserkampf konnte die Arbeiter nicht erreichen, es waren putschistische Aktionen, und Kommunisten haben nun mal was gegen Putschismus.» Die DKP begnügte sich mit einem Protest gegen Polizeiübergriffe in Frankfurt: «*Wenn Konzernschlägertrupps gegen Arbeiterfunktionäre Gewalt und Terror anwenden, dann steht die Polizei tatenlos dabei. Spekulanten aber werden von der gleichen Polizei nicht nur geschützt, sondern Wohnraumbenutzer gleichzeitig brutal zusammengeschlagen.»*

In der Partei lernte Malte, daß die DKP lange nicht so monolithisch ist wie Linke und Rechte glauben. «*Ich bin zwar ein Außenseiter in meiner Partei, weil ich auch Verbindungen zum Westen, zur Kommunistischen Partei Frankreichs und Italiens habe. Aber es gibt außer mir auch andere Genossen, die die geringe Flexibilität der DKP gegenüber DDR und UdSSR für einen Mangel halten. Diese innerparteiliche Diskussion soll nicht öffentlich geführt werden. Ich selbst hatte nie die große Angst, daß diese innerparteiliche Auseinandersetzung gegen uns ausgeschlachtet wird, wenn wir sie an die Öffentlichkeit bringen! Daß Kommunisten die DDR und UdSSR nicht kritisieren, halte ich für einen verhängnisvollen Mangel. Man kann das historisch erklären, aber heute ist das eben auch eine der Hauptursachen für die Unglaubwürdigkeit in weiten Teilen der westdeutschen und internationalen Arbeiterklasse.*

Und geradezu typisches Beispiel sehe ich in der Behandlung des Falles Biermann durch die führenden Funktionäre der DKP, und wie sich so was in der UZ niederschlägt. Nicht nur Biermann selbst, sondern alle, sofern sie nur die Art des Verfahrens kritisieren, aus welchen Positionen auch immer, bekommen das Etikett ‹Antikommunist› verpaßt. Danach werden sie sozusagen politisch als nicht mehr satisfaktionsfähig angesehen. Die ganze Affäre hat mir einen Denkanstoß gegeben, meinen eigenen politischen Lernprozeß in eine Richtung weitergebracht, dessen Konsequenzen für mich zur Zeit noch nicht absehbar, aber unausweichlich sind.»

Seit er in der DKP war, Flugblätter verteilte, Plakate klebte, hatte er nie daran gedacht, ob diese Arbeit nicht existentielle Folgen für ihn haben könnte. «*Ich habe mich geweigert, die Konsequenzen durchzudenken. Für mich war das eine offiziell zugelassene Partei. Die Genossen selbst haben mich auch nicht ermuntert, vorsichtig zu sein.»* Im Mai 1974 trat er in die Partei ein, und im August erhielt er in seinem Büro die Kündigung. Der Creative-Director, zu dem er gebeten wurde, wußte nicht, wie beginnen. Es sei von der Leitung angeordnet, Personalrationalisierung, es sei ihm furchtbar peinlich, er wisse gar nicht . . .

Eintritt in die DKP und Kündigung sind ein Bruch im Leben Maltes, und er will ihn voll machen, indem er seinen Beruf wechselt – heraus aus dem Geschäft der Ausbeutung der Illusionen. Weil seine Arbeit als Werbetexter asozial ist, drängt er nach einem sozialen Beruf. Es ergibt sich, daß in einem

Frankfurter Krankenhaus eine Ausbildungsstätte als Krankenpfleger frei wird. Malte nimmt sie an und ist froh, nicht mehr mit dem schlechten Gewissen der Täuscher leben zu müssen.

Die DKP ist das Salz in der Suppe der SPD, doch es gibt Zeiten, wo er in seiner Partei die Korruption des revolutionären Interesses fürchtet. «*So was habe ich auch bei Genossen erlebt, habe auch Angst davor. Je länger ein Mensch lebt, desto mehr verbrauchen sich seine Kräfte. Doch ich sehe zu dieser Partei keine Alternative. Sie ist sozusagen unter den revolutionären Möglichkeiten das kleinste Übel. Und es gibt dieses Wort von Lenin – Nur wer nichts tut, macht keine Fehler› –, das ist für mich das Unerträglichste. Ich habe gesehen, wie der Faschismus und der Krieg heraufzogen, unter stummer Duldung des deutschen Volkes. In solche Verhängnisse werde ich mein Leben nie führen lassen, ohne zu kämpfen.*»

Johannes R. rechnet sich, seit er in der Hausgemeinschaft in Sachsenhausen wohnt und seit er zum erstenmal Steine geworfen, Barrikaden gebaut hat, zu den Spontis, er, der sich nie gegen diese Stadt wehren konnte. Im Haus findet er zum erstenmal Unterstützung in Problemen seines Lebens, Interesse an seiner Person. Er will seit einiger Zeit aus der Bethmann-Bank aussteigen. Es ist das Angebot von Sicherheit, das ihn in den gierigen Schoß der bürgerlichen Gesellschaft gelockt hatte, Versorgungsversprechen, Pension, Krankenversicherung. «*All das aufzugeben, bedarf einfach einer Wandlung deines Selbst, eines gewissen Selbstvertrauens, das nur durch Gespräche entstehen konnte, Diskussionen, Auseinandersetzungen im Haus.*» Ursprünglich wollte er auf dem Zweiten Bildungsweg das Abitur nachmachen, «*aber ich fand's dann doch überflüssig, mich diesem Leistungsdruck zu unterwerfen, Abitur machen*». Er findet ein Zutrauen in sich, das er zuvor nicht gekannt hatte.

In einer der monatlichen Sitzungen der Geschäftsleitung der Bethmann-Bank hatte er ein Erlebnis gehabt, das ihn über seine Lebenssituation skeptisch machte. Immer gibt es ein bestimmtes Monatsthema, «*an diesem Tag war ‹Berufsförderung› angesetzt*», ein Seminar über Marketing und Verkaufsförderung in Bad Schwartau. Nach dem Vortrag wurden die Mitarbeiter, wie üblich, gefragt, was sie davon hielten, was ihre Einstellung sei. Johannes stand auf und sagte, er sei dagegen, daß man die Angestellten abrichtet, dressiert, daß man ihnen die Fähigkeit abspricht, eigene Initiativen zu entwickeln, das hier sei Gehirnwäsche. Der Leiter der Kreditabteilung erwiderte: «*Von Ihnen kann man keinen anderen Beitrag erwarten, denn diese Langhaarigen, die Anarchisten, die auf Demonstrationen mitmachen, die können ja gar keine andere Meinung von solchen Dingen haben!*» Johannes entnahm daraus, daß er ihn auf einer Demonstration gesehen hatte. «*Das machte mir meine schizophrene Situation klar, auf der einen Seite mit Schlips und Kragen als Bankangestellter arbeiten, auf der anderen Seite gegen diese Banken Steine werfen. Da wurde mir klar, daß es auf die Dauer unmenschlich ist, weiter in einer Bank zu arbeiten.*»

Den meisten Kollegen ist es völlig unverständlich, daß Johannes kündigt. Normal ist, zu kündigen, wenn man woanders eine Anstellung gefunden hat, wo man mehr verdient. Johannes hatte aber deutlich gesagt, daß er nicht mehr als Bankkaufmann arbeiten will. *«Ich will leben, auf die Dauer ist diese Situation in der Bank für mich unerträglich.»* Kollegen kommen zu Besuch, leitende Angestellte wie er geben ihre heimliche Zustimmung, sagen, daß sie von der Entscheidung fasziniert, begeistert sind, in derselben Situation sind, aber nicht die Kraft zu der Entscheidung wie Johannes haben, sie fänden den Absprung nicht. Sie sind abhängig von der Ideologie der Sicherheit, auch von ihrem Einkommen, dem Lebensstandard.

Im Haus geht es den anderen genauso wie Johannes. Alle haben ihre Arbeit aufgesteckt und wollen eine gemeinsame Basis finden, auf der sie arbeiten und leben können. *«Es fängt damit an, daß wir erst mal testen, ob wir überhaupt in der Lage sind, gemeinsam zu arbeiten.»* Sie machen sich daran, bei Hausrenovierungen zu helfen, handwerkliche Aufträge auszuführen. *«Wir haben ein paar Genossenaufträge gemeinsam ausgeführt, einen Keller betoniert, in der Karl-Marx-Buchhandlung eine Erweiterung gemacht, ein Haus abgerissen. Es sind Gelegenheitsarbeiten, die wir gemeinsam ausführen. Darin wollen wir später mal 'ne Perspektive finden, wo wir gemeinsam arbeiten können. Wir wollen alle auf einem Gebiet arbeiten, das wir mal gelernt haben, aber in der Gruppe, ohne den Haß auf die kleinen Chefs und ohne das Leiden unter der Arbeit.»*

14. Kapitel

Der Elfenbeinturm ist eine Glasglocke

Aufgelöste Zigarettenkippen in Kaffeeflecken auf Untertassen, das Fachschaftszimmer nach Spiritusmatratzen stinkend, Knutschereien, Brüllen, das Fieber der nächsten Aktion, wenn Brackert die Bullen holt, gehn wa rüber und räumen sein Seminar aus, wer verteilt morgen Flugblätter, an ihren Tischen am Ausgang die beiden Rentner, die die Bücher bewachen, aber mit einem Lächeln, das nach Kumpanei aussieht, in den Bibliotheksräumen linke Studenten, die Haare werden länger, das Lachen höhnischer über die Einschüchterung, die von der Sophienausgabe J. W. v. Goethes oder Lexers mittelhochdeutschem Wörterbuch ausgeht, denn was ist Walther von der Vogelweide gegen die Waschmittelreklame von Procter & Gamble – bevor die Germanistik verändert werden kann, muß sie abgeschafft werden!

1977 ist in den Bücherfluren des Germanistischen Seminars das Glück im Preis gestiegen. Inzwischen ist das Fach verändert – Sprachwissenschaft, *science on science*, Bindestrich-Linguistik, Marxismus als methodische Position, aber abgeschafft ist die Germanistik nicht.

Im Sommersemester 1968 hatte Professor Stern den Frankfurter Germanisten in seiner Expressionismus-Vorlesung eine Viertelstunde Diskussion zugestanden. Sie kritisierten zwar seinen Kult reiner Dichtung, doch nur, um in der nächsten Vorlesung ein neues Gebet zu hören, diesmal über Trakl: «*Eine Sphäre reiner Bildlichkeit, reiner Klangmagie, wird so zum Kunstwerk als sein eigener Trost*», und: «*Das Eigenschaftliche überhaupt, das auch in größeren Dichtungen von Benn, von Trakl, schon beim frühen Brecht den Gegenstand zu überspülen beginnt, gleichsam ohne Rand und Mitte.*» «*Im übrigen lassen wir die ganze Sache auf uns wirken . . .*»

Am 3. Juli beschloß die studentische Zuhörerschaft, diesmal allein gelassen und ohne das Leiden unter der Vorlesung einer säkularisierten Form der Predigt, «*die am 1. Juli 1968 begonnene Grundsatzdiskussion über den desolaten Zustand unserer Wissenschaft bis zum Ende des Semesters in der Zeit der Expressionismus-Vorlesung fortzusetzen*». Nicht daß sie zuvor nicht versucht hätten, mit einer fremden Sache, der Sache traditioneller Literaturwissenschaft, einzutreten und mit der eigenen abzuziehen. Sie arbeiteten seitenlange Papiere aus, in denen sie ihren Standpunkt von Literaturwissenschaft und Literaturkritik entwickelten. «*Wir halten dafür, daß*

Kunstwerken nicht methodisch mit heruntergekommener Metaphysik bei-
zukommen ist. *Literatur wird hier* (das ist in der Interpretation der Basisgruppe) *als bewußtlose Geschichtsschreibung der Gesellschaft begriffen.*»
Danach wurden in dem Papier über fünf Seiten drei Gedichte von Hoddis,
Heym und Lichtenstein interpretiert. Literaturangaben: Walter Benjamin,
Surrealismus, ders., Der Autor als Produzent, Ernst Bloch, Erbschaft dieser
Zeit, Th. W. Adorno, Lyrik und Gesellschaft, Karl Marx, Das Kapital (Kapi-
tel 1, Absatz 3: Fetischcharakter der Ware). Die Autorität des wissenschaftlichen Beweises machte die Professoren legitimationsunfähig. Stern konnte
nicht anders, als in seiner Erklärung «Politisierung der Germanistik – schon
wieder?» an die Erinnerung an die Jahre zu erinnern, in denen die Germanistik eine Legitimationsideologie des Nazi-Staates geworden war: «*So anachronistisch wie diese Behauptung ist das Verfahren, mit dem man mich, als
Schüler Emil Staigers, als ‹Fachidiot›, als Schweizer Staatsbürger und Träger eines jüdischen Namens in einer auf Seminarkosten durchgeführten
Flugblattkampagne systematisch diffamiert. Ich betreibe ‹metaphysische
Literaturmauschelei›, wurde von Studierenden geschrieben; ich entstamme
(mit 38 Jahren) ‹der Vorzeit einer fossilen Wissenschaft› und bin ‹von
keinem Furz sozialer Wirklichkeit je erreicht›.*»

Am 27. Mai 1968 wurde die Universität als Kampfaktion gegen die
drohende Verabschiedung der Notstandsgesetze besetzt. Sie sollte, im Bewußtsein der Studenten, keine *knowledge factory* zur Ausbildung von
Fachidioten mehr sein. In ihren Seminaren der «Politischen Universität»
arbeiteten die Germanisten ein Papier aus, das vorausschauender war, als sie
ahnten: «*Schafft die Germanistik ab!*»

«*Ohne von der Veränderbarkeit der Verhältnisse je zu sprechen, gibt die
Germanistik vor, die Umwelt liege als Gebrauchswert dem unmittelbaren
privaten Zugriff offen ... Sie kompensiert die Ohnmacht des orientie-
rungslosen gebildeten Bürgertums durch die Hypostase eines autonomen
Geistbezirks ... Im Medium der von der Germanistik anachronistisch ver-
walteten Kultur bildet sich ein vorpolitisches Bewußtsein, das Freiheit reali-
siert, sieht in Bildung und der vom Kapitalismus aufgezwungenen scheinin-
dividuellen Automisierung. Die Germanistik schafft ein Refugium der Pri-
vatheit und Selbständigkeit und verfällt dem Manipulationszusammen-
hang der Kulturindustrie, die vorgibt, ihre Produkte befriedigten gesellschaftliche Bedürfnisse, deren Qualität sie in Wahrheit verschleiert ... In
der Politischen Universität ist die Germanistik abgeschafft. Sie läßt sich
nicht reformieren; gegen jeden Reformversuch hat sie sich als Spezialdiszi-
plin behauptet. Methoden und Stoffe, die ihr kritisch entgegengehalten
wurden, hat sie als Hilfsdisziplinen akkreditiert ... Germanistik muß sich
von der herrschenden Rationalität kapitalistischer Verwertung emanzipie-
ren, jener Öffentlichkeit die Sprache entreißen, die als Verdrängungsin-
stanz fungiert, Interessen und Sachverhalte deformiert und das Bewußtsein
den Herrschafts- und Eigentumsverhältnissen anpaßt, die also insgesamt*

Zwangsgewalt in sublimer Gestalt reproduziert gegen kritische Erfahrung und politische Aufklärung . . . Kritik an der Wissenschaft, die nicht zugleich Organisationskritik ist, wird von der autoritären Praxis absorbiert, sei's als Narrenfreiheit, sei's als Beitrag zum Methodenpluralismus.»

«Schafft die Germanistik ab!» – diese Qualifikationsverweigerung der Studenten war der Versuch, zerstörte (und zerstörende) Arbeit zu zerstören. Das Echo vom «Frühlingsdonner der proletarischen Revolution im Bildungswesen» vom Mai 1966 drang aus China nach Europa; «*nehmt euch die Freiheit der Wissenschaft – entdeckt, was ihr wollt*» stand an einer Campus-Mauer der Frankfurter Universität geschrieben.

Zugleich kämpften die Germanisten an ihrem Seminar um einen Institutsrat, drittelparitätisch aus Habilitierten, Nicht-Habilitierten und Studenten besetzt. Noch gab es keinen phrasenhaft-revolutionären Boykott der Reformstrategie. Politisierung der Wissenschaft sollte durch Demokratisierung der Universität gesichert werden.

1972 kam eine Wende, in der ein Staatsapparat mit ausgedehntem Kompetenzbereich aufgebaut wurde, Aufrüstung der Exekutivorgane, Erweiterung des Maßnahmestaats, gesetzförmige Einschränkung der Bürgerrechte. Noch 1969 bis 1971 wurden die meisten an den Universitäten lehrenden Marxisten angestellt, unter ihnen Thomas N. Das Reformpaar SPD und FDP war im Honigmond seiner Liaison. In den Jahren der Studentenrevolte war Thomas «Hiwi», das heißt wissenschaftliche Hilfskraft am Seminar. Studenten im Institutsrat setzten eine Vorentscheidung für ihn durch, die später von den Professoren und vom Universitätskanzler anerkannt wurde.

«Ich bin als Assistent eingestellt worden und hatte zunächst keine großen Lehrverpflichtungen.» Was er in seinen Seminaren machte, stellte er in den Dienst der Schulungsbewegung der Zeit. Der SDS hatte den Ehrgeiz, «*Theorie zu vermassen*». Die permanente Diskussion war zum Medium der Kontrolle und Untersuchung geworden. Jetzt studierte die Linken Schulungstexte. Das zahlten sie mit der Anerkennung der richtigen Linie. Geheime Wünsche der Kontrolle von oben wurden befördert, Differenzen nicht mehr offen ausgefochten. Kommt es zu einer Polemik, wurde sie kraftlos, dogmatisch und verzweifelt in einem kurzen verbissenen Kampf ausgetragen, als ginge es darum, einen nächtlichen Angreifer abzuwehren. Thomas las mit seinen Studenten Marx-Texte, ‹Grundrisse›, ‹Kapital›, ‹Theorien zum Mehrwert›. Er hatte einen anderen Ehrgeiz als den, eine Linie zu stärken. *«Ich wollte wissen, Verdinglichung der sozialen Beziehungen – was heißt das?»*

Anfang 1972 wird ein Teil der ehemaligen Assistenten in H 2-Professuren übergeleitet, in einem «vereinfachten Berufungsverfahren». *«Das war Friedeburgs Politik. Es kam dazu, inzwischen schon märchenhaft, daß insbesondere die lehrerausbildenden Fächer besser ausgestattet wurden.»* Zwar ist Thomas N. inzwischen Professor, aber zugleich setzt die Departementalisierung des Marxismus als akademische Disziplin an den Hochschulen ein.

Damit verliert er das, was ihn ausmacht, den Stachel der Kritik. PRAKTISCHE INTERVENTION, PRAXIS, IST ABER EIN UNENTBEHRLICHES GLIED MATERIALISTISCHER ERKENNTNISPROZESSE. Linke Studenten wenden sich von der Uni-Politik ab und legen damit einen Grund für die Akademisierung der marxistischen Professoren. Diese Entmischung von Marxismus, Praxis und Wissenschaft bringt auf den Straßen begriffslosen Spontaneismus und in der Hochschule erfahrungslose Begriffslogik hervor. In der Fraktion der Straße und bei den Hochschullehrern wird der Marxismus eine positive statt einer kritischen Theorie; ein Schaf im Wolfpelz.

Der Staat will jetzt außer Ordnung auf der Straße auch Ordnung in den Köpfen stiften. Man muß sich die Repression an der Universität nicht so vorstellen, daß Inhalte vorgeschrieben oder verboten werden. Für die Universitätsverwaltung ist eine Kapazitätsverordnung erlassen worden. Die Gründe dafür gehen zurück auf die steigende Zahl von Studienbewerbern. Das Verfassungsgericht hat entschieden, daß Numerus clausus, Zulassungsbeschränkungen, zulässig seien – unter der Bedingung, daß die Universität nachweist, nicht mehr Studienplätze zur Verfügung zu haben. Daraufhin haben sich die Kultusbürokratien der Länder darangemacht, ein Verfahren zu erfinden, nach dem Lehrkapazität errechnet werden kann. Es stellt sich heraus, daß in diesem Berechnungsmodell bestimmte normative Prämissen gesetzt sind, die auf eine Regulierung der studentischen Ausbildung hinausgehen. *«Es ist zum Beispiel so: es gibt das Prinzip, daß eine Lehrveranstaltung der anderen gleich gilt. Die sogenannte Nachfrage der Studenten wird in Semesterwochenstunden ausgedrückt und so umgekehrt das ‹Lehrangebot›. Das Lehrangebot kann dadurch errechnet werden, daß man die Pflichtwochenstunden eines Lehrenden multipliziert mit der Zahl der Lehrenden. Wie aber nun die Zahl der Stunden festlegen, die ein Student verbraucht? Um das zu berechnen, waren viele normative, definitorische Bestimmungen nötig, die im Grunde erst umgesetzt werden mußten. Die erste Bestimmung war die, daß ein Student acht Semester studiert. Die zweite, daß man einen Katalog von Veranstaltungen festgesetzt hat, mit einer bestimmten Betreuungsrelation.»* Es zeigt sich, daß das Studium verschult werden soll, die Studenten auf einen Studienplan festgelegt. Es gibt die Einteilung in Grund- und Hauptstudium, ins Grundstudium gehören sprachgeschichtliche, sprachtheoretische, literaturgeschichtliche, literaturtheoretische Veranstaltungen, vom Orientierungskurs bis zum wissenschaftlichen Grundkurs. *«Da haben sich die Kollegen zusammengesetzt und jeder hat so seinen Fachbereich untergebuttert.»* Der erste Eindruck, den Thomas bei diesen Beratungen gewinnt, ist: ich kann mit meinen Kollegen einen Studiengang nicht planen. *«Wir haben den Versuch gemacht, zu einer Übereinstimmung zu kommen, welche Inhalte des Fachs nötig sind, Bestandteile der germanistischen Ausbildung im Hinblick auf die künftige Lehrtätigkeit, und wie die einzelnen Pflichtveranstaltungen inhaltlich gefüllt werden können. Das war nicht möglich. Wir haben uns dann auf einen Kompromiß geeinigt, daß jeder seine Vorschläge abgibt und freie Hand hat. Den Studenten haben wir einen monströsen Katalog vorgelegt.»* Die Auseinandersetzungen dauern ein halbes Jahr lang. Im Verlauf dieser Zeit sagt ein Professor resigniert und doch pfiffig: *«Ich wage die Behauptung, daß die Stellen, die gestrichen werden, die besseren Lehrkräfte betreffen, so daß der Universitätsbetrieb bei der Germanistik nicht nur quantitativ verringert, sondern auch qualitativ verschlechtert wird. Das Niveau wird sinken. Das sage ich auch unter dem Risiko, daß ich in fünf Jahren noch hier sitze. Wer mir das dann vorwirft – der sitzt dann auch noch hier!»*

Studienreform wird wieder vom Standpunkt der ökonomischen Kostenrechnung aus geführt, Bildungsplanung als Marktplanung. Die neue Studentengeneration, die jetzt an die Hochschulen kommt, erwartet nicht, dort endlich lebendige, qualitativ veränderte menschliche Beziehungen anzutreffen. An den Schulen erkämpfen sie Konkurrenzvorteile gegen jeden, an die Uni gelangt, wissen sie meist schon, wer Roß und wer Reiter ist. Die Studenten sind wieder Fremde im Seminar, in der Hochschule. Die intellektuelle und affektive Tristesse der Seminare macht das Denken mürrisch, nicht mehr zu einem der großen Genüsse. Linke Dozenten fingieren die Rolle eines Dirigenten kognitiver Emanzipationsprozesse, aber sie stehen vor den Studenten wie das Bild der übermächtigen Vaterfigur, mit Sanktionsvollmachten ausgestattet. Auf das Interesse, das Thomas an ihnen nimmt, reagieren die Hörer überrascht; er selbst fühlt sich wie der Reiter über den Bodensee, *«du weißt kaum etwas von dem, was die Studenten beschäftigt, was sie wünschen, woran sie sich orientieren».*

Der Ehrgeiz der Germanistik, Gesellschaftswissenschaft zu werden, soll ausgetreten werden. Doch dieses Bestreben ist immer nur das wenigere gewesen. *«Und diese Gruppe von Lehrenden ist nach dem Ausbau eines neuen Typus von Hochschulverwaltung gezwungen, sich hinter dem ehemals angefeindeten Methodenpluralismus zu verschanzen, den sie für sich ins Feld führen. Die Marxisten an der Universität müssen jetzt um den Methodenpluralismus kämpfen. Er wird ihnen von seiten der stärkeren Fraktion, der Fachwissenschaftler, bestritten.»*

Die Taylorisierung der Arbeit an der Wissensfabrik bewirkt auch eine Taylorisierung des Wissens. *«Man muß sich über die Funktion dieser Verwaltung im klaren sein, daß nämlich deren Maß abstrakter Ausbildungszeit irgendwie in den Lehrbetrieb eingeht. Ich denke, daß die Studenten die Zeit, die sie an der Universität verbringen, auch nach diesem Stundenmaß begreifen.»* Wissen erwerben sie für den Tausch gegen ein Schlußzertifikat, nicht für den Gebrauch, denn Erkenntnis als eine große revolutionäre Produktivkraft wird nicht von ihnen abgefordert. Doch dieser Mechanismus ist für gewisse Fächer gestört. Für Germanisten steht der Anfang des Studiums unter den Bedingungen des Numerus clausus, das Ende unter der Drohung der Arbeitslosigkeit. *«Das hat, unter anderem, zur Folge, daß sich die Studenten diesem Zeitschema, diesem Tauschwertkriterium nicht so unter-*

werfen, wie es die Universität nahelegt.» Sie stehen dem ganzen Lehrange-bot skeptisch gegenüber. Wenn sie mit den Angeboten der Uni nicht zufrie-den sind, dann deshalb, «*weil die Lehrveranstaltungen weitgehend tot sind, Lehrkanzeln trist und öde. Sie ziehen daraus die Folgerung, der Universität halbsemesterweise den Rücken zu kehren.*» Das wird an den «*linken*» Fach-bereichen nicht unmittelbar geahndet. Die Studenten glauben, ihren Ausbil-dungsinteressen an der Uni nicht folgen zu können. Ganze Arbeitsgruppen, die sich im Seminar bilden, verlassen die Hochschule gemeinsam, um zu-sammen weiter arbeiten zu können. Es gibt auch den individuellen Rückzug. «*Was soll ich mit dieser Uni anfangen?*» Und bei denen, die bleiben – ist ihr Konformismus ein Wesensmerkmal oder eine Schutzfassa-de? Ihre Haltung ähnelt dem Lebenskompromiß von Zynismus, Melancho-lie und Langeweile der Germanisten vor der Studentenrevolte – doch wie schnell wurde dieser durch einen außeruniversitären gesamtgesellschaftli-chen Impuls explosiv!

Der hessische Kultusminister hat die Aufnahmekapazität der Lehreraus-bildung auf ein Minimum gesenkt. Die starken Jahrgänge sind jetzt noch in der Hauptstudienphase, aber es ist absehbar, daß in ein, zwei Jahren die Zahl der Lehrerstudenten auf ein Zehntel herabgesetzt ist. Der Ansatz «*Germani-stik als Lehrerausbildung*» droht durch die Einschränkung der Lehreraus-bildung zu zerrinnen, Feuerbachs Beschwörung der Aufklärung wird kraftlos: Aufklärung in einem Kopf ist Theorie, in vielen Praxis. Die Ausbildungs-plätze stehen jetzt Magisterstudenten zu. «*Das sind Studenten, von denen man nicht recht weiß, aus welchen Gründen sie Germanistik studieren. Für viele ist es nur ein Parkstudium. Sie wollen in ein anderes Fach überwech-seln. Die Frage ist jetzt: welche Themen bietet man diesen Studenten an?*» Zur Erfahrung der Studentenbewegung gehört es, daß für die Lösung von Gesellschaftsproblemen aus dem traditionellen Theorieangebot kaum etwas brauchbar war. Thomas versucht den Bildungsprozeß an der aktuell erlebten Unterdrückung und am Interesse ihrer Abschaffung anzusetzen. Er will an die Alltagserfahrungen der Studenten anknüpfen und sie interpretieren. «*Das kann man mit Hilfe literaturgeschichtlicher Veranstaltungen machen. Das ist zum Beispiel möglich in einer Veranstaltung über ‹Literaturge-schichte des 20. Jahrhunderts›. Den Ausgang bilden Dokumente des Aktivis-mus und des Rats geistiger Arbeiter. Das war die Frage, wie sich die bürgerliche Intelligenz damals zum Krieg und zur Revolution gestellt hat. Dann eine Untersuchung der linken Literatur der Weimarer Republik, das proletarische Theater in Berlin, der Bund proletarisch-revolutionärer Schriftsteller; die Haltung der akademischen Intelligenz 1933; nach 1945 hat es so etwas wie einen Nullpunkt gegeben? Wie haben sich die Intellektu-ellen programmatisch geäußert? Die Restaurationsphase und ihr Bild im Roman. Das Ende könnte die Literatur im Gefolge der Studentenbewegung sein, die Darstellung der Revolte. Die leitende Fragestellung könnte lauten: wie haben sich deutsche Intellektuelle zur Arbeiterbewegung gestellt? Ich versuche, es dahin zu bringen, in diesem Thema eine gegenwärtige Situation zu interpretieren.»*

Organisierte linke Studenten treten in den Seminaren nicht mehr mit dem Anspruch der Wissenschaftskritik auf. Diese Leere ist eine Variante des technokratischen Marxismus. *«Sie sind zwar bedacht, die Sozialgeschichte mit einzubringen, die haben sie aber meist nicht so im Griff, daß sie damit brillieren könnten, und vorspiegeln tun sie's nicht. Literaturgeschichte als Sozialgeschichte zu betreiben, das ist inzwischen ein allgemein akzeptiertes Postulat. Die Veranstaltungen, die sie in den letzten Jahren besucht haben, sind meist nach einem bestimmten Schema abgelaufen. Man hat die Sozialgeschichte in Grundlagen studiert und dann die Literatur interpretiert. Meist kam es dazu, daß beides auseinanderfiel, und das hat sie dann sehr verunsichert über die Möglichkeit des geschichtlichen Verständnisses von Literaturgeschichte. Ich habe dann vorgeschlagen, die literarischen Dokumente anzuschauen und sie als sozialgeschichtliche zu interpretieren.»* Der Versuch, in der Literatur Sozialgeschichte wiederzufinden, kann freilich auch heißen, daß Texte nur die dokumentarische Materiatur der Zeit werden, *«ich find die Gefahr nicht so groß, daß darunter die ästhetische Auffassung leidet. Man kann ja auch nicht sagen, daß in der heutigen Belletristik die authentische Wiedergabe der Zeit zu finden sei. Bestimmte subjektive Erfahrungen, die darin festgehalten sind, entgehen den Studenten manchmal – aber geben sie nicht Aufschluß über den Spätkapitalismus? Man muß natürlich dabei berücksichtigen, daß die Literatur nicht mehr das Medium der Wahrheit ist.»*

Die Hochschule ist als Ort ihrer Laufbahn für die Lehrenden eine realitätsarme Glasglocke, sie sind ausgezehrt von Erfahrungslosigkeit. *«Sie sind als einzelne an die Uni geholt worden, auf Grund von Qualifikationen, zu denen sie damals nicht haben stehen können.»* Es zeigt sich, daß von ihnen erwartet wird, Bücher zu schreiben, Artikel in Fachzeitschriften – nur so erhält man Einlaß in die *scientific community*. Diese Initiationsform hängt auch den linken Hochschullehrern weiter nach. Teilweise setzen sie sich gegenseitig diesem Druck aus, teilweise erfahren sie ihn von der wieder restaurierten Fachöffentlichkeit. Es ist eine Form akademischer Konkurrenz, der sich die Hochschullehrer unterwerfen, und sie bluffen wie beim Poker. *«Ich fühle mich auch dadurch irritiert, wenn ich sehe, wie Kollegen die wissenschaftstheoretische Debatte verfolgen und dieses Wissen ausspielen, bei allen möglichen Gelegenheiten. Man kann mit durchschnittlicher Arbeitskraft nur entweder das eine oder das andere machen, politisch motivierte Projekte betreiben oder regelmäßig wissenschaftlich haltbare Sachen veröffentlichen. Das Klima ist so, daß jemand, der sich in der* scientific community *nicht ausweisen kann, entweder geschnitten wird oder sich einem Mißtrauen aussetzt. Es fehlt einfach unter den Kollegen eine Kommunikation, die einen in seinen Ansätzen von Wissenschaftskritik bestätigt. Wenn man sich anschaut, was es alles gibt, das für materialistische Litera-*

turtheorie ausgegeben wird, kann einem angst und bange werden.

Es ist schon schwierig, einer historischen Literaturbetrachtung die Stange zu halten, überhaupt Literaturgeschichte als das entscheidende Thema zu betreiben – und dann so etwas zu machen, wie es dem Walter Benjamin vorgeschwebt hat, bestimmte Traditionen aufzubrechen, die verzerrende Überlieferung in Gestalt von Kulturgütern – das inhaltlich zu betreiben, damit steht man im Moment ziemlich isoliert da. Materialistische Literaturtheorie, das sind alles Absichtserklärungen, die geschrieben werden. Du kommst aus der Enttäuschung nicht raus, wenn du die programmatischen Aufsätze liest, auch die inzwischen berühmten. Was inzwischen in dieser Germanistik betrieben wird, bedeutet eine Pression. Da wird ein Wissenschaftszweig aus dem Boden gestampft, und du sitzt in der Prüfung mit einem Kollegen zusammen und verstehst kein Wort von den Definitionen, die da verhandelt werden.»

Wenn es früher die stolze Pose gab, mit der gesagt wurde: ich weiß alles über Hegel, so heute: ich weiß alles über Lukács. Materialistische Literaturtheorie hat sich zu einem Sektor des Fachwissens ausgebreitet. Bei den Fachgermanisten gibt es heute Quasi-Linke und Wissenschaftstheoretiker. «Die einen verfeinern die Ästhetik von Lukács, die anderen denken darüber nach, wie man aus der Literaturwissenschaft eine Wissenschaft machen kann. Die einen Methodologen, die anderen werkeln an einer normativen Ästhetik. Literaturgeschichte bleibt auf der Strecke, den traditionellen Fachwissenschaftlern überlassen, Veranstaltungen im Stil ‹Der junge Schiller›.

Was man aus der Germanistik hätte machen sollen, was uns damals in der Revolte vorgeschwebt hat – Fachbücher schreiben, die sich an eine andere als die Fachöffentlichkeit wenden, Lehrbücher zum Beispiel.»

Die Germanistik hat es über Jahrzehnte verpaßt, eine gesellschaftliche Funktion zu übernehmen. Inzwischen ist sie eine Familie mit ein paar rotznasigen Bengeln geworden: Literaturtheorie, Medientheorie, angewandte Wissenschaftstheorie, Linguistik und Textlinguistik. Das Fach ist so folgenlos wie vor zehn Jahren – oder folgenloser. «Ich hatte zwischendurch mal den Verdacht, daß die Linguistik im Hinblick auf die Datenverarbeitung entsteht, daß Germanisten mit ihrer Disziplin sich anschicken, die Computerindustrie zu beliefern. Das ist aber wohl nicht so. Sie laufen der Datenverarbeitung hinterher und übernehmen Konstruktionsmodelle.»

Die Praxislosigkeit der Wissenschaft stiftet ihre Folgenlosigkeit. Germanistik hat, wie vor zehn Jahren, keine Zukunft, und wie damals stellt sich die Frage: warum dieses Fach studieren, warum es lehren?

«Ich denke mir Literaturwissenschaft als eine historische Wissenschaft, eine Aufklärung über die Vergangenheit der bestehenden gesellschaftlichen Verhältnisse. Die Frage ist: Lohnt es die Literatur, sie für eine historische Erhellung zum Anlaß zu nehmen? Alle früher sogenannten Geisteswissenschaften haben Geschichte zum Thema. Die vorherrschende Tendenz in den Fachwissenschaften und besonders in den neu gegründeten Teildisziplinen *ist aber, dies zu bestreiten, zu verdecken und davon abzulenken. – Man muß sich vorstellen, wie's dem Habermas, einem prominenten Opfer, ergangen ist. Er hat sich irgendwann auferlegt, die angelsächsische soziologische und wissenschaftstheoretische Fachliteratur zu studieren, und darauf, wie er geäußert haben soll, am Tag acht Stunden verwandt. Inzwischen versucht er, im Gehäuse system- und kommunikationstheoretischer Bestimmungen historische Gegenstände – wie man so sagt – zu rekonstruieren. Geschichtsschreibung, wie er sie in seinem Buch über den ‹Strukturwandel der Öffentlichkeit› betrieben hat, hat er an den Nagel gehängt. – Die Historiker selbst haben die Geschichte immer sehr schlecht verwaltet. Ich will Germanistik als historische Wissenschaft betreiben wegen dem, was man aus der Geschichte erfahren kann und über ihre Veränderungsmöglichkeiten. Ich würde das niemals zu einem befriedigenden Programm erklären. Was rausfällt, ist die Übernahme relevanter gesellschaftlicher Funktionen. Das hängt aber davon ab, ob so etwas wie Arbeiterpolitik betrieben wird.»*

Jetzt ist die Universität völlig auf sich gestellt, außer den Naturwissenschaften, die Auftragsforschung betreiben, aber außer den pragmatischen Zulieferern ist die Uni hermetisch abgeschottet gegenüber der Gesellschaft, gegenüber der sozialen Umwelt. Nach der Revolte ist ihr der außergesellschaftliche Sonderstatus geblieben, die Realität in ihr dünnblütig und blaß, der Elfenbeinturm ist eine Glasglocke.

15. Kapitel

Gute Leut, gut für eine neue Zeit

Januar. Vor den Fenstern türmten sich Schneeflocken zu grellen weißen Flächen, an den Sträuchern hing Konfetti von der Silvesternacht, am Himmel pendelten blaustreifige Wolken, in der Wohnung das Geplärr der Eltern und der Geschwister, aus dem Radio quollen Sätze von Jack Dempsey, Josephine Baker, Gottfried Benn und Lili Marleen. Paul E. drehte den Kasten ab, aber er wußte doch, daß es nicht so etwas gab wie ein Recht auf Einsamkeit und Ruhe. Er lebte mit seinen drei Brüdern und zwei Schwestern in Waldkappel. Michael, der Kleinste, war spastisch gelähmt, *«wir mußten damals schon, obwohl wir nicht besonders alt waren, immer auf ihn aufpassen, auf die Toilette bringen, füttern, anziehen»*; Herbert war in der Druckerlehre, Axel arbeitete als Krankenpfleger, Bettina als Tippse, Gertrud als Schaufensterdekorateurin. Sie brachten alle schon ein bißchen Geld nach Hause. Nur Paul war noch in der Schule, aber dieses Jahr, Ostern, wollte er fertig werden, er hatte die Nase voll von den Paukern, auch von den Hänseleien der Geschwister. Er wußte, daß dann nicht einmal Geld für eine Lehre da sein wird. Der Vater hatte ein Haus gebaut und sich unübersehbar verschuldet, *«der Kasten stand kurz vor der Versteigerung, eine normale Lehre war nicht mehr drin, hätte zuviel Geld gekostet»*. 1965 hatte Paul die mittlere Reife geschafft – was jetzt? Für Bundeswehr und Bundesgrenzschutz hatte er keine Lust, *«das war mir zu militärisch»*, blieb nur noch die Polizei. Er bewarb sich, bekam die Prüfungsunterlagen zugeschickt und fuhr zum Prüfungstermin nach Kassel. Es kam nicht so schlimm, wie er gedacht hatte – eine Mathearbeit, in Deutsch eine Bildbeschreibung und Auswertung, eine sportliche Aufnahmeprüfung, ärztliche Untersuchung, und das war auch nur einmal die Hose runterlassen, das Hemd ausziehen. Jetzt konnten die zweieinhalb Jahre Ausbildung bei der Bereitschaftspolizei in Kassel beginnen. Er hörte Polizeifächer wie Waffenkunde und Strafrecht, allgemeinbildende Fächer wie Deutsch und staatsbürgerliche Bildung.

Es gab auch mal Einsätze zwischendurch, im Rahmen des GSOD, des Großen Sicherheits- und Ordnungsdienstes. Es waren Vermißtensuche, Leichensuche unter anderem. Dann ging es immer mit Hundertschaften in die Wälder raus, durchkämmen, Sperriegel bilden. Auch als Königin Elisabeth aus England zum Staatsbesuch kam, holten sie die Polizeischüler.

Zum Schluß machte Paul in Wiesbaden ein Vierteljahr für den Hauptwachtmeisteranwärterlehrgang. Nach der letzten Prüfung sollte er in den Einzeldienst kommen und meldete sich freiwillig nach Frankfurt. Bei den Polizeischülern war die Mainmetropole unbeliebt, außer Paul meldete sich freiwillig niemand dorthin. Die meisten von ihnen kamen aus kleinen Städten und Dörfern aus Nordhessen, auch vom Zonenrandgebiet. Sie hatten ihre sozialen Bindungen zu Hause, die Freundin, den Kegelverein, Skatklub, die Kneipe des Abends, die Kumpel am Tage. Der Gedanke, von einer großen Stadt verschlungen zu werden, schreckte sie. Sie wußten, was sie dort erwartet – die obszöne Liebenswürdigkeit der Registrierkassen und danach der Ausstoß in die Einsamkeit der Häuser.

Nachdem Paul auf dem Bahnhof mit seinen Menschentrauben von Italienern, Spaniern, Griechen und Türken ankam – er konnte die Nationen an ihren verschiedenen Oberlippenbärten unterscheiden –, nahm er sich die Straßenbahn und fuhr los. Es war die Albusstraße, 1. Polizeibereitschaft, wo er sich melden sollte, eine große Dienststelle, wie er bald erfuhr, überörtlich tätig und eine Art Einsatzreserve für die Frankfurter Polizei.

Ein Zugführer wartete auf die Neuankömmlinge, strich sich über die Brust, die Jackettspiegel und sagte: «*Meine Herren, Sie sind jetzt hier in Frankfurt, vergessen Sie, was Sie zu Hause gelernt haben, vergessen Sie Ihre Erziehung und vergessen Sie, was Ihnen auf der Polizeischule gesagt worden ist!*»

Als Paul nach der Besprechung über die Treppen der 1. Polizeibereitschaft wieder auf die Straße trat, hatte er verstanden, daß in Frankfurt andere Verhältnisse herrschen als normal üblich. In der Tasche den Einsatzplan und die Adresse des Polizeiwohnheims, wollte er auf sein neues Zimmer gehen. Die Miete sollte achtzig Mark sein, doch es stellte sich heraus, daß es nicht einmal das wert war. Eine Zweimannbude, zwei Betten, zwei Nachtspinde, zwei Dienstschränke, zwei Stühle, ein Tisch, zwei Nachttischlampen, eine Deckenleuchte. In einer Gemeinschaftsküche standen nicht einmal Kühlschränke, nur kleine verschließbare Boxen für die Lebensmittel. «*Schlösser haben natürlich auch nicht funktioniert, manchmal kamen die Kollegen nachts angetrunken nach Hause und haben sich die Sachen, die man so für eine Gulaschsuppe braucht, aus fremden Boxen geklemmt.*»

Wie die anderen hatte Paul drei Schichten: zweimal Dienst von sieben bis eins, zweimal Spätdienst von eins bis neun abends, zweimal Nachtdienst von neun bis acht Uhr morgens, danach zweieinhalb Tage frei. An seinem ersten Tag stiefelte Paul morgens kurz nach sechs zur 1. Polizeibereitschaft und drückte sich in ein Zimmer, in dem ein Zug von dreißig Mann auf die tägliche Einsatzbesprechung wartete. Da erschien auch der Zugführer und las die Fernschreiben vor, nichts Aufregendes, täglicher Polizeikram: Personenfahndung, Unfallflucht, Überfälle. Danach machte er eine Einteilung, wer zusammen Streife fährt, wer Fußstreife geht, wer Geldtransporte begleitet, Gefangenentransporte fährt. Paul ging sich sein Funkgerät auf der

Wache holen, «*das Streifenbuch unterm Arm geklemmt, und dann ist man eben losgeäppelt*».

Auf der Streife kam er mit allem möglichen zusammen – Verkehrsunfälle, Schlägereien, Privatstreitigkeiten, Einbrüche, ein Brand, Diebstahl oder ein Mann prügelt seine Frau. «*Man hat quasi alles gemacht, quer durch den Garten, deshalb kam nicht so etwas wie Langeweile auf. Du kommst mit jedem zusammen, lernst die Mentalität von Kraftwagenfahrern kennen, von Lkw-Fahrern, das ist wieder 'ne andere Klasse, begreifst, was im Nuttenviertel abläuft. Du lernst die Leute persönlich kennen, schwätzt auch mit den Nutten, spürst auch die Zwänge, in denen sie stecken. Oder du siehst einen Lkw in zweiter Spur mit Blinklichtern stehen, der Fahrer lädt aus – da siehst du eben, der steht im totalen Halteverbot. Aber wenn du ein Auge dafür hast, kriegst du auch mit, daß dieses arme Schwein sonst seine Kisten hundert Meter weit schleppen müßte, daß der dann zusammenbricht. Dann machst du auch mal 'ne Ausnahme, rein instinktiv.*» Mit einem sensiblen Auge lernte Paul auf den Nachtstreifen die nächtlichen Gesichter der Stadt sehen, andere als am Tag, träumerischer, fahler, auch bunter. Es gibt Schubzeiten, die einen Umschlag von Leuten bringen. Abends um acht füllen sich die Kinos; danach entsteht eine kurze Leere, und die Kneipengänger erscheinen; um elf strömen die Besucher aus den Kinos, der zweite Run auf die Kneipen beginnt. Nach eins scheint es erst, wie wenn die Stadt ihr Nachtwerk getan hätte, die Straßen sind leergefegt, keine Zeitungsverkäufer mehr, keine Brezelverkäufer; zwischen zwei und vier legt sich eine Leere und Leblosigkeit auf die Stadt, ab und zu sieht Paul Nutten an den Straßen stehen, er sagt «*'n abnd, Marie*», sie antwortet, mit einem Lächeln in ihren müden Zügen: «*Soll ich dir einen blasen?*» Die Mädchen haben jetzt ihren zweiten Schichtwechsel, die letzte Garnitur der Freier kommt, angetrunken die meisten, doch bei ihnen ist noch was zu holen, denn um zehn Mark feilschen sie nicht; gegen fünf Uhr morgens rollen die ersten Straßenbahnen, die ersten Milchwagen, der Zeitungswagen hält neben dem Streifenauto, die Morgenausgabe fliegt rein; die Stadt spuckt ihr Leben aus, der Sprengwagen fährt vor, die Alfreds kommen und fegen auf der Straße. Das ist der Rhythmus der Nacht in der Stadt.

Paul besuchte in Frankfurt einige seiner alten Freunde aus Waldkappel, die jetzt an der Johann-Wolfgang-Goethe-Universität studierten. Sie kamen auch mal ins Polizeiwohnheim, holten ihn ab und gingen zusammen in die Polizeikneipen oder in die Wirtschaft zum Nutten-Lui an der Bockenheimer Warte, um zu flippern – Bullen gegen Studenten. Bei seinen Kollegen war es anders, «*die kannten keine Menschenseele in Frankfurt, höchstens ein paar Kollegen vom Lehrgang her*». Es gab einen gesellschaftlichen Inzest unter ihnen; mit wem sie Streife fuhren, gingen sie abends in die Kneipe. «*Die wenigsten haben sich mal aufgerappelt und sind in einen Sportverein gegangen. Sie fühlten sich dazu verdonnert, nach Frankfurt versetzt zu sein. Meistens haben sie dann auch kurz über lang ein Versetzungsgesuch einge-*

reicht.»

In der täglichen Polizeiarbeit gehören 80 Prozent zum KSOD, dem Kleinen Sicherheits- und Ordnungsdienst, der normale Streifenablauf, 20 Prozent zum GSOD, Karnevalsumzüge, Staatsbesuche, größere Sportveranstaltungen. Unter diesen Teil konnte man seit 1967 etwa 5 Prozent für Einsätze bei Demonstrationen rechnen. Als normaler kleiner Streifenbeamter wußte niemand von vornherein, wann eine Demonstration stattfindet, warum. Oft kam abends, eine Viertelstunde vor Dienstschluß, ein Aufruf: *«Alles dableiben!»* Irgendwo lief eine Demonstration, sonst wußte niemand etwas. Wer sich verabredet hatte, konnte gerade noch abtelefonieren, *«das war aber auch alles».* die Polizisten, die Bereitschaftsdienst schoben, wußten nur, es gab irgendwo eine Demonstration, also ein Störfaktor der öffentlichen Ordnung. Vor Beginn des Einsatzes wurden sie oft drei bis vier Stunden lang zusammengezogen, im Polizeipräsidium, auf der 1. Polizeibereitschaft, im amerikanischen Generalkonsulat oder in der Kraftfahrzeugabteilung in Ginnheim. Zwischendurch wurden sie mit Blaulicht und Martinshorn durch die Stadt von einem Ort zum anderen verlegt. Sie wußten nie, was los war, saßen rum, spielten Karten und langweilten sich.

«Am blödesten war es noch, wenn wir in den Ford-Transitwagen in den Straßenzügen gesessen haben, es ist eng, du kannst nichts machen, glotzt nur dämlich heraus. Das erzeugt Aggressionen. Da kamen so Sprüche wie ‹eine Gruppe SS, die würde Frankfurt mit ihren Koppelriemen leerfegen!› oder wenn draußen Studenten vorbeikamen ‹ihr Arschlöcher, ihr Dreckschweine – euch hätte man damals auch zu Seife verarbeiten sollen!› oder ‹die sollte man gleich auf die Fresse hauen›.»

Am 3. Juni 1967 kam in den Tageszeitungen die Nachricht von der Demonstration gegen den Schah und dem Tod Benno Ohnesorgs. Paul las die Zeitungen und führte Gespräche mit seinen Freunden von der Uni. Jedes machte ihn stutziger. *«Meine Einstellung zu dem, wie sich die Polizei offiziell in ihren Verlautbarungen verhält und was tatsächlich geschehen ist – die war schon ein bißchen geläutert. Was ich hörte, konnte ich nicht so unbesehen aufnehmen, glauben. Zudem waren die Informationen widersprüchlich und auch in einer Art und Weise dargestellt, daß Zweifel kommen konnten, ob es wirklich so abgelaufen ist.»* Fast alle seine Kollegen glaubten aber an die Notwehr von Kurras, die er zu seiner Verteidigung geltend machte. Wenn sie es nicht glaubten, haben sie es verschwiegen. Später sollte es vor Gericht im Kurras-Prozeß in zwei Instanzen so scheinen, wie wenn der Urteilsspruch ihnen recht gab.

1968 verlieh der Börsenverein des Deutschen Buchhandels den Friedenspreis an Leopold Senghor, Staatspräsident des Senegal, *«dichtende Marionette»,* wie die Linken sagten.

WER IST SENGHOR?

– Senghor ist ein «sensibler Poet», dessen lyrisierendes Geschwätz die weißen Werte der Faschisten, die Mystik von Blut und Boden als schwarze Kultur der Neger verkauft.

– Senghor ist ein «subtiler Philosoph», dessen kulturimperialistisches Schwadronieren von der «Gesamtheit der Werte des Neger-Seins» in Wirklichkeit die Massen mit den längst auf den Hund gekommenen «abendländischen Werten» ideologisch betäubt, um sie in Abhängigkeit vom französischen Imperialismus zu halten und ihren revolutionären Befreiungskampf zu ersticken.

– Senghor ist ein «humanistischer Demokrat», der seit dem 25. Februar dieses Jahres als unumschränkter Präsident so sehr Demokrat ist, daß nur noch die Maschinenpistolen seiner Ordnungstruppen regieren.

– Senghor ist ein «weiser Staatsmann», der sich selbst als Anhänger eines «korrigierten Marxismus» bezeichnet, der so sehr korrigiert ist, daß er die brutale Niederschlagung der Studentenrebellion in seinem Staat zu legitimieren vermag und statt von Marx und Engels von de Gaulle und Kiesinger stammt. So äußerte er zum Protest der Studenten:

«Kommunisten stehen dahinter! Ich fürchte sie nicht. Den Streik dulde ich nicht. Meine Armee zählt 10000 Mann. Das Volk steht hinter mir. Die Streikführer sind verantwortungslose und völlig unintegrierte Elemente» (zitiert in *Weltwoche*, 27. 1. 1967).

– Senghor ist ein «sozialistischer Freund des Proletariats», der die Interessen der Arbeiter seines Landes so sehr vertritt, daß er gegen den Streik der mit den Studenten verbündeten Proletarier gegen den unmenschlich hohen Reispreis französische Fallschirmeinheiten und Bomben einsetzte.

Diesem famosen Friedensfreund, der in der Ehrenschrift der UNESCO zum zweihundertsten Geburtstag Goethes die «Botschaft Goethes an den NEUEN NEGER» verkündete und im eigenen Land den Generalstreik der Fischer, Bauern und Arbeiter blutig zusammenschießen ließ, wollen die Friedensfreunde des deutschen Buchhandels unter dem Notstandspatronat von Strauß ihren Preis verleihen.

Die Preisverleihung ist ein Hohn auf den Preisträger des Vorjahres, den Marxisten Ernst Bloch.

Wir fordern alle Verleger, Autoren, Händler und Messebesucher auf, die für die Befreiung kämpfen, die Verleihung des Friedenspreises an Senghor zu verhindern.

Wir werden der philosophierenden Charaktermaske des französischen Imperialismus, der mit Goethe im Kopf und dem Maschinengewehr in der Hand die ausgebeuteten Massen seines Volkes unterdrückt, den Weg in die Paulskirche versperren.

DER SDS RUFT ZU EINEM TEACH-IN AM SAMSTAG, dem 21. 9., um 16 Uhr in der *Halle 6 vor dem DIEDRICHS VERLAG* (Nr. 1148), der Senghor verlegt, auf.

Wir werden uns auch gegen den Willen der Messeleitung das Teach-in erzwingen, um dort die afroamerikanische Revolution und die Rolle Senghors zu diskutieren.

Samstag, sechzehn Uhr Teach-in Halle 6

Der SDS ruft auf zur Besetzung der Paulskirche Sonntag, den 22. September, zehn Uhr, um die Preisverleihung des kulturimperialistischen Establishments im Börsenverein des Deutschen Buchhandels an Senghor zu verhindern. Im Gegensatz zur Geheimabstimmung des Börsenvereins werden wir in öffentlicher Diskussion einen Gegenpreis an einen Revolutionär der schwarzen Befreiungsbewegung Afrikas oder der USA verleihen:

Wir stellen zur Diskussion:
CARMICHAEL, FANON, LUMUMBA, CABRAL, MALCOLM
Das Geld für den Gegenpreis sammeln wir während der Buchmesse und schicken es dann der entsprechenden Befreiungsbewegung.
Solidarisiert Euch nicht nur verbal mit den Befreiungskriegen der Dritten Welt, unterstützt sie materiell!!
Spendet massenhaft!!
Wir versammeln uns Sonntag, zehn Uhr, am Römer zur Besetzung der Paulskirche (vergeßt aber die Helme nicht).
Es lebe die Schwarze Befreiungsfront! Den Friedenspreis der Revolution!»

Oberbürgermeister Brundert hatte bereits angekündigt, die Polizei werde *«nach den Grundlagen des Gesetzes und unter Achtung der Verhältnismäßigkeit der Mittel eingreifen, wenn die Buchmesse oder gar die Verleihung des Friedenspreises an den senegalesischen Präsidenten Senghor in der Paulskirche gestört»* werde. Am Sonntag sperrte die Polizei ab sechs Uhr das Areal um die Paulskirche ab. Vorplatz und Seitenstraßen wurden mit Hamburger Reitern eingezäunt, Wasserwerfer und Reiterstaffeln standen bereit. Paul hielt sich in einer Gruppe von Polizisten der 1. Polizeibereitschaft neben dem Polizeikommissar bei den Absperrungen auf. Die Studenten versuchten, das Hindernis zu nehmen, Cohn-Bendit wollte darüber hechten, *«eigentlich blödsinnig, weil er ja wissen mußte, was ihm blüht. Da hat er Prügel gekriegt. Drei, vier Kollegen haben ihn sich gekrallt und rübergezogen, und es gab Dresche».* Der Tumult begann, Demonstranten drängten gegen die Absperrungen, fingen an, Barrikaden mit Wahlständern und Bauzäunen zu errichten, rissen Pflastersteine raus, kippten einen Wagen des Hessischen Rundfunks um, zündeten das auslaufende Benzin an. Als Polizeipräsident Littmann sah, was ablief, welche Bewegung in die Aktion kam, wurde er bleich und reglos. Das nutzte der Bezirkskommissar neben ihm aus und sagte: *«Das müssen wir räumen, so geht's nicht weiter. Auf, wir schmeißen Tränengas!»* Littmann erwiderte tonlos: *«Ja.»* Tränengasbomben flogen, die Polizisten stürmten mit ihren Schlagstöcken auf die Demonstranten los, mitten unter ihnen der Bezirkskommissar, und jetzt erst begann das Chaos, das sie eindämmen sollten. *«Das ist die einzige Situation gewesen, wo es mir in der Hysterie passiert ist, daß ich geschlagen habe. Eigentlich vollkommen grundlos, denn an dem war die Situation noch nicht.»* Danach fand Paul erschreckend, daß er sich von der ganzen hysterischen Stimmung hatte hinreißen lassen. *«Solche Situationen erzeugen eine Hysterie, wo es schwer wird, sich unter Kontrolle zu halten. Mir ist das auch klargeworden, später, und danach habe ich bei Demonstrationen nie wieder geschlagen. Es war meistens so, daß die Leute Angst hatten, wenn es hieß ‹Schlagstock raus!›, ‹Platz räumen!› Es gab zwar einen hinhaltenden Widerstand, aber die Leute wurden, bis auf kleine Gruppen, von sich aus nicht aktiv. Später wurden die Demonstrationen natürlich militanter, man kann sich das auch vorstellen, wenn wir auftauchten mit unseren ‹Knitterfreien›,*

den Helmen, mit Schlagstöcken, Schildern, das erzeugt so ein Ohnmächtig-
keitsgefühl, allein gelassen zu sein. Wenn dann auch noch geräumt wird,
erzeugt das, in meinen Augen, eine gewisse Wut und Hilflosigkeit. Da kam
es später auch vor, daß die Demonstranten aggressiv vorgingen, mit Pflastersteinen, Flaschen, Metallstücken. Das hat dann noch mehr böses Blut
gegeben.»

Der SDS wollte mit seiner Störung an der Paulskirche auf eine feierliche
Zusammenkunft von Spitzenmanagern der Politik, der Wirtschaft und des
Kulturbetriebs zur Belobigung eines ihrer treuen Verbündeten in der Dritten Welt aufmerksam machen. Auf einem Universitäts-Teach-in hatten die
Linken, eine Minderheit, durch öffentliche Diskussionen und Abstimmungen die Mehrheit ihres sozialen Subsystems, der Universität, im Hörsaal
gewonnen. Als die meisten die Hand für die Aktion hoben, war sie legiti-
miert. Einzelne Gruppen führten sie aus.

Die Polizei erkennt nach ihrem eigenen Bild in ihrem Gegenüber, was sie
selbst hat: Planung, Taktik, Einsatz, Führung und Gehorsam. Sie suchte
nach den «Rädelsführern»; wenn diese unschädlich gemacht sind, ist die
ganze Bewegung liquidiert. Die studentischen Massen vor der Paulskirche,
2500 an der Zahl, konnte sie sich nur als dumpf und durch Rädelsführer
manipuliert vorstellen. Als die Polizisten Daniel Cohn-Bendit, Hans-Jürgen
Krahl, K. D. Wolff und Günther Amendt verhaftet hatten, glaubten sie, die
Aktion sei befriedet. Den zweiten Part sollte die Justiz übernehmen, denn
DAS AUGE DES GESETZES SITZT IM GESICHT DER HERRSCHENDEN KLASSE.
Daniel Cohn-Bendit wurde zu acht Monaten Gefängnis verurteilt, weil er
über die Hamburger Reiter gesprungen war. Ein Rentner, der in Berlin Rudi
Dutschke mit seinem Stock geprügelt hatte, erhielt zweihundert Mark Geld-
strafe.

Paul erhielt, wie alle Kollegen, auf der Dienststelle im Auftrag des Börsenvereins vom Dienststellenleiter als Geschenk eine Hofbiographie über Léopold Sédar Senghor, ‹Wegbereiter der Culture Universelle›, mit einem
Kärtchen von Friedrich Georgi, Vorsteher des Börsenvereins des Deutschen
Buchhandels, «zur Erinnerung an den Besuch des Staatspräsidenten der
Republik Senegal, Professor Léopold Sédar Senghor in Frankfurt am Main
zur Entgegennahme des Friedenspreises des Deutschen Buchhandels». Bei
der Gelegenheit sprachen die Vorgesetzten den Polizisten Dank und Anerkennung «für Ihren persönlichen Einsatz» aus. Wieso Ihren dachte Paul;
habe ich mich nicht genügend zurückgehalten?

Von Krahl, Wolff und Amendt hieß es dagegen später vor Gericht: «Die
Angeschuldigten führten bei dem oben wiedergegebenen Tatgeschehen Re-
gie. Sowohl Krahl als auch Amendt und Karl-Dietrich Wolff erschienen
jeweils an den Brennpunkten der Ereignisse und dirigierten die zusammen-
gerottete Menschenmenge jeweils dorthin, wo sie glaubten, die Sperren
verstärken zu müssen. Die von den Angeschuldigten angesprochene Menschenmenge befolgte auch ihre Anweisungen . . . Unter Führung der Ange-

klagten errichteten die Demonstranten in der Berliner Straße eine Barrikade und bewarfen deutsche Beamte mit Steinen, Flaschen, Stinkbomben und Plastikbeuteln ... Es bestand kein Anlaß, an den Bekundungen der Zeugen zu zweifeln, denn deutsche Beamte lügen nicht ... Die Angeklagten haben den Tatbestand eines sogenannten Massendelikts erfüllt, das sich gegen Rechtsfrieden, die Ruhe, Sicherheit und Ordnung richtet ... Im übrigen ergab sich die Justizfeindschaft der Angeklagten schon daraus, daß gegen sie zahlreiche Verfahren anhängig sind ... Die Angeklagten wußten oder mußten jedenfalls wissen, daß das Grundgesetz kein Freibrief für linksfaschistische Terrorakte ist.» Macht zusammen, für jeden Angeklagten, ein Jahr und neun Monate, «angemessen, aber auch ausreichend».

Im Sommer 1968 wurde die besetzte «Karl-Marx-Universität» in Frankfurt von Polizisten geräumt. Die Bürger der Stadt waren darauf vorbereitet. Die Presse war voll von Reportagen über den «Vandalismus der Studenten im Rektorat»; neue Besetzung der Hochschule, diesmal durch Polizisten. «Wir drinnen, die Studenten draußen. Das Ganze lief mehr oder weniger auf dem Campus ab.» Aus dem AStA-Haus flogen vom ersten Stock Eier, Farbbeutel, Steine, schließlich sogar Buttersäure. Ein Polizist wurde von der Säure am Auge verletzt. Mit ihm hatten die Studenten ausgerechnet einen Typ getroffen, der bei den Einsätzen ruhig und besonnen war. Er gehörte zu den Winkern auf der Kreuzung – «wenn mein starker Arm es will, stehen alle Räder still!» – «Wir haben eine Viertelstunde gestanden und uns beschmeißen lassen.» Aber durch die Verletzung eines Polizisten kamen die Aggressionen zum Siedepunkt. Als die Studenten noch mit dem Feuerlöscher spritzten und einen Wasserschlauch anschlossen, eine Fontäne über den Campus ging, sollte das Haus geräumt werden. Die Polizisten stürmten herein, und im Gang saß jemand an einem Tisch und las. Die Grünen ließen ihm nicht einmal Zeit, von seinem Tisch hochzukommen, und schlugen ihm mit Gummiknüppeln auf den Kopf. Paul fiel seinen Kollegen in den Arm und mußte hören: «Was willst du denn? Wie lange bist du denn in Frankfurt? Hast du von denen noch keine in die Schnauze gekriegt? Dir sollte man eigentlich auch 'n paar in die Fresse hauen!» Doch immerhin konnte der Student während dieser Auseinandersetzung aufstehen und abhauen.

Die erste Nacht schlief Paul auf den Vordersitzen eines VW-Polizei-Busses, die zweite im Hörsaal mit Klappbänken, auf denen das Kreuz durchhing. «Zwischendurch bin ich auch mal heimgeschickt worden und konnte ein paar Stunden pofen.»

Es gab auch Gelegenheiten, wo Paul unter den Demonstranten Leute traf, die er kannte. Sie hatten eine Absprache getroffen: «Wenn wir uns sehen, daß der sich dann verkrümelt. Die wußten zwar, daß sie von mir keine aufs Haupt kriegen, aber das nutzt ihnen nichts, wenn sie eine vom Nebenmann fangen.» Oft wurden auch Wartepositionen bei Demonstrationen bezogen. Die beiden Gruppen standen sich unruhig und nervös abwartend gegenüber, auf den Einbruch des Tumults wartend. «Wenn die Situation noch nicht *kritisch war, und ich habe einen Bekannten getroffen, dann haben wir auch manchmal ein bißchen geklönt und 'ne Zigarette geraucht.»*

1968/69 besuchte er seine Freunde manchmal im Kolbheim, einem Studentenwohnheim am Beethovenplatz, inzwischen eine der Bastionen der Linken geworden. Dort ging er auch zu Flurfesten in die Gemeinschaftsküche, und seine Freunde führten ihn bei den Genossen mit den Worten ein: *«Das ist ein Bulle, der ist ganz in Ordnung.»* Es dauerte nicht lange, und die Studenten standen neugierig um ihn herum, wollten wissen, wie er seine Berufsrolle und seine Haltung vereinbaren könne. Er erklärte, es sei wesentlich, wenn sie mehr solche Kontakte hätten. *«Ich sagte ihnen, daß der größte Teil meiner Kollegen gar nicht begreift, was da ablauft, daß sie auch verheizt werden. Sagte den Studenten auch, daß sie immer noch eine Insider-Gruppe sind. Ich habe auf dem Standpunkt gestanden, daß das, was immer angestrebt wurde, Verankerung in der Bevölkerung, gar nicht lief. Das waren meine Erfahrungen, die ich in den Einsätzen zu Demonstrationen bei der Bevölkerung gemacht habe. Die haben uns zugerufen, schlagt nur anständig drauf. Bei den Adler-Werken habe ich gesehen, wie sich Arbeiter die Ärmel hochgekrempelt haben und entschlossen brüllten: ‹Laßt sie nur kommen!› Es war auch so, daß die Leute von der Arbeit heimkommen mit ihren Autos, wollen bloß heim und werden dann zwei, drei Stunden auf der Straße aufgehalten, wenn die wilde Jagd durch die Stadt losgeht. Es hat sich ja auch bei den Demonstrationen kaum jemand aus der Bevölkerung beteiligt, es waren nur Studenten und Schüler, später auch Rocker, die sich angeschlossen haben.»*

Es gab auch Erlebnisse der Angst, die Paul bei Einsätzen hatte. Einmal wurde er über die Funkleitstelle zu einem Einbruch gerufen. Die Scheibe war eingeschlagen, draußen die Leute, die angerufen hatten, sie sagten *«der muß noch drin sein».* *«Das ist ein irres Gefühl, weil man nie weiß, ist der bewaffnet, und wenn, ballert der los?»* Paul stieg durchs Fenster in die Kneipe ein, und als er sich drinnen zu Boden fallen ließ, hatte er im Dunkeln Angst und das beklemmende Gefühl der Bedrohung. Er zog seine Waffe, eine Walther PP, und lud sie durch. Es stellte sich dann aber heraus, daß sich der Einbrecher im Klo eingeschlossen hatte und sich ohne Widerstand abführen ließ, als Paul die Tür aufbrach.

Ein andermal wurde er mit seinem Zugführer zu einer Schlägerei im Bahnhofsviertel gerufen. *«Da war ein Mordsmenschenauflauf»,* einer lag am Boden, blutüberströmt, zusammengetreten. Paul machte einen Zeugen ausfindig und schrieb seine Aussagen auf. Zufällig hatte der Frankfurter ein Foto mit einer Polaroid-Kamera gemacht. Paul steckte es in die Tasche; hundertfünfzig Leute standen drohend um ihn herum, als er plötzlich merkte: der Einsatzführer ist weg, mit dem Streifenwagen! *«Da stand ich ganz mutterseelenallein da, nachts um drei im Bahnhofsviertel, wo gerade die Dengelei gewesen war. Ich hab mir die Kladde untern Arm geklemmt, hab getan, wie wenn ich nicht dazugehöre und bin um die nächste Ecke gegangen.*» Dort konnte er auf der Straße einen Funkstreifenwagen anhalten und über die Funkleitstelle seinen Wagen herbeirufen, der einfach zum nächsten Einsatz gefahren war.

In Frankfurt waren Demonstrationen 1970/71 schon zur Regel geworden. Viele Polizisten waren mit ihren Einsätzen und der Lage in Frankfurt unzufrieden. Wegen dieser gärenden Unmutsstimmung richtete die Führung Polizeiseminare ein, zu denen die Beamten über drei Tage abgeordnet wurden. Unter Leitung eines Polizeipsychologen oder -soziologen sprachen sie über schichtenspezifisches Verhalten, Aggressionen usf. «*Teilweise wurden die Seminare von uns dazu benutzt, Luft abzulassen. Man konnte über die Situation, die Mißstände reden und wurde auch angehört. Die Demonstrationen waren zu einer Art Dauereinrichtung geworden, daß es nichts Neues mehr war, es gab eine Art Gewöhnung daran. Noch waren sie in der Regel nicht gewalttätig, es kam so ein Nebeneinander von uns und den Demonstranten auf.*» Eine Umfrage unter Polizisten hatte ergeben, daß das Verständnis für die Forderungen der Antiautoritären wuchs. In diese Situation hinein platzten die ersten Aktionen der Roten Armee Fraktion (RAF). «*Das war natürlich so ein richtiger Schlag ins Gesicht. Diejenigen, die schon vorher Scharfmacher waren, haben gesagt: Da seht ihr's! Alle normalen Demonstrationen wurden mit den RAF-Aktionen in einen Pott geschmissen. Auch aus den Ängsten hat sich dann eine andere Stimmung gebildet. Dazu kamen die politischen Geiselnahmen, high-jacking, das erzeugt natürlich zusammen ein Klima, wo man schon Angst haben mußte. Dann wurden die Polizeidienststellen, die Reviere überfallen, und eine Anordnung kam heraus, daß sie zu bewachen sind, abzuschließen. Plötzlich hingen auf jeder Dienststelle Panzerwesten, Maschinenpistolen, es gab besondere Stiefel, die Mobilen Einsatzkommandos wurden aufgestellt.*» Weil Polizisten Angst hatten, in eine Aktion mit den Terroristen verwickelt zu werden, kam die Forderung auf, sich im Schießen besser auszubilden als zuvor. In Frankfurt fanden regelmäßig Schießseminare statt. Sie waren Pflicht für jeden Frankfurter Polizeibeamten und dauerten eine Woche. Gelehrt wurde «Kampf-Schießen», ein Schießen in Notwehrsituationen. Die Waffen: Pistole, MP, Gewehr mit Zielfernrohr. Im Polizeiapparat kam eine Anweisung an die Beamten, ihre Waffe mit nach Hause zu nehmen. «*Ein Teil meiner Kollegen hat auch einen privaten Waffenschein beantragt und ihn auch bekommen. Ich persönlich hatte keine Angst, weil es keinen akuten Anlaß für mich gab. Angst hat man ja erst in der Situation selber, wo wirklich etwas passieren kann.*» Als später in Westdeutschland die Großfahndung nach Mitgliedern der RAF wie eine Notstandsübung durchgeführt wurde, traf es sich gut, daß Paul gerade Urlaub hatte.

1973 wird Frankfurt durch die Bewegung der Häuserbesetzungen erschüttert. Diese Erschütterung trifft auch Paul, so sehr, daß er zum erstenmal an einer Demonstration teilnimmt, zum erstenmal seinen Kollegen gegenüberstehend. «*Auf der einen Seite war das schon irgendwie ein komisches*

Gefühl, auf der anderen Seite sagte ich mir: was soll's? Es ist ja ein Grundrecht!» Einige Polizisten erkennen ihn auch auf dem Demonstrationszug. Er stellt sich zu ihnen und erklärt die Ziele der Demonstration. *«Ich habe versucht, denen die Demo klarzumachen. Aber wenn es unterwegs irgendwo zu Ausschreitungen kam, habe ich mich dünne gemacht. Das ist ein Punkt, wo man nicht über seinen eigenen Schatten springen kann.»* Die Kollegen kennen seine Einstellung gegenüber Demonstrationen von früher, sie sagen *«ein lascher Hund».* Doch es kommt auch zu Diskussionen über die Häuserbesetzungen mit ihnen, was auf den Revieren selten ist. Einige Polizisten sagen: *«Es ist eine verdammte Sauerei, die Spekulation.»* Sie sind empört darüber, daß bewohnbare Gebäude zu Abbruchhäusern heruntergewirtschaftet werden wie in Frankfurt, unter Duldung des sozialdemokratischen Magistrats. *«Das war eine Sache ihrer eigenen Erfahrung, sie hatten auch kleine Wohnungen, hohe Mieten.»* Doch diese Empörung trägt nicht so weit, daß sich die Beamten beim Einsatz, bei den Häuserräumungen anders verhalten hätten. Dabei lassen sie sich wieder von den Zwängen und der Ideologie des Funktionierens leiten. *«Doch mit einigen konnte man drüber reden. Es waren immer nur wenige; doch die sagten, sie halten nichts davon, da draufzuschlagen.»*

Im Studentenprotest vor zehn Jahren hatte es die Verschränkung von individueller und kollektiver Emanzipation und Politisierung gegeben. In den Zusammenstößen mit der Polizei sollte diese gezwungen werden, offen ihren Klassencharakter, die Diktatur der Gewalt zu entlarven. Zu den *«Spaziergangs-Demonstrationen»* in Berlin schrieb die Kommune I am 17. Dezember 1966: *«Wir ‹spazieren› für die Polizei! Wir fordern für sie die 35-Stunden-Woche, damit sie mehr Zeit zum Lesen haben, mehr Muße für die Bräute und Ehefrauen, um im Liebesspiel die Aggressionen zu verlieren, mehr Zeit zum Diskutieren, um den alten Passanten die Demokratie zu erklären. Wir fordern eine ‹moderne› Ausrüstung für die Polizei, statt des Gummiknüppels eine weiße Büchse, in der sich Bonbons für weinende Kinder befinden und Verhütungsmittel für Teenager, die sich lieben wollen, und Pornographien für geile Opas. Wir fordern eine Gehaltserhöhung: Das Gehalt muß größer sein als der Sold der Springer-Schreiber, denn die Polizei ist die letzte Stütze der Demokratie, denn eines Tages wird sie als bewußte Opposition der ‹Großen Koalition› in den Bundestag einziehen müssen. Ausschuß ‹Rettet die Polizei› e. V.»* Doch die Polizei schlug wahllos zu. An ihr konnte die Fragwürdigkeit des Establishments gezeigt werden.

Die Demokratisierung der Bevölkerung durch die antiautoritäre Bewegung war der der Polizei immer um Schritte voraus. Für seine Kollegen ist Paul schon immer ein schwarzes Schaf gewesen. Es kommt schließlich so weit, daß die Widersprüche seines Lebens so groß werden, daß er sie nicht mehr aushält. Er empfindet einen Ekel vor seinem Gewerbe und schämt sich seiner Kollegen und Vorgesetzten. Er fängt an, sich für gesellschaftliche Probleme zu interessieren. Die Gesellschaft ist nach dem, was er bei der

Polizei gelernt hat, eine große rätselhafte Gallertmasse ohne Entwicklung. Er begreift, daß es Aufgabe der Polizei ist, nicht nur die Ordnung zu sichern, sondern die bestehende Ordnung zu erhalten. «*Das wußte ich bei meinem Eintritt in die Polizei noch nicht. Man denkt da vollkommen anders. Man denkt nur daran zu funktionieren.*» Die meisten seiner Kollegen fragen nicht nach dem Warum und Weshalb. Sie funktionieren nur. Sie funktionieren, um die Funktion des Ganzen zu erhalten.

Als Paul 1975 39 Jahre alt ist, holt er im Dritten Bildungsweg sein Abitur nach. Die Unterrichtsabende hatte er auf der Dienststelle immer verschwiegen wie eine pikante, nicht gesellschaftsfähige Veranstaltung.

Als er in die Universität geht, um sich zu immatrikulieren, ist es dasselbe Gebäude, das er nur von Polizeieinsätzen kennt. Das macht ihn fröhlich und belustigt, als er durch das Portal eintritt, über dem vor sieben Jahren «Karl-Marx-Universität» stand. Er will Soziologie studieren, um alles über die Gesellschaft zu erfahren, was ihm vorher verschwiegen worden ist.

16. Kapitel

die scene das Dorf – das Dorf die scene

Es gibt im Land mehrere Dörfer, nahe der Stadt, die den Ortsnamen tragen: *die scene*. Wie vieles am Dorf ist schon von Anfang an sein Name rätselhaft, denn er bedeutet: der Schauplatz, der Auftritt, der Basar. Schon seit vielen Jahren wohnen die gleichen Leute im Dorf. Untereinander kennt jedermann jeden. Meist grüßen sie deshalb einander nur mit den Augen oder einer flüchtigen Bewegung des Kopfes. Das macht: sie trennen sich selten. Ihre Begegnungen machen sie immer nach kurzer Abwesenheit. Selten wissen sie darum, einander eine Neuigkeit aus der Stadt mitzuteilen. Wer etwas berichten kann, hört es oft aus dem Mund anderer, weil sich in der Enge des Dorfes Nachrichten in Windeseile verbreiten. Eng ist das Dorf. Doch in seinen Gassen treffen sie sich täglich. Alle erwarten sich wie Nachbarn. Oft teilen sie einander einen neuen Plan mit. Manchmal führen sie ihn aus. Manchmal nicht.

Sie arbeiten viel im Dorf. Darum haben sie Vereine gegründet. Es gibt viele Vereine. Was die übrigen Vereine tun, ist dem Mitglied eines benachbarten Vereins fern und unbekannt wie über Ozeane. Mit der Zeit haben sich einige Gruppen zu uneigennützigen Freimaurerverbindungen zur Pflege des extremen Anarchismus im Rahmen der besehenden Gesetze entwickelt, mit etlichen Logen, festen geheimbündlerischen Ritualen und Initiationsakten.

Einige Mitglieder der Vereine wollen ins Ausland, in Länder, die noch die Zukunft des Aufbaus haben. Ihr eigenes Land hassen sie. Es hat nur noch Zukunft als Verfallserwartung. Und wie vieles ist schon im Dorf und mehr noch in der Stadt für immer zerstört – die Städte selbst mit ihren regellosen Wucherungen, unwiderruflich zerstört durch den Vandalismus des Geldes, belebend nur für seine Metastasen und Geschwulste, Banken, Versicherungsgebäude, Polizeipaläste.

Selten kommt ein Besucher aus der Stadt, und er berreist das Dorf wie ein fernes Land. Manchmal sieht er die Einwohner, die einander «Genossen» nennen, auf Versammlungen, und die Wortführer sprechen wie Bürgermeister, obwohl nicht offen dazu berufen. Manchmal sieht er sie auf einem Fest, in einer dem Dorf eigenen Stimmung von Schwermut, Überschwang und Langeweile. Dort reden sie, trinken, rauchen, machen Musik und tanzen. Kleine Kinder laufen nackt in der Sonne unter den Erwachsenen. Männer gehen umarmt durch die Menge, auch Frauen. Manchmal halten sie an, sich zu küssen. Keiner unter den Anwesenden begehrt auf, sie sehen es gleichgültig und ohne Zorn.

Von dem, was der Fremde aus der Stadt im Dorf sieht, findet er vieles anziehend, manches abstoßend. Verwirrt reist er wieder zurück und erzählt seinen Freunden von dem Dorf, das seine Einwohner *die scene* nennen. Einige von ihnen kennt er von früher. Damals haben sie noch in der Stadt gewohnt. Jetzt kommen sie nur alle Vierteljahr in die Stadt – das ist immer wie ein Gewitter. Wenn die Straßen durch die Polizei gesperrt sind, Polizisten mit schweren Helmen und Waffen scheinbar kopflos, in Wirklichkeit zielsicher durch die Stadt rennen, dann sind wieder Leute aus dem Dorf zu Besuch. Der Fremde aus der Stadt sieht es trotzdem nicht ohne Sympathie. Manchmal läuft er unter ihnen. Aber danach wünschte er doch, sie würden wieder in der Stadt wohnen wie er und mit ihm und seinen Freunden reden oder doch wenigstens erklären, warum sie nicht hier wohnen.

Nach den Besuchen der Vereine kommen nicht selten Polizisten aus der Stadt ins Dorf. Nicht nur einer, oft sind es Hunderte. Sie kommen nicht aus Freundschaft oder Neugier, sondern weil sie einen Auftrag haben. Noch wenn sie viele Kilometer vor dem Dorf sind, summt es darin schon von dem Ruf. «*Die Bullen kommen!*» Im Dorf schlagen sie die Einwohner und zerstören ihr Eigentum – oft nur darum, weil sie anders leben und denken als die Städter.

Jeden Abend treffen sich die Leute des Dorfes in einer der sieben Kneipen, die es inzwischen gibt. Den meisten Besuch erhalten die Lokale, die von Ausländern geführt werden, weil es dort mehr Freundlichkeit gibt. Vom Wirt werden sie nicht wie Kunden, sondern wie Freunde erwartet.

In den Wirtschaften reden sie in ihrem eigentümlichen Dialekt. Statt reden sagen sie «*kommunizieren*», statt Entbehrung «*Frust*», statt Ereignis «*Kiste*», statt Männer «*Typen*».

Den Fremden ist diese Sprache schwer verständlich. Sie nehmen auch wahr, daß sie argwöhnisch angesehen und selten aufgenommen werden. Wenn sie aber vom Dorf aufgenommen werden, müssen sie dort Wohnung nehmen. Den Dialekt erlernen sie schnell, denn der Wortschatz ist klein. Später gewöhnen sie sich auch daran, die Trachten des Dorfes zu tragen. Das Wesen dieser Übereinkunft ist ihnen dunkel, aber danach zu fragen, wagen sie nicht.

Abends in der Dorfkneipe sprechen sie über das, was vor zehn Jahren in der Stadt vorgefallen ist, als sie selbst dort noch wohnten – darüber, wie die Welt brodelnd war, die Gedanken kühn: über die Zeit, als die Revolte als Stein des Anstoßes auf allen Gassen und Straßen lärmte, der Spott über den häßlichen Bürger, als sie die Bedürftigkeit erkalteter Bedürfnisse in den Konsumläden verlachten, die bürgerlichen Tugenden, die Sparsamkeit und den Fleiß sinnloser Leistung. Die Welt der häßlichen Bürger war nach der Revolte in der Stadt nicht ohne Sprünge. Doch der häßliche Bürger selbst, die alte Spottfigur? Er hatte sich behauptet, und seine neue Kraft ließ die Leute aus dem Dorf denken: *Vielleicht war die Dämmerung der neuen Welt und des neuen Menschen doch nur ein letztes Aufbäumen der alten Bürger, Geburtskrämpfe, in denen eine häßliche, mißwüchsige Kreatur zur Welt kam, der neue Bürger?* Es ist nichts mehr, wie sie es aus den Büchern gelernt haben. Die Arbeiter begehren nicht auf, machen sich selbst die alten bürgerlichen Sitten zu eigen, Fleiß und Sparsamkeit, und der Bürger, einzeln eine Spottgeburt, seine Herrschaftszentren über viele Länder verteilt, die Staaten selbst – nur noch Zwiebelschalen . . .

Einige Vereine und ihre Aktionen verzweifelter Wut scheinen anderen Leuten aus dem Dorf nur wie ein Ausdruck der Kopfkrankheit einer todkranken Gesellschaft. Für sie ist in diesen Vereinen keine Hoffnung auf eine heimatliche Zukunft von freien Menschen. Sie wollen den neuen Menschen und finden in den Reihen jener Gruppen nur den alten Spießer. Alle im Dorf wissen nur, wie sie nicht leben wollen, nicht aber, welches andere Leben sie durchsetzen wollen. Allein die Vereine zur Pflege der Geschichte haben von früher einen Bauplan der Gesellschaft. Um sie herum verändert sich alles – nur sie selbst bleiben sich gleich.

Fast allen aus dem Dorf verweigert der Staat inzwischen die Arbeit in der Stadt. Lehrer, Ärzte, Anwälte, selbst Lokführer sollen sie nicht mehr werden, und wer nicht den Glauben der Polizei teilt, soll gar keine Arbeit bekommen. Dafür haben die Städter ein neues Gesetz über «*Gedankenverbrechen*» geschaffen.

Verbraucht alle Kohle; sinnlos die Schaufel; Kälte atmend der Ofen; das Zimmer vollgeblasen von Frost, denken die Dorfbewohner manchmal abends in ihren Häusern, fröstelnd in Erinnerung an Bücher, die sie früher gelesen haben. Dann faßt sie eine heimliche Sehnsucht, wieder hin zur Stadt zu gehen, dort zu wohnen, zu leben, andere zu gewinnen, denn «*was*», so sagen sie, «*erreichen wir allein?*»

17. Kapitel

Es bleibt nicht so friedlich

Gespräch mit Jürgen Werth

Werth, 34 Jahre, in Berlin aufgewachsen; Mutter Fabrikarbeiterin, Vater gelernter Werkzeugmacher; Kaderschmiede Freie Universität; Redakteur der Zeitschrift *Das Argument*, Mitglied des «Argument-Klubs» und des Sozialistischen Deutschen Studentenbundes; nimmt teil an der Studentenbewegung – Springer-Kampagne, Vietnam-Kongreß; arbeitet seit 1969 in West-Berliner Betrieben der Elektroindustrie, des Turbinen- und des Werkzeugmaschinenbaus; 1974 Übersiedelung nach Nordrhein-Westfalen; ist dort als Maschinenarbeiter in der Stahlindustrie tätig und seit 1976 Vertrauensmann der IG Metall.

Was hat dich politisiert? Wie bist du dazu gekommen, Politik zu machen? Wann ist es gewesen? Wie alt warst du damals?

Jürgen Werth: Das war meine Schulzeit im West-Berliner Arbeiterbezirk Wedding, eine Jugend in der Frontstadt im Kalten Krieg. Die Sektorengrenze ein paar hundert Meter weiter; da kriegt man schon ein politisches Klima mit. Als in den Läden polnische Kartoffeln auftauchten, legte die Springer-Presse los: «Deutsche, eßt deutsche Kartoffeln!» – nur nicht ganz so deutlich. Gerade in Berlin lag die Politik in der Luft, das mußte auch jeder fünfzehn- bis neunzehnjährige merken, wenn er alle Sinne beisammen hatte. Auch die Nähe der offenen Grenze war wichtig. Du stromerst herum, gehst mal ins Kino und siehst ‹Du und mancher Kamerad›, anschaulich, oder ‹Teufelskreis›, ein spannender Film über den Reichstagsbrandprozeß. Davon hatten wir in der Schule kaum was gehört. Oder du bringst dann mal eine Broschüre über die Nazis mit und mußt dir gleich anhören: «Geh doch rüber!» Oder die Reclam-Heftchen – für 40 Pfennig, genauso teuer wie Aschingers Erbsensuppe. An der Schule eine Handvoll «Rote» – eine «verschwindende Minderheit».

Schultheater, Brecht, Schülerzeitung. Irgendwie kreiste alles um die Frage des Faschismus, mit viel Gefühl, moralisch, Generationen, Deutschenhaß. Ganz wichtig ist gewesen, daß uns Schülern ein paar steinalte Kommunisten übern Weg gelaufen sind. Was die erzählt haben! Willi Cichon, Bertl Daniel vor allem, die uns von ihren Krächen mit einem zwanzigjährigen Anarchisten ein Lied zu singen wußten, den sie einmal bei ihren Freunden Erich und Zenzl Mühsam trafen und der Herbert Wehner hieß. So konnten wir gut vergleichen. Springer und das Hetz-Kabarett «Insulaner» heulten seit 1950 gegen die menschenfressenden Kommunisten, und wir haben wirkliche Menschen kennengelernt. Dann die Falken, die ersten Fahrten nach Polen und in die ČSSR – Auschwitz und Theresienstadt. Ristock, Beinert und Soukup waren dabei. Einer hielt im KZ eine Rede, sehr zahm, es werden noch Nazis mit dicken Pensionen in Westdeutschland leben. Wieder zurück, gab es einen Aufschrei in der Springer-Presse. Wir, hundert Schüler und Lehrlinge, sind anders zurückgekommen als wir hingefahren sind.

Dann der Ostermarsch 1962, von Braunschweig nach Hannover, ich neunzehn Jahre und dabei. Fünfzigtausend Atomwaffengegner demonstrierten gegen die geplante nukleare Bewaffnung der Bundeswehr. Eine Woche später die erste «Sozialistische Maikundgebung», die sich öffentlich, abseits vom üblichen kalten Kriegstanz stellte, veranstaltet vom Sozialistischen Deutschen Studentenbund (SDS). Viele SPD-Mitglieder, Gewerkschaftsfunktionäre und Falken waren dabei. Fritz Lamm, Betriebsratsvorsitzender der *Stuttgarter Zeitung*, Erich Kuby und Horst Mahler waren die Referenten. Bei uns Schülern große Augen und eine neue Welt. Wir hörten: «Der 1. Mai wird seit Jahren mißbraucht! Genossen, Kollegen! Die Sozialdemokratie hatte einst Sozialismus und Frieden auf ihren roten Fahnen. Dieser Fahnen und dieser Vergangenheit schämen sich die Sozialdemokraten von heute. Die Partei ist eine Wahlmaschine geworden – von Karrieristen beherrscht. Sie hat mit den ‹besseren Herrschaften› ihren Frieden gemacht. Was ist zu tun? In Berlin und der Bundesrepublik formiert sich die Neue Linke. Was ist die Neue Linke? Sie ist keine neue Partei. In der Neuen Linken arbeiten Arbeiter und Angestellte, Studenten und Wissenschaftler zusammen an der Erneuerung der sozialistischen Arbeiterbewegung!»

Meine Clique hatte es satt, in der Schule immer nur vom Geist was zu hören – in Deutsch und Geschichte. Wir sagten dagegen: «Die Gesellschaft!» Also Soziologie. Die Soziologie, hörten wir, soll ein Schlüssel sein, der dabei hilft, die «Genossen und Kollegen», die «Arbeiter, Angestellten, Studenten und Schüler» zusammenzuschließen. Die Soziologie schien uns damals eine Art Pionierwissenschaft. Viele verstanden darunter die Wissenschaft vom Sozialismus.

1963 kamst du an die rote Hochburg Freie Universität Berlin?

Jürgen Werth: Zu dieser Zeit war damals noch nicht viel rot. Es gab den frisch aus der SPD ausgeschlossenen SDS, es gab den Argument-Klub. Einige Leute davon kannte ich vom Ostermarsch und von der Mai-Veranstaltung. Der Klub gehörte zu der Zeitschrift *Das Argument*, die Ende der fünfziger Jahre mit Flugblättern gegen die Atombewaffnung und den Algerien-Krieg begonnen hatte. Ich arbeitete bald in der Redaktion mit.

Wir haben das *Argument* nach dem Motto des Herausgebers Haug gemacht, der ausgebildeter Philosoph ist: Theorie, Theorie, Theorie, kritische Selbstverständigung. Unsere Säulenheiligen hießen Freud, Horkheimer, Marcuse – und der junge Marx. Kaum Engels, kaum Lenin. Wir bastelten an einem hochintelligenten Mosaik der bürgerlichen Gesellschaft. Wir haben an der Universität es fast alle mit Soziologie, Philosophie, Politischer Wissenschaft oder Ökonomie zu tun gehabt. Hefte kamen raus zu «Sexualität und Herrschaft», «Schule und Erziehung», «Probleme der Entwicklungsländer», «Emanzipation der Frau» und – die wohl wichtigsten – «Theorien über den Faschismus». Das war zwar alles etwas allwissend und altklug, aber doch das Beste, was es damals in Berlin gab und eine Art Blindenhund für Tausende von Studikern.

Ist der Argument-Klub in Berlin für viele Genossen so etwas gewesen wie das Tor zur Revolte?

Jürgen Werth: Ein Tor, ja. Ein Tor zur Bücherei der Revolte. Die Revolte der Studenten ging zuerst durch den Kopf. Erst haben wir die begrifflichen, theoretischen Mühlsteine gewälzt. Pflastersteine sind erst später geflogen. Bei allen Differenzen und Konkurrenzen waren Argument-Klub und SDS am Anfang personell eine Einheit oder gingen ineinander über. In den Ferien, 1965 und 1966, pilgerten wir zu Georg Lukács und Franz Jánossy und berichteten über Radio Budapest von den Demonstrationen in Berlin.

Was war für dich der praktische Einstieg in die Bewegung der Studenten? Hat es einen Wendepunkt gegeben? Du bist in die Berliner Bewegung reingekommen. Wie hat sich das vollzogen?

Jürgen Werth: Die ständigen Analysen der versteinerten Verhältnisse sind bald an ihre Grenzen gestoßen. Wir wollten diese versteinerten Verhältnisse zum Tanzen bringen – Eier gegen das Amerikahaus, Abbruch des faschistischen Films ‹*Afrika Addio*›, Plakate mit der Unterschrift «Internationale Befreiungsfront». Immer wieder Vietnam-Aktionen.

Früher flogen Care-Pakete vom Himmel. Der gute Onkel General Clay tauchte regelmäßig in West-Berlin auf. Die Freie Universität war ein Geschenk der USA. Kennedy strahlte Pioniergeist aus. Aber all das hat nichts geholfen in der Johnson-Ära. Die Antikriegsbewegung ist wohl deshalb so breit geworden, weil viele einmal wirklich an «Freiheit & Democracy» geglaubt haben. Doch plötzlich sahen sie, daß ihre Freie Universität auf Korea und Vietnam aufgebaut war, daß kein Vietnam-Krieg möglich wäre ohne diese «freie Wissenschaft», daß der Präsident, der den Vietnam-Krieg begann, zu den Ehrenbürgern der FU gehörte.

Also sagten wir: Vietnam ist überall – wir sind der Vietcong. Das war 1964 bis 1966, SDS-Kerne mit breitem Anhang, aber noch nicht die Massenbewegung der APO.

Aber dann kam der 2. Juni 1967, ein Bruch für die Berliner Bewegung.

Jürgen Werth: Ja, der 2. Juni, der Mord an Benno Ohnesorg, hat für die

Bewegung diese Bedeutung gehabt, bis zu dem, der damals Polizeichef war. Für den wurde es sein Damaskus . . .

Für den Regierenden Bürgermeister Albertz . . .

Jürgen Werth: . . . der jetzt in einer breiten, breiten Front zu uns gehört. 90 Prozent der Studenten, die auf der Straße gegen den Schah-Besuch demonstrierten, waren – zugespitzt gesagt – Liberale. Sie hatten nie gedacht, daß so etwas möglich ist. Gerangel mit der Polizei auf dem Kudamm, Hase-und-Igel-Jagden mit der Polizei – immer! Aber da ist einer von uns erschossen worden. «Sie haben nicht davor zurückgeschreckt!» Dann der zweite Punkt, ein Berliner Watergate: es sollte alles vertuscht werden von Albertz und der Springer-Presse. Wir waren es, Horst Mahler und andere, die durch Komitee-Arbeit aufgedeckt haben, wie Ohnesorg erschossen wurde. Am 3. Juni war der Campus voll von Studenten, mit der wütenden, trotzigen Reaktion: wir lassen uns nicht belügen!

Und das vielleicht Allerwichtigste: wir sind am 2. Juni nicht fürs Studium oder was Berlinisches auf die Straße gegangen, sondern es ging um den Iran, es ging um den Schah, die Dritte Welt. Unsere Vietnam-Arbeit hatte schon Früchte getragen. Es zeigte sich, daß der Staatsschutz einen von uns erschossen und den Despoten der Dritten Welt verteidigt hat. Da kam für viele von uns der Zusammenhang von Westdeutschland, West-Berlin mit Persien, Südafrika und Vietnam deutlicher in den Kopf. Vorher war es nur Imperialismus-Theorie.

Es hat sehr schlagartig nach dem 2. Juni eine massenhafte Bewegung gegeben, in der Universität und außerhalb. Was war deine Rolle darin?

Jürgen Werth: SDS-Arbeitskreise . . .

Hast du Universitätspolitik gemacht?

Jürgen Werth: Nein, das hat mich nicht so interessiert. Das haben wir Lefèvre, Damerow und der Fronins überlassen. Ein bißchen Arbeitsteilung. Höchstens Vorlesungskritiken. «Marx an die Hochschule» hat uns nicht interessiert. Marx haben wir ja selbst gemacht. Wir hatten den Eindruck, einen Freiraum besetzt zu haben. Wir fühlten uns wie Berufsrevolutionäre, die an der Universität den freiesten Raum, den sensibelsten Raum, diese Nische in der bürgerlichen Gesellschaft ergattert hatten. In dieser Nische wollten wir einen Sprengstoff zünden.

Wohin sonst fühltest du dich hingezogen, wenn nicht zur Universitätspolitik?

Jürgen Werth: Es kam die Zeit der Kampagnen, und unsere Vietnam-Offensive ging dem Höhepunkt zu. Der Vietnam-Kongreß und die Demonstration im Februar 1968: um die fünfzigtausend Menschen. Das Springer-Tribunal mit der Forderung nach seiner Enteignung. Natürlich ist Springer nicht enteignet worden, dem Bürgermeister Schütz sind nicht die Gräten gebrochen worden, alle Macht liegt heute nicht in den Händen der Räte, die NATO ist nicht zerschlagen. Wir wollten alles. Solche Parolen waren aber die Motoren der Kampagnen. Da es eine Massenbewegung war, Schüler und Lehrlinge sich beteiligten, hat unser Kampf Aufmerksamkeit erregt, obwohl er natürlich an der Staatsmacht niemals auch nur gekratzt hat. Das westdeutsche Bürgertum erkannte seinen Nachwuchs nicht wieder. Nicht die geringste Gefahr für seine Herrschaft, aber es wurde nervös, Justizsenatoren mußten zurücktreten. Illustrierten- und Nachrichtenmagazin-Verleger hatten schon vorher fast eine halbe Million auf den Tisch gelegt: «Für euren Kampf gegen Springer – aber keine Namen!»

Und die Staatsschutzdienste wurden verstärkt. – Und unten? In den Betrieben lasen die Arbeiter und Siemens-Angestellten in der *Bild-Zeitung* von Autos, die wir wieder umgestürzt hatten. Kunzelmann, Teufel und Rudi kannten sie aus dem Fernsehen. Einmal demonstrierten wir am Weddinger Osram-Werk vorbei und riefen: «Was wir wollen – Arbeiterkontrollen!» Von den Arbeitern, die im Fenster lagen, bekamen wir zu hören: «Wir lassen uns nicht kontrollieren!»

Bei der Schlacht am Tegeler Weg, eine Art Wendepunkt im Straßenkampf, riefen uns die Chemie-Arbeiter über den Fabrikzaun zu, als wir gerade gegen Berittene und Wasserwerfer loslegten: «Ihr schafft es nicht!» Da wurden wir hellhörig. «Ihr schafft es nicht?» Stimmt, wir haben es ja auch nicht geschafft. Die Polizei mußte nur einen Rückzug machen – was allerdings noch nie dagewesen war. (Doch es war kein Sieg, es war nur das Ende der Tschakos und beschleunigte die militärische Ausbildung der West-Berliner Polizei.) Aber es kam uns wie ein neuer Ton vor. Wenn die Arbeiter zu uns sagen, wir schafften es nicht, dann nehmen sie doch – kritisch! – an unserem Kampf teil. Das war das Neue, sagten wir uns. Altbekannt war: «Geht doch arbeiten!» Was von rechts und links an Rufen und Pöbeleien kam, das kam eben aus Kneipentüren und vom Bürgersteig. Damit war für uns alles klar. Was soll von dort schon kommen. Aber die Kritik vom Fabrikfenster und über den Fabrikzaun, das hatte mehr Folgen. Solche Kritik an uns hat die Basisgruppen mitbegründet.

Wie sah das aus mit den Basisgruppen?

Jürgen Werth: Die APO ging an die Basis. Es waren Gruppen, in denen Studenten einen Brennpunkt schaffen wollten.

Du meinst, im Betrieb?

Jürgen Werth: Das muß nicht einmal *im* Betrieb gewesen sein. Oft war es auch so, daß wir bloß Leute kannten, die im Betrieb waren. Unsere Haltung? Wir machen das jetzt, wir feuern das an, wir geben Richtlinien. Anfangs hieß es in den Flugblättern: «So wie eure Meister sind, so sind unsere Professoren. Deswegen kämpfen wir. Euer Kampf ist auch unser Kampf.» Manche Gruppen arbeiteten aber recht vernünftig und bekamen Kontakt zu Kollegen.

Warum hat es diesen Trend gegeben, in den Betrieb zu gehen, in die Basisgruppe am Betrieb?

Jürgen Werth: Die APO war nicht nur eine außerparlamentarische, sie war auch eine außerproletarische Opposition. Daher kam der Stachel: An die Basis! Das Interesse daran war bei den Strategen natürlich völlig unterschiedlich. Einige meinten es ernst, andere sind heute vielleicht schon junge Manager, so wie uns von den Arbeitern gesagt worden ist: «Wartet mal ab, bis ihr ausstudiert habt. Dann sieht alles anders aus. Dann wollt ihr vom Sozialismus nichts mehr wissen.» Bei vielen ist genau das eingetroffen. Manch einer war ein, zwei Wochen im Betrieb, schon nagelte er eine Wandzeitung – «wie in der Kulturrevolution!» – gegen die Unternehmer an die Mauer, wurde rausgeschmissen und verfaßte zum Abschluß seines Besuchs an der Basis ein Flugblatt mit dem Titel «Da seht ihr's, Kollegen!» Aber was soll's, geschadet hat es den Werkstudenten nicht, den Arbeitern schon gar nicht. Ein staatlich geregelter Ernteeinsatz oder ein Betriebspraktikum vor dem Studium wäre besser gewesen. Doch die Verhältnisse die sind nicht so.

Du hast 1969 aufgehört zu studieren. Es war für dich ein Entschluß, nicht mehr an der Universität zu arbeiten, du hattest kein Examen.

Jürgen Werth: Es war eine Unterschrift unter vollendete Tatsachen.

Warum hast du aufgehört zu studieren?

Jürgen Werth: Weil ich keinen Sinn mehr gesehen habe in dem Gerangel um Assistentenpöstchen, Hilfsassistentenpöstchen, es wurde auch immer drangsalierter, reglementierter. Es kam nichts Neues mehr, es gab kein Leben mehr. Es gab an der FU nur noch das Interesse für Posten, Lebenssicherung, eine ewige Wiederkehr des Gleichen.

Im Gespräch mit Kollegen, als gewerkschaftlicher Vertrauensmann in Belegschaftsversammlungen lernt man, ob man was gelernt hat. Das ist doch der Punkt: in den sechziger Jahren haben wir alles gewußt und konnten wenig machen. Heute wissen wir wenig und können viel machen. Damals dachten wir, die Geschichte rast, heute sehen wir, sie schleicht wie eine Schnecke und macht dann unerwartet Sprünge.

Und schließlich: warum sollen sich Sozialisten in der Bundesrepublik nicht an der Stahlproduktion beteiligen? Wenn sich darüber einer wundert, dann vielleicht nur, weil er körperliche Arbeit als eine Strafe empfindet. Übrigens kommt es nicht darauf an, wo einer was macht, sondern was er dort macht.

Ging es 1969 auch darum, neue soziale Schichten zu entdecken?

Jürgen Werth: Wir haben das nicht so gesagt, aber darum ging es auch. Wir hatten gemerkt, daß die sozialistischen Initiativen am Granitberg «Produktion» bisher bloß gekratzt hatten. Auch die Septemberstreiks waren ein Anstoß.

Wußtet ihr außerhalb der Universität schon, was ihr machen wolltet, hattet ihr eine Perspektive?

Jürgen Werth: Perspektive ist übertrieben, aber eine Ahnung. Es lief hin auf die Parole: an der Dreck- und Feuerlinie arbeiten, gegen die Bequemlichkeiten, die sich dir auftun. Eine Portion Neugier, Suche nach Neuland war auch dabei. Und so fingen wir mit einigen Leuten, Arbeitern und Studenten, in einem Berliner Elektrobetrieb an.

Wieviel wart ihr?

Jürgen Werth: Ein halbes Hundert, auf verschiedene Betriebe verteilt, eine Projektgruppe, «Projektgruppe Elektroindustrie». Ich beteiligte mich hier an der Arbeit der Klasse, aus der ich komme. Mein Vater ist gelernter Werkzeugmacher, meine Mutter arbeitet in einer Lebensmittelfabrik. Die Arbeit kennenzulernen war meine Absicht, auch technisch was dazulernen, auch polytechnisch.

Hat nicht die Erfahrung der Realpolitik im Betrieb den explosiven Willen nach Neuem, nach grundsätzlicher Umwälzung zurückgedrängt? Sind deine Erfahrungen nicht eine Aufforderung zur Reformbescheidenheit geworden?

Jürgen Werth: Wer lernt, daß er mit Tausenden zusammen nicht jahrelang explodieren kann, muß deshalb nicht unbedingt bescheiden werden. Auch muß man nicht in einem Jahr große Reformen erreichen, um zu wissen, wie nützlich es ist, wenn eine Belegschaft gemeinsam ihren Willen durchsetzt. Wir haben gesehen, daß es keine großen Skandale bewirkt, was wir in unserem alten Putschismus anzuzetteln versuchten, besonders wenn es mit einer blinden Gewerkschaftsfreundschaft zusammenlief. Das grenzte manchmal schon an einen Sieben-Fronten-Krieg. Die Projektgruppe war ein Laboratorium der Fehler des Putschismus und Pauschalismus, die *wir* am besten studieren konnten, weil wir sie selber gemacht haben. Der größte Teil derer, die diese Fehler inzwischen überwunden haben, sind Arbeiter, die jetzt in der Bundesrepublik und West-Berlin gewerkschaftlich aktiv sind.

Das hört sich so an, als wenn die Fehler und die Lehren daraus ein Schritt nach vorn gewesen sind. Tatsächlich ist es aber so gewesen, daß viele zwar auch die Lehren gezogen haben, aber andere Schlüsse als du. Sie sind nämlich ausgestiegen.

Jürgen Werth: Um so besser für sie. Man muß doch nicht unbedingt im Betrieb arbeiten. Vielleicht machen sie woanders was Richtiges.

SDS-Basisgruppen, Basisgruppe Elektroindustrie – ein Laboratorium des Pauschalismus und Putschismus ... Wie ging deine Arbeit im Betrieb nach diesen Erfahrungen weiter?

Jürgen Werth: Inzwischen hatte ich Schweißerkurse besucht, neue Metallfertigkeiten erlernt und arbeitete in einem Turbinenwerk. Wir machten Betriebszeitungen, informierten, brachten Nachrichten aus anderen Betriebszeitungen, sahen der Geschäftsleitung auf die Finger, deckten dunkle Geschäfte des Konzerns auf, bereiteten uns auf Belegschaftsversammlungen vor oder stellten in Artikeln die «Lohn-Preis-Spirale» als Preis-Profit-Spirale vor. Zu tun war immer genug.

Die Arbeit im Betrieb kann so etwas sein wie ein Rückzug, ein Rückzug aus

Teilen der Bewegung, die es damals in Berlin gab. Hast du während deiner Arbeit im Betrieb an Aktionen und Demonstrationen in Berlin teilgenommen? Ich meine, es gibt eine Arbeit im Betrieb, die sich an den betrieblichen Erfordernissen orientiert und nur an diesen, die also die Verbindung zu dem aufgibt, was die Studentenbewegung ausmachte, Antiimperialismus zum Beispiel.

Jürgen Werth: Diese Verbindung haben wir nie aufgegeben. Klar haben wir auch im Betrieb zu manchen Demonstrationen aufgerufen, Chile-Zeitungen, Palästina-Zeitungen, Artikel über Südafrika-Geschäfte. Wir haben Filmveranstaltungen und Sammlungen für Chile organisiert. Vor einer Berliner Werkzeugmaschinen-Fabrik bekamen wir für Chile mehr als 600 DM zusammen, natürlich wochenlang drinnen vorbereitet.

Ihr habt dort gearbeitet, wie es eure Kollegen auch getan haben. Warum im Betrieb? Warum nicht in der Versicherungsgesellschaft?

Jürgen Werth: Erst mal mache ich lieber beim Bau von Turbinen und Drehbänken mit als Lebensversicherungen verkaufen. Zweitens besteht ein großer Unterschied zwischen Versicherungsgesellschaften und Großbetrieben. Hier wird gesellschaftlicher Reichtum produziert – dort wird versichert. Das ist der Unterschied. Hier wird gestreikt – dort werden Versicherungen gegen Streiks verkauft (so was gibt es ja inzwischen).

Es ist offensichtlich, daß du bisher orthodoxe Kategorien nicht genannt hast. Von dort leitest du deine Entscheidung nicht her? Ich meine vom Bereich der Wertschöpfung.

Jürgen Werth: Warum nicht? Wertschöpfung ist doch nicht nur was Ökonomisches. Wertschöpfung ist auch was Militärisches, wo es um Schlüsselstellungen geht. Das weiß doch jeder Gewerkschafter, der Schleyers zehn Gebote zur Abwehr von Arbeitskämpfen kennt.

Ist es so, daß du dich im Betrieb als *focus* der Aufklärung verstehst?

Jürgen Werth: Ich bin doch kein *focus*. Ich arbeite an Maschinen. Wieso soll *ich* mir einbilden, Kollegen mehr aufklären zu können als von ihnen aufgeklärt werden.

Aber ich will wissen, warum du im Betrieb bist!

Jürgen Werth: Weil ich leben muß.

Aber du als Intellektueller aus dem Argument-Klub und SDS, aus der Universität, warum lebst du als Arbeiter? Du könntest auch als Professor an der Universität leben.

Jürgen Werth: Ich will anders leben. An der Universität gibt es ja genug Linke.

Das heißt, du hast dich nicht aus politischen Gründen dafür entschieden, in den Betrieb zu gehen?

Jürgen Werth: Was soll die Frage? Die Antwort ist Nein und Ja. Ich lebe doch nicht aus politischen Gründen. *Nur* aus politischen Gründen kann doch kein Mensch im Betrieb arbeiten, jedenfalls nicht in einem Metallbetrieb. Erstens würde das der Unternehmer bald merken; er bezahlt Arbeitskraft und nicht Politik. Zweitens würdest du das nicht aushalten auf die Dauer, wenn du nicht *beim Arbeiten* auch Produktionsinteressen entwickelst, sonst kommst du dir ja vor wie einer, der acht Stunden am Tag Sabotage machen will. Lächerlich. Auf die Dauer würden einen ja die Kollegen rausschmeißen. Und mit Recht. Nur aus Produktionsinteressen kann doch die Arbeiterklasse überhaupt ihren Anspruch herleiten, die Produktion selber in die Hände zu nehmen. Ich bin dagegen, daß man sagt, es muß Schund gemacht werden, das schadet dem Kapitalismus. Es schadet nur den Verbrauchern. Also man kann das überhaupt nicht trennen, die politischen und gewerkschaftlichen Gründe und die Gründe aus Produktionsinteressen.

Du hast eine Art Arbeitsethos entwickelt?

Jürgen Werth: Ich ziehe eben in diesen siebziger Jahren meine Arbeit anderen vor, was nicht bedeutet, daß ich mir Genüsse, die andere Arbeiten mit sich bringen, nicht sehr wohl vorstellen kann und auch große Lust hätte, an diesen Genüssen teilzunehmen. Das ist doch der Traum, den Marx beschreibt: frühmorgens Theaterkritiken schreiben, mittags Forellen fischen und am Abend ein Stück Eisen bearbeiten. Oder umgekehrt.

Zurück nach Berlin. Warum hast du die Stadt verlassen?

Jürgen Werth: Weil die *scene*, die Welt der Studenten, mehr und mehr resigniert hatte, nicht mehr weiter wußte, dann der Frontstadtcharakter, West-Berlin, Pfahl im Fleisch der DDR, es gibt viel Künstliches in dieser Stadt, und es erhellt künstlich, was sonst längst vergangen wäre. Du willst ein bißchen Deutschland kennenlernen, in Berlin hattest du nur eine subventionierte Insel vor dir. Daraus entstanden Täuschungen unter den Sozialisten, als sei eine ungeheure Stärke entstanden, durch die Reaktionen der Springer-Presse.

Du bist ins Ruhrgebiet gegangen. Was ist dort anders als in Berlin?

Jürgen Werth: Ein besseres Klima. Du findest dort Sozialdemokraten, die den Namen verdienen, die nicht so verhetzt sind, und du findest dort Kommunisten, die selbstbewußter sind als in Berlin und mit Sozialdemokraten zusammenarbeiten.

Was hat dieses Klima für deine Arbeit bedeutet?

Jürgen Werth: Das hat bedeutet, daß du dort mit Gewerkschaftern zusammentriffst, die die Interessen der Kollegen vertreten. Natürlich gibt es auch dort reichlich Opportunisten, Sesselhocker und Berufsbetriebsräte. Aber man kann ein wenig besser atmen und arbeiten als in West-Berlin. Vielleicht ist das eine Folge der Septemberstreiks. Jedenfalls gibt es im Revier keine Frontstädte.

Welche Rolle spielen bei euch die linken Parteien, das heißt die Studentenparteien und die DKP?

Jürgen Werth: Bei einigen dieser Parteien fragst du dich: «Wie kann man Mao Tse-tung vor manchen seiner westdeutschen Liebhaber in Schutz nehmen?» Sie sind in den letzten Jahren zu nützlichen Idioten der deutschnationalen Reaktion geworden, die es fertigkriegen, auf der Straße einen alten Ostlandreiter zu umarmen, weil der gegen die Russen loslegt. Völlig verblendet im europäischen Exil, haben sie mit dem, was die Menschen hierzulande wirklich bewegt, wenig zu tun.

Mit der DKP ist es anders. Das sind meistens Arbeiter. Ihr geringer Wahlerfolg – abgesehen von Bottrop oder Gladbeck – ist auch eine späte Rache Adenauers. Sie sind Opfer der Fünf-Prozent-Klausel und die eigentlichen Prügelknaben des erprobten Antikommunismus. Etwas zu sehr ruhen sie sich auf den Lorbeeren der DDR aus. Das schwächt ihr Selbstbewußtsein. Deshalb klammern sie sich noch heute an die Abmachung des VII. Kongresses der Kommunistischen Internationale von 1935, wonach eine Bruderpartei in keinem Fall kritisiert werden darf. Sonst würden sie – auch nach außen – offener über die polnischen und tschechoslowakischen Brüder sprechen. Aber wenn Sozialisten nicht die volle Wahrheit sagen – wie es Fidel fordert –, dann sagen andere die Wahrheit, und zwar recht verlogen.

Bei uns gibt die DKP eine Betriebszeitung heraus, trocken, aber informativ und wird von den Kollegen gelesen. Das will schon was heißen. Noch gibt es nichts Besseres.

Gute Worte über die DKP. Sie kommen von einem Genossen, der wichtige politische Erfahrungen im SDS gemacht hat. Die Studentenbewegung ist aber auch eine antirevisionistische Bewegung gewesen.

Jürgen Werth: Auf dem Kurfürstendamm haben wir es leichter gehabt als die Sowjetunion und die DDR. – Siehst du dir mal die deutsche Geschichte von 1848 bis heute an, dann merkst du doch, daß die DDR ein Stück neues Deutschland ist. Denn was war vorher? Bismarck, Noske, Hitler. Bei so viel Barbarei können wir froh sein, daß wenigstens in einem Teil Deutschlands der Faschismus nie wieder an die Macht kommen wird. «Siemens, Krupp und Mannesmann führen die Faschisten an» – das haben wir in Berlin immer gerufen. Eines ist doch klar: in der DDR werden diese Herren niemanden mehr anführen. Wer damit nicht *anfängt*, wenn er an irgendeinem anderen Punkt die DDR kritisiert, liegt falsch.

Und wie ist die DDR entstanden? Sturm auf den Dresdener Winterpalais? Leipziger Kommune? Massenstreiks in Rostock? Nichts damit. Die Rote Armee ist einmarschiert in Ostdeutschland. Jeder weiß, daß das so sein mußte. Wenn man will, ist das eine Art Revisionismus: in der DDR ist der Blut-und-Boden-Gang der deutschen Geschichte revidiert. Kann man auch vom Leben der chinesischen Arbeiter und Bauern viel lernen, als Agent des Außenministeriums der Volksrepublik China wird man wenig beitragen können zu solchen Fragen.

All das kann nicht heißen, daß der Einmarsch der Warschauer-Pakt-Staaten in die ČSSR dem Sozialismus genützt hat. Der Einmarsch hat dem Sozialismus in der Welt sehr geschadet. Davon hätten sie die Finger lassen sollen. Panzer an der Grenze BRD–ČSSR, das kann man machen, wenn von außen ein Angriff droht, aber nicht Panzer in Prag. Außer den paar Sudeten-Faschisten haben auch tausende tschechoslowakischer Arbeiter in die Mündungen sehen müssen.

Einmal zurück zu deiner Vertrauensleute-Arbeit. Wie sieht im Vertrauensleute-Körper die Zusammenarbeit aus?

Jürgen Werth: Unter den Vertrauensleuten sind hauptsächlich SPD-Anhänger aller Schattierungen und einige DKP-Leute. Bisher ging es immer so, daß wir nach gründlichen Diskussionen Vorschlägen unsere Zustimmung gegeben haben oder nicht. Eine Abstimmungsmaschine ist das nicht. Es wird viel diskutiert. Ein kleiner Schützengraben gegen Strauß und Schleyer. Sogar der Herr Biedenkopf wollte sich im letzten Wahlkampf bei uns einladen. Leider mußten wir ablehnen.

Schwerpunkte der Arbeit: «Vertrauensleute – Träger gewerkschaftlicher Kraft». Bildungsarbeit. Zusammensetzung der Tarifkommission. Wie sieht denn das aus mit der «gewerkschaftlichen Kraft» in den letzten Tarifrunden? Was tun, wenn die Kollegen sich durch Tarifabschlüsse verarscht fühlen und dann einige in ihrer Kritik an der IG Metall nach rechts abrutschen, zum Beispiel wenn sie sagen, «die Gewerkschaft ist doch der größte Unternehmer», was ja Quatsch ist und von den wirklich größten Unternehmern erfunden wurde, um zu spalten.

Schaffung neuer Arbeitsplätze: wie kriegst du das raus aus den Köpfen, wenn Arbeitsplätze durch den Bau von Kern- oder Kohlekraftwerken geschaffen werden oder durch den Bau des westdeutsch-chilenischen Kupferwerks in Emmerich. Wie kommen wir dahin, daß Strahlengefahr, Luftverpestung und Unterstützung der Junta der Punkt ist – und nicht einfach «neue Arbeitsplätze»? Das alles gehört zu unserer Arbeit.

Natürlich, soweit wie in Trenti, Italien, wo Stahlarbeiter in ihrem Bildungsurlaub zusammen Brechts ‹Maßnahme› einstudieren und vor Kollegen aufführen, soweit sind wir noch nicht. Auch eine neue «Arbeiter-Illustrierte-Zeitung» gibt es noch nicht. Wir haben bisher bloß Luca Lombardis Kölner IG Metall-Arbeiterchor.

Gibt es auch eine Betriebsarbeit außerhalb der Organisationen?

Jürgen Werth: Es treffen sich Kollegen aus verschiedenen Gewerkschaften, die über Engelmanns ‹Einig gegen Recht und Freiheit› diskutieren oder über die Weimarer Republik oder über die Lage im EG-Stahlkartell. Einige Kollegen arbeiten an der Vorbereitung einer Betriebszeitung.

Vor Beginn des Gesprächs hast du gesagt, daß die einzelne Person in der Lebens- und Arbeitssituation, in der du bist, für dich nicht mehr die Rolle spielt wie früher.

Jürgen Werth: Die Einheit steht in der Arbeiterklasse im Betrieb – besonders in der gewerkschaftlichen Arbeit – mehr im Mittelpunkt als in anderen Schichten der Bevölkerung. Die Intellektuellen und die Studenten sehnen sich zwar im stillen auch nach Einheit, aber ihrem ganzen Tun liegt die Weisheit zugrunde, viele Köche verderben den Brei. Die kollektiven

Ansätze sind bei ihnen spärlich entwickelt. Von vielen Stahlköchen kannst du nicht behaupten, daß sie den Brei verderben. Im Gegenteil. *Der* Brei kommt überhaupt erst zustande, *weil* es viele Köche gibt, und zwar in der Produktion genauso wie in den Arbeitskämpfen. – So eine Erfahrung ist auch nicht zu verachten.

Aber es gibt auch Eigenbrötler, Einschmeichler, Konkurrenz . . .

Jürgen Werth: Natürlich, jede Menge. Aber immer mit schlechtem Gewissen. Das muß eben aufgeknackt werden, und das gehört ja zum Witz der gewerkschaftlichen Arbeit. Betriebe sind eben Schulen der Nation, allerdings für die Solidarität.

Du bist ein Genosse mit langjährigen politischen Erfahrungen. Das Wort «Solidarität» kann für dich nicht nur bedeuten: Solidarität im gewerkschaftlichen Kampf. Es bedeutet auch Solidarität im Kampf um die Macht im Staat. – Ist die Arbeiterklasse eine revolutionäre Klasse? Die wirtschaftliche Krise hat 1975 nicht den Linken oder Linksradikalen Stimmen eingebracht, sondern der CDU.

Jürgen Werth: Warum sollen eine Million Arbeitslose linksradikal werden? Was sind das für Vorstellungen? – Ob das Proletariat in der Bundesrepublik eine revolutionäre Klasse ist? Das muß noch lange nicht heißen, daß wir in einer revolutionären Zeit leben. In den Köpfen der westdeutschen Arbeiter sitzt doch ein tiefes Mißtrauen oder eine Unsicherheit gegenüber dem, was in Italien, in französischen Betrieben, in Portugal auf dem Land läuft. Oder die Haltung gegenüber der DDR. Bis das alles mal durchgerüttelt ist, das dauert noch. Was ist denn bei uns in Deutschland anderes gewesen als eine Folge von Massenbetrug? Im November 1919 hieß es, die Sozialisierung ist da – Noske kam. 1929–1933 der Ruf nach dem nationalen Sozialismus – Hitler kam. 1945, Stunde Null, Neubeginn – Adenauer war schon da. Für jede Arbeiter-Generation ein Keulenschlag. Das muß man doch auch sehen, wenn man diese CDU-Stimmen sieht. Warum aber diese deutsche Misere überschätzen. Was die westdeutschen Arbeiter *sind*, sind sie jeden Tag, was sie sich einbilden, bilden sie sich eben nur ein. Das ist der Punkt. Wer jetzt schon die Augen aufmacht, sieht, daß es ein böses Erwachen geben wird. Es bleibt nicht so friedlich in der Bundesrepublik. Das ganze Kartenhaus zeigt schon heute erhebliche Risse, genau wie das vielgerühmte soziale Netz. Im Ausland werben die Unternehmer damit, daß es in der Bundesrepublik die wenigsten Streiks gibt. Das wird aufhören – trotz «Vermögensbildung». Die Bundesvereinigung der deutschen Arbeitgeberverbände sieht ja ganz offen «zunehmende Spannungen zwischen Sozial- und Rechtsstaat, die in größerem Maße als zuvor auch staatliche und politische Entscheidungsautorität verlangen». An unserem bisherigen faulen Frieden zwischen den Klassen wird wie immer am meisten von den Kapitalisten selbst gerüttelt. Diese Entwicklung bringt keinen Aufwind für die Linksradikalen und keinen für die CDU, sie bringt Aufwind für die Arbeiterklasse.

18. Kapitel

Geschlagen ziehen wir nach Haus,
die Enkel fechten's besser aus

Nachwort

> Wir irrten oft, wir hofften viel. Wir
> wagten lieber, als wir uns besannen.
> Hölderlin

Das Stichwort der Studentenrevolte, von dem aus sie gedeutet werden kann, ist die *«Neue Sensibilität»* Herbert Marcuses. Sie war ein Aufstand gegen die «zweite Natur», wollte die Grundlagen der Gesellschaft in den Individuen selbst aufdecken, im psychischen Haushalt der Bürger aufsuchen, in einem Prozeß *«dialektischer Erfahrung»*, das heißt, durch die Enthüllung eine Internalisierung gesellschaftlich und weltgeschichtlich gesetzter Autorität aufdecken und sie zu Fall bringen: den Prüfungszwang an der Universität, den Konsumzwang der Warengesellschaft und die verheerende Barbarei der Warennatur, die sich in imperialistischen Kriegen neue Einflußgebiete zu schaffen und alte zu erhalten sucht.

Die *«Große Weigerung»* Herbert Marcuses war der gesellschaftliche Schluß aus dieser Lebenserfahrung – als soziale Distanzierung zu dem Lebensprinzip, das die technokratische Gesellschaft der Leistung und des Überflusses ihren Bürgern oktroyierte. Den jugendlichen Rebellen zeigte sich, daß hochindustrialisierte Länder sozial, psychisch und kulturell unterentwickelt sind. Der Fortschritt in den Metropolen ist einer zur Katastrophe. Anders als beim revolutionären Bürgertum, das eins mit den aufkommenden Wirtschaftsstrukturen war, schien der gesellschaftliche Prozeß ein revolutionäres Subjekt zu suchen, dessen Bewußtsein der Entwicklung als Progreß zum Untergang eingedenk war und bereit, ihn aufzuhalten – als Klasse des Bewußtseins.

Fassungslos mußte die Gesellschaft des *«reicher gewordenen Entzugs»* (Guy Debord) ansehen, wie ihre Jugend, die alles hatte, was sie braucht, zur Protestbewegung überlief.

Sie hatte alles, was sie braucht – nur das wirkliche Leben und der Gebrauch wirklicher Zeit waren abwesend. *«Es gibt zwar nichts, bei dem die Ökonomie nicht ihre Finger mit im Spiel hat»*, schreibt Ernst Bloch, aber *«mit der Studentenunruhe ist etwas Neues in die Welt eingetreten, was es wahr-*

233

scheinlich in dieser Weise noch nicht gab, nämlich eine Revolte ohne vordringliche ökonomische Ursachen.»

In den Erklärungszusammenhang der Studentenrevolte gehören neben den sozialökonomischen vor allem sozialpsychologische Konstitutionsbedingungen. Die Welt hatte mit den Idealen des Bürgertums aus seiner heroischen, der revolutionären Phase technokratisch abgerechnet. Wir kamen an die Universität in der Hoffnung, uns die bürgerlichen Ideale von Freiheit, Aufklärung und Brüderlichkeit anzueignen. Was wir erfuhren, war die Welt als Verblendungszusammenhang.

1

Der Krieg der Amerikaner in Vietnam ist das auslösende Signal der Empörung der Studentenrevolte gewesen. Die Jugendlichen liefen zur Protestbewegung über, weil die Unterdrückung – selbst wenn sie einen nicht unmittelbar betrifft – eine moralische Last der Teilhabe ist. Dieses Gewissen unter dem Banner des Altruismus war nicht das Mitleid, nicht der Haß, sondern die moralische Integrität. Die Farbe der Bewegung in der ersten Stunde der Revolte war nicht rot, sondern das Weiß von Unschuld und Integrität. Darin gab es die unzerstörbare Hoffnung der Intellektuellen auf eine Identität von Moral und Politik, als sollte das Diktum Robespierres seine Wahrheit finden, daß unpolitisch sei, was unmoralisch ist.

Doch die Radikalen krempelten sich so weit um, daß man oft unter der weißen Weste das rote Futter, ja, die schwarzen Borten sah. Horst Mahler, Mitglied der Roten Armee Fraktion (RAF), schrieb in einem offenen Brief:

«Lieber Heinrich Böll,
              . . . Leid ist nicht zu beseitigen, wenn Mit-Leiden nicht zum Impuls wird, die qualbringende Kausalkette handelnd zu zerbrechen. Worte allein leisten da wenig. Um die Verhältnisse wirklich zu ändern, muß man auf die Worte verzichten, dem Publikum als ‹schöne Seele› zu gelten . . . Kein Genosse der RAF hat sich je Illusionen über den zu erwartenden Haßausbruch gemacht. Wir sind darob nicht erschrocken, also auch nicht geängstigt. Ihr Mitleid findet in uns keinen Gegenstand. Wir laden Sie herzlich ein, Ihre sympathischen Empfindungen jenen *tätig* zuzuwenden, deren Leiden es uns unmöglich machen, in dieser Gesellschaft zu leben, als fände der Völkermord in der ‹Dritten Welt› gar nicht statt; als würde die Zumutung, das alles auch in unserem Namen geschehen zu lassen, den Menschen in uns nicht umbringen . . . Der jetzt erst beginnende bewaffnete (also nicht mehr wehr- und hilflose) Widerstand ist das praktizierte Dementi jener Lebenslüge aller sozialkritischen Intellektuellen, die da sagen, man könne nicht mehr tun, als immer wieder die Niedertracht analysieren, kritisieren und entlarven, so lange, bis sich jemand anderes findet, der ihrer geschichtlichen Existenz den Garaus macht.»

Etwas Unbedingtes und Kompromißloses konstituierte einen neuen Begriff politischer Moral. Geschichte sollte uns nicht, wie unseren Eltern im Faschismus, als Opfern zugefügt werden. Sie sollte Selbstverwirklichung des Individuums sein, und diese vollzieht sich nur über das Machen von Geschehen.

Unserem Anspruch nach wollten wir die eigene Lebensgeschichte, eingreifend in Geschichte und Gesellschaft, bilden – als Umwälzung der Gesellschaft, Umwälzung der Alltäglichkeit. Die Studenten «*wollten Erfahrungen, Lebenszusammenhänge, geschichtliche Gegenwart (Vietnam, die Befreiungsbewegungen der Dritten Welt, die wirklichen Erfahrungen ihres eigenen Studiums) in einen öffentlichen Diskussionszusammenhang bringen*» (Negt/Kluge).

Aus den Gefahren der Kämpfe gegen Amerikahäuser, Springer-Konzern, Universitätsinstitutionen entwickelte sich die Gewißheit eines stürmischen Lebens – entstanden aus einem heroischen Lebensentwurf in Kämpfen, die wir zuerst oft für andere geführt und deren Gefahren bald unsere eigenen waren, weil Solidarität in unserem Land bestraft und Anpassung belohnt wird.

Daß nach Auschwitz nicht nur Gedichte geschrieben wurden, sondern in Vietnam Ausrottungslager wieder möglich schienen, radikalisierte die moralische Sensibilisierung politisch, und die intellektuellen Sozialisten begannen, die Kritik der Kritischen Theorie Horkheimers und Adornos politisch einzuklagen.

Wenn die Intellektuellen auch über der Folgenlosigkeit des Denkens verzweifelten, gab es zu Beginn der Revolte noch ein geheimes Resistenzpotential gegen die Aktion bei ihnen. Doch die falschen Verhältnisse änderten sich nicht durch das richtige Denken. Radikale Praxis wurde erkenntniskonstitutiv. Wo der Besen nicht hinkommt, wird der Staub nicht von selbst verschwinden, auch nicht unter den Talaren der Muff von tausend Jahren.

Marx war der Gott der Revolte, Marcuse sein Prophet, Che Guevara und Mao Tse-tung sein Schwert. Die Studenten brachten als «*militante Minderheiten . . . die Bedürfnisse und Wünsche der schweigenden Massen zum Ausdruck*»; sie spielten «*die Rolle der Intelligenz in der Französischen Revolution*» (Marcuse).

Schon die begrenzte Regelverletzung, die Provokation, die direkte Aktion legten eine Wunde im Fleisch der Gesellschaft bloß – rosa, blutbespritzt, und darin wanden sich zahllose kleine weiße Maden.

Jetzt erst wurden sie sichtbar.

Die Provokation war eine Durchbrechung der Spielregeln, die die Reproduktion der Gesellschaft garantiert. In der Provokation wurde etwas veröffentlicht, dessen man in der Bundesrepublik Deutschland nicht mehr gewahr wurde: der gesellschaftliche Antagonismus der Klassen. Mit der Studentenbewegung kam pulsierendes Leben in den scheintoten Körper dieses Landes, das vorher, wie es schien, keine Bewegung, nur Totenstille durchlebte. Tatsächlich hatte es seit 1949 wilde Streiks gegeben. Es war aber der Presse und den anderen Medien gelungen, sie durch Verschweigen in der Finsternis der Nicht-Öffentlichkeit zu belassen. So schien es, als würden sich nirgends Widerborstigkeit und Auflehnung ans Licht trauen. Tatsächlich aber gab es sie. Sie sollten nur im Dunkeln bleiben. Bis Studenten die Öffentlichkeit als ein Kampfmittel begriffen.

So überraschend der Ausbruch der Revolte war, gab es für sie, wie für alle Utopien vom besseren Leben, einen Fälligkeitstermin. Die moralische Glaubwürdigkeit des Antikommunismus der *free western world* war aufgebraucht, das Eis des Kalten Krieges begann zu schmelzen, die Wachstumsrate der Überflußgesellschaft zu brechen, die Krise der Universität wird unübersehbar.

Die Inhalte der Studentenbewegung waren antiautoritär, antikapitalistisch, antiimperialistisch und kulturrevolutionär. Ihrem, uneingestandenen, Selbstverständnis nach war sie Intellektuellenrevolte, Jugendrevolte und Männerrevolte.

Die aufbegehrenden Kinder unterschieden sich von ihren Eltern durch ein Plus von Subjektivität und Wahrnehmungsfähigkeit. Sie waren stark genug, ihre Schwächen offenzulegen und sie durch die Gewalt der Gesellschaft zu erklären, denn «*der kapitalismus hat uns zum kampf gezwungen, er hat unsere umgebung verwüstet. ich geh nicht mehr ‹im walde vor mich hin›, sondern unter polizisten*» (Brecht).

Die ersten waren von der Erschütterung und dem Rausch von Seefahrern ergriffen, die ein neues Land entdecken, voller Neugier und Begierde, es in Besitz zu nehmen, denn sie erwarteten das Gelobte Land. Ubi Jerusalem, ibi Lenin.

Die nach ihnen kamen, wurden schon von der Mühsal und den Entbehrungen der Erschließung erwartet. So geschah es, daß sie nicht mehr vom Fieber des Aufbruchs in ein neues Land geschüttelt wurden und daß sie untereinander die Arbeit aufteilten, als gelte es, eine Kolonie zu verwalten. Es kam zu einer Professionalisierung der Linken, zu einer Zähigkeit, Langeweile und Freudlosigkeit, die ihnen die neuen Aufgaben abtrotzten, in ihren Berufen, Gruppen, Projekten, Organisationen, Parteien.

Freilich altert die Neue Linke auch darum, weil das Leben der Genossen älter wird, Jahre zehren, sie gewinnen ein Verhältnis zur Zukunft statt nur zur Gegenwart.

«Ach», sagte die Maus, «die Welt wird enger mit jedem Tag. Zuerst war sie so breit, dass ich Angst hatte, ich lief weiter und war glücklich, dass ich endlich rechts und links in der Ferne Mauern sah, aber diese langen Mauern eilen so schnell aufeinander zu, dass ich schon im letzten Zimmer bin, und dort im Winkel steht die Falle, in die ich laufe.»

«Du musst nur die Laufrichtung ändern», sagte die Katze und frass sie.

Viele derer, die vor zehn Jahren riefen «*Trau keinem über dreißig!*» und heute selbst über dreißig sind, werden sich in diesem Bild Kafkas vom Lebenslauf wiederfinden – die Verheißungen der Anfänge, später Einschränkungen, Einengungen, Ausweglosigkeiten. Das Studium verspricht keine Karriere mehr, und das Aufbegehren wird mit der Moral der Polizeiknüppel vergolten.

Die Revolte von 1967 bis 1969 war der Aufstand gegen den reicher gewordenen Entzug der Überflußgesellschaft, gegen die Langeweile des autoritären Staates organisierter Passivität, gegen den illusionären Konsum der Wohlstandsgesellschaft. Gegen die Einsamkeit der an der Hochschule Isolierten gab es eine Sehnsucht nach gegenseitiger Hilfe, nach dem linken Milieu als Ferment des Alltagslebens, nach der Konstituierung einer neuen Kollektivität. Die Absicht war, eine Gemeinsamkeit der Gruppe herbeizuführen, gegen das, was Sartre «Serialisierung» nennt, die Montonie und Fremdheit des Arbeitsrhythmus, des Lebensrhythmus.

Wo die Abfolge der Zeit im Lebenslauf unterbrochen wurde, herrschte die eigentliche Bewegung, und es wurde sichtbar, daß der Lauf der Dinge in Wirklichkeit Stillstand war. Diese bewegungslose Ruhe, die nach Tod schmeckt, hat die Revolte aufgestört.

Der politische Protest war total, er reichte bis in die vordem unpolitische ästhetische Dimension. Die «Neue Sensibilität» erforderte eine neue Sprache, um die neuen Werte zu definieren und zu vermitteln. Mit der Befreiung des Denkens vollzog sich ein Angriff auf die Unfreiheit der Sprache. Vom Angriff auf alle Konventionen sollte die verwurzeltste unter ihnen, die Sprache, nicht verschont bleiben.

Im Kasernenkommunismus der späteren Jahre herrscht die Sprache der Amtsstuben. Ausgelöscht ist jedes Motiv der Sexualität, Leidenschaft, Sinnlichkeit, Freude, Witz und Lust. Mit der Sprache der Amtsstuben betritt der linke *small talk* die politische Szenerie der Linken, beide Ausdruck der Aphasie im Zeitalter der Massenkommunikation.

In dem Katalog einer DaDa-Ausstellung habe ich diese Mitteilung gefunden

DADA SIEGT!
Wiedereröffnung
der polizeilich geschlossenen Ausstellung
Schildergasse 37
DaDa ist für Ruhe und Orden
DaDa ruht nie – DaDa vermehrt sich

Hoch die Präsidenten
der internationalen Bewegung DaDa und ihre untergeordneten Organe
(Präsidialbeamten vereinigt euch!)

*Weshalb bin ich nicht
dieser mutige Vogel?*

Ist dieser Ton nicht die Freiheit des Ausdrucks, den sich die Antiautoritären manchmal nahmen?

Mit DaDa sind ihre Flugblätter durch den Gestus der Provokation verwandt. Überdies war die Revolte der Studenten wie die der Dadaisten ein «*Abbruchunternehmen*». Wir wußten nur, wogegen wir waren, nicht, was wir an dessen Stelle setzen wollten. DOCH DIE IDEEN VERBESSERTEN SICH. DIE BEDEUTUNG DER WORTE NAHM DARAN TEIL.

Die Äußerungen der Revolte waren von einem heroischen Optimismus und einer revolutionären Zuversicht bestimmt, weil die Möglichkeit der Befreiung noch nie so groß schien wie in der reichen Gesellschaft. 1969 konnte die Frankfurter Studentenzeitschrift *diskus* voll Mut und revolutionärer Zukunftshoffnung auf ihre Titelseiten schreiben: WIR SIND IMSTANDE, DAS ZU LERNEN, WAS WIR VORERST NICHT WISSEN. WIR VERSTEHEN ES NICHT NUR, DIE ALTE WELT ZU ZERSTÖREN, WIR WERDEN ES AUCH VERSTEHEN, EINE NEUE AUFZUBAUEN.

An der Mensa der FU Berlin stand der lapidare Appell chaotischer Radikalität «*SCHAFFT ALLES AB!*» Immerhin gab es auch in der Nacht der Schöpfung ein kosmologisches Chaos, das, schreibt Schumacher, «*mit dem ‹Chaos› sozialer Natur nichts zu tun hat*».

Etwas Altes endet, und etwas Neues beginnt. Aber wieviel Radikalität, subversive Kraft und Erneuerung durften wir von dem Neuen erwarten?

Diese Frage haben wir in der Emphase der Tageskämpfe nie gestellt. Wir hatten in der Revolte nie die Vorstellung eines linearen Zeitraums, sondern vom Jetzt und Hier. Wir fühlten eine Identität mit unserem Aufruhr und wir wußten: wir waren im Recht. Diese Identifizierung hatten wir bisher nie gefühlt. Erst als Revoltierende konnten wir uns zu uns selbst bekennen. Wir entdeckten in uns Fertigkeiten, die zuvor nur Traumbilder waren: Institutionen anzugreifen, sie zu verändern, manchmal nur mit der Kraft des Witzes der direkten Aktion, der Provokation, und der ganze Pomp eherner Institutionen fiel zusammen wie ein Kartenhaus.

Die langen Haare der revoltierenden Jugendlichen meinten Formlosigkeit, Sinnlichkeit, Freiheit und Offenheit. Sie sagten den Leuten, wie wir zu Vietnam standen, zum Universitätsaufstand, zum Haschisch. Die langen Haare sollten ein Zeugnis der Großen Weigerung sein. Die Eltern der Langhaarigen waren eine Generation ohne Zukunft, ohne Kinder.

Zu dem Zeitpunkt, als die marxistische Orthodoxie von Kautsky bis Stalin emporschoß, saugte der gierige Schoß der bürgerlichen Gesellschaft den libertären Protesthabitus der Jugendlichen auf. Damit würgte sie das anarchische Element der Rebellion und traf ihren Lebensnerv.

Mit den Aktionen der internationalen Protestbewegung gab sich in den Metropolen das Gespenst der Revolution wieder zu erkennen und erschütterte die Mythen der Industrieländer, daß in den Staaten der Satten der Gedanke der Revolution nicht zur Wirklichkeit drängt.

2

Der SDS war ein theoretischer Zirkel, mit dem Instrumentarium von Adorno, Horkheimer, Fromm und Marcuse, der Frankfurter Schule, über Gesellschaftsanalysen sitzend. Die Kritische Theorie war eine Deckadresse marxistischer Theorie in der antikommunistischen Adenauer-Ära. Sie brauchte für ihre Überzeugungskraft die gesellschaftliche Ohnmacht verändernden Denkens. Daraus bezog sie ihre heimliche Attraktion der Resignation. Wie Massenkunst in der «Dialektik der Aufklärung» als schlechtes Gewissen der hohen Kunst auftrat, so die Arbeiterklasse als schlechtes Gewissen aufgeklärter Bürger.

Dann kam der 2. Juni 1967, die Demonstration gegen den Schah von Persien, der Tod Benno Ohnesorgs. «Da ging eine Fassade zu Bruch. In Berlin knüppelte die Polizei, wie sie es lange nicht mehr getan hatte. In Hamburg leitete der Innensenator Ruhnau die Vorbeugehaft ein. Jubelperser gingen, von der Polizei ungehindert, auf deutsche und persische Studenten los. Die Wahrheit über das Terror-Regime des Schahs wurde weltöffentlich, gleichzeitig formierte sich die außerparlamentarische Opposition» (Ulrike Meinhof). Sie sammelte sich auf dem Kongreß Bedingungen und Organisation des Widerstands im Juni 1967 in Hannover. Als Massenbewegung sollte sie bis Dezember 1969 in der Arbeitskonferenz der Roten Pressekorrespondenz (RPK) in Berlin andauern. Es war das letzte Treffen, auf dem die Linken verschiedener Fraktionen der Protestbewegung miteinander argumentierten.

Nur zweieinhalb Jahre?

Natürlich gab es schon früher Aufruhr, und zu den Konstitutionsbedingungen der Studentenbewegung zählen Anti-Atomtod-Bewegung, Ostermarsch, die Theoriezirkel der Subversiven Aktion und des Argument-Clubs und die «Abhauer» aus der DDR – und mit ihren Ausläufern und Sickerprozessen, von denen im Buch auch die Rede war, ist die Revolte bis heute noch nicht «fertig».

3

1967 ist das Jahr des Aufbruchs der Antiautoritären.

1968 ist bereits das Jahr, in dem der SDS die Partei der Rebellion, nicht mehr die Partei der Rebellierenden war. Der Verband konnte sie nicht mehr fassen.

Ihren Rechenschaftsbericht des Bundesvorstands des SDS beginnen Frank und K. D. Wolff am 12. September 1968 auf der 23. ordentlichen Delegiertenkonferenz damit, «daß der Verband als autonome Einheit überhaupt nicht mehr sinnvoll darzustellen ist. Der SDS hat sich wesentlich in die antiautoritäre Bewegung aufgelöst.»

Die Protestbewegung war von der Hochschule in Bereiche der Gesellschaft übergeschwappt, ohne für sich eine neue organisatorische Form gefunden zu haben. Die Studentenrevolte ist eine Jedermann-Bewegung geworden.

Zu Beginn meiner Arbeit erschien mir als Schlüsselfrage: «Wie sind diese Genossen zusammengekommen?» Es waren die unterschiedlichsten Bedürfnisse und Wünsche, die sie in den SDS führten. Das hat auch von Anfang an den Grund für die Spaltung der Massenbewegung in Sekten und Fraktionen gelegt.

Die 23. Delegiertenkonferenz wurde ergebnislos abgebrochen. Auch die außerordentliche Delegiertenkonferenz in Hannover sah sich im November 1968 außerstande, einen neuen Bundesvorstand zu wählen. Ein kommissarischer Vorstand wurde eingesetzt. «*Organisationsfrage*» und «*Transformation der antiautoritären Bewegung in eine proletarische Organisation*» hallten ab jetzt überall in den Diskussionen wider.

1968, das Jahr der neuen revolutionären Internationale der Studenten, war auch das Jahr, in dem die einheitliche, massenhaft rebellierende Protestbewegung ihre Grenze fand. In den Springer-Aktionen Ostern 1968 wurden proletarische Jugendliche in den Sturm der Bewegung hineingerissen, und bereits im Januar 1969 bot sich ihnen eine neue Organisation an, die sich unter Führung des Proletariats stellen wollte. Die Gründung dieser Partei, «*legitime Nachfolgerin der revolutionären Partei Karl Liebknechts, Rosa Luxemburgs und Ernst Thälmanns*», war das Signal für den verbissenen Cliquenkampf untereinander verfeindeter Avantgarden der Arbeiterklasse.

4

In spielerischen Bildern spiegeln die Kloinschriften in der Universität Frankfurt – wie an anderen Universitäten – die Geschichte der Revolte.

1967 (Vietnam-Kampagne)
Von Hanoi bis Rom – Ami go home!

1968 (Institutsbesetzungen)
Schafft die Germanistik ab!
Fuck Brack! (ein Technokrat der Seminarhierarchie)

1970 (Fraktionierung der Bewegung)
Rebellion ist gerechtfertigt.

1972 (Gründung marxistisch-leninistischer Sekten)
Die KPD ist die Vorhaut der Arbeiterklasse. Wenn's ernst wird, zieht sie sich zurück.

1974 und 1975 (*roll back* des Staates gegen die Linken)
Es lebe der Kapitalismus, den ihr verdient!

Die Herrschaft der Trauer hat keine Dauer.

1976 (Frauenbewegung)
Schwänze hin, Schwänze her,

Schwänze tragen ist nicht schwer.
Doch die Macht der Schwänze
hat ihre Grenze.

Amazone spann den Bogen an, es
gibt so viele Männer hier im Land.
Laß die Pfeile fliegen,
laß die Pfeile fliegen!

5

Die Äußerungen der ersten Stunde der Revolte wiederzulesen, war eine
schockhafte Erfahrung. Dutschke sagt 1967: «*Unsere Chance der Revolutionierung der bestehenden Ordnung besteht nur darin, daß wir immer größere Minderheiten bewußt machen*», und später: «*Die spezifisch menschliche
Verstandestätigkeit*» soll «*in sprengende Vernunft gegen die bestehende
Gesellschaft*» transformiert werden. Darin klingt uns das aus bürgerlichen
und vorbürgerlichen Revolten bekannte Pathos der Aufklärung wider. Marcuse glaubt im selben Jahr, daß die Revolution zu einer Erziehungsdiktatur
tendiert, und er möchte die Menschen zum Amt des Zensors berufen, die
gelernt haben, «*was in einer gegebenen Situation das Wahre, Gute und
Schöne sein kann*».

Was mag es sein, das diesen Glauben an die Aufklärung so unverfälscht
am Leben erhält?

Der unmittelbare Anlaß dazu waren Verfälschung, Unwahrheit und Manipulation der Massenmedien, in denen die Überflußgesellschaft westlicher
Demokratien im Glanz der besten aller Welten erscheinen sollte. Tatsächlich
ist sie eine Vergeudungsgesellschaft auf Kosten vieler. Sie brachte den Ekel
vor der Ware hervor und erzeugte neue Bedürfnisse, die die Rebellierenden
aussprachen. Das Huhn im Topf macht nicht den Hunger nach einer besseren Gesellschaft satt, wenn auch Konsum Opium fürs Volk sein sollte.

6

1969 waren die Vorbilder der westdeutschen Studentenrevolte in den USA,
in Berkeley und der subkulturellen rebellischen Bewegung atemlos geworden. Teile von ihnen bereiteten sich auf einen Rückzug in die Landkommune
vor. Sie wollten wenigstens das Glück für einige erlangen.

Der Mord an Martin Luther King, der Schuß auf Benno Ohnesorg, der
Tod Che Guevaras, das Attentat auf Rudi Dutschke und die Invasion in die
ČSSR waren eine Blutspur, die in den Genossen der Bundesrepublik Angst,
Trauer und eine richtungslose Unzufriedenheit hervorbrachte. Nach den
Springer-Aktionen und ihrer vermeintlichen Niederlage suchten sie ängst-
lich nach einer Organisation, die den langen Haß und die Dauer des politi-
schen Emanzipationskampfes verspricht.

Die marxistisch-leninistischen Parteien entstanden.

Die Revolte war ein Protest gegen die leblosen Verkehrsformen alter Hierarchien, der Drang nach Überwindung der Konkurrenz und Askese, der Emanzipation der Sinnlichkeit, der Konstituierung neuer Kollektivität. Die Studentenbewegung stellte in Ansätzen «*die Vermittlung der Problematisierung von unmittelbarer Arbeitsplatzsituation und weltgeschichtlichem Zusammenhang der Gegenwart*» (Negt/Kluge) her. An Stelle dieser Vernunftkategorien, an Stelle der Umwertung der alten Werte, wollten die Jugendlichen jetzt die Lebensinteressen des Proletariats als die ihren anerkennen.

Die Partei der marxistisch-leninistischen Studentengruppen ist eine Appellationsinstanz. Gehorsam ersetzt Solidarität, und die Prinzipien der Revolte – Freiheit, Gleichheit, Öffentlichkeit – sollen nicht mehr gelten.

Der Aufstand gegen das Wissen in der Studentenbewegung war die fröhliche Wissenschaft. Jetzt hatten es Linke mit dem bitteren Ernst fragloser, mühsamer Aneignung zu tun. Hinter der Sprache und den Verkehrsformen der Parteien verbirgt sich «*der Terror, der hinter aller Schulterklopferei steckt, hinter dem Geben und Nehmen von Achtung, Status, Unterhalt, Schutz und Sekurität*» (R. D. Laing). Die Partei hatte die Funktion der Familie als «*Schutzbande*» übernommen, den «*eindimensionalen Menschen zu schaffen, Respekt, Konformität und Gehorsam zu induzieren, Respekt vor der Arbeit zu fördern, sowie Respekt vor der Respektabilität*» (R. D. Laing).

Seit der Gründung der Parteien hat sich die Entfremdung unter Linken wieder Respekt verschafft. In den neuen Organisationen tritt dem einzelnen der Chef groß und diszplinär entgegen, ausgestattet mit grenzloser Gewalt – wie ein Bild aus den mächtigen Institutionen Schule, Universität und Betrieb, aus denen die Rebellen im antiautoritären Aufbegehren geflohen waren.

Was unentfaltet prinzipienhaft war, verstanden Mitglieder der marxistisch-leninistischen Gruppen als die geschichtliche Formbestimmung proletarischer Organisation, die allein das Reich der Freiheit zu verheißen befähigt ist. Gegen die revolutionären Vernunftprinzipien der Emanzipationsbewegung eignen sie sich wie identitätsphilosophisch den «*Grundwiderspruch zwischen Kapital und Arbeit*» an. Die marxistische Philosophie, die sich die Aufhebung der Philosophie zum Ziel gesetzt hat, machen sie sich als Weltanschauung zu eigen.

In den neuen Parteien beginnt die Sklerose politischen Denkens, revolutionärer Theorie, des Handelns. Die Intellektuellen nehmen Zuflucht zur Negierung ihrer Rolle. Sie versuchten, ihre Zugehörigkeit zum Gesamtarbeiter zu demonstrieren, indem sie sich durch die verzweifelte Negation ihrer Ausbildung selber enteignen. Dadurch glauben sie sich zu einem abstrakten Extremismus befähigt, und die intellektuelle Ausbildung sehen sie vor dem Proletariat als Schuld an.

Die Linken der Revolte hatten geglaubt, «*daß heute mehr denn je von der subjektiven Tätigkeit der Menschen (abhängt), vom revolutionären Willen der Menschen . . . als von einer objektiven Dialektik»* (Dutschke).

Der undogmatische Zugang zur Theorie des Marxismus hatte sich über die kritische, aktivistische Theorie Karl Korschs vollzogen, die Brecht referierend so beschreibt:

«Sprich im Hinblick auf das Handeln. Du bist immer Partei: Organisiere sprechend die Partei, zu der du gehörst! Wenn du davon sprichst, was einen Prozeß determiniert, so vergiß dich nicht selbst als einen der determinierenden Faktoren!»

Marxisten-Leninisten sind Fatalisten der Geschichte. Sie sprechen von der *«Notwendigkeit»*, der *«objektiven Tendenz»*. Mit der Tätigkeit der Subjekte verschwinden diese selbst aus dem Geschichtsverlauf. Statt von Kapitalisten ist jetzt die Rede vom Kapital, statt von Arbeitern von der Arbeiterklasse, statt von Kämpfenden vom Kampf. Damit haben sie eine Haltung geprägt, die bis heute anhält: die Linken wissen fast alles über Institutionen, aber wenig über Menschen. In der Arbeit an diesem Buch wollte ich etwas über Menschen erfahren.

Die Lust der rebellierenden Studenten war, die Wissenschaft umzustülpen, *«Wissenschaft als Moment der Selbstbefreiung von unbegriffenen Mächten»* (Dutschke) zu erobern. Vor der mächtigen, einschüchternden Kanonik der Orthodoxie ist Kritik nicht mehr das theoretische Leben der Revolution. Abenteuer der Dialektik können Linke nicht mehr erleben, wenn das rebellische Denken vor dem theoretischen Kanon nicht mehr als Genuß gelten kann, sondern nur noch als Totenmaske des Entwurfs, der Idee.

Bei den Marxisten-Leninisten wurde die revolutionäre Theorie sterbend in die Redaktionsstube gebracht und gebar die Phrase. Ach, wer dem toten Kind das Leben gäbe! Er würde die Mutter retten!

Der Wechsel vom SDS in die neuen marxistisch-leninistischen Parteien war nur einer der Brüche linker Aktivisten mit ihrer antiautoritären Vergangenheit. Andere ließen sich vom *diskreten Charme des Reformismus* bestechen und wurden Mitglieder der SPD. Andere schlossen sich der DKP an, vor allem in jenen Städten, in denen Arbeiterpolitik schon während der Studentenbewegung Tradition hatte, zum Beispiel in Marburg. Doch seit sich die Revolte ihrer Stärke und Eigenständigkeit bewußt wurde, erklärte sie ihre Herkunft nicht aus dem historischen Zusammenhang kommunistischer Parteien. Es war das trübe Leben der Parteibürokratien, welche die Antiautoritären gegen solche Verwandtschaft rebellieren ließ, und es war die Geschichte der KPD, welche die Linken sich kritisch zur Losung der Räte bekennen ließ, auch unter dem Eindruck der Kulturrevolution in China.

Seit 1970 fanden unter den jugendlichen Sozialisten und Kommunisten der Bundesrepublik Deutschland großartige Schauspiele der Selbstbezichtigung statt.

«Kleinbürgerlich» war das bevorzugte Schlagwort, das die Studentenbewegung vom Marxistischen Studentenbund Spartakus (MSB) bis zu den marxistisch-leninistischen Gruppierungen erhielt. In dieser Phrase hockt die Angst vor der Trauerarbeit, um den Verlust der Revolte.

Die Revolte verdient nicht dieses denunziatorische Schimpfwort, mit dem Linke aller Fraktionen mit ihrer eigenen Vergangenheit abrechneten. Sie ist in der Bundesrepublik mit ihren pathetischen Losungsworten *«Freiheit, Gleichheit, Öffentlichkeit»* ein Versuch gewesen, das Unabgegoltene bürgerlicher Revolution in Deutschland aufzuholen.

Die Studentenbewegung sei Trauer um den Tod des bürgerlichen Individuums, schreibt Hans-Jürgen Krahl, einer der Führer der rebellierenden Studenten in Frankfurt.

Mehr noch. Sie lebte mit ihrem Recht auf Subjektivität und der Reflexion auf eine Authentizität des Individuums aus dem Geist bürgerlicher Aufklärung. Anders als in Italien und Frankreich war die Revolte der Hochschulen bei uns nie das Scharnier, über das sich das Aufbegehren in die Rebellion der Gesellschaft, der Arbeiterklasse umsetzte. Die westdeutschen und West-Berliner Aktivisten der Revolte wagten nie, sich unter dem Begriff einer Klasse zu subsumieren. Erst nach dem Bruch mit der antiautoritären Phase hob unter den marxistisch-leninistischen Gruppen die Redeweise von der «Avantgarde der Arbeiterklasse» an, statt von den Geächteten und Außenseitern, den Erniedrigten und Beleidigten.

Um die Studentenrevolte zu begreifen, ist von Bloch zu lernen. In ihr gab es Ungleichzeitigkeit und die Pflicht zu ihrer Dialektik. Ungleichzeitigkeit – sich auf die alten, uneingelösten Ideale einer Revolution zu besinnen. Die Pflicht zu ihrer Dialektik – den alten, unabgegoltenen Idealen unter neuen gesellschaftlichen Bedingungen zu ihrem Leben zu verhelfen, weil sie noch heute Gültigkeit für das befreite Zusammenleben von Menschen haben.

Tatsächlich waren die Revoltierenden der Protestbewegung in dem Maße frei, gleich und von öffentlicher Wirkung, wie sie sich gegen die sie bedrohende Entfremdung auflehnten.

Doch der gesellschaftliche Träger einer bürgerlichen Revolution, das aufgeklärte Bürgertum, konnte sich mit den Studenten nicht verbinden. Diese soziale Schicht hat es in Deutschland als gesellschaftliche Gruppe nie gegeben, nur als Einzelgänger. Sie sollte sich durch die Aufklärung der Studenten erst sammeln. An ihre Stelle sollte das Proletariat treten – und wurde geprellt, oder vielmehr: und wäre geprellt worden, wenn es den treuherzigen Versicherungen der Studentenrevolte Glauben geschenkt hätte. Tatsächlich gab es aber ein feines Gefühl für das Unaufrichtige bei Arbeitern, wenn sie von Studenten Flugblätter annahmen. Auch die Verpuppung des linksradikalen Intellektuellen in den unmittelbaren Produzenten hat nie einen Proletarier aus ihm gemacht, «*weil ihm die Bürgerklasse in Gestalt der Bildung von Kindheit auf ein Produktionsmittel mitgab, das ihn auf Grund des Bildungsprivilegs mit ihr und, das vielleicht noch mehr, sie mit ihm solidarisch macht. Diese Solidarität kann sich im Vordergrund verwischen, ja zersetzen; fast immer bleibt sie stark genug, den Intellektuellen von der ständigen Alarmbereitschaft, der Frontexistenz des wahren Proletariers streng auszuschließen*» (Walter Benjamin).

Die Studentenbewegung hat sich nie der Haltung bekannt, das Unabgegoltene der bürgerlichen Revolution aufzuholen. So kam es auch zu dem größten Versäumnis der Protestbewegung: daß es ihr nicht gelang, eine radikaldemokratische, sozialistische Partei zu gründen, die den beiden großen Staatsparteien hätte Paroli bieten können.

Doch es gilt, sich einer anderen, der nationalrevolutionären Studentenbewegung in Deutschland nach dem Wiener Kongreß zu erinnern. Wartburgfest, der Mord Kotzebues durch den Studenten Sand, Karlsbader Beschlüsse, Radikalenerlasse, Demagogenverfolgungen, Berufsverbote, Pressezensur, kriminelle Vereinigungen, illegale konspirative Gruppen wie die *Gesellschaft der Menschenrechte*, der *Deutsche Volksverein*, Gewaltaktionen innerhalb der Gesellschaft und im Ausland – der Frankfurter Wachensturm auf die Hauptwache und die Konstablerwache, die Göttinger Universitätsrevolution und auch damals das anfeuernde revolutionäre Beispiel des Auslands (Frankreich) –, in den deutschen Kleinstaaten Steckbriefe an den Mauern, Professoren in der Emigration, Auswanderungswellen nach Amerika mit seinen Verheißungen von Recht, Glück und Freiheit – eine Abfolge ungewordener Geschichte wie die unsere von 1967 bis heute, aber eine Hoffnungsflamme, die nicht auszutreten ist.

Und 1848 – die deutsche bürgerliche Revolution, das allgemeine Aufbegehren gegen den Staat der Erniedrigung, Entrechtung und Ausbeutung – wenn auch das Volk durch die Allianz von kleinbürgerlicher Bürokratie und Aristokratie um seinen letzten Erfolg geprellt wurde.

Die Studentenrevolte brachte aufbrausend und plötzlich über Westdeutschland und West-Berlin ein Klima der Subversion, des Ungehorsams, die ihren Ausgang als rebellische Kulturbewegung aus dem Geist der chinesischen Kulturrevolution nahmen. Die Rebellen schufen eine Bereitschaft, sich seiner Sache anzunehmen, die noch heute in unerreichte gesellschaftliche Bereiche eindringt, am deutlichsten wahrnehmbar in den Aktionen der Bürgerinitiativen, in denen der Bürger nicht mehr bereit ist, sich dem selbstherrlichen Eigennutz der Großen Koalition von Staat und Kapital zu unterwerfen.

«*es ist gut, wenn man in einer extremen position von einer reaktionsepoche ereilt wird*», wie es uns geschehen ist. «*man kommt dann zu einem mittleren standpunkt*» (Brecht). Wir sollten heute endlich bereit sein, die Bildung einer sozialen Schicht des linken, aufgeklärten Bürgertums als ein

Erbe der Revolte anzusehen.

Die Revolte fuhr in das Versprechen der Ordnung, das die *«formierte Gesellschaft»* gab. *«Sicherheit!»*, *«Keine Experimente!»* hießen die Wahlslogans der sechziger Jahre. Die Studenten enthüllten das Chaos im Land, ohne jenen Schein, den die autoritäre Ordnung als maskiertes Chaos anbot. Demonstrierend riefen wir auf den Straßen: *«Wir sind die Jünger Maos, und wir lieben das Chaos»* und wollten die Angst und das Mißtrauen des Kleinbürgers vor der chaotischen Note dieses Aufruhrs treffen.

Als die marxistisch-leninistischen Parteien gegründet wurden, leisteten sie einer Reaffirmation alter Ordnungen Vorschub, alter Institutionen, die ihre eigene herkömmliche Moral entwickeln.

Wir konnten nicht nur mit der Negation leben. Zuerst entwickelten wir aus der Kritik der Wissenschaft eine Anti-Wissenschaft, eine neue Position – Anti-Psychiatrie, Anti-Germanistik, Anti-Pädagogik – später aus den Institutionen Anti-Institutionen und schließlich an Stelle der rigorosen Kritik des Parlamentarismus marxistisch-leninistische Splitterparteien, die sich zur Wahl stellen.

«Das Chaos ist aufgebraucht. Es war die beste Zeit» (Brecht). Wir aber waren nicht stark genug dafür. Und doch hat sich darin ein utopisches Fenster aufgetan, worin *«eine Landschaft liegt, die sich erst bildet»* (Bloch).

Einen Garten der Utopie hat die Protestbewegung nicht eröffnet. Die *«Menschheitsrevolution»* der Studenten ist nur ein kurzer politischer Rausch vom Glück der Revolte gewesen. In ihm gab es *high life*: Identität. Und die Fähigkeit der Rebellen, vom besseren Leben, vom besseren Staat zu träumen. Darin glichen sie den Dadaisten und waren von den Kommunisten unterschieden, denen der Krach um die Realpolitik schon immer die Kraft zu träumen genommen hat. Übrigens sagt das sogar Lenin irgendwo, wenn auch natürlich ohne die Wendung gegen die realistische Tagespolitik.

Viele Leute stiegen aus, als Ende der sechziger Jahre die Revolte der Jugendlichen über die Erde rollte, durch das Land fuhr. Das antiautoritäre Kind wuchs auf, das gegen Dressur aufmuckt, in den Städten lebte der langhaarige Typ, der auf die Karriere pfeift, und das fröhliche Weib, das vor keinem Mann die Augen niederschlägt und niemandem zu Füßen sitzt. Der alternative Entwurf war großzügig gedacht, als die Studenten den Stein des Anstoßes ins Rollen brachten. Jeder war auserwählt, gehörte zu den Eroberern, Erfindern und Genießern eines neuen Lebens.

Für die Studenten war die Enttäuschung furchtbar, als sie zu erkennen glaubten, *«daß sie einer Illusion zum Opfer gefallen sind, daß das Alte stärker ist als das Neue, daß die ‹Tatsachen› gegen sie und nicht für sie sind, daß ihre Zeit, die neue, noch nicht gekommen ist. Es ist dann für sie nicht nur so schlecht wie vorher, sondern viel schlechter: denn sie haben allerhand geopfert für ihre Pläne, was ihnen jetzt fehlt, sie haben sich vorgewagt und werden jetzt überfallen, das Alte rächt sich an ihnen»* (Brecht).

Der Staat nutzt in den siebziger Jahren die Zersplitterung der Bewegung für ein *roll back* – eine ideologische Wiederaufrüstung, nachdem den staatlichen Organen in großen Minderheiten bis 1970 die Kontrolle aus der Hand geglitten war. Die Gesetzgeber beschließen Buchzensur, Filmzensur, Aufrüstung der Polizei, Aufbau des Maßnahmestaats in Gesetzesverordnungen, Berufsverbote und anderes.

8

Der Staat hätte gern zu Maßnahmen der ideologischen Wiederaufrüstung schon früher gegriffen, es aber wegen der Stärke der antiautoritären Bewegung nicht gewagt. Bereits am 15. April 1967 schreibt der unter Berliner Studenten wohlgehaßte CDU-Senatsabgeordnete Wohlrabe im *Tagesspiegel*:

«*Zur Verniedlichung besteht kein Anlaß . . . Auch läßt sich die Behauptung nicht mehr aufrechterhalten, daß es nur eine verschwindend kleine und uninteressante Minderheit sei, die hier am Werke ist . . . Jede neue Studentengeneration wird so infiltriert . . .*»

Heute ist der Gedanke bei uns frei, aber nicht das Wort. Gegen die Freiheit des Wortes gibt es inzwischen viele Paragraphen: 88 a, 131, 140. Der Passepartout der Freiheit des Geistes ist die Folgenlosigkeit, denn ES SOLL NICHT NUR RUHE AUF DEN STRASSEN HERRSCHEN, SONDERN AUCH IN DEN KÖPFEN.

9

Die Revolte ist Geschichte. Sie äußerte sich in dem Aufstand gegen die Kolonisierung des alltäglichen Lebens, im Kampf gegen die Gesellschaft der Großen Koalition von politischer Unterdrückung und Profiten. Ihre Aktionen waren phantasievoll, ruhelos und ideenreich zerstörerisch, ihre Leidenschaften verschwenderisch. Die Linken wollten die Veränderung der Politik und der Verkehrsformen des Alltags.

«*Die Linken sind leiser geworden*», schreibt Jurek Becker aus der DDR nach einem Besuch in der Bundesrepublik.

Das stimmt.

Aber wir sind mehr geworden, wir wissen mehr und haben nicht viel aufgegeben. Natürlich sind Springer-Demonstrationen mit ihren «*Ho-ho-ho-chi-minh*»-Parolen unüberhörbarer als die Sickerprozesse der Revolte heute. Es gibt die Diskreditierung von Herrschaft, die politische Passivität aus der Adenauer-Epoche hat ihren guten Leumund verloren, es gibt die Veränderung der Lebensformen, konstituiert durch die Moral der Revolte, die eine Moral der Befreiung war, es gibt die Reformversuche im Erziehungswesen, es gibt die Öffnung der geistigen Produktion in Politik und Literatur.

Der Staat versucht seine ideologische Wiederaufrüstung mit Ministerpräsidentenerlassen zu garantieren.

Bastionen, die wir erobert glaubten, haben wir wieder verloren. Doch der Wechsel von der Überflußgesellschaft zur Inflationsgesellschaft und zur «*postindustrial society*», mit ihm das neue Leben des Konservatismus werden nicht die Öde der Adenauer-Ära wiederaufleben lassen.

Unter der Oberfläche brodelt immer noch DIE GÄRUNG DES VERKEHRTEN. Damit hat Bettina von Arnim das Klima des Vormärz beschrieben.

Als es ein gemeinsames Aufbäumen gab, war es leicht, des Richtigen habhaft zu werden. Mit unserer moralischen Empörung (nirgendwo verachte ich, wie heute oft unter Linken üblich, den moralischen Impetus der Gesellschaftskritik. Darin ist immer der Ehrgeiz der vernünftigen Einrichtung der Gesellschaft enthalten) – mit unserer moralischen Empörung also stritten wir gegen die Amerikaner und ihre Verbrechen in Vietnam. Dritte Welt, das waren die Erniedrigten und Beleidigten, die Gefolterten und Massakrierten, auf deren Seite mußte man sein.

Von einer Frau, mit der ich durch alle Phasen der Studentenbewegung ging, erhielt ich nach dem Pariser Gipfel zwischen Le Duc Tho und Kissinger einen Brief:

«Mein Leben, das im einzelnen bewegt ist und lebendig, stockt doch. Ich sehe keine Perspektive und kein Ziel, die es wieder in Fluß bringen könnten. Indochina wird rot, aber als ich die Parole ‹Für ein rotes Indochina› gerufen habe, habe ich mehr gejubelt als heute, wo sich diese große Hoffnung, die uns damals beflügelte, endlich erfüllt.»

Es war anfangs schwer für uns, die Veränderung einer Situation anzunehmen, die unser Leben ausgemacht hatte. Später haben wir die neuen Probleme begriffen: strukturelle Krise, Massenarbeitslosigkeit, das Technosystem, in dem die Destruktivkräfte die Produktivkräfte überholt haben.

Nach meinen Gesprächen mit Genossen von sozialistischen Projekten, Organisationen, ML-Parteien, der DKP, den Jungsozialisten glaube ich: die Linke ist nicht durch das zu definieren, was sie ist, sondern durch das, was sie wird. Sie hat die Kraft zur Veränderung. Wenn wir die Erfahrungen der vergangenen zehn Jahre gegenwärtig haben und wenn wir wieder unverhofft in Wut geraten, ohne den kleinlichen Ehrgeiz von Abgrenzung und Linientreue, dann müßte diese Einleitung zu Recht überschrieben sein

GESCHLAGEN ZIEHEN WIR NACH HAUS, DIE ENKEL FECHTEN'S BESSER AUS . . .

Notizen zu einer Chronologie der Studentenbewegung
Von Wolfgang Kraushaar

ÜBER DIE GEBRAUCHSSCHWIERIGKEIT EINER CHRONOLOGIE

> «Womit kann man besser lügen, als mit Tatsachen?»
> Robert Havemann

Chronologien sind im allgemeinen mit Vorsicht zu genießen, diese besonders.

Schon allein deswegen, weil sie von einem einzelnen zusammengestellt wurde, obwohl eine solche Arbeit nur von einem Institut zu leisten wäre. Deshalb sollte sie auch lediglich als Versuch betrachtet und auf nichts mehr, als ihren Widerruf hin gelesen werden.

Der strenge Rahmen der Chronographie wird zudem an manchen Stellen vorsätzlich durchbrochen; deren Prinzipien zwar nicht einfach übergangen, jedoch dort mit Hilfe von Erläuterungen und Kommentaren ergänzt, wo es mit diesen Mitteln möglich war, etwas mehr Licht in das Dunkel der Fakten zu bringen. Dies ist also kein Datenfriedhof, auf dem die Ereignisse mit glatten Grabplatten zugedeckt sind.

Zudem ist die Annahme, daß die chronologische Fixierung von Daten unmittelbar dem Wesen eines historischen Prozesses oder was immer man auch dafür halten mag, zur Darstellung verhelfen können fiktiv. Nur durch die bewußte Verstärkung bestimmter Phänomene mit Hilfe eher latenter Bedeutungsebenen, die datenmäßig nicht in politologischen Kalendern rubriziert werden, können Sinnzusammenhänge transparenter werden. Weglassungen und Kürzungen können durchaus denselben Zweck erfüllen.

Dies soll allerdings keineswegs heißen, daß die Auswahlkriterien einem eindimensional, unmittelbar kausal verfahrenden Begründungszusammenhang verpflichtet wären. Vielmehr wurde auf die Sammlung disparater Phänomene, die sich einem allzu umstandslosen Interpretationsansatz entziehen, besonderer Wert gelegt.

Um Skeptikern also vorzubeugen: Keines dieser Daten ist völlig objektiv und damit «realistisch» zu nennen. Jede Information ist bewußt selektiert und entweder mikro- oder makroskopisch – je nach Intention – in der Darstellung vergrößert oder verkleinert worden.

So stellt zum Beispiel die Teilnehmerzahl an Demonstrationen oder Protestveranstaltungen kein eindeutiges Indiz für einen entsprechenden Bedeutungsgrad dar. Jene einzelne Ost-Berlinerin, die nach dem Einmarsch der Warschauer Pakt-Truppen in die ČSSR mit der Aufschrift DUBČEK auf ihrem Kinderwagen protestiert hat, läßt sich unmöglich quantifizierend zu den Protesten von Zehntausenden vor den sowjetischen Botschaften in Westeuropa in Relation setzen. Entscheidend ist der jeweils gesamtpolitische Zusammenhang und der entsprechende Grad an Freiräumen, in dem sich solche Protestaktionen abspielen.

Wenngleich der Ansatz, die Studentenrebellionen nicht auf die Bundesrepublik oder Westeuropa beschränkt zu betrachten, leicht Verwirrung auslösen kann, so muß dennoch an ihm festgehalten werden, weil sich im «Internationalismus der Studenten» ein entscheidendes Charakteristikum dieser historischen Konstellation ausdrückt. Von Berkeley nach Berlin, von Berlin nach Paris, von Paris nach Dakar und von Dakar nach Frankfurt reicht zum Beispiel eine der vielen Linien im Netz des globalen Protests. Zwar schloß dieser sich nur selten zu direkten, weltumfassenden Aktionsbündnissen zusammen, wie den «Weltkampftagen gegen den Vietnam-Krieg», und wies vorwiegend eine ungleichzeitige Verlaufstruktur auf, damit aber wurden wechselseitige Impulse und Beeinflussungen möglich, die eine historische Novität markieren. Aus diesem Grunde wäre eine Beschränkung auf den bundesrepublikanischen Zusammenhang für entscheidende Phasen inadäquat und würde einige der bedeutsamsten Phänomene ausblenden.

Eine andere Schwierigkeit ist der unerhört hohe Komplexitätsgrad von unterschiedlichsten, sich dennoch aber gegenseitig beeinflussenden Wirkungszusammenhängen im «Jahrzehnt der Studenten». So war die APO in ihrer Blütezeit zwischen dem Juni 1967 und dem Herbst 1969 ein einzigartiger Schmelztiegel zum Teil völlig verschiedener Phänomene. Große Koalition, Vietnam-Krieg, Springer-Kampagne, Rockmusik, Kommunen ... signalisieren nur einige Assoziationssplitter im Bedeutungsumkreis am Ende der sechziger Jahre.

Literarische und musikalische, wissenschaftliche und subkulturelle, institutionelle und außerinstitutionelle, innen- und außenpolitische, lokale und überregionale Ereignisse bilden insofern ein nur schwer zu differenzierendes Konglomerat eines scheinbar einheitlichen Bildes der Protestbewegung. Darum wurde, um unzutreffende Selektionen zu vermeiden, der Rahmen dieser Chronologie möglichst weit gespannt. Verhindert werden soll dadurch eine zu umstandslose Interpretation des Geschehens nach Maßgabe «bloß politischer» Kriterien, bei der entscheidende Dimensionen unberücksichtigt blieben und damit zu einem ideologisch gefilterten Bild beitragen könnten.

Erst wenn durch diesem chronologischen Versuch ein Impuls zur andersweitigen Erhärtung oder Kritik geweckt würde, wäre der Sinn eines derart vorläufigen Unterfangens nicht vollends verfehlt.

Frankfurt, Februar 1977
W. Kraushaar

1955
12. 10   In der «Galery Six» am Embarcadero-Platz in San Francisco lesen die Schriftsteller Allen Ginsberg, Jack Kerouac und Gary Snyder einige ihrer Texte vor. Das 112strophige Gedicht ‹Howl› (Gebrüll) und der Roman ‹On the road› (‹Unterwegs›) markieren den literarischen Beginn der «Beat-Generation». Ein Freund Kerouacs hatte 1952 in einem Aufsatz die aus dem Zweiten Weltkrieg zurückgekehrten GIs als «the beaten generation», die geschlagene Generation bezeichnet.

1957
28. 7.   In Cosio d'Arroscia gründen mehrere Intellektuellen- und Künstlergruppen die Situationistische Internationale, deren Zentrum sich in Paris befindet und die sich aus Sektionen in Italien, der Bundesrepublik, den Niederlanden, Belgiens und Skandinaviens zusammensetzt. In der ersten Nummer ihrer gleichnamigen Zeitschrift fordern sie, «endlich mit der Ver-

wirklichung des Kommunismus in der Revolutionierung des Alltagslebens anzufangen».

1958
15. 4.

In Berlin demonstrieren 5000 Studenten und Jungsozialisten mit einem Schweigemarsch gegen die geplante Atombewaffnung der Bundeswehr. Gegen das gleiche Vorhaben protestieren am 17. 4. 100000 Hamburger; von mehreren Großbetrieben ziehen Demonstrationszüge mit Gewerkschaftsfahnen zum Kundgebungsplatz in der Innenstadt.

25. 6.

Der Beschluß des Konvents der Freien Universität Berlin (FU), eine Befragung der Studentenschaft über die atomare Bewaffnung der Bundeswehr durchzuführen, wird auf Druck des Ältestenrates am 4. 7. wieder zurückgenommen.

1959
4. 1.

Nach mehr als zweijährigem Partisanenkampf in der Sierra Maestra ziehen Fidel Castro und Che Guevara mit der «Bewegung des 26. Juli» als Sieger in die kubanische Hauptstadt Havanna ein. Nach dem militärischen Zusammenbruch der vom US-Kapital abhängigen Batista-Diktatur kann die kubanische Revolution beginnen.

3.–4. 1.

An der Freien Universität Berlin findet ein «Studentenkongreß gegen Atomrüstung» unter Beteiligung von Bundestagsabgeordneten, Professoren, Schriftstellern und Gruppen von Atomwaffengegnern aus der gesamten Bundesrepublik statt. Bei der Verabschiedung eines Antrags zu Friedensverhandlungen mit der DDR verläßt der SPD-Wehrexperte Helmut Schmidt unter Protest den Saal.

23.–24. 5.

Der Sozialistische Deutsche Studentenbund (SDS) veranstaltet in Frankfurt einen «Kongreß für Demokratie – gegen Restauration und Militarismus», auf dem ein sofortiger Rüstungsstopp in der Bundesrepublik und die Abschaffung der allgemeinen Wehrpflicht gefordert wird.

13.–15. 11.

Auf einem außerordentlichen Parteitag der SPD in Bad Godesberg wird ein neues Grundsatzprogramm verabschiedet, in dem endgültig die sozialistische Arbeiterpartei durch eine marktwirtschaftlich orientierte «Volkspartei» ersetzt wird.

1960
8. 1.

Der Landesjugendring Berlin veranstaltet eine Protestdemonstration gegen antisemitische Synagogenschmierereien, an der sich über 10000 Jugendliche beteiligen.

1. 2.

In der amerikanischen Stadt Greensboro halten erstmals farbige Studenten ein Sit-in ab, um gegen die Rassentrennung in Kaufhausrestaurants zu protestieren. Bald darauf werden sie in fast allen Woolworth-Kaufhäusern der USA nachgeahmt und zu regelrechten Besetzungen weitergeführt.

26. 4. Gegen die Wiederwahl des südkoreanischen Diktators Syng-
man Rhee, die weithin als manipuliert angesehen wird, finden Massendemonstrationen statt, die erst durch schießende
Polizeitruppen zum Stoppen gebracht werden können. Daraufhin durchbrechen 2000 Studenten der am Stadtrand
Seouls gelegenen Korea-Universität die Bannmeile des Parla-
ments, indem sie die kilometerlange Strecke zur völligen
Überraschung der Polizei in einem dreiviertelstündigem
Dauerlauf zurücklegen. Als sie jedoch auf dem Rückweg von
zivilen Beamten zusammengeschlagen werden, findet am folgenden Tag eine Demonstration von 20 000 Studenten statt,
die von sympathisierenden Passanten angefeuert werden.
Nun eröffnet die Polizei sofort das Feuer, tötet über 100
Studenten und verletzt 750 von ihnen schwer. Die Folge ist
eine ungeahnte Solidarisierungswelle im ganzen Land, in
deren Verlauf das Haus des Vizepräsidenten angezündet
wird. Am 26. 4. muß Diktator Rhee schließlich auf Rat seiner
Militärs und der Amerikaner zurücktreten. Der Rest des
Tages gehört den Studenten, die überall in Volksfesten als
«Befreier» gefeiert werden.

4. 5. In den USA wird ein Büro für die Verfolgung von Bürgern,
die «unamerikanischer Umtriebe» bezichtigt werden, von
8000 Demonstranten besetzt. Als starke Polizeikräfte das
Gebäude räumen und 68 Studenten dabei verhaften, bilden
sich an zahlreichen Universitäten Unterstützungskomitees
für die Ziele der Demonstranten.

9. 5. Eine gegenüber der Mutterpartei SPD loyale Fraktion spaltet
sich vom SDS als angeblichem «trojanischen Pferd Pankows»
ab und gibt in Bonn die Gründung eines Sozialdemokratischen Hochschulbundes (SHB) bekannt. Der Parteivorstand
der SPD begrüßt daraufhin – am 23. 5. – die positive Haltung
des SHB zum Godesberger Programm und die Ablehnung des
Kommunismus. Am 19. 7. bricht die SPD alle Beziehungen
zum SDS ab und verkündet schließlich – am 8. 11. 1961 – den
Unvereinbarkeitsbeschluß einer Doppelmitgliedschaft in
SDS und SPD.

15. 6. Der japanische Studentenverband Zengakuren organisiert
den Kampf gegen die Erneuerung eines Sicherheitsvertrages
mit den Vereinigten Staaten. Am 15. 1. verhindern 700 Studenten durch die Besetzung des Flughafens Tokio-Haneda
den Abflug von Ministerpräsident Kishi in die USA. Nachdem es Kishi am darauffolgenden Tag dennoch gelingt abzu-
fliegen um am 19. 1. den Vertrag zu ratifizieren, demonstrie-

ren 4 Millionen Arbeiter in ihren Betrieben und erklären sich mit den Forderungen der Studenten solidarisch. Als dann am 26. 4. über 3000 Studenten versuchen, in den Reichstag einzudringen, um dort die Ablehnung des Vertrages zu fordern, werden sie von starken Polizeikräften zurückgedrängt und organisieren statt dessen einen Demonstrationszug mit 35 000 Teilnehmern durch das Zentrum von Tokio. Nach einer weiteren großen Manifestation am 10. 6., in deren Verlauf der Wagen des US-Botschafters am Flughafen von Studenten eingekesselt wird und seine Insassen erst nach einem einstündigen Kampf von Polizisten herausgeholt und in einem Hubschrauber entfliehen können, versuchen 8000 Studenten am 15. 6. eine Kundgebung auf dem Reichstagsgelände durchzuführen. Im Gegenzug von mehreren tausend zur Räumung herbeigerufenen Polizisten kommt dabei die Studentin Michiko Kamba ums Leben. Daraufhin stürmen noch am selben Abend 4000 Demonstranten das Reichstagsgebäude. Bei dem erneuten Gegenangriff der Polizei, die mit Gummiknüppeln und Tränengasgranaten ausgerüstet ist, werden mehr als 1000 Studenten verletzt und 182 verhaftet. Obwohl Eisenhower schließlich seinen Japan-Besuch absagt und es Zengakuren gelingt, am Tag der Oberhausdebatte über den Sicherheitsvertrag 300 000 Demonstranten zur Belagerung des Reichstagsgebäudes zu mobilisieren, tritt der Vertrag dennoch in Kraft; allerdings um den Preis des Rücktritts von Ministerpräsident Kishi.

30. 6.   Die Republik Kongo erklärt ihre Unabhängigkeit von der belgischen Kolonialmacht. Doch schon am 6. 7. brechen kriegerische Auseinandersetzungen um die Machtverteilung des Landes aus. Am 11. 7. wird in Katanga die Gründung einer Separatistenregierung unter Tschombé bekanntgegeben, die vor allem eine Wirtschaftsunion dieses Industriegebietes mit Konzernen der alten Kolonialmacht anstrebt. Daraufhin bricht der kongolesische Ministerpräsident Lumumba – am 14. 7. – die diplomatischen Beziehungen zu Belgien ab. Trotz der Intervention von UNO-Truppen kann Lumumba verschleppt und – am 17. 1. 1961 – unter ungeklärten Umständen ermordet werden.

5. 11.   Arabische und deutsche Studenten demonstrieren in Marburg gemeinsam gegen den französischen Kolonialkrieg in Algerien.

1961   Die Auswertung einer 1957 und 1958 durchgeführten empirischen Untersuchung zum politischen Bewußtsein Frankfurter Studenten, die von den Soziologen Habermas, Friedeburg u. a. unter dem Titel «Student und Politik» veröffentlicht wird, ergibt, daß 66 Prozent der Befragten apolitisch sind, 16 Prozent sogar autoritätsgebunden und nur 9 Prozent einem «definitiv demokratischen Potential» zuzurechnen sind.

3.–4. 4. Zu vier Großstädten der Bundesrepbulik werden Sternmärsche von rund 10000 Atomwaffengegnern durchgeführt. Die Vorstände von SPD und DGB hatten zuvor ihren Mitgliedern die Teilnahme untersagt.

5. 4. SDS-Mitglieder protestieren vor dem «Maison de France» in Berlin gegen den französischen Kolonialkrieg in Algerien. Dabei werden fünf Flugblattverteiler vorübergehend festgenommen.

8. 4.–2. 5. Der SDS veranstaltet in Berlin ein Hochschulseminar, aus dem die im darauffolgenden Herbst erscheinende Denkschrift ‹Hochschule in der Demokratie› hervorgeht. In ihr wird programmatisch ein Selbstverständnis formuliert, das die Emanzipationsgehalte bürgerlicher Bildung gegen die autoritär-technokratische Hochschulreform zu beleben versucht.

8. 7. Etwa 150 Mitglieder des SDS und Argument-Clubs demonstrieren gegen einen Empfang, den der spanische Generalkonsul in Berlin zum 25. Jahrestag des faschistischen Putsches gegen die gewählte Regierung der Republik Spaniens gibt. Nach einem Gummiknüppeleinsatz der Polizei werden dreißig Demonstranten auf Einsatzwagen verladen und in eine entlegene Gegend im Grunewald gefahren.

13. 8. Um den immer stärker anschwellenden Flüchtlingsstrom vom Ost- in den Westsektor Berlins abzustoppen, läßt die DDR-Regierung eine Mauer errichten, die West-Berlin fortan hermetisch abriegelt. Aus Anlaß eines bei der Flucht tödlich verunglückten DDR-Studenten formieren sich – am 20. 11. – etwa 40000 Jugendliche zu einem Schweigemarsch gegen die Errichtung der Mauer. 1000 werden beim Versuch, nach der Abschlußkundgebung die Mauer zu stürmen, von der West-Berliner Polizei daran gehindert. Nach dem Einsatz von Gummiknüppeln und Tränengas besetzen 300 Demonstranten den Hardenbergplatz, um mit einem Sitzstreik gegen das brutale Vorgehen der Polizei zu protestieren.

18. 9. In London haben sich Tausende von Atomwaffengegnern unter der Leitung eines von dem Philosophen Bertrand Russell gegründeten Komitees zu einem Sitzstreik vor dem britischen Verteidigungsministerium niedergelassen. Die Polizei deportiert sie daraufhin in ein nahegelegenes Amtsgericht, wo sie in einem Massenprozeß abgeurteilt werden.

28. 10.	Als Dieter Kunzelmann, Mitglied der Münchener Künstlergruppe Spur, in einem Schwabinger Café eine Zeitung mit dem Text «Der Kardinal, der Film und die Orgie» verkauft, wird er von einer jungen Frau angezeigt. Daraufhin verurteilt ihn das Münchener Amtsgericht zusammen mit drei anderen Künstlern wegen Verbreitung unzüchtiger Schriften, Religionsbeschimpfung und Gotteslästerung zunächst zu mehrmonatigen Gefängnisstrafen, die dann in der Berufungsverhandlung auf fünf Wochen mit Bewährung herabgesetzt werden.
1962	
14. 2.	Die Durchführung einer vom Konvent der FU beschlossenen Solidaritätssammlung für algerische Flüchtlinge wird vom Rektor untersagt, da die Studentenschaft kein politisches Mandat besitze. Eine Sammlung für «die Kommilitonen in der sowjetischen Besatzungszone» wird hingegen am 8. 6. erlaubt.
21.–23. 4.	Am Ostermarsch der Atomwaffengegner beteiligen sich mehr als 50000 am Protest gegen die geplante nukleare Bewaffnung der Bundeswehr. Mehrere FU-Professoren hatten unter anderem ihre Studenten in einem Flugblatt zu einer Beteiligung aufgefordert.
22.–26. 6.	Anläßlich der Musik zweier Schwabinger Gitarristen, nach der ein barfüßiges Paar twistet, kommt es, nachdem es schon zwei Wochen zuvor nach einem Jazzkonzert zu schweren Zwischenfällen gekommen war, erneut zu heftigen Auseinandersetzungen mit der Münchener Polizei. Nach dem Versuch der «Ordnungskräfte», die Gitarrenspieler wegen ruhestörenden Lärms festzunehmen, entwickeln sich an mehreren Tagen stundenlange Straßenschlachten, in deren Verlauf die erbitterten Jugendlichen systematisch von der Polizei zusammengeschlagen werden. Von den rund 200 festgenommenen Studenten, Schülern und Jungarbeitern werden acht in Haft behalten.
6. 8.	Als kurz vor Beginn eines Kongresses des Internationalen Studentenbundes in Leningrad bekannt wird, daß die Sowjetunion eine Atombombe gezündet hat, entrollen Zengakuren-Delegierte während ihrer Zwischenstation in Moskau auf dem Roten Platz ein riesiges Transparent mit der Aufschrift: «Nieder mit der Atombombe!» Schon nach wenigen Augenblicken werden sie von sowjetischen Sicherheitsbeamten unter dem Vorwand verhaftet, sie seien «betrunken wie Polen». Als «Beweis» flößt die Moskauer Polizei gewaltsam Wodka ein und läßt auf dem Kongreß von Mitgliedern der sowjeti-

schen Jugendorganisation Komsomol Fotos verteilen, auf denen die japanischen Studenten nackt und gefesselt in den Betten einer Trinkerheilanstalt liegen. «Die amerikanischen Atomversuche dienen dem Imperialismus, während die sowjetischen dem Frieden dienen», lautet das Motto der sowjetischen Delegierten.

2. 10.–1. 11. Die sogenannte «Kuba-Krise»: Nach dem Scheitern eines von den USA lancierten und Exilkubanern begonnenen Putschversuchs, der schon bei der Landung in der Schweinebucht – am 17. 4. 1961 – vereitelt werden konnte und den daraufhin als Schutzvorrichtung installierten sowjetischen Raketenbasen, gibt der amerikanische Präsident John F. Kennedy den Befehl zu einer Seeblockade Kubas durch die US-Marine. Nach mehreren Tagen kehren alle sowjetischen Schiffe um und die schon errichteten Basen werden nach Verhandlungen wieder abgebaut.

27. 10. Die sogenannte «*Spiegel*-Afffäre»: Wegen des Verdachts, in einem Artikel über das NATO-Manöver «Fallex 2» Staatsgeheimnisse verraten zu haben, läßt die Bundesanwaltschaft in einer nächtlichen Aktion den Spiegel-Herausgeber Rudolf Augstein verhaften. Als schließlich bekannt wird, daß ein Redakteur nur auf Betreiben des Bundesverteidigungsministers Strauß in Spanien verhaftet wurde, drohen die FDP-Minister mit Rücktritt aus der Bundesregierung, woraufhin es zu einer Kabinettsumbildung kommt, in der Strauß nicht mehr berücksichtigt wird. Nachdem es schon – am 31. 10. – in Berlin zu einer Solidaritätsdemonstration mit dem *Spiegel* gekommen war, folgen ihr – am 12. 11. – weitere Manifestationen in nahezu allen bundesrepublikanischen Universitätsstädten. Obwohl gegen Augstein ein Hauptverfahren wegen Beweismangels niemals eingeleitet worden ist, wird er dennoch bis zum 7. 2. 1963 in Haft behalten.

1963

13.–15. 2. In einer Urabstimmung an der Berliner FU stimmt die überwältigende Mehrheit für die Abwahl eines korporierten AStA-Vorsitzenden, der Studenten den Plan des Innensenators Albertz schmackhaft machen wollte, in eine freiwillige Polizeireserve «zur Garantie des normalen Lebens in Krisenzeiten» einzutreten.

12. 4. An elf Ostermärschen nehmen mehr als 30 000 Demonstranten teil. 52 britische Atomwaffengegner, die in Düsseldorf auf Anweisung des Bundesinnenministeriums am Betreten deutschen Bodens gehindert werden, verbarrikadieren sich in ihrem Flugzeug.

13. 10.	Aus dem Londoner Paladium überträgt die englische Fernsehanstalt BBC eine Musikshow, die über Nacht eine Liverpooler Band mit dem Namen The Beatles auf der ganzen Insel bekannt macht. Ein Jahr später, nachdem die langhaarige Gruppe zum weltweiten Symbol des Jugendprotests gegen Elternhaus, Schule und Gesellschaft geworden ist, wird das Konzert unter dem Titel ‹A hard days night› verfilmt.
22. 11.	Nach der Ermordung des amerikanischen Präsidenten John F. Kennedy in der texanischen Stadt Dallas ziehen 20000 Studenten und Schüler zum Schöneberger Rathaus, wo ein AStA-Mitglied der FU und der Regierende Berliner Bürgermeister Willy Brandt eine Trauerrede halten.
1. 12.	Nach einem von den USA lancierten Militärputsch, in dessen Verlauf Diktator Diem – am 2. 11. – ermordet wurde, erhöht das Pentagon die Zahl der «militärischen Berater» in Vietnam auf 16000. Amerikanische Piloten beginnen damit, sogenannte «Vietcongdörfer» zu bombardieren.
20. 12.	In Frankfurt wird die Hauptverhandlung gegen 21 ehemalige Angehörige des SS-Bewachungspersonals im Konzentrationslager Auschwitz eröffnet.

1964

28. 4.–7. 5.	Während eines Bundesseminars zur «Koexistenz zwischen beiden deutschen Staaten» in Berlin nehmen SDS-Vertreter Verbindung mit dem Zentralrat der FDJ auf. Beim nachfolgenden Deutschlandtreffen der DDR-Jugendorganisation – vom 16. bis 18. 5. – nimmt als einziger offizieller westdeutscher Referent der 2. Bundesvorsitzende des SDS teil, der nachdrücklich die Freilassung des vom Staatssicherheitsdienst der DDR – am 16. 6. 1961 – aus West-Berlin entführten IG Metall-Redakteurs Heinz Brandt fordert. Am 22. 5. wird der ursprünglich zu dreizehn Jahren Zuchthaus Verurteilte vorzeitig entlassen. Auf einer Landesvollversammlung beschließt der SDS – am 28. 7. – in Frankfurt, die Oder-Neiße-Grenze und die Existenz zweier deutscher Staaten anzuerkennen.
5. 5.	Die in der Stuttgarter Liederhalle stattfindende Jahrestagung des Bundes deutscher Werbeleiter wird von den beiden Mitgliedern der Gruppe Subversive Aktion, Dieter Kunzelmann und Frank Böckelmann, durch das lautstarke Abspielen der Matthäus-Passion und des Schlagers ‹Surfing Bird› unterbrochen. Als gleichzeitig Flugblätter mit einem «Aufruf an die Seelenmassage» von der Empore geworfen werden, verhaftet man sie. Vor Gericht werden sie später mit der Begründung

freigesprochen, daß Werbeleiter «ja auch ihrerseits die Opfer ihrer Werbung nicht mit Samthandschuhen anfassen».

1. 6.   Die US-Luftwaffe geht in Vietnam zu systematischen Flächenbombardements über und verwüstet über dreißig Kilometer lange Landstreifen. Ein offizielles Friedensangebot der Nationalen Befreiungsfront Südvietnams vom Jahresbeginn, «das weiteres Leid und weitere Verluste vermeidet und gleichzeitig die Ehre der Vereinigten Staaten von Amerika wahrt», war von der US-Regierung nicht beachtet worden.

11. 6.   Bei einer Demonstration gegen die Wiederkandidatur des KZ-Baumeisters Lübke zum Amt des Bundespräsidenten werden in Berlin sechs Studenten verhaftet. Nachdem der FU-Konvent das Verhalten der Polizei gerügt hat, beteiligen sich annähernd 2000 Studenten – am 29. 6. – an einer weiteren Demonstration gegen die Wiederwahl Lübkes.

24. 7.   Anläßlich der Premiere des Beatles-Films ‹A hard days night› geraten auf dem Londoner Picadilly-Circus 12000 Teenager in Ekstase. Als die Beatles kurze Zeit später nach Liverpool zurückkehren, kommt es dort zum größten Menschenauflauf nach dem Zweiten Weltkrieg.

2. 8.   Im Golf von Tonking ist der US-Zerstörer «Maddox» – amerikanischen Berichten zufolge – in internationalen Gewässern von nordvietnamesischen Torpedobooten angegriffen worden. Daraufhin ordnet der Kennedy-Nachfolger Lyndon B. Johnson als amerikanischer Präsident Luftangriffe auf das Gebiet Nordvietnams an, die als «Vergeltungsschläge» durch den Kongreß genehmigt und praktisch mit der Operation «Rollender Donner» – im Feburar 1965 – umgesetzt werden. Die begründeten Zweifel an der amerikanischen Darstellung der «Tonking-Affäre» können erst 1971 mit der Veröffentlichung der «Pentagon-Papiere» erhärtet werden. Aus ihnen geht unmißverständlich das Kalkül hervor, daß nur eine «Strategie der Provokation» die USA vor einem Zusammenbruch ihrer militärischen Positionen bewahre, die eine «sorgfältig abgestimmte und geplante Bombardierung Nordvietnams» zur Folge habe.

14. 9.–8. 12.   Als der radikale Negerführer Malcolm X auf dem Campus der kalifornischen Universitätsstadt Berkeley Redeverbot erhält und sämtlichen Studentengruppen ein Versammlungsverbot erteilt wird, organisieren sich die betroffenen Studenten zu einer «Free Speech Movement». Als – am 2. 10. – ein Student aus Protest das Verbot übertritt, wird er von der Campus-Polizei verhaftet. Beim Versuch ihn abzutransportieren wird jedoch der Einsatzwagen von 3000 Studenten eingekesselt

und – das Dach als Rednertribüne benutzend – über 36 Stunden auf dem Campus festgehalten. Als dann – am 2. 12. – ein Disziplinarverfahren gegen vier Studenten eröffnet werden soll, besetzen 6000 Studenten unter Anführung des Philosophiestudenten Mario Savio und der Folksängerin Joan Baez das Verwaltungsgebäude der Universität und funktionieren es in eine «Free University of California» um. Als daraufhin die Staatspolizei das Gebäude in einer nächtlichen Aktion räumt und annähernd tausend Besetzer verhaftet, wird am Morgen des 3. 12. auf dem Campus der Generalstreik ausgerufen, der – am 8. 12. – schließlich mit der Erfüllung aller studentischen Forderungen und einer Generalamnestie aller Beschuldigten endet.

9. 9.   Anläßlich des in Stuttgart stattfindenden 80. Deutschen Katholikentages kleben mehrere Mitglieder der Subversiven Aktion das Plakat «Botschaft an die Lämmer des Herrn» an die Türen aller katholischen Kirchen. Wegen des «Verdachts der Gotteslästerung» werden vier von ihnen festgenommen.

27. 11.   Die beiden polnischen Studenten J. Kuron und K. Modzelewski werden aus der Partei und dem nationalen Jugendverband ausgeschlossen, weil sie in einem 90 Seiten umfassenden «Offenen Brief an die Polnische Vereinigte Arbeiterpartei» das eigene System als einen undemokratischen, bürokratisierten «Monopolsozialismus» darstellen. Nach ihrer Verhaftung – am 19. 3. 1965 – werden sie trotz zahlreicher Proteste – am 19. 7. – zu mehrjährigen Gefängnisstrafen verurteilt.

7. 12.   Im Liverpooler Cavern-Club, von dem die Beatwelle ihren Ausgang nahm, findet unter dem Titel «Bomb» ein von Pop-Artisten und Beatgruppen aufgeführtes Happening statt, das sich gegen die Atombewaffnung wendet.

18. 12.   Nachdem der kongolesische Ministerpräsident Tschombé schon beim Antritt seines Deutschland-Besuches in München während einer Audienz bei Erzbischof Kardinal Döpfner von Studenten mit Rauch- und Stinkbomben beworfen worden war, führt der SDS zusammen mit anderen Studentengruppen bei Tschombés Zwischenstation in Berlin eine Protestdemonstration gegen den «Lumumba-Mörder» durch. Dabei gelingt es den Demonstranten, die Polizeikette am Flughafen zu durchbrechen und innerhalb der Bannmeile des Schöneberger Rathauses Tschombé bei seiner Abfahrt mit Tomaten zu bewerfen.

1965
7. 2.   Wegen eines Vietcong-Angriffs auf Pleiku fordert US-Präsi-

dent Johnson «Vergeltung» und läßt Nordvietnam bombardieren. Daraufhin protestieren – am 9. 2. – Tausende von Studenten der Moskauer Lumumba-Universität gegen die Luftangriffe und demolieren mit Tintenfässern und Steinen die Hausfront der amerikanischen Botschaft. Am 1. 3. dringen Hunderte indonesischer Studenten in Djakarta in die Wohnung des amerikanischen Botschafters ein und bekleben die Wände mit Plakaten gegen die US-Intervention. Am 4. 3. schließlich greifen 2000 Studenten der Lumumba-Universität nochmals das amerikanische Botschaftsgebäude an. Dabei durchbrechen sie mehrmals die Absperrungen der sowjetischen Volksmiliz. Mehrere Polizisten und Demonstranten werden dabei verletzt, sieben Studenten verhaftet.

28. 2.   Während Unterwanderungsabsichten der Subversiven Aktion im Münchener SDS scheitern, glückt das Vorhaben in der Berliner Gruppe: Rudi Dutschke wird in den politischen Beirat des SDS gewählt und begründet zusammen mit Bernd Rabehl eine antiautoritäre Keimzelle der Studentenbewegung.

6. 3.   Anläßlich der Ausstellung «Südafrika gestern und heute» führt der Berliner SDS u. a. eine Demonstration gegen die Rassenpolitik der Südafrikanischen Republik durch. Bei einem anschließenden Go-in während einer Folkloreveranstaltung werden zwei Flugblattverteiler vorübergehend festgenommen.

24. 3.   Zur Vorbereitung des ersten Marsches auf Washington nehmen an der Universität von Michigan 3000 Studenten und Professoren an einer Veranstaltung gegen den Vietnamkrieg teil, die erstmals als Teach-in bezeichnet wird. Die Diskussion über die einzelnen Informationsbeiträge dauert bei Kaffee und Kuchen bis in die frühen Morgenstunden des nächsten Tages.

17. 4.   Beim ersten «Marsch auf Washington» protestieren 25 000 Demonstranten gegen die Vietnam-Politik der Johnson-Regierung.

1. 5.   Während der Maikundgebung am Berliner Reichstag, zu der über 300 000 Zuhörer erschienen sind, greifen DGB-Ordner SDS-Mitglieder an und zerstören ihre Transparente, auf denen die Verhinderung der Notstandsgesetze gefordert wird.

7. 5.   Eine für das Auditorium maximum geplante Podiumsdiskussion mit dem Titel «Restauration oder Neubeginn – die Bundesrepublik 20 Jahre danach» muß in ein Studentenhaus verlegt werden, weil gegen den als Redner auftretenden Journalisten Erich Kuby ein vom Rektor verhängtes Hausverbot

nicht aufgehoben wird. Kuby hatte in einer Rede auf die antithetische Bindung des Namens Freie Universität an die Humboldt-Universität in Ost-Berlin aufmerksam gemacht und war deshalb schon 1960 mit dieser Sanktion belegt worden. Als Folge dieses universitären Redeverbots wird – vom 10. bis 15. 5. – eine «Picketing line» mit Protestplakaten um das FU-Gebäude gebildet und am 18. 5. im Otto-Suhr-Institut der Politologen ein befristeter Streik durchgeführt, mit dem für einen Tag alle Vorlesungen und Seminare boykottiert werden.

30. 5.   In Bonn veranstaltet der SDS zusammen mit anderen Hochschulgruppen den Kongreß «Demokratie vor dem Notstand». Unter den 2000 Teilnehmern befinden sich auch Gewerkschafter und Professoren als Referenten.

1. 6.   In Frankfurt erscheint die erste Nummer der einflußreichsten und auflagenstärksten Intellektuellenzeitschrift, das von H. M. Enzensberger und K. M. Michel herausgegebene *Kursbuch*.

12. 6.   Mit der Entgegennahme des «Britischen Empire-Ordens» aus der Hand der englischen Königin demonstrieren die Beatles in London ihre gesellschaftliche Integration.

3. 7.   Pete Townshend, der Gitarrist der englischen Rockgruppe «The Who», die ihre aggressiven Bühnenauftritte mit einem qualmenden Trümmerhaufen aus Verstärkern, Schlagzeug und Gitarren beendet, erklärt in der Fachzeitschrift ‹Melody Maker› auf ihr Stück ‹My Generation› hin, daß der Konflikt zwischen den Generationen «der Beginn einer großen gesellschaftlichen Revolution» sei.

1. 7.   In Berlin führt der Verband Deutscher Studentenschaften (VDS) einen Protestmarsch gegen den Bildungsnotstand durch, an dem sich über 10000 Studenten beteiligen.

16. 7.   Auf einer Vollversammlung mit mehr als tausend FU-Studenten wird der Rücktritt des amtierenden Rektors gefordert, weil er den Assistenten Erich Krippendorf wegen kritischer Äußerungen entlassen hatte.

15. 9.   Der Schauspieler Dick Gregory wird zusammen mit anderen Mitgliedern des Berkeley Vietnam-Day-Committee beim Versuch verhaftet, einen Truppenzug für den Vietnam-Krieg durch einen Sitzstreik zum Stoppen zu bringen.

15. 9.   Nach einem Konzert der englischen Rockgruppe «The Rolling Stones» auf der Berliner Waldbühne – ‹I can't get no satisfaction!› – kommt es zu mehrstündigen Straßenschlachten mit der Polizei, in deren Verlauf 85 Jugendliche festgenommen und 87 verletzt werden. Der Sachschaden – 17

S-Bahn-Züge sind demoliert, zum Teil umgestürzt – beträgt fast eine halbe Million DM.

16. 9. Bei der Bundestagswahl-Abschlußkundgebung der CDU auf dem Frankfurter Römerberg kommt es während der Rede von Bundeskanzler Erhard, in der dem SPD-Kanzlerkandidaten Willy Brandt die «moralische Qualifikation» abgesprochen wird, zu Tumulten. Mehreren hundert Studenten, die lauthals protestieren, werden Transparente mit der Aufschrift «Formierte Gesellschaft + Notstandsgesetze = CDU-Ständestaat» von Ordnern entrissen; drei Studenten werden schließlich von der Polizei verhaftet.

23. 6. Die Berliner Schutzpolizei verhaftet fünf Gammler, weil sie mit Kreide an die Gedächtniskirche den Slogan «Jesus war der erste Gammler» geschrieben haben. 150 meist jugendliche Passanten fordern anschließend beim betreffenden Polizeirevier die Freilassung der Verhafteten.

15. 10. Als der amerikanische Außenminister Dean Rusk während eines offiziellen Staatsbesuchs in Uruguay einen Kranz niederlegen will, drängt sich der Student Rolan Rojas durch die Reihen der Ehrengarde und spuckt ihm ins Gesicht, wobei er ruft: «Im Namen des Volkes!» Daraufhin wird Rojas so brutal von der Sicherheitspolizei zusammengeschlagen, daß er eine unheilbare Gehirnverletzung davonträgt.

15.–16. 10. In über dreißig amerikanischen Universitäten und Colleges beteiligen sich über 100000 Studenten am Vietnam Day. In Berkeley gehen dabei 1000 Polizisten und 700 Nationalgardisten mit aufgepflanzten Bajonetten gegen 10000 Studenten vor, die am Militärstützpunkt Oakland die weitere Verschickung von amerikanischen Truppen nach Südvietnam zu verhindern versuchen.

27. 11. Am zweiten «Marsch auf Washington» nehmen über 40000 Gegner des Vietnam-Krieges aus allen Teilen der Vereinigten Staaten teil.

13.–17. 12. Der Berliner SDS veranstaltet eine Vietnam-Ausstellung, in deren Anschluß eine Geldsammlung für das Rote Kreuz in Nordvietnam und das des Vietcong gesammelt wird.

16. 12. Der Versuch von Berkeley-Studenten, Rocker in politische Auseinandersetzungen miteinzubeziehen, scheitert: Als 10000 Studenten zusammen mit den Hell's Angels eine Demonstration gegen den Vietnam-Krieg durchführen wollen, stürzen sich die Rocker mit Rufen wie «Verräter, Kommunisten, Beatniks!» auf die Redner und versuchen die Lautsprecheranlage zu zertrümmern, bis sie schließlich von der Polizei überwältigt werden. Der von Allen Ginsberg daraufhin ver-

faßte 210zeilige Gedichtappell «An die Engel» erntet nur Hohn und Spott.

1966

5. 2. Nach der Plakataktion «Amis raus aus Vietnam» in der Nacht vom 3. auf den 4. 2., bei der vier SDS-Mitglieder verhaftet wurden, führen 2500 Studenten eine Vietnam-Demonstration durch, in deren Verlauf mit einem Sitzstreik vorübergehend der Verkehr lahmgelegt wird. Nach der Abschlußkundgebung ziehen dann 500 Demonstranten zum Amerikahaus weiter, bewerfen die Fassade mit Eiern und setzen das Sternenbanner auf halbmast. Daraufhin beschließt – am 16. 2. – der Senat der FU, den Studenten keine Räume mehr für politische Veranstaltungen zur Verfügung zu stellen.

10. 3. Bei der Hochzeit der niederländischen Kronprinzessin Beatrix mit dem deutschen Legationsrat von Amsberg in Amsterdam bewerfen Provos die Staatskarosse mit Rauchbomben.

26. 3. 100000 Demonstranten marschieren am «Internationalen Tag des Protests» gegen den Vietnam-Krieg in New York durch die Fifth Avenue zu einer Abschlußkundgebung im Central Park. Zur gleichen Zeit finden in zahlreichen anderen nordamerikanischen und kanadischen Städten weitere Demonstrationen statt. Auch in Rom kommt es zu einer Manifestation von über 20000.

1. 4. Trotz zahlreicher Proteste aus beiden Teilen Deutschlands wird der Direktor des Physikalisch-Chemischen Instituts der Ost-Berliner Humboldt-Universität, Professor Robert Havemann, wegen «prinzipieller Anarchie» und «DDR schädigenden Verhaltens» aus der Deutschen Akademie der Wissenschaften ausgeschlossen.

28. 4. Nachdem die spanische Regierung die Universitäten in Barcelona geschlossen hat, treten 15000 Studenten mit der Unterstützung von über 200 Professoren in einen politischen Streik.

22. 5. An der Frankfurter Universität veranstaltet der SDS den Kongreß «Vietnam – Analyse eines Exempels», an dem über 2000 Studenten, Professoren und Gewerkschafter teilnehmen.

25. 5. Im Speisesaal der Pekinger Universität wird von einer siebenköpfigen Gruppe von Studenten und Professoren gegen ein bestehendes Verbot des Rektors eine rote Wandzeitung angebracht, die von Mao Tse-tung – am 1. 6. – offiziell unterstützt und – am 6. 6. – in der Zeitung der chinesischen Volksbefreiungsarmee als Ende des Revisionismus und Beginn der «Gro-

ßen proletarischen Kulturrevolution» gefeiert wird. Am 16.
7. durchschwimmt dann Mao Tse-tung inmitten von Rotgardisten, «wie ein Fisch im Wasser», innerhalb von 65 Minuten
den Yangtsekiang.

1. 6. Bei den Gemeinderatswahlen von Amsterdam entfallen auf
ᴸ den Provo-Kandidaten de Vries 13 000 Stimmen, mit denen
er einen Sitz im Stadtparlament erhält.

3. 6. Als James Meredith, der erste Neger-Absolvent der staatlichen Universität von Mississippi, bei seinem Allein-«Marsch
gegen die Furcht» angeschossen wird, setzen Organisationen
der Bürgerrechtsbewegung seinen Marsch fort. Dabei werden
durch Stockely Carmichael erstmals Forderungen nach Black
Power laut.

14.–15. 6. In Amsterdam schlagen gewerkschaftsinterne Auseinandersetzungen von Bauarbeitern durch das Eingreifen von
Reichspolizisten in schwere Straßenschlachten zwischen
Bauarbeitern, Studenten und Provos einerseits und Polizeikräften andererseits um, in deren Verlauf ein Arbeiter tödlich
verletzt wird.

19. 6. Nachdem schon am Vortag 17 000 Gewerkschafter gegen den
in Karlsruhe stattfindenden 2. Bundesparteitag der NPD
protestiert hatten, formieren sich 2000 Schüler und Studenten zu einem Sitzstreik «gegen Neofaschismus und Neo-
nazis».

22.–23. 6. Über 3000 Studenten protestieren an der FU mit einem zehn-
stündigen Sit-in gegen das Raumverbot für politische Veranstaltungen und diskutieren in einem improvisierten Teach-in
mit mehreren Professoren über eine demokratische Hochschulreform, an dessen Ende eine Resolution verabschiedet
wird, in der zum erstenmal der gesellschaftliche Bezug der
Universität zu definieren versucht wird. Kurz darauf hebt der
Akademische Senat seinen Beschluß über das Raumverbot –
vom 16. 2. – wieder auf.

6. 7. Rund 15 000 Studenten demonstrieren in München gegen die
Regierungsvorlage für ein Bayrisches Hochschulgesetz, in
dem die «Freiheit von Forschung und Lehre in unerträgli-
chem Maße beeinträchtigt» wird.

8. 7. Bei einer Vietnam-Demonstration von 2000 FU-Studenten
vor dem Henry-Ford-Bau in Berlin kommt es zu Schlägereien
mit Mitgliedern des CDU-nahen RCDS.

Sommer '66 Zehntausende beginnen in San Franciscos Haight-Ashbury
und New Yorks East-Village das literarische Erbe der Beat-
nik-Generation von Allen Ginsberg und Jack Kerouac praktisch anzutreten, indem sie eine eigene Subkultur entwickeln.

Diese Protestbewegung gegen den American Way of Life greift mit ihren *be-ins* und *love-ins* innerhalb kurzer Zeit auf die meisten amerikanischen Großstädte über. Der demokratische Senator Ribicoff fordert die Schaffung einer eigenen Bundesfahndungsbehörde für Hippies, da die Statistiken einen neuen Rekord an entlaufenen Jugendlichen verzeichnen.

2. 8.   Während einer Protestaktion gegen den rassistischen Film ‹Africa Addio›, in deren Verlauf der Abbruch der Vorführung im Berliner Astor-Kino erzwungen wird, nimmt die Polizei acht FU-Studenten fest. Eine vom SDS daraufhin für den 4. 8. angemeldete Demonstration wird verboten. Als sich dennoch 1000 Studenten vor dem Kino versammeln, versucht die Polizei sie abzudrängen und verhaftet dabei 43 afrikanische und deutsche Studenten. Einen Tag später setzt der Filmverleih ‹Africa Addio› schließlich vom Programm ab.

18. 8.   Nachdem das ZK der KP Chinas – am 12. 8. – beschlossen hatte, daß «man, wenn man gegen den Imperialismus kämpfen will, auch gegen den modernen Revisionismus kämpfen muß», ziehen eine Million Rotgardisten auf dem Platz des Himmlischen Friedens in Peking an Mao Tse-tung und Lin Piao vorüber. Auf demselben Platz versammeln sich zum 17. Jahrestag der Gründung der Volksrepublik China anderthalb Millionen Menschen – am 1. 10. – und feiern die «Große proletarische Kulturrevolution».

1. 9.   Frank Zappa und seine Mothers of Invention prägen mit ihrer LP ‹Freak Out› zugleich den Slangausdruck für den jugendlichen Ausbrecher aus der Gesellschaft: *freak*. Als er in den Bürgern des American Way of Life auch noch *plastic people* erkennt und weitere «Geschmacklosigkeiten» verkündet, wird er von den US-Sendern systematisch boykottiert. Das wertet andererseits sein Image als Underground-Sänger und Antistar so beträchtlich auf, daß er sich desto besser vermarkten läßt: Auf seinem millionenfach verbreiteten Klosettposter und LPs, von denen eine aus dem Jahre 1968 die selbstironische Wahrheit auf dem Cover trägt: «*We're only in it for the money.*»

1. 10.   In Frankfurt erscheint in der edition suhrkamp der 1965 in den USA herausgegebene Essay Herbert Marcuses ‹Repressive Toleranz› zum erstenmal in deutscher Sprache. Die darin enthaltene Sentenz, daß es für unterdrückte und überwältigte Minderheiten ein «Naturrecht auf Widerstand gibt, außergesetzliche Mittel anzuwenden, sobald die gesetzlichen sich als unzulänglich herausgestellt haben», beeinflußt das Selbstverständnis des SDS nachdrücklich.

6. 10.	In der kalifornischen Stadt Oakland gründen Huey Newton und Bobby Seale die Black Panther Party. Diese militante Organisation der Farbigen betrachtet die Großstadtgettos als innere Kolonien der USA und will deren Einwohner mit Waffengewalt gegen Übergriffe schützen, um dadurch das Selbstbewußtsein der Farbigen zu wecken.
7. 10.	Unerkannt kauft ein kahlgeschorener und bebrillter Herr auf seiner Durchreise in der Frankfurter Kaiserstraße ein Tagebuch. Nach einer Zwischenlandung in São Paulo landet er – am 3. 11. – in der bolivianischen Hauptstadt La Paz. Im Dschungel stößt er zu einer Partisanengruppe und kommentiert die folgenden Kämpfe als Che Guevara im ‹Bolivianischen Tagebuch›.
21. 10.	Der polnische Philosophieprofessor Leszek Kolakowski übt in Warschau scharfe Kritik an der Bürokratie des Jugendverbandes und fordert die Freilassung von Kuron und Modzelewski. Daraufhin wird er trotz zahlreicher Proteste von Kollegen, Studenten und Schriftstellern aus der Partei ausgeschlossen.
26. 10.	Situationistische Studenten lösen den «Skandal von Straßburg» aus, als sie die akademische Eröffnungsfeier mit einer Schrift «Über die Misere der Studenten» entweihen, in der sie das pseudorevolutionäre Treiben der Studentengewerkschaft UNEF als bürokratisch und sektiererisch bloßstellen. Zuvor hatten sie schon das UNEF-Büro vollständig mit schwarzer Farbe überzogen und die ganze Stadt mit marxistischen Comicstrips überschwemmt.
30. 10.	In Frankfurt findet der Kongreß «Notstand der Demokratie» statt, an dem über 5000 Studenten, Gewerkschafter, SPD-Mitglieder und Professoren teilnehmen. Nach zahlreichen Diskussionen in sechs großen Foren sagt der Tübinger Philosoph Ernst Bloch auf der Abschlußkundgebung: «Wir kommen zusammen, um den Anfängen zu wehren.»
1. 11.	Der ungarische Philosophiestudent Miklos Haraszti wird wegen «maoistischer Umtriebe» für ein Jahr von der Budapester Universität relegiert: Er hat in einem Vietnam-Solidaritätskomitee neben Demonstrationen vor der amerikanischen Botschaft auch kollektive Arbeitstage, sogenannte Vietnam-Subotniks organisiert, deren Erlöse nach Hanoi geschickt wurden.
18. 11.	Über 5000 Studenten und Schüler demonstrieren in München gegen eine Wahlversammlung der NPD. Gegen die gleiche Partei demonstrieren – am 25. 11. – in Köln 3000 Gewerkschafter, Studenten und Schüler mit Transparenten wie «Tausend Jahre waren genug».

21. 11.	Im Zentrum von Stockholm inszenieren Provos eine Schlacht zwischen «Kommunisten» und «Kapitalisten», die jeweils an ihren roten und blauen Armbinden zu unterscheiden sind. Als sich am Ende des Kampfes beide Gruppen mit je einer großen Bombe «umgebracht» haben, stimmen die Umstehenden ein Lied von Bob Dylan an und legen einen Kranz «für die Opfer des Atomkrieges» nieder. Die dadurch unter Passanten provozierte Diskussion wird erst unterbrochen, als Polizisten die Provos abführen.
26. 11.	In Berlin sprengt ein «Provisorisches Komitee zur Vorbereitung einer studentischen Selbstorganisation» mit Mao-Abzeichen am Revers eine Diskussion zwischen FU-Studenten und ihrem Rektor. Sie verlesen ein Flugblatt, in dem die Dozenten als «professorale Fachidioten» und AStA-Vertreter der «Kollaboration mit den Autoritäten» bezichtigt werden.
1. 12.	Als es nach dem Rücktritt Bundeskanzler Erhards in Bonn zur Bildung einer «Großen Koalition» zwischen CDU und SPD kommt, demonstrieren in mehreren Großstädten SPD-Mitglieder, Gewerkschafter und Studenten gegen die Beteiligung der SPD an der Koalition.
3.–10. 12.	Im Verlauf einer von mehreren Hochschulgruppen durchgeführten Vietnam-Woche in Berlin kommt es – am 6. 12. – bei einer Parallelveranstaltung des RCDS mit dem südvietnamesischen Botschafter zu Tumulten, in deren Verlauf der Botschafter schließlich den Saal fluchtartig verlassen muß. Auf der Abschlußkundgebung der Vietnam-Woche – am 10. 12. – fordert das SDS-Mitglied Rudi Dutschke die 2000 Demonstranten zur Bildung einer «Außerparlamentarischen Opposition» auf. Als Kommunarden im Anschluß daran ein weihnachtspolitisches Happening veranstalten, auf dem unter den Klängen deutscher Weihnachtslieder die Pappmaché-Köpfe von Lyndon B. Johnson und Walter Ulbricht verbrannt werden, greift die Polizei ein und verhaftet mehrere Demonstranten.
18. 12.	Gegen die Taktik des Innensenators Heinrich Albertz, Demonstrationen in menschenleere Stadtteile zu verlegen, führen mehrere hundert Studenten eine «Spaziergänger-Demonstration» auf den Bürgersteigen des Berliner Kurfürstendamms durch. Daraufhin verhaftet die Polizei insgesamt 90 von den Passanten, unter denen sich auch Hausfrauen, Journalisten und Rudi Dutschke, mit einem Weihnachtspaket unter dem Arm, befinden.
22. 12.	In der ČSSR wird der Student Jiri Müller aus dem staatlichen Jugendverband und vom Studium ausgeschlossen, weil er

zusammen mit anderen Kommilitonen versucht hat, die bürokratische und zentristische Organisationsstruktur des Verbandes umzuändern.

1967

1. 1.   Jane Adams, Mitglied des amerikanischen SDS, prägt in einem Aufsatz der Zeitschrift *New Left Notes* mit dem Titel ‹*Für die Gleichberechtigung der Frau*› das Schlagwort vom *male chauvinism*, dem männlich-sexistischen Chauvinismus.

1. 1.   Nach einer längeren Vorbereitungsphase, der nach dem Anarchistenfilm von Louis Malle benannten «Viva Maria»-Phase, gründen Dieter Kunzelmann, Fritz Teufel, Rainer Langhans u. a. die Kommune I in Berlin-Charlottenburg. Schon am 3. 5. werden sie wegen «falscher Unmittelbarkeit», «Überschätzung» und «Realitätsflucht» aus dem Berliner SDS ausgeschlossen. Anlaß war unter anderem die Aussage Kunzelmanns: «Was geht mich denn Vietnam an – ich habe Orgasmusschwierigkeiten.»

13. 1.   In Barcelona rufen Studentenvertreter den «Jahrestag des Protests gegen politische Unterdrückung» aus. 1000 Studenten stürmen nach dem Teach-in das Gebäude der korrupten, offiziellen Studentengewerkschaft, zertrümmern die Büroräume und werfen das Mobiliar zum Fenster hinaus.

14. 1.   Im Golden Gate Park von San Francisco veranstalten mehrere Rockgruppen der Westküste das erste «Free Concert», bei dem kein Eintrittsgeld mehr verlangt wird.

26. 1.   Vier Demonstranten werden auf dem Berliner Kurfürstendamm verhaftet, als sie gegen eine Kranzniederlegung Bundeskanzler Kiesingers in der nationalsozialistischen Hinrichtungsstätte Plötzensee demonstrieren. Kiesinger war im Dritten Reich Mitarbeiter von Goebbels im Propagandaministerium.

26. 1.   Bei einer Hausdurchsuchung des Berliner SDS-Büros beschlagnahmt die Politische Polizei die Mitgliederkartei des SDS. Daraufhin finden – am 28. 1. – vor- und nachmittags jeweils zwei Demonstrationen mit 1200 und 2000 Teilnehmern gegen das Vorgehen der Polizei statt. Der Schriftsteller Günter Grass trägt dabei ein Plakat mit der Aufschrift «Tausche Grundgesetz gegen Bibel».

27. 1.–3. 2. Illegale spanische Studentenorganisationen führen einen Demonstrationszug durch, in dessen Verlauf 700 Madrider Studenten vom Campus geprügelt werden. Als daraufhin sich am Abend 100 000 Arbeiter mit den Studenten solidarisieren, werden 200 Demonstranten bei den anschließenden Kämpfen

mit der Polizei verhaftet. Auch im übrigen Spanien bricht eine Verhaftungswelle aus, bei der über 500 weitere politische Aktivisten inhaftiert werden. Die Studenten reagieren mit Vorlesungsstreiks, Demonstrationen und illegalen Versammlungen an nahezu allen spanischen Universitäten. In Valencia legen aus Solidarität 60000 Industriearbeiter und 2300 Eisenbahner ihre Arbeit nieder.

1. 2.–11. 2.	In Italien wird an allen Universitäten ein Generalstreik zur Durchführung einer umfassenden Studienreform durchgeführt. Die 10000 Dozenten streiken – bis zum 4. 2. –, die 400000 Studenten jedoch bleiben mit ihren Assistenten zusammen – bis zum 11. 2. – dem Vorlesungsbetrieb fern.
11. 2.	In Frankfurt demonstrieren 800 Studenten gegen den Vietnam-Krieg. Als berittene Polizei gegen einen Sitzstreik vor dem amerikanischen Generalkonsulat eingesetzt wird, ziehen die Demonstranten ins Stadtzentrum und blockieren den Verkehr.
22. 2.	Münchener Studenten demonstrieren gegen die Erhöhung der Straßenbahntarife.
26. 3.	Beim erstmals in Berlin veranstalteten Ostermarsch der Kampagne für Abrüstung ziehen 3000 Demonstranten durch die Stadt. Als 150 von ihnen nach der Schlußkundgebung mit einer Vietcong-Fahne zum Amerikahaus ziehen und die Fassade mit roten Farbbeuteln bewerfen, werden drei Studenten festgenommen.
5. 4.	Berliner Polizei verhaftet elf Kommunarden, um ein «Puddingattentat» auf den amerikanischen Vizepräsidenten Hubert Humphrey zu verhindern. Bei dessen Empfang – am 6. 4. – in Schloß Charlottenburg demonstrieren daraufhin 2000 Studenten gegen den Vietnam-Krieg der Amerikaner. Bei seiner Weiterfahrt zum Springer-Hochhaus werden die Cadillacs des Fahrzeugkonvois mit Steinen und Flaschen beworfen; 24 Studenten werden dabei verhaftet.
12. 4.	Der amtierende Boxweltmeister im Schwergewicht, Muhammad Ali, weigert sich aus religiösen und politischen Gründen, seiner Einberufung zum Militär Folge zu leisten. Die Boxkommission erkennt ihm daraufhin den Titel ab und entzieht ihm die Boxlizenz; später verurteilt ihn ein nur aus Weißen bestehendes Gericht zur Höchststrafe von fünf Jahren Gefängnis, die er allerdings nicht antreten muß.
19. 4.	Gegen die Einleitung von Sanktionsmaßnahmen durch den Senat der FU protestieren 2000 Studenten mit einem nächtlichen Sit-in. Um Mitternacht läßt der Rektor die passiv Sitzenbleibenden durch Polizei hinaustragen. Als daraufhin den

beiden AStA-Vorsitzenden wegen ihrer Teilnahme das Dienstverhältnis fristlos gekündigt wird, beschließt der Konvent eine Urabstimmung, in der – am 9. 5. – den beiden Studentenschaftsvertretern mit knapper Mehrheit das Vertrauen ausgesprochen wird.

21. 4. In Griechenland findet unter Anführung des Obersten Papadopoulos ein Militärputsch statt, der binnen kurzer Zeit die Form einer faschistischen Diktatur annimmt: Die parlamentarischen Institutionen werden außer Kraft gesetzt, die Massenmedien unter Kontrolle genommen und mehrere Tausend politischer Gefangener auf Inseln in Konzentrationslagern festgehalten.

30. 4. In Berlin findet die Gründungsversammlung des «Republikanischen Clubs» statt.

18. 5. Der Ministerrat der DDR lehnt eine Ausreisegenehmigung des Ost-Berliner Liedermachers Wolf Biermann, der von den «Falken» zu einer Vietnam-Demonstration eingeladen worden war, ab.

22. 5. Um gegen die bevorstehende Kürzung der Universitätsmittel zu protestieren, treten die Studenten der Marburger Universität in einen zweitägigen Generalstreik.

24. 5. Nach einer Brandkatastrophe in einem Brüsseler Kaufhaus, bei der 300 Menschen ums Leben kommen, verteilen Kommunarden an der Berliner FU ein Flugblatt mit der Aufschrift: «Wann brennen die Berliner Kaufhäuser?»

2. 6. Nachdem schon – am 30. 5. – in München 1500 deutsche und persische Studenten gegen den Besuch des Schahs demonstriert und – am 1. 6. – Bahman Nirumand auf einem Teach-in im Audimax der FU vor über 3000 Studenten das diktatorische Schah-Regime in seinem Heimatland Persien analysiert hatte, demonstrieren 2900 Studenten und Schüler vor dem Schöneberger Rathaus. Als beim Eintreffen des Schahs Rauchkerzen und Eier fliegen, prügeln schahfreundliche «Jubelperser» mit Stahlrohren auf die Demonstranten ein. Bei einer zweiten Manifestation am Abend vor der Deutschen Oper kommt es zu schweren Auseinandersetzungen mit der Polizei, die mit zivilen Greiftrupps flüchtende Studenten einzufangen versucht. Dabei wird der 26jährige Student Benno Ohnesorg auf einem Parkhof von dem Kriminalobermeister Kurras von hinten erschossen. Obwohl die Polizei den «Todesfall» zunächst zu vertuschen versucht und ein generelles Demonstrationsverbot – auch auf dem Campus – vom Senat erlassen wird, treffen sich einen Tag später 6000 Studenten auf dem Gelände der FU und diskutieren über den Mord und

den «nicht erklärten Notstand» in Berlin. Der Tod Benno Ohnesorgs hat inzwischen eine Welle der Empörung an allen bundesdeutschen Universitäten ausgelöst; fast überall werden Solidaritäts-Resolutionen verfaßt und Trauerkundgebungen veranstaltet. Am 8. 6. wird der Sarg nach einer Trauerrede des Theologieprofessors Helmut Gollwitzer vor 15 000 Menschen in einem Fahrzeugkonvoi von Berlin nach Hannover überführt. Dort findet einen Tag später nach der Beerdigung Benno Ohnesorgs unter Beteiligung von 5000 Studenten und Dozenten aus allen Teilen der Bundesrepublik der Kongreß «Hochschule und Demokratie – Bedingungen und Organisation des Widerstands» statt, auf dem der Frankfurter Soziologieprofessor Jürgen Habermas erstmals seinen Linksfaschismusvorwurf gegenüber Rudi Dutschke und dem SDS erhebt.

5.–10. 6. Der dritte israelisch-arabische Krieg endet mit der Okkupation der Sinai-Halbinsel und Teilen von Jordanien – unter anderem der Altstadt Jerusalems – durch die Israelis.

18. 6. Nachdem es schon – am 26. 2. – in Frankfurt zu einer nationalen Schülerkonferenz gekommen war, gründen Vertreter von Schülergruppen aus 26 Städten der gesamten Bundesrepublik mit Unterstützung des SDS das Aktionszentrum unabhängiger und sozialistischer Schüler (AUSS).

22. 6. Im Wohnheim der ESG Berlin treten 100 Studenten für ihren inhaftierten Kommilitonen Fritz Teufel in einen Hungerstreik. Erst nach einer Welle von Protesten wird der Kommunarde – am 10. 8. – aus der Untersuchungshaft entlassen.

23. 6. In Los Angeles löst die Polizei ein *peace-in* auf, zu dem sich 15 000 *peaceniks* in einem Park versammelt haben. 100 Jugendliche werden nach dem brutalen Einschreiten mit schweren, 1300 mit leichten Verletzungen in die Krankenhäuser der Umgebung eingeliefert.

12.–17. 7. Nachdem es schon in den beiden vorhergehenden Sommern zu vereinzelten Negeraufständen in den Gettos von Los Angeles und Cleveland gekommen war, löst eine massenhafte Revolte in Newark, bei der es durch den Einsatz von 4000 Polizisten und Nationalgardisten zu 27 Todesopfern und 1100 Verletzten kommt, eine wahre Kettenreaktion in mehr als 100 amerikanischen Städten aus. Als sich daraufhin – vom 20. bis 24. 7. – über 1000 Delegierte zu einer Black Power-Konferenz in Newark treffen, um Boykott- und Widerstandsmaßnahmen zu beschließen, bricht am letzten Tag der Konferenz erneut eine schwere Revolte – diesmal in der Automobilstadt Detroit – aus. Unter dem Einsatz von Rauchbomben, Nervengas, Panzern und Hubschrauberstaffeln schlagen 16000 Uniformierte den mehrtägigen Aufstand nieder. 41 Farbige werden getötet, 2000 verletzt und über 4000 verhaftet; der Sachschaden wird über 2 Milliarden DM geschätzt. Trotz einer aussichtslosen militärischen Lage haben in Newark und Detroit zum erstenmal organisierte Stadtguerilla-Gruppen der Black Panther in den Kampf eingegriffen.

7. 7.   Als der Frankfurter Philosophieprofessor Theodor W. Adorno bei seinem Vortrag über Goethes Iphigenie trotz der Ermordung Benno Ohnesorgs nicht zu einer politischen Diskussion bereit ist, entrollen Kommunarden Spruchbänder mit der Aufschrift «Berlins linke Faschisten grüßen Teddy den Klassizisten». Am Ende des Vortrags scheitert der Versuch einer Studentin, Adorno einen aufgeblasenen roten Gummi-Teddy zu überreichen, weil er ihr von einem anderen Studenten aus der Hand geschlagen wird.

9. 7.   In der japanischen Stadt Sunagawa demonstrieren 6000 Studenten mit über 40000 Arbeitern gegen die Ausdehnung eines US-Luftstützpunktes, der als Nachschubbasis für den Vietnam-Krieg dienen soll.

2. 8.   Provos veranstalten im New Yorker Tompkins Square Park ein öffentliches *smoke-in*, bei dem unter den Augen der Polizei über 4000 Jugendliche drei Kilo Marihuana ver(b)rauchen.

19. 8.   Während einer amerikanischen Militärparade in Berlin werden Studenten, die gegen den Vietnam-Krieg protestieren, von Zuschauern verprügelt.

8. 9.   Während der SDS-Delegiertenkonferenz in Frankfurt versucht eine Teilnehmergruppe eine gleichzeitig stattfindende Vietnam-Debatte im Amerikahaus zu sprengen.

6. 10.   Um gegen das in den Massenmedien angekündigte, vermeintliche Ende der Hippie-Bewegung und ihre Vermarktung in den «Flower Power»-Kommerz zu protestieren, bilden Tausende San Franciscoer Hippies einen Trauerzug und verbrennen symbolisch einen mit Ketten, Drogen, Kleidern und Blumen gefüllten Sarg im Buena Vista Park.

8. 10.   Die Tagung der Gruppe 47 in Pulvermühle beschließt nach einem *go-in* von Studenten den Boykott des Springer-Konzerns.

9. 10.   Nachdem Che Guevara am Vortag in einem Partisanenlager im bolivianischen Dschungel verwundet gefangengenommen werden konnte, ermorden ihn von Amerikanern ausgebildete Rangers und stellen seinen Leichnam in Valle Grande zur Schau. Mit der baldigen Aufreibung der restlichen Guerilla-

gruppe scheitert der Versuch, den revolutionären Aufstand von Kuba auf das lateinamerikanische Festland überspringen zu lassen.

18. 10   Während der Frankfurter Buchmesse finden mehrere De-monstrationen gegen Stände des Springer-Konzerns und Griechenlands statt.

21. 10.   In Washington belagern 250000 Demonstranten aus Protest gegen den Vietnam-Krieg das Pentagon. Die Regierung setzt gegen sie rund 10000 Polizisten, Nationalgardisten und Fall-schirmjäger ein, die über 600 Demonstranten verhaften. Auch in London, Paris, Berlin, Rom, Oslo, Amsterdam und Tokio kommt es zu Massendemonstrationen gegen den Viet-nam-Krieg.

1. 11.   Im Berliner Audimax findet die Gründungsversammlung der «Kritischen Universität» statt. In über 30 Kollektiven wird mit der Selbstorganisation des Studiums und seiner politi-schen Reflexion begonnen.

9. 11.   Bei der feierlichen Rektoratsübergabe in Hamburg kommt es zu Zwischenfällen, während denen ein Transparent mit der Aufschrift «Unter den Talaren – Muff von tausend Jahren» entrollt wird, um gegen die Ordinarienuniversität zu prote-stieren. Zu ähnlichen Zwischenfällen kommt es noch wäh-rend des ganzen Monats Oktober in den Universitäten von Heidelberg, Tübingen, Marburg und an der Berliner TU.

12. 11.   Während eines Gastspiels des Rostocker Volkstheaters zum 50. Jahrestag der Oktoberrevolution in Frankfurt am Main erliegt der Sekretär des DDR-Schriftstellerverbandes Kurt Barthel einem Herzschlag, als Studenten versuchen, die Re-volutionsrevue zu stören.

12. 11.   Anläßlich der Abreise des japanischen Ministerpräsidenten Sato in die Vereinigten Staaten, wo über die Rückgabe der Insel Okinawa an Japan verhandelt werden soll, organisiert die militante Studentenorganisation Zengakuren eine Blok-kade des Haneda Airports. Bei den stundenlangen Kämpfen zwischen 15000 Demonstranten und Tausenden von Polizi-sten werden etwa 500 Studenten verletzt und 333 verhaftet.

20. 11.   Vor Fernsehkameras unterbricht eine Frankfurter SDS-Gruppe die Vorlesung des SPD-Mitglieds Professor Carlo Schmid durch ein *go-in* und fordert eine Diskussion über die Notstandsgesetze.

23. 11.   Der Mörder von Benno Ohnesorg, Kriminaloberreister Kur-ras, wird in Berlin von der Anklage der fahrlässigen Tötung freigesprochen.

28. 11.   Anläßlich der Prozeßeröffnung gegen den Kommunarden

Fritz Teufel demonstrieren über 1000 Studenten vor dem Berliner Gerichtsgebäude. Die Polizei setzt Wasserwerfer und Reiter gegen die protestierende Menge ein.

29. 11.   In Gießen versucht der Verfassungsschutz Studenten anzuwerben, um sie als Spitzel im SDS einzusetzen.

19. 12.   Nach einer tumultartigen Diskussion mit dem Regierenden Berliner Bürgermeister Schütz – «Brecht dem Schütz die Gräten; alle Macht den Räten» – demonstrieren die Studenten vor der griechischen Militärmission und dem Amerikahaus.

20. 12.   Innerhalb von vier Wochen haben über 30000 Studenten und Dozenten das Hochschulmanifest gegen die Notstandsgesetzgebung unterzeichnet.

24. 12.   In der Berliner Gedächtniskirche wird Rudi Dutschke beim Versuch, während des Weihnachtsgottesdienstes von der Kanzel eine Rede über den Vietnam-Krieg zu halten, von einem Gottesdienstbesucher niedergeschlagen. Bei einem *go-in* von Studenten ins Bonner Münster muß Bundeskanzler Kiesinger das Gotteshaus fluchtartig durch einen Seiteneingang verlassen.

1968

10. 1.   Zwei Münchener Studenten sprengen Universitätsvorlesungen mit Polizeiuniformen, die sie sich beim Kostümverleih geborgt haben. Am 18. 4. werden sie von einem Münchener Gericht zu mehrmonatigen Gefängnisstrafen verurteilt.

15.–24. 1.   In Bremen bringen Schüler die vom Senat geplante Erhöhung der Verkehrstarife durch Demonstrationen und Blockaden, deren Teilnehmerzahl innerhalb einer Woche von 50 auf 4000 steigt, zu Fall. Der Widerstand der Bremer Schüler wird zum Modellfall für ähnliche Aktionen, die das ganze Frühjahr über noch in Bochum, Göttingen, Oberhausen und Kiel stattfinden.

17.–18. 1.   In der japanischen Hafenstadt Sasebo, wo der US-Flugzeugträger «Enterprise» aus dem Golf von Tonking vor Vietnam erwartet wird, greifen etwa 1000 mit Helmen und Stöcken ausgerüstete Zengakuren-Studenten eine Barrikade der Polizei an. Obwohl sie unablässig mit Tränengasbomben beschossen werden, gelingt es ihnen, die auf einer Brücke stehende Barrikade hinunterzuwerfen. Nun werden sie von mehreren Spezialtruppen der Polizei unter dem Einsatz von Panzerfahrzeugen eingezingelt und Schritt für Schritt bis zur Bewußtlosigkeit zusammengeschlagen. Daraufhin solidarisiert sich die anfänglich reservierte Bevölkerung von Sasebo mit den Studenten und bewirft bei der Ankunft der «Enterprise» – am 19. 1. – eigenhändig die Polizeisperren mit Steinen.

Als im ARD-Fernsehen Aufnahmen von Sasebo gezeigt werden, kommt es in der Bundesrepublik durch Studenten zu massenhaften Käufen der charakteristischen Bauarbeiterhelme.

24. 1.   In Berlin wird das Romanische Seminar für eine Woche geschlossen, weil die Studenten auf Diskussionen in den Lehrveranstaltungen bestehen.

30. 1.   Durch die Tet-Offensive, in deren Verlauf der Vietcong bis in die amerikanische Botschaft in Saigon eindringen kann, findet sich die US-Regierung bereit, der Eröffnung von Vietnam-Friedensgesprächen in Paris – am 13. 5. – zuzustimmen.

31. 1.   Wegen der Weigerung der Philosophischen Fakultät der FU, mit den Studenten über die Studienreform zu diskutieren, wird ihnen zunächst der Strom abgestellt, so daß die Sitzung bei Kerzenschein fortgeführt werden muß. Danach wird schließlich die Tür aufgeschlagen, worauf die diskussionsunwilligen Professoren die Flucht antreten.

1. 2.   Nach einer Vorbereitungsveranstaltung für das «Springer-Hearing» in der TU Berlin, auf der ein Lehrfilm von Holger Meins über den Bau von Molotow-Cocktails gezeigt wurde, werfen Unbekannte nachts in sieben *Morgenpost*-Filialen des Springer-Konzerns die Scheiben ein.

4. 2.   Während eines *go-in* im Bonner Rektorat wird ins Goldene Buch der Universität der Unterschrift von Bundespräsident Heinrich Lübke die Bezeichnung «KZ-Baumeister» beigefügt.

Lübke hatte im Dritten Reich als Architekt Pläne zum Bau von Konzentrationslagern ausgearbeitet.

7. 2.   1000 Freiburger Studenten stürmen das dortige Amtsgericht, um Festgenommene zu befreien.

9. 2.   In Baden-Württemberg erhalten Studenten, die wegen eines Entwurfs zum Hochschulgesetz in Vorlesungsstreik getreten sind, von einigen Betriebsräten Solidaritätserklärungen.

17.–18. 2.   An der Berliner TU findet unter Beteiligung von mehreren tausend Studenten der «Internationale Vietnam-Kongreß» statt. Ein vom Senat erlassenes Demonstrationsverbot wird noch während des Kongresses vom Verwaltungsgericht aufgehoben. So ziehen 12 000 Demonstranten, unter ihnen eine Reihe von SPD-Mitgliedern, durch die Berliner Innenstadt. Auf der Abschlußkundgebung wird die von den Kongreßteilnehmern verabschiedete Schlußresolution verlesen, in der zu einer Desertionskampagne von GIs aufgerufen und die «Zerschlagung der NATO» gefordert wird.

18. 2. In der Haight-Ashbury in San Francisco liefern sich Tausende von Hippies ihre erste Straßenschlacht mit Sondereinheiten der Polizei. Ein großer Teil ist durch die brutalen Kommerzialisierungsversuche der Hippiebewegung politisiert worden und schließt sich der von Jerry Rubin und Abbie Hoffman gegründeten Youth International Party an und nennt sich fortan Yippies.

21. 2. Nachdem das Verbot der Vietnam-Demonstration vom Berliner Senat nicht aufrechterhalten werden konnte, mobilisiert er zusammen mit dem DGB und dem Springer-Konzern zu einer Gegenkundgebung vor dem Schöneberger Rathaus. Nach dem Motto «Berlin darf nicht Saigon werden!» formieren sich etwa 80 000 Berliner in planmäßigen Marschsäulen. Die Behörden hatten ihren Mitarbeitern schon Stunden vorher frei gegeben, die öffentlichen Verkehrsbetriebe Sonderlinien eingerichtet und die Rundfunksender Extrameldungen durchgegeben. Während dieses obrigkeitsstaatlich verordneten Demonstrationszuges kommt die von Springer-Zeitungen systematisch angeheizte Pogromstimmung gegenüber Studenten, Langhaarigen, Intellektuellen usw. voll zum Ausbruch. Über vierzig «Verdächtige» wurden zusammengeschlagen, drei von ihnen müssen ins Krankenhaus eingeliefert werden. Einer, der angeblich Rudi Dutschke ähnlich sehen soll, kann seine Haut nur durch eine Flucht vor der ihn verfolgenden Menge retten.

1. 3. In Frankfurt demonstrieren 1000 Studenten gegen den Vietnam-Krieg und für die Freilassung von Rudi Dutschke, der auf dem Flughafen von der Polizei für den Zeitraum der Demonstration «vorsorglich» festgenommen worden war.

5. 3. An der Kölner Universität demonstrieren kurzarbeitende Ford-Arbeiter gemeinsam mit SDS-Studenten.

8.–28. 3. Als sich auf einer illegalen Protestversammlung Warschauer Studenten gegen die Relegierung von zwei politisch aktiven Kommilitonen wenden, wird die Universität durch Polizeieinheiten geräumt. Daraufhin kommt es zu tagelangen Straßenschlachten mit der polnischen Polizei, die regelrechte Treibjagden auf die Studenten veranstaltet und dabei eine unbekannte Zahl verletzt und verhaftet. Nachdem sich die Protestdemonstrationen auf alle größeren Städte Polens ausgeweitet haben, beginnt – am 15. 3. – ein mehrtägiger Streik an der Warschauer Universität, der erst – am 28. 3. – durch die Schließung des Rektors unterbunden werden kann. Obwohl die Partei Gegendemonstrationen zu organisieren versucht, kommt es während eines Sitzstreiks von 5000 Studenten der TH Warschau zu Solidarisierungen, als Bürger die Studenten mit Lebensmitteln versorgen. Als Folge der studentischen Opposition tritt der polnische Staatspräsident – am 11. 4. – vom seinem Amt zurück.

10. 3. Mehrere tausend Prager Studenten versammeln sich demonstrativ am Grabe des 20 Jahre zuvor unter ungeklärten Umständen ums Leben gekommenen Außenministers Jan Masaryk, um ihren Demokratisierungsforderungen mehr Nachdruck zu verleihen. Als – am 22. 3. – Staatspräsident Novotny, ein Altstalinist, seinen Rücktritt bekanntgibt, hat der «Prager Frühling» begonnen.

17.–21. 3. Zur Eröffnung des SPD-Parteitages in Nürnberg versuchen Demonstranten, die Spitzenfunktionäre Brandt und Wehner in Bedrängnis zu bringen. Auch während des Parteitages kommt es vor der Kongreßhalle mehrmals zu Protestkundgebungen gegen die Politik der Sozialdemokraten.

21. 3. Parallel zum AUSS wird in Frankfurt der Sozialistische Lehrerbund (SLB) gegründet.

22. 3. An der französischen Universität Nanterre bildet sich die Bewegung des 22. März durch eine spontane Protestversammlung gegen die Verhaftung von sechs Mitgliedern des Nationalen Vietnam-Komitees, auf der die Besetzung des universitären Verwaltungsgebäudes beschlossen wird.

26. 3. Nach der Räumung der Katholischen Universität Mailands durch Polizeieinheiten versuchen 3000 Studenten durch einen Sturmangriff die Absperrungen zu überwinden, dabei werden über sechzig Studenten verletzt und etwa ebenso viele verhaftet.

29. 3. In Rio de Janeiro werden bei der Niederschlagung einer Studentendemonstration zwei Teilnehmer von der brasilianischen Polizei erschossen.

31. 3. Auf einer außerordentlichen Delegiertenkonferenz des SDS in Frankfurt wird die Beantragung eines Ausschlußverfahrens für Rudi Dutschke abgelehnt. Dutschkes Konterfei war auf dem Titelblatt der Zeitschrift *Capital* erschienen; außerdem hatte er für ein darin enthaltenes Interview mit dem Titel «Wer bezahlt Rudi Dutschke?» 1000 DM angenommen.

3. 4. In zwei Kaufhäusern auf der Frankfurter Zeil explodieren nachts Brandsätze, die einen hohen Sachschaden verursachen. Die schon einen Tag später verhafteten Baader, Ensslin, Söhnlein und Proll geben während ihres Prozesses – vom 17.–31. 10. – bekannt, sie hätten die Kaufhäuser niederbrennen wollen, «um gegen die Gleichgültigkeit der Gesellschaft

gegenüber den Morden in Vietnam zu protestieren». Das Gericht verhängt über alle vier Angeklagten eine Zuchthausstrafe von jeweils drei Jahren.

4. 4. In der amerikanischen Stadt Memphis wird der Repräsentant der gewaltlosen, passiven Widerstandsbewegung der Schwarzen, Martin Luther King, erschossen. Daraufhin kommt es in 125 Großstädten zu spontanen Aufständen der farbigen Gettobevölkerung. In tagelangen bürgerkriegsähnlichen Auseinandersetzungen mit 22 000 Polizisten und 34 000 Nationalgardisten werden 46 Aufständische getötet, 2600 verletzt und über 21 000 verhaftet.

11.–15. 4. Auf dem Kurfürstendamm in Berlin wird Rudi Dutschke durch ein Revolverattentat des neonazistisch beeinflußten Josef Bachmann lebensgefährlich verletzt. Da die Tat gemeinhin als Folge der systematischen Hetzkampagne des Berliner Senats und der Springer-Presse angesehen wird, kommt es im Verlauf der Ostertage in der gesamten Bundesrepublik zu massenhaften Versuchen, die Auslieferung der Springer-Zeitungen zu verhindern. Schon am Abend nach dem Attentat beginnen 2000 Studenten das Springer-Hochhaus an der Berliner Mauer zu stürmen. Nachdem der Versuch durch Polizeikräfte vereitelt worden ist, werden die Fahrzeughalle in Brand gesetzt und mehrere Transportfahrzeuge zerstört. Innerhalb der fünf Tage dauernden Straßenschlachten an den Auslieferungstoren der Springer-Druckereien beteiligen sich über 60 000 an den Blockaden. Erstmals ist der Anteil der nichtintellektuellen Jugendlichen, vor allem von Lehrlingen, besonders hoch. Die 21 000 eingesetzten Polizisten verhaften über 1000 Demonstranten, mitunter auch unbeteiligte Hausfrauen und Rentner. Bei den schwersten Straßenschlachten in Deutschland seit der Weimarer Republik kommen zwei Menschen – in München – ums Leben, 400 werden zum Teil schwer verletzt.

In Washington, New York, Toronto, London, Amsterdam, Brüssel, Paris, Mailand, Tel Aviv, Belgrad, Oslo, Prag und Wien kommt es zu Solidaritätsdemonstrationen vor den deutschen Botschaften und Springer-Büros. In Rom werden Molotow-Cocktails in Porsche- und Mercedes-Vertretungen geschleudert.

Von den 827 Beschuldigten, gegen die Ermittlungsverfahren eingeleitet wurden, wird – am 16. 4. – in München der erste «Osterdemonstrant» wegen Aufruhrs und Auflaufs zu sieben Monaten Gefängnis ohne Bewährung verurteilt. Auf einer Bundestagssondersitzung «zu den Osterunruhen» bezeichnet Innenminister Benda den SDS als verfassungsfeindliche Organisation.

1. 5.   Neben den offiziellen Mai-Kundgebungen des DGB veranstalten die Gruppen der APO in der gesamten Bundesrepublik Gegenkundgebungen. Gegenüber 80 000 offiziellen kommen beispielsweise in Berlin 40 000 APO-Teilnehmer zusammen.

2. 5.   Weil das Hamburger SDS-Mitglied Karl-Heinz Roth beschuldigt wird, «am 1. Mai zur Verletzung der Bannmeile des Hamburger Rathauses aufgefordert und bei seiner Festnahme Widerstand gegen die Staatsgewalt geleistet zu haben», wird er verhaftet und auf Grund umfassender Protestaktionen schon einen Tag später wieder entlassen. Als kurz darauf wieder ein Haftbefehl gegen ihn ausgestellt wird, beschließt der SDS auf einem Teach-in, daß er sich der wiederholten Inhaftierung entziehen solle. Nun taucht Roth für ein Jahr unter, nicht ohne auf Massenveranstaltungen wie Teach-ins und Demonstrationen wieder in aller Öffentlichkeit aufzutauchen. In einem *Spiegel*-Interview aus dem «Untergrund» erklärt Roth am 3. 7.: «Mein Fall soll zeigen, daß der Staatsapparat durchaus unterlaufen werden kann.» Erst ein Jahr später stellt er sich in Begleitung seines Anwalts und Hunderten Studenten auf dem Hamburger Polizeipräsidium; seine Anklagepunkte fallen später unter das Amnestiegesetz.

5. 5.   Anläßlich des 150. Geburtstages von Karl Marx findet in Trier neben der offiziellen UNESCO-Veranstaltung mit Willy Brandt eine Gegenveranstaltung mit Professor Wolfgang Abendroth und dem sowjetischen Botschafter in der Bundesrepublik Deutschland statt.

5. 5.   Im Chinesenviertel von Saigon wird der Geschäftsträger der Bundesrepublik, Freiherr von Collenberg, vom Vietcong erschossen.

3. 5.–30. 6.   «Pariser Mai»: Als einige hundert Studenten auf dem Hof der Sorbonne gegen die Schließung der Philosophischen Fakultät in Nanterre protestieren, werden sie auf Veranlassung des Rektors von der Polizei auseinandergetrieben. Daraufhin kommt es zu einer spontanen Demonstration auf dem Boulevard Saint Michel, wo durch das erneute Eingreifen der Polizei eine sechsstündige Straßenschlacht ausgelöst wird. Gegen die anschließende Verordnung von Erziehungsminister Peyrefitte, die Sorbonne zu schließen, versammeln sich – am 6. 5. – 10 000 Studenten vor der Naturwissenschaftlichen Fakultät. Dort beginnen am Abend Straßenschlachten zwischen Studenten und schwerbewaffneten Polizisten, die jede Menschenansammlung zu verhindern versuchen. Als die Kämpfe

auf den Barrikaden des Quartier Latins schließlich in den Morgenstunden des nächsten Tages abflauen, zählt man 1100 Verletzte und über 400 Verhaftete. Nachdem es auch am Dienstag und Mittwoch zu Demonstrationen mit 50000 und 20000 Teilnehmern auf den Champs-Élysees und dem Boulevard Saint Germain gekommen war und sich zudem die beiden großen Gewerkschaften CGT und CFDT mit den Studenten solidarisiert haben, beginnt am Freitagabend die Barrikadennacht des 10. Mai. 20000 Schüler und Studenten errichten nach dem Scheitern von Verhandlungen über die Wiedereröffnung der Sorbonne aus Angst vor erneuten Angriffen der Polizei in großen Teilen des Quartiers Barrikaden. 10000 CRS-Polizisten versuchen ab 2 Uhr nachts unter dem Einsatz von Tränengas, Brandbomben und Gummiknüppeln, die Barrikaden zu räumen. Trotz des erbitterten Widerstands der Schüler und Studenten bricht die Abwehrkette in den Morgenstunden zusammen. Als das ganze Ausmaß der Kämpfe am Samstagmorgen zu erkennen ist – 600 Verletzte, 70 ausgebrannte Autowracks, mehrere verwüstete Straßenzüge und unzählige Verhaftete –, beschließen die Gewerkschaften, nachdem es im übrigen Frankreich zu einer Welle von Solidaritätsaktionen gekommen ist, einen 24stündigen Generalstreik. Über eine Million Arbeiter, Studenten und Schüler formieren sich am Montag, dem 13. 5., zum größten Demonstrationszug der französischen Geschichte, der schließlich mit der Besetzung der Sorbonne durch Studenten endet. Dieses Signal wird von den Arbeitern aufgegriffen, die am folgenden Tag Sud-Aviation in Nantes und die Renault-Werke bei Rouen besetzen, wodurch sich die Streikbewegung mit Fabrikbesetzungen schnell auf alle großen Industriezweige und Betriebe ausdehnt. Nachdem die Sorbonne zur «autonomen Universität für Studenten und Arbeiter» erklärt worden ist, wird das Odeon-Theater am «Tag der Aktion» – dem 15. 5. – besetzt und in ein «freies Volkstheater» verwandelt, in dem eine permanente Diskussion über die Kulturrevolution beginnt. Nun warnt das Politbüro der KPF in einem Kommuniqué vor «abenteuerlichen Handlungen». Nach dem Abbruch des Staatsbesuchs von General de Gaulle in Rumänien wird der Mißtrauensantrag der Opposition in der Nationalversammlung abgelehnt und ein Amnestiegesetz verabschiedet. Als de Gaulle – am 24. 5. – in einer Fernsehansprache des ORTF ein Referendum über die Mitbestimmung ankündigt, brechen nach einer weiteren Demonstration von 50000 im Quartier Latin erneut Straßenkämpfe aus, die erneut erst im Morgengrauen mit 100 Verletzten und 300 Verhafteten wieder abflauen. Bei Demonstrationen in der Provinz wird in Lyon ein Polizist durch einen umstürzenden Lastwagen getötet. Nachdem die französische Regierung dem Sprecher der Bewegung des 22. März, Daniel Cohn-Bendit, die Rückreise verwehrt hat und es deshalb schon zu schweren Auseinandersetzungen mit der Polizei gekommen war, gelangt Cohn-Bendit illegal über die Grenze nach Paris. Als am Montag – dem 27. 5. – das Verhandlungsergebnis zwischen Gewerkschaften und Regierung bekanntgegeben wird, beginnt für zehn Millionen Arbeiter die zweite Streikwoche. Nach einer Demonstration der Aktionseinheit von Arbeitern und Studenten, an der sich – am 29. 5. – über eine halbe Million beteiligt, findet nach einer weiteren Fernsehansprache de Gaulles, in der die Auflösung der Nationalversammlung bekanntgegeben und Ruhe und Ordnungsparolen ausgegeben werden, eine gaullistische Demonstration statt, zu der sich etwa eine Million «Franzosen» auf dem Place de la Concorde versammeln. Trotz einer kaum abbröckelnden Streikfront kann sich die gaullistische Reaktion unter Zuhilfenahme aller staatlichen Repressionsmittel im Laufe des kommenden Monats durchsetzen. Nach der gewaltsamen Räumung des ORTF, den Renault-Werken von Flins, dem Odeon und der Sorbonne in Paris – am 16. 6. – erreichen die Gaullisten in den Parlamentswahlen vom 23. und 30. 6. die absolute Mehrheit.

11. 5.   An dem vom «Kuratorium Notstand der Demokratie» durchgeführten Sternmarsch auf Bonn beteiligen sich – trotz einer vom DGB zum gleichen Zeitpunkt veranstalteten Alternativkundgebung in Dortmund – über 60000 Demonstranten aus der gesamten Bundesrepublik. Der vom SDS an die Gewerkschaften gerichtete Aufruf zu einem Generalstreik bleibt ungehört.

15.–30. 5.   Anläßlich der zweiten Lesung der Notstandsgesetze im Bonner Bundestag findet in einer Vielzahl von bundesrepublikanischen Städten eine ganze Serie von Anti-Notstands-Aktionen auf regionaler und lokaler Ebene statt. Als Beispiel für viele andere sei hier der Ablauf der Ereignisse in der Rhein-Main-Metropole Frankfurt skizziert: Als am Morgen des 15. 5. Streikposten die Eingänge der Frankfurter Universität besetzen, führen in den Betrieben der Stadt 10000 Arbeiter und an den Gymnasien 3000 Oberschüler Warnstreiks durch. Nach einer Unterbrechung des Streiks läßt der Rektor – am 27. 5. – die Universität präventiv für eine Woche schließen.

Als Reaktion darauf beschließen auf einem Teach-in 2000 Studenten, das Rektorat zu besetzen und zur Zentrale des Streikkomitees zu machen. Nach der Besetzung ziehen am Nachmittag aus verschiedenen Betrieben und Stadtteilen 15000 Demonstranten in die Innenstadt, wo das SDS-Bundesvorstandsmitglied Hans-Jürgen Krahl in seiner Römerbergrede nach Beiträgen von Gewerkschaftern und Betriebsräten zu einem gemeinsamen politischen Streik von Arbeitern, Schülern und Studenten aufruft. Im Anschluß an die Kundgebung wird nach einer eingehenden Beratung das Programm für eine Politische Universität an den Universitätseingängen ausgehängt. An den am nächsten Morgen begonnenen Seminaren, die alle wesentlichen Themenbereiche der APO behandeln und von Professoren, Assistenten und Studenten durchgeführt werden, beteiligen sich zwar 2000 Studenten und Schüler, jedoch trotz intensiver Betriebsagitation nur eine verschwindend geringe Anzahl von Arbeitern. Nach erneuten größeren Bemühungen, Arbeiter und Lehrlinge in die zur «Karl Marx-Universität» umfunktionierten «Johann-Wolfgang-Goethe-Universität» zu bekommen und damit die Voraussetzungen für eine Aktionseinheit herzustellen, die schon im Ansatz scheitern, können – am 30. 5. – mehrere Hundertschaften Bereitschaftspolizei ohne größere Schwierigkeit die Universität räumen und am darauffolgenden Tag auch noch das Büro des SDS-Bundesvorstandes durchsuchen. Insgesamt haben sich innerhalb von vierzehn Tagen in mehr als fünfzig Städten der gesamten Bundesrepublik über 80000 Demonstranten erfolglos gegen die am 30. 5. mit der Mehrzahl der Stimmen der SPD-Fraktion zustande gekommene Annahme der Notstandsgesetze zu wehren versucht.

23. 5. In der senegalesischen Hauptstadt Dakar kommt bei der von Staatspräsident Senghor veranlaßten Räumung der besetzten Universität ein Student ums Leben.

Mai '68 Unabhängig von den Ereignissen in Paris und der Bundesrepublik kommt es in nahezu allen Erdteilen zu Universitätsbesetzungen, Massendemonstrationen und Straßenschlachten mit den staatlichen Ordnungskräften: Hervorzuheben sind dabei: Genf, Wien, Mailand, Rom, Belgrad, Madrid, London, Essex, Ankara, Istanbul, New York, Buenos Aires, Tucuman, Rio de Janeiro, Tokio und die vielen anderen . . .

3. 6. Statt der erwarteten mehreren tausend Studenten und Schüler kommen nach der Verabschiedung der Notstandsgesetze lediglich noch ein paar hundert zu einem vom VDS organisierten Pfingstkongreß nach Frankfurt. Nach einem Referat

des Soziologieprofessors Jürgen Habermas – ‹Die Scheinre-volution und ihre Kinder› – kommt es zu einer erbitterten Diskussion mit SDS-Studenten über den ein Jahr zuvor in Hannover erhobenen Vorwurf des «linken Faschismus».

3.–10. 6.   In der jugoslawischen Hauptstadt Belgrad erzwingen Studen-ten durch einen Universitätsstreik von Staatspräsident Tito die Zusage, weitgreifende Hochschulreformen durchzu-führen.

9. 6.   Nach der Besetzung des Rektorats der Mailänder Staatsuni-versität – am 16. 5. – kommt es erneut zu heftigen Straßen-schlachten, in deren Verlauf 247 Studenten festgenommen werden.

13. 6.   Auf einer Vollversammlung des Otto-Suhr-Instituts der Po-litologen der Berliner FU wird bei dreißig Gegenstimmen die von den Studenten geforderte drittelparitätische Institutssat-zung angenommen. Zur gleichen Zeit geht eine Welle von Institutsbesetzungen und Kämpfen um eine drittelparitäti-sche Satzung durch die Universitäten der Bundesrepublik.

15. 6.   Nach blutigen Studentenunruhen in Montevideo hat Staats-präsident Areco den Ausnahmezustand in Uruguay ver-hängt.
    In Ankara und Istanbul halten protestierende Studenten ihre Universitäten besetzt.

23. 6.   Bei Straßenschlachten zwischen Studenten und Polizeiein-heiten werden in Rio de Janeiro sechs Studenten getötet.

27. 6.   Das besetzte Ostasien-Seminar der FU wird auf Anweisung des Rektors von Polizeikräften geräumt. Eine anschließende Besetzung des Rektorats mit der AStA-Vorsitzenden Sigrid Fronius wird ebenfalls nach mehreren Stunden geräumt.

13. 7.   Vor der Wahl eines neuen Studentenparlaments in der mexi-kanischen Stadt Pueblo kommt es zu einem blutigen Feuerge-fecht, bei dem zwei Studenten von der Polizei getötet und acht verletzt werden.

23. 7.   Die vier Frankfurter Professoren Denninger, von Friedeburg, Habermas und Wiethölter veröffentlichen in der Frankfurter Allgemeinen Zeitung einen eigenen Entwurf für ein neues hessisches Hochschulgesetz, das den «Demokratisierungsfor-derungen der Studenten Rechnung tragen» soll.

30. 7.   Um zu beweisen, daß der Vietnam-Krieg – würde er nur gegen Hunde, anstatt gegen Menschen geführt – schon nach kurzer Zeit durch den Protest der internationalen Tierschutz-vereine und tierliebender Richter gestoppt würde, kündigt die Internationale der Kriegsdienstgegner in München die öf-fentliche Verbrennung eines Hundes an. Daraufhin erhebt

sich eine Protestwelle; unter anderem macht eine Frau das Angebot, lieber sich als den Hund verbrennen zu lassen.

4. 8.   Weil während der kommunistischen Weltjugendfestspiele in Sofia SDS-Delegierte zusammen mit anderen Festspielteilnehmern versuchen, eine Vietnam-Demonstration vor der amerikanischen Botschaft zu organisieren, werden sie von bulgarischen Geheimpolizisten zusammen mit anderen SDS-Mitgliedern des traditionalistischen Flügels, späteren DKP-Mitgliedern, zusammengeschlagen.

15. 8.   In Montevideo versammeln sich mehrere hunderttausend Demonstranten zur Trauerfeier für den Studenten Liber Arce (zu deutsch: sich befreien), der von einem Polizisten von hinten erschossen worden war.

21. 8.   Nach dem Scheitern von drei kurzfristig angesetzten Ostblockkonferenzen über den Reformkurs der KP der ČSSR und den daraufhin angesetzten Manövern der Warschauer Pakt-Truppen entlang der tschechoslowakischen Grenzen besetzen in der Nacht zum 21. 8. Truppen der Sowjetunion, der DDR, Ungarns, Polens und Bulgariens die ČSSR. Obwohl große Teile der Bevölkerung der Okkupation passiven Widerstand entgegensetzen, sind Staatspräsident Svoboda (zu deutsch: Freiheit) und Parteichef Alexander Dubček dazu gezwungen, sich die Bedingungen eines sogenannten «Truppenstationierungsvertrages» von 200000 Soldaten des Warschauer Pakts – am 16. 10. – oktroyieren zu lassen.

23. 8.   In der Nacht zum 23. 8. malen die beiden Söhne des DDR-Regimekritikers Robert Havemann, Frank und Florian, im Zentrum von Ost-Berlin mit weißer Farbe den Namen DUBČEK an mehrere Hauswände. Eine junge Frau schreibt auf das Dach ihres Kinderwagens die Namen DUBČEK und SVOBODA und zieht damit durch die ganze Stadt. Alle drei werden kurz darauf von Beamten des Staatssicherheitsdienstes verhaftet. Ebenso ein Mann, der mit einer schwarzen Binde am Arm spazierengeht und von den Beamten nach der Bedeutung gefragt antwortet: «Weil eine große Hoffnung heute begraben wurde.»

25.–28. 8.   Auf dem Parteikonvent der Demokraten in Chicago, der Hubert Humphrey zum Gegenkandidaten von Richard Nixon wählt, wird Abend für Abend auf Anweisung von Bürgermeister Daley eine Manifestation der «New Left» gegen den Vietnam-Krieg und die Unterdrückung der McCarthy-Opposition niedergeschlagen. Rund 25 000 Soldaten, Nationalgardisten und Polizisten gehen dabei mit äußerster Brutalität gegen die im Verlauf der Kämpfe von 2000 auf 12000 anschwellende Zahl der Demonstranten vor. Hippies, Yippies, Black Panther, die Rockband MC 5 werden dabei ebenso wie Fernsehreporter, Pressefotografen und Parteitagsdelegierte im Lincoln-Park eingekreist und unter dem Einsatz von Tränengasgranaten, Schlagstöcken und Rauchbomben bis auf den letzten Demonstranten niedergeknüppelt.

4. 9. Der Berliner Kommunarde Karl-Heinz Pawla scheißt während seiner Verhandlung vor die Richtertisch des Moabiter Kriminalgerichts und wischt sich anschließend mit Gerichtsakten den Hintern ab. Nach zweitägiger Unterbrechung des Verfahrens wird er wegen Richterbeleidigung zu zehn Monaten Gefängnis ohne Bewährung verurteilt.

12.–16. 9. Als der SDS auf seiner 23. Delegiertenkonferenz in Frankfurt nach dem Ausschluß von fünf Mitgliedern des «Traditionalisten-Flügels», die bei den Weltjugendfestspielen andere SDS-Mitglieder zusammengeschlagen hatten, auseinanderzubrechen droht, interveniert der Berliner «Aktionsrat zur Befreiung der Frau». Aber anstatt auf Fraktionsquerelen einzugehen, wirft die Sprecherin Helke Sanders den antiautoritären SDS-Autoritäten vor, daß in dieser Organisation die Frauen ebenso wie in allen anderen gesellschaftlichen Bereichen unterdrückt werden. Als der nächste Redner, Hans-Jürgen Krahl, auf diesen Beitrag nicht eingehen will, wird er von einer hochschwangeren Berliner Volkswirtschaftlerin mit Tomaten beworfen.

Am letzten Tag der abgebrochenen und nach Hannover vertagten Delegierten Konferenz kommt es noch zu einem kleineren Scharmützel mit der Polizei. Weil der Besitzer des Westend-Cafés «Laumer» Langhaarigen, Bärtigen und sonstigen *freaks* den Eintritt verwehrt, machen Fritz Teufel und etwa hundert SDS-ler ein *go-in*, wobei es zu einer Tortenschlacht mit der herbeigerufenen Polizei kommt.

16. 9. In Offenbach wird die Deutsche Kommunistische Partei (DKP) von illegalen KPD-Mitgliedern gegründet. Nach einem halben Jahr zählt sie rund 20 000 Mitglieder, wovon etwa ein Drittel Arbeiter sind. Nach der Liquidierung der KPD durch den Nationalsozialismus – 150 000 wurden in Gefängnisse und KZ gesteckt, wo 35 000 von ihnen umkamen – und dem Verbot der Nachkriegs-KPD 1956 im Kalten Krieg der Adenauer-Ära – Hunderte werden über Jahre hinweg in Haft behalten – hat die Massenbewegung der außerparlamentarischen Opposition erstmals wieder die Möglichkeit geschaffen, daß sich Kommunisten wieder legal und öffentlich organisieren können.

Vor der Frankfurter Paulskirche versuchen 2000 Demonstranten, Polizeiketten zu durchbrechen, um gegen die Verleihung des Friedenspreises des Deutschen Buchhandels an den der Kollaboration mit dem Kolonialismus beschuldigten afrikanischen Staatspräsidenten und Schriftsteller Senghor zu protestieren. Zuvor hatte der SDS beschlossen, einen Gegenpreis für Amilcar Cabral, den Vorsitzenden der Frelimo, der Befreiungsbewegung Mozambiques, zu stiften. Als Daniel Cohn-Bendit nach einem Hechtsprung über das Absperrgitter zusammengeschlagen und fortgetragen wird, beginnen die Demonstranten Autos umzustürzen und Barrikaden zu errichten. Ein Hagel von Steinen und Flaschen zerschellt zwar an den Mauern der Paulskirche, die Verleihungsfeierlichkeiten jedoch können ohne Unterbrechung zu Ende geführt werden. Von den 26 Verhafteten wird Cohn-Bendit in einem Schnellverfahren zu acht Monaten Gefängnis mit Bewährung verurteilt.

2. 10.

Nachdem es in Mexiko schon in den Sommermonaten zu erbitterten Straßenschlachten mit der Polizei gekommen war, bei denen es Todesopfer und Hunderte von Verletzten gegeben hatte, verschärft sich die Lage in Anbetracht der bevorstehenden Olympischen Spiele immer mehr. Als die Massendemonstrationen der Schüler und Studenten auf dem Paseo de Reforma, der Prachtstraße in Mexico City, bis auf eine Zahl von einer halben Million anschwillt, läßt das Regime, das einen internationalen Prestigeverlust befürchtet, reguläre Armee-Einheiten in die Hauptstadt einmarschieren und die Universitäten und Hochschulen besetzen. Nach tagelangen Abwehrgefechten kommt es in der Nähe des Polytechnikums zum Blutbad des «mexikanischen Herbstes». Die Kundgebung eines studentischen Streikkomitees auf dem «Platz der drei Kulturen» im Tltelolco-Viertel, auf dem der Abzug aller Truppen vom Polytechnikum gefordert wird, wird zum Hinterhalt: Einer der Redner wird plötzlich von einem Zivilpolizisten am Hals gewürgt, die Umstehenden sofort darauf von weiteren Geheimpolizisten ergriffen, schließlich der ganze Platz von mit Maschinenpistolen ausgerüsteten Soldaten umstellt. Daraufhin geben auf den Dächern der umliegenden Häuser auftauchende Zivilpolizisten den Soldaten ein Zeichen zum Losfeuern. Nach einem dreistündigen Blutbad, in dessen Verlauf über 5000 Soldaten mit mehr als 300 Panzern und zwei Hubschraubern gegen die wehrlosen Studenten eingesetzt werden, ist der Kundgebungsplatz mit Toten und Verwundeten übersät. Bei der Eröffnung der

XIX. Olympischen Sommerspiele am 12. 10. erinnern außer einigen Militärposten nur noch Blutspuren an die 500 Toten und über 2000 Verhafteten, die das Massaker «zur Herstellung von Ruhe und Ordnung für die olympische Begegnung der Jugend aus aller Welt» gekostet hat.

5. 10.   Yippie-Leader Abbie Hoffman erscheint vor dem «Untersuchungsausschuß für unamerikanische Umtriebe» in einem aus dem Sternenbanner, der amerikanischen Nationalflagge, geschneiderten Hemd. Als Polizisten ihm daraufhin dieses Hemd vom Leibe reißen, erscheint darunter die blau-gelb-rote Fahne des Vietcong, die nicht auch noch vom Leibe zu reißen war, weil Hoffman sie sich zuvor auf die Haut gemalt hatte.

24. 10.   Die beiden Farbigen Tommie Smith und John Carlos, die Gewinner der Gold- und Bronzemedaille im 200-m-Lauf, demonstrieren bei der Siegerehrung für die Black-Power-Bewegung, indem sie schwarze Handschuhe tragen, dem Sternenbanner den Rücken zukehren und während des Abspielens der Nationalhymne die geballte Faust zum Himmel strecken. Daraufhin werden sie auf der Stelle aus der US-Mannschaft ausgeschlossen.

4. 11.   Als vor dem Berliner Landgericht ein Ehrengerichtsverfahren gegen den Rechtsanwalt Horst Mahler, wegen dessen Teilnahme an der Springer-Blockade stattfinden soll, durchbrechen 2000 Demonstranten am Tegeler Weg die Barrieren der Polizei, erobern einen Wasserwerfer und richten seinen Strahl gegen die ohnehin schon zurückweichenden Beamten. Ein zufällig vorbeifahrender, mit Steinen beladener Lastwagen, der angehalten und «enteignet» wird, gibt Gelegenheit, erstmals zu einer militanten Offensive gegen die Polizeikräfte anzusetzen. Nach einem Dauerbombardement mit Pflastersteinen können erst einige zu Hilfe gerufene Hundertschaften unter dem Einsatz von Tränengasbomben und Reiterstaffeln die in Bedrängnis geratenen Einheiten befreien. Im Gegensatz zu früheren Straßenschlachten hat sich die Zahl der Verletzten umgekehrt: 20 Studenten und 130 Polizisten müssen ärztliche Behandlung in Anspruch nehmen. Ein Zeit-Reporter zählt 2371 umherliegende Pflastersteine.

Aus Protest gegen die Einführung des «Master's-Plan» am
6. 11.–3. 2. 69 San Francisco State College, der mit Zulassungsbeschränkungen vor allem die Studienchancen farbiger Studenten ganz erheblich schmälern würde, stören mehrere Studentengruppen den Universitätsbetrieb durch Sabotageakte und die Sprengung von Lehrveranstaltungen. Die daraufhin vom

Rektor herbeigerufene Spezialeinheit der Polizei, «Tactical Squad», löst auf dem Campus eine mehrstündige Schlacht mit etwa 4000 Studenten aus, von denen 700 verhaftet werden. Im Verlauf der nächsten vier Monate kommt es zur mehrfach abwechselnden Schließung und Wiedereröffnung des Collegs. Farbigen und weißen Studentenorganisationen gelingt es dabei, Kontakte mit gewerkschaftlich organisierten Arbeitern anzuknüpfen, die ebenso wie die Lehrergewerkschaft in Solidaritätsstreik treten, ohne jedoch dadurch die Verwirklichung der von der Universitätsadministration ausgearbeiteten Pläne verhindern zu können.

8. 11.   Nachdem Beate Klarsfeld schon am 9. 5. auf einer Veranstaltung in Berlin vor 3000 Studenten angekündigt hatte, Bundeskanzler Kiesinger wegen seiner früheren Mitgliedschaft in der NSDAP zu ohrfeigen, setzt sie ihr Vorhaben auf dem Parteitag der CDU in der Berliner Kongreßhalle in die Tat um. Dafür wird sie in einem Schnellverfahren zur Höchststrafe von einem Jahr Gefängnis verurteilt. Der Mann, der Rudi Dutschke mit einer Krücke blutig geschlagen hatte, war zu 200 DM Geldstrafe verurteilt worden.

16. 11.   Die seit der Springer-Blockade von den Staatsanwaltschaften eingeleitete Flut von über 1000 Strafprozessen soll mit der auf der Fortsetzung der SDS-Delegiertenkonferenz in Hannover zur Debatte stehenden Justizkampagne thematisiert werden. Jedoch läßt die zunehmende ideologische Verfestigung der einzelnen Fraktionen keine plenare Diskussion mehr zu. Die späteren maoistischen Studentenparteien KPD und KBW sind in den Beiträgen der SDS-Gruppen Berlin und Heidelberg im Keim schon klar erkennbar. In dieser paralysierten Situation verteilt der Frankfurter «Weiberrat» seinen «Rechenschaftsbericht», mit dem er aus dem «Kanon einander bekämpfender Fraktionen» ausbricht und an dessen Ende die Forderung steht: «Befreit die sozialistischen Eminenzen von ihren bürgerlichen Schwänzen.»

28. 11.   Nach der Besetzung und anschließenden polizeilichen Räumung von Direktionsräumen der Berliner Film- und Fernsehakademie werden 18 der insgesamt 68 Studenten relegiert.

3. 12.–
15. 2. 1969   In Frankfurt beschließen 1200 Studentinnen und Studenten der Abteilung für Erziehungswissenschaften einen unbefristeten Boykott aller Lehrveranstaltungen, um damit eine Verkürzung des Lehrerstudiums auf eine «Fachidiotenausbildung» von sechs Semestern zu verhindern. Daraufhin solidarisieren sich die Soziologen mit ihnen und beschließen am

6. 12. auf einer Vollversammlung einen «aktiven Streik zur Neuorganisierung des Studiums». Im drei Tage später besetzten und in «Spartakus-Seminar» umbenannten Soziologischen Seminar wird eine Vielzahl unabhängiger, von Studenten selbst organisierter Arbeitskreise eingerichtet. Obwohl das Seminar bereits im Morgengrauen des 18. 12. auf Veranlassung der Hausherren Adorno, von Friedeburg und Habermas von der Polizei geräumt wird, bereiten die Studenten zusammen mit dem AStA eine weitere Expansion des Streiks vor. Dies trifft zwar auch mit einer Ausbreitung auf andere Fachbereiche am Jahresbeginn zunächst einmal ein, jedoch zeigen sich schon nach einer am 7. 1. ergebnislos abgebrochenen öffentlichen Diskussion mit dem hessischen Kultusminister die ersten Risse in der Streikbereitschaft der Studenten. Auf der Vollversammlung der AfE am 10. 1. werden erstmals massive Vorwürfe gegen den SDS vorgetragen und der Versuch gemacht, den Streik als «untaugliches Mittel zur Studienreform» wieder abzubrechen. Als sich dann am 31. 1., einen Tag nach den Ereignissen um das Sporthilfekonzert, mehrere Soziologen zu einer Streikdiskussion im Institut für Sozialforschung versammeln, fordern Adorno, von Friedeburg und Habermas wiederum Polizei zur Räumung an. Von den 76 Festgenommenen wird nur der als «Rädelsführer» beschuldigte Hans-Jürgen Krahl in Haft behalten. Die nun folgenden Aktionstage, die am 6. 2. zur Freilassung Krahls führen, ersetzen die Diskussionen um eine inhaltliche Veränderung des Studiums durch die Auseinandersetzung mit den staatlichen und institutionellen Machtorganen. Am 4. 2. werden im Anschluß an ein von 2000 Studenten besuchtes Teach-in, auf dem die Fotos von mutmaßlichen Polizeispitzeln an die Wand projiziert werden, die Räume des Universitätsjustitiars aufgebrochen und dessen Akten verbrannt.

Zu Beginn der Semesterferien am 15. 2. arbeiten zwar noch eine ganze Reihe der eingerichteten Streikgruppen weiter, mit dem Aufbau von außeruniversitären Basisgruppen in Stadtteilen und Betrieben zeichnet sich jedoch schon der Weggang der SDS-Aktivisten von der Hochschule ab.

19. 12.   Im Rektorat der Berliner FU explodiert ein Molotow-Cocktail.

31. 12.   Auf den Tag genau fünfzig Jahre nach dem Gründungsparteitag der KPD, zu der sich der Spartakusbund mit anderen linksradikalen Gruppierungen unter der Führung von Rosa Luxemburg und Karl Liebknecht – am 31. 12. 1918 – zusam-

menschloß, gründet der dissidente Altkommunist Ernst Aust gegen die als «revisionistisch» und «moskauabhängig» bezeichnete DKP die KPD/Marxisten-Leninisten.

1969

12. 1. In Westhofen an der Ruhr gründen die nach den Jugendfestspielen in Sofia ausgeschlossenen SDS-Mitglieder den «Marxistischen Studentenbund Spartakus», der sich als Bündnisorganisation der DKP versteht und zur mitgliederstärksten Hochschulorganisation in der Bundesrepublik wird.

13. 1. An der Berliner FU fallen wegen eines am 8. 1. beschlossenen Streik gegen das Ordnungsrecht alle Lehrveranstaltungen der Philosophischen Fakultät aus.

16. 1. Der tschechische Student Jan Palach zündet sich aus Protest gegen die sowjetische Okkupation auf dem Prager Wenzelsplatz an. Als er kurze Zeit später seinen schweren Verbrennungen erliegt, kommt es erstmals wieder zu großen öffentlichen Demonstrationen gegen die Besatzungsmächte.

17. 1. Bei einer Urabstimmung an der Berliner FU, die die neue Hausordnung zum Gegenstand hat, billigen 59,9 Prozent der Studenten den Beschluß des Konvents, die Hausordnung abzulehnen.

18. 1. Der Studentensprecher der Juristischen Fakultät der FU wird mit einem weiteren Studenten relegiert. Sie sollen Vorlesungen gestört und Fakultätssitzungen gesprengt haben.

19. 1. Nach zweitägigen erbitterten Kämpfen, bei denen sich die Belagerten mit einem Hagel von Steinen und Molotow-Cocktails verteidigten, gelingt es 8000 japanischen Polizisten, die letzte Bastion der von Zengakuren besetzten Tokioer Universität zu räumen. Erst unter dem massiven Einsatz von Hubschrauberstaffeln, Tränengasbomben und Schneidbrennern geben die Studenten den seit Juni vergangenen Jahres besetzten Turm des Auditoriumsgebäudes auf.

23. 1. Wegen des Aufführungsverbots eines Films über den «Mai '68» brechen in mehreren Pariser Gymnasien Schülerrevolten aus, die nach Kämpfen mit der CRS schnell auf die Sorbonne und die Universität von Vincennes übergreifen. 585 Schüler und Studenten werden während der Straßenkämpfe verhaftet.

30. 1. Am 36. Jahrestag der nationalsozialistischen Machtergreifung veranstaltet Versandhauschef Neckermann ein Sporthilfekonzert mit Herbert von Karajan, zu dem unter dem Schutz von 2000 Bereitschaftspolizisten u. a. auch Bundeskanzler Kiesinger und Innenminister Benda erscheinen. Der SDS mobilisiert mit dem Flugblatt «Ohrfeigt Kiesinger!»

1500 Demonstranten gegen die Exklusivveranstaltung, die die Durchfahrt des Wagens von Altbundeskanzler Erhard verhindern. Während die Polizei nach Beendigung des Konzerts während der Auseinandersetzungen um die Abfahrt der Besucher dreizehn Demonstranten verhaftet, zertrümmert ein motorisierter Stoßtrupp von Unbekannten in einer Blitzaktion die Scheiben des Amerikahauses, des spanischen Generalkonsulats und verschiedener Banken.

27. 3. Mit sofortiger Wirkung verfügt die Bundesregierung die Sperrung aller Zuschüsse an den Verband Deutscher Studentenschaften.

1. 4. In Offenbach erscheint die Gründungserklärung des Sozialistischen Büros. In Abgrenzung zur «Spontaneitätsideologie» und «traditionellen Organisationsformen» wollen die vorwiegend aus der Kampagne für Demokratie und Abrüstung stammenden Mitglieder «eine bessere Kommunikation und Kooperation unter der sozialistischen Linken entwickeln und damit zur größeren Effektivität und Organisierung sozialistischer Arbeit beitragen».

11.–29. 4. 200 Demonstranten verhindern durch eine blitzartige Stürmung der Frankfurter Flughafenhalle die Abschiebung des persischen Studenten Ahmed Taheri, der aus politischen Gründen im Iran gesucht wird. Am 26. 4. versuchen SDS-Studenten im Universitätssekretariat die Rückmeldung zum Sommersemester so lange zu blockieren, «bis auch Taheri wieder immatrikuliert worden ist». Daraufhin wird die Universität von Polizeieinheiten besetzt. Am 28. 4. entwickelt sich auf dem Campus eine Schlacht, die mit der Räumung des Studentenhauses und der Verhaftung von 31 Studenten endet. Einen Tag darauf beginnt ein neues Scharmützel, als sich Polizisten vom Hauptgebäude und Studenten vom Studentenhaus aus gegenseitig mit Wasserschläuchen und Feuerlöschern bespritzen und anschließend mit Steinen, Flaschen und Eisenteilen bewerfen. Noch während die Auseinandersetzungen im Gange sind, legen Unbekannte im Statistischen Seminar Feuer, wodurch der Dachstuhl des Universitätshauptgebäudes abbrennt. Als die Studenten anschließend von mehreren Hundertschaften vom Universitätsgelände gedrängt werden und auf den Zufahrtsstraßen Barrikaden errichten, kann die Polizei 28 Studenten verhaften und die übrigen Verkehrsblockaden auflösen.

28. 4. Am Okinawa-Kampftag, an dem japanische Studenten für die Rückgabe der von den USA 1952 vereinnahmten Insel demonstrieren, gelingt es einigen Zehntausenden, die Polizei

auszumanövrieren, einen kilometerlangen Straßenzug im Zentrum von Tokio zu besetzen und für kurze Zeit zum «befreiten Gebiet» zu erklären. Bei der Räumung in der nun folgenden Nacht werden rund 1000 Studenten verhaftet.

29. 4. An der FU beginnt eine Serie von Vorlesungssprengungen an der Juristischen und der Philosophischen Fakultät, die bis zum Ende des Semesters andauert. Am 18. 5. wird dabei das Osteuropa-Institut von der Polizei geräumt und einen Tag später an der Juristischen Fakultät, nachdem dort verschiedene Professoren mit Farbeiern beworfen worden waren, eine polizeiliche Einlaßkontrolle eingeführt.

7. 5. Wegen politischer Differenzen mit seiner Ehefrau und Kolumnistin Ulrike Meinhof werden in Hamburg-Blankenese die Innenräume der Villa des *konkret*-Herausgebers Klaus Rainer Röhl von dreißig Berlinern demoliert.

21. 5. Das Rektorat der Bonner Universität wird von der Polizei geräumt, nachdem es kurz zuvor von 150 Studenten besetzt worden war.

3. 6. In Frankfurt räumt die Polizei das besetzte Seminar für Wirtschaftswissenschaften und verhaftet 39 Studenten.

7.–17. 6. Als die Nahverkehrsbetriebe in Hannover ihre Beförderungstarife erhöhen, beginnen 300 Jugendliche die Straßenbahnschienen zu blockieren und gleichzeitig durch eine «Rote-Punkt-Aktion» den Nahverkehr mit Privatautos selber zu organisieren. Als die Polizei trotz massiven Einsatzes von Tränengas und über 100 Festnahmen in den nächsten Tagen den Straßenbahnverkehr nicht aufrechterhalten kann und die Anzahl der Demonstranten bis auf 5000 anschwillt und diese zudem noch Solidaritätsadressen aus mehreren Betrieben erhalten, beschließt der Magistrat einen Einheitstarif auf der Höhe des zuvor niedrigsten Einzelpreises.

12. 6. An der Berliner FU wird die «Rote Zelle Germanistik» gegründet, nach deren Vorbild an fast allen Universitäten der Bundesrepublik sich ähnliche, marxistisch-leninistisch orientierte Hochschulzellen bilden. Die «Rotzeg» will eine «revolutionäre Berufspraxis im Klassenkampf» vorbereiten und «einen Beitrag zur Zerschlagung der Bourgeoisie» und «zur Bekämpfung der Klassenuniversität» leisten.

18. 6. Auf seinem Jahreskongreß in Chicago spaltet sich der amerikanische SDS in die maoistische SWA («Studenten-Arbeiter-Allianz») und die antiautoritäre RYM («Revolutionäre Jugendbewegung»), aus der die «Weathermen» entstehen, die in der Folgezeit militante Stadtguerilla-Aktionen durchführen. Ihr Name stammt aus Bob Dylans Song ‹Subterranean

Homesick Blues», in dem es heißt: «Du brauchst keinen Wettermann, um zu wissen, woher der Wind weht.»

27. 6.　Als mehrere hundert Studenten in Frankfurt nach einer Germanistik-Vollversammlung die Türen des Deutschen Seminars einschlagen und dort versuchen, mehrere Professoren zur Unterzeichnung einer gegen das Ordnungsrecht gewandte Resolution zu bringen, werden 48 Studenten von der herbeigerufenen Polizei festgenommen.

5. 7.　Unmittelbar nach dem Tod ihres Gitarristen Brian Jones veranstalten die Rolling Stones für ihre Plattenfirma Decca ein Live-Konzert im Londoner Hyde Park, zu dem 250 000 Jugendliche kommen. Ihr ‹*Street Fighting Man*› beginnt zwar mit dem Aufruf: «Die Zeit ist reif, in den Straßen zu kämpfen», endet jedoch mit der Zeile: «Aber was kann ein armer Junge anderes tun, als in einer Rock 'n' Roll-Band zu singen?»

25. 7.　Etwa 2500 Demonstranten fordern vor der Untersuchungshaftanstalt Berlin-Moabit die Freilassung mehrerer inhaftierter Bundeswehr-Deserteure. Als dennoch am 27. 7. sieben von ihnen ohne Wissen ihrer Anwälte in die Bundesrepublik ausgeflogen werden, findet am 8. 8. eine Protestkundgebung vor dem Bundeshaus mit 4000 Teilnehmern statt.

1. 8.　In Berlin tritt ein neues Universitätsgesetz in Kraft, mit dem die studentischen Körperschaften, Konvent und Allgemeiner Studentenausschuß, liquidiert sind.

8. 8.　Die «Manson-Family», eine okkulte Kommune aus San Franciscos Haight-Ashbury, dringt in eine Vorortvilla von Los Angeles ein und ermordet die fünf Anwesenden, unter ihnen die Filmschauspielerin Sharon Tate, die Frau des Regisseurs Roman Polanski.

17.–19. 8.　Als nach der fünfzigstündigen «Schlacht von Bogside» im nordirischen Londonderry, bei der sich die unterprivilegierten Katholiken gegen Übergriffe der protestantischen Polizei wehren, Premierminister Wilson britische Spezialtruppen entsendet, beginnt der nordirische Bürgerkrieg.

15.–17. 8.　Unter dem Motto «Love and Peace» strömen auf dem Farmgelände von Woodstock im amerikanischen Bundesstaat New York 400 000 Jugendliche zu einem dreitägigen Popfestival zusammen. Dieses größte und friedlich verlaufende Massenmeeting der Jugend, auf dem Jimi Hendrix mit dem Gitarrensolo ‹*Star Spangled Banner*› das US-Sternenbanner elektronisch zerfetzt, dient mit seiner entspannten Atmosphäre als Hintergrund für einen profitablen Musikfilm gleichen Titels, der vom Hollywoodkonzern Warner Brothers gedreht wird.

2.–19. 9.	Als in Dortmund 3000 Arbeiter aus der Frühschicht der Westfalenhütte, die der stahlproduzierenden Hoesch AG zugehörig ist, vor die Hauptverwaltung ziehen und «wegen eines zu niedrigen Tarifangebots» erneute Verhandlungen zwischen Betriebsrat und Vorstand erzwingen, lösen sie eine Welle spontaner Streiks im Stahl- und Bergbau aus, die etwa 150000 Arbeiter ergreift.
3. 9.	Ho Chih Minh, der Staatspräsident Nordvietnams, Vorbild der Studentengeneration der sechziger Jahre, stirbt im Alter von 79 Jahren in Hanoi.
30. 9.	Vor einem Chicagoer Schwurgericht beginnt der Prozeß gegen die «Chicago 8», die der «Rädelsführerschaft» bei den Kämpfen während des demokratischen Parteitags vom August 1968 beschuldigt werden. Es sind die beiden Yippies Jerry Rubin und Abbie Hoffmann, die beiden SDS-Leader Tom Hayden und Rennie Davies, der Pazifist David Dellinger und neben zwei unbekannteren Angeklagten der Vorsitzende der Black Panther Party, Bobby Seale. Nach heftigen Zusammenstößen zwischen dem 74jährigen Richter Julius Hoffman und Bobby Seale wird dieser zunächst gefesselt und geknebelt und später völlig aus dem Gerichtssaal entfernt und der Prozeß in seiner Abwesenheit beendet. Nach viereinhalb Monaten werden die Angeklagten zwar im Punkt der Verschwörung freigesprochen, jedoch zusammen mit ihren beiden Verteidigern wegen Mißachtung des Gerichts zu Gefängnisstrafen zwischen zwei Monaten und vier Jahren verurteilt.
6. 10.	In Chicago sprengen Weathermen mit einer Dynamitladung die Gedenkstatue für die sieben Polizisten, die bei den Haymarket-Kämpfen 1886 mit deutschen Anarchisten ums Leben gekommen waren, in die Luft.
8.–12. 10.	Mit dem Schlachtruf «Bring the war home» versuchen die Weathermen in den «Four Days of Rage» Chicago in ein zweites Vietnam zu verwandeln. Mit Steinen, Stöcken, Tränengasgranaten und Molotow-Cocktails stürmen sie aus dem Lincoln Park hervor, werden aber nach einem kurzen Überraschungsmoment durch eine Übermacht von 2000 Polizisten überwältigt. Am Ende des vierten Tages sind sechs Weathermen erschossen und 287 verhaftet.
21. 10.	In Bonn beginnt mit der Wahl von Willy Brandt zum Bundeskanzler die Regierung der sozial-liberalen Koalition von SPD und FDP.
15. 11.	Auf dem vom Koordinationsausschuß «New Mobe» organisierten Marsch auf Washington demonstrieren 250000 gegen den Krieg in Vietnam. 45000 Teilnehmer defilieren dabei in

Einerreihen an einem Sarg vorüber, in denen sie Namensschilder von in Vietnam gefallenen GIs werfen. Diese «Parade des Todes» ist acht Kilometer lang und dauert 36 Stunden. Am selben Tag findet an der Westküste ein Marsch auf San Francisco statt, an dem sich 100000 Kriegsgegner beteiligen.

15. 11.   In Frankfurt demonstrieren 2500 Studenten gegen den Vietnam-Krieg. Dabei werden die Scheiben von mehreren amerikanischen Einrichtungen in der Innenstadt eingeworfen und ein am Straßenrand parkender Ferrari-Sportwagen mit Benzin überschüttet und angezündet. Währenddessen scheitert der Versuch von 150 Demonstranten, auf dem Vorfeld des Frankfurter Flughafens den Black Panther Albert Howard in Empfang zu nehmen; dieser wird nach einem kurzen Verhör nach Paris abgeschoben. Insgesamt werden 85 Demonstranten an diesem Tag festgenommen.

6. 12.   Um kostenlose Statisten für einen Tourneefilm zu finden, geben die Rolling Stones auf einer Autorennbahn bei San Francisco, Altamont, ein Free Concert, zu dem über 300000 Jugendliche erscheinen. Während des Stückes ‹Sympathy for the Devil› erdolcht die als Ordnungskraft eingesetzte Rockergruppe Hell's Angels vor den Augen der Rockband und den laufenden Filmkameras den jungen Farbigen Meredith Hunter. Die Show geht dennoch weiter; am Ende werden drei Tote und 700 Verletzte gezählt.

6.–7. 12.   Mit dem Scheitern der Arbeitskonferenz der «Roten Presse Korrespondenz» in Berlin ist der letzte Versuch einer überfraktionellen Vereinigung der aus der APO stammenden Betriebs- und Basisgruppen zerbrochen.

5. 12.   Im Morgengrauen werden zwei Mitglieder der Black Panther Party in ihren Betten von der Chicagoer Polizei erschossen; unter ihnen Fred Hampton, der Führer der Chicagoer Gruppe.

1970

10. 2.   Das frühere SDS-Bundesvorstandsmitglied Hans-Jürgen Krahl wird bei einem Autounfall tödlich verletzt.

21. 3.   Der SDS-Bundesvorstand gibt seine formelle Auflösung bekannt. Die letzte darüber hinaus noch existierende SDS-Gruppe wird in Heidelberg nach schweren Zusammenstößen mit der Polizei bei einer antiimperialistischen Demonstration vom baden-württembergischen Innenminister am 24. 6. verboten.

4. 5.   Die Bundesregierung gibt eine begrenzte Amnestie für «Demonstrationsstraftäter» bekannt.

Literaturverzeichnis

Diese Auswahl dokumentiert einen Teil der Bücher, die in der Studentenbewegung wichtig waren, also auch für meine Arbeit von Bedeutung. Darüber hinaus habe ich einige Bücher notiert, mit denen zu arbeiten ich sinnvoll fand. Alle Texte sind chronologisch dem Erscheinungsjahr nach geordnet, weil so die Wellen der Bewegung augenfällig werden. P. M.

bis 1966

ADORNO, TH. W. u. a.: The Authoritarian Personality, New York 1964

BARAN, PAUL A.: Unterdrückung und Fortschritt. Essays. Frankfurt a. M. 1966

BLOCH, ERNST: Erbschaft dieser Zeit. Frankfurt a. M. 1962

CAMUS, ALBERT: Der Mensch in der Revolte. Reinbek 1969

FANON, FRANTZ: Die Verdammten dieser Erde. Reinbek 1969

HABERMAS, JÜRGEN: Student und Politik. Neuwied und Berlin 1961

HABERMAS, JÜRGEN: Strukturwandel der Öffentlichkeit. Berlin 1965

HORLEMANN, JÜRGEN, PETER GÄNG: Vietnam – Genesis eines Konflikts. Frankfurt a. M. 1966

KORSCH, KARL: Marxismus und Philosophie. Frankfurt a. M. 1966

LUXEMBURG, ROSA: Politische Schriften I und II. Frankfurt a. M. 1966

MARCUSE, HERBERT: Die Gesellschaftslehre des sowjetischen Marxismus. Neuwied und Berlin 1964

MARCUSE, HERBERT: Kultur und Gesellschaft 1 u. 2. Frankfurt a. M. 1965

MARCUSE, HERBERT u. a.: Kritik der reinen Toleranz. Frankfurt a. M. 1966

MARCUSE, HERBERT: Triebstruktur und Gesellschaft. Frankfurt a. M. 1965

NITSCH, WOLFGANG u. a.: Hochschule in der Demokratie. Berlin 1965

SARTRE, JEAN-PAUL: Marxismus und Existentialismus. Reinbek 1964

1967

BARAN, PAUL E./SWEEZY, PAUL M.: Monopolkapital. Frankfurt a. M. 1967

BLOCH, ERNST: Das Prinzip Hoffnung (Band 1–3). Frankfurt a. M. 1967

CASTRO, FIDEL: Über Che Guevara. Berlin 1967

GORZ, ANDRÉ: Zur Strategie der Arbeiterbewegung im Neokapitalismus. Frankfurt a. M. 1967

HERMANN, KAI: Die Revolte der Studenten. Hamburg 1967

KORSCH, KARL: Karl Marx. Frankfurt a. M. 1967

LAMM, FRITZ u. a.: Die Große Koalition und die nächsten Aufgaben der Linken. Frankfurt a. M. 1967

LEIBFRIED, STEPHAN: Wider die Untertanenfabrik. Handbuch zur Demokratisierung der Hochschule. Köln 1967

MARCUSE, HERBERT: Das Ende der Utopie. Herbert Marcuse diskutiert mit Studenten und Professoren der FU Berlin. Berlin 1967

MARCUSE, HERBERT: Der eindimensionale Mensch. Neuwied–Berlin 1967

NEVERMANN, KNUT: Der 2. Juni 1967. Studenten zwischen Notstand und Demokratie – Dokumente zu den Ereignissen anläßlich des Schah-Besuchs. Köln 1967

NIRUMAND, BAHMAN: Persien, Modell eines Entwicklungslandes oder Die Diktatur der Freien Welt. Reinbek 1967

STEINHAUS, KURT: Zur Theorie des internationalen Klassenkampfes. Frankfurt a. M. 1967

1968

ABENDROTH, WOLFGANG u. a.: Die Linke antwortet Jürgen Habermas. Frankfurt a. M. 1968

AGNOLI, JOHANNES, PETER BRÜCKNER: Die Transformation der Demokratie. Frankfurt a. M. 1968

AMENDT, GÜNTHER u. a.: Kinderkreuzzug oder Beginnt die Revolution an den Schulen? Reinbek 1968

BAADER, ANDREAS u. a.: Vor einer solchen Justiz verteidigen wir uns nicht. Frankfurt a. M. 1968

BARAN, PAUL A. u. a.: Intellektuelle und Sozialismus. Berlin 1968

BERGMANN, UWE u. a.: Rebellion der Studenten oder Die neue Opposition. Hamburg 1968

BRINKMANN, R. D., R. R. RYGULLA: ACID. Neue amerikanische Szene. Frankfurt a. M. 1969 (Reprint 1975)

CAMUS, ALBERT: Verteidigung der Freiheit. Politische Essays. Reinbek 1968

CLAUSSEN, DETLEV, REGINE DERMITZEL: Universität und Widerstand. Versuch einer Politischen Universität in Frankfurt. Frankfurt a. M. 1968

DRESSEN, WOLFGANG (Hg.): Antiautoritäres Lager und Anarchismus. Berlin 1968

GIESSLER, H. JÜRGEN: APO – Rebellion Mai 68. München 1968

GOESCHEL, ALBRECHT (Hg.): Richtlinien und Anschläge. Materialien zur Kritik der repressiven Gesellschaft. München 1968

GOTTSCHALCH, WILFRIED: Parlamentarismus und Rätedemokratie. Berlin 1968

GROSSMANN, HEINZ, OSKAR NEGT: Die Auferstehung der Gewalt. Springerblockade und politische Reaktion in der Bundesrepublik. Frankfurt a. M. 1968

HACK, LOTHAR u. a.: Protest und Politik. Frankfurt a. M. 1968

HORKHEIMER, MAX: Dämmerung. Frankfurt a. M. (1968 als linker Reprint erschienen)

HORKHEIMER, MAX, THEODOR W. ADORNO: Dialektik der Aufklärung. o. O. 1968 (Reprint)

LANGHANS, RAINER, FRITZ TEUFEL: Klau mich. StPO der Kommune I. Frankfurt a. M.–Berlin 1968

LARSSON, BERNARD: Demonstrationen. Ein Berliner Modell. Berlin o. J. [1968]

LEIBFRIED, STEFAN: Die angepaßte Universität. Zur Situation der Hochschulen in der Bundesrepublik und den USA. Frankfurt a. M. 1968

LUKÁCS, GEORG: Geschichte und Klassenbewußtsein. o. O. 1968 (Reprint)

MERLEAU-PONTY, MAURICE: Die Abenteuer der Dialektik. Frankfurt a. M. 1968

REICH, WILHELM: Was ist Klassenbewußtsein. Ein Beitrag zur Neuformierung der Arbeiterbewegung. Amsterdam 1968

SARTRE, JEAN-PAUL: Kolonialismus und Neokolonialismus. Sieben Essays. Reinbek 1968

SCHEUCH, ERWIN K. (Hg.): Die Wiedertäufer der Wohlstandsgesellschaft. Eine kritische Untersuchung der «Neuen Linken» und ihrer Dogmen. Köln 1968

1969

ALI, TARIQ (Hg.): The new revolutionaries. A Handbook of the International Radical Left. New York 1969

ALSHEIMER, GEORG W.: Vietnamesische Lehrjahre. Sechs Jahre als deutscher Arzt in Vietnam. Frankfurt a. M. 1968

BLUMER, GIOVANNI: Die chinesische Kulturrevolution 1965–1967. Frankfurt a. M. 1968

BOCKHAGEN, CHRISTL u. a.: Versuch der Revolutionierung des bürgerlichen Individuums (Kommune 2). Berlin 1969

CARMICHAEL, STOKELY: Die Dritte Welt, unsere Welt. Thesen zur Schwarzen

Revolution. Berlin 1969

CLASSEN/PETERS: Rebellion in Frankreich. Die Manifestation der europäischen Kulturrevolution. München 1968

COHN-BENDIT, GABRIEL und DANIEL: Linksradikalismus – Gewaltkur gegen die Alterskrankheit des Kommunismus. Reinbek 1968

DEBRAY, REGIS: Revolution in der Revolution. München 1968

GUEVARA, ERNESTO CHE: Bolivianisches Tagebuch. München 1968

GLUCKSMANN, ANDRÉ u. a.: Revolution in Frankreich 1968. Ereignisse und Perspektiven. Frankfurt a. Main 1968

GORZ, ANDRÉ: Der schwierige Sozialismus. Frankfurt a. M. 1968

HABERMAS, JÜRGEN: Erkenntnis und Interesse. Frankfurt a. M. 1968.

HABERMAS, JÜRGEN: Protestbewegung und Hochschulreform. Frankfurt a. M. 1969

HOFMANN, WERNER: Ideengeschichte der sozialen Bewegung des 19. und 20. Jahrhunderts. Berlin 1968

HOFMANN, WERNER: Universität, Ideologie und Gesellschaft, Beiträge zur Wissenschaftssoziologie Frankfurt a. M. 1968

HORKHEIMER, MAX: Kritische Theorie der Gesellschaft (Nachdruck des «Marxismus-Kollektiv» 1968), o. O. o. J.

HÜBSCH, PAUL GERHARD: mach was du willst. Gedichte. Neuwied und Berlin 1969

LA CHIENLIT: Dokumente zur französischen Mai-Revolte. Darmstadt 1969

LEIBFRIED, STEFAN: Die angepaßte Universität. Zur Situation der Hochschulen in der Bundesrepublik und den USA. Frankfurt a. M. 1968

LIEBEL, MANFRED, FRANZ WELLENDORF: Schülerselbstbefreiung. Voraussetzungen und Chancen der Schülerrebellion. Frankfurt a. M. 1969

MAO TSE-TUNG: Worte des Vorsitzenden Mao Tse-tung. Peking 1968

MARCUSE, HERBERT: Ideen zu einer kritischen Theorie der Gesellschaft. Frankfurt a. M. 1969

MARCUSE, HERBERT: Über Revolte, Anarchismus und Einsamkeit. Ein Gespräch. Zürich 1969

MARCUSE, HERBERT: Versuch über Befreiung. Frankfurt a. M. 1969

RABEHL, BERND u. a.: DKP – eine neue sozialdemokratische Partei. Parlamentarismusdebatte 2. Berlin 1969

RUSSELL, BERTRAND/JEAN-PAUL SARTRE: Das Vietnam-Tribunal oder Amerika vor Gericht. Reinbek 1968

RUSSELL, BERTRAND/JEAN-PAUL SARTRE: Das Vietnam-Tribunal II oder Die Verurteilung Amerikas. Reinbek 1969

SANDER, HARTMUT, ULRICH CHRISTIANS (Hg.): Subkultur Berlin. Darmstadt 1969

SDS-Autorenkollektiv/Springer Arbeitskreis der KU: Der Untergang der Bild-Zeitung. Berlin 1968

1970–1973

Arbeitersache München: Was wir brauchen müssen wir uns nehmen. Multinationale Betriebs- und Regionsarbeit der Gruppe Arbeitersache München. München 1973

Berliner Kinderläden: Antiautoritäre Erziehung und sozialistischer Kampf. Köln–Berlin 1970

BLOCH, ERNST: Politische Messungen. Pestzeit. Vormärz. Frankfurt a. M. 1970

BÖCKELMANN, FRANK: Befreiung des Alltags. Modelle eines Zusammenlebens ohne Leistungsdruck, Frustration und Angst. München 1970

BÖCKELMANN, FRANK: Die schlechte Aufhebung der autoritären Persönlichkeit. Frankfurt a. M. 1971

BOTT, GERHARD (Hg.): Erziehung zum Ungehorsam. Antiautoritäre Kinderläden. Frankfurt a. M. 1970 (Reprint 1976)

BREITENREICHER, HILLE JAN u. a.: Kinderläden. Revolution der Erziehung oder Erziehung zur Revolution. Reinbek 1971

BRÜCKNER, PETER: Kritik an der Linken. Zur Situation der Linken in der BRD. Köln 1973

BRÜCKNER, PETER: Zur Sozialpsychologie des Kapitalismus. Sozialpsychologie der antiautoritären Bewegung I (II nicht erschienen). Frankfurt a. M. 1972

BRÜCKNER, PETER, ALFRED KROVOZA: Staatsfeinde. Innerstaatliche Feinderklärung in der BRD. Berlin 1972

BRÜCKNER, PETER, ALFRED KROVOZA: Was heißt Politisierung der Wissenschaft und was kann sie für die Sozialwissenschaft heißen? Frankfurt a. M. 1972

CAMUS, ALBERT: Tagebücher 1935–1951. Reinbek 1972

DEBORD, GUY: Die Gesellschaft des Spektakels. Düsseldorf 1972 (Projektgruppe Gegengesellschaft)

EISENBERG, GÖTZ, WOLFGANG THIEL: Fluchtversuche. Über Genesis, Verlauf und schlechte Aufhebung der antiautoritären Bewegung. Gießen 1973

FOUCAULT, MICHEL u. a.: Neuer Faschismus, Neue Demokratie. Über die Legalität des Faschismus im Rechtsstaat. Berlin 1972

FOUCAULT, MICHEL: Wahnsinn und Gesellschaft. Frankfurt a. M. 1973

FRANCK, SEBASTIAN: Zur Kritik der politischen Moral. Ein Beitrag zur Konzeption einer neuen sozialistischen Bewegung. Zur Kritik der politischen Moral. Gießen 1972

GOTHE, LOTHAR, RAINER KIPPE: Ausschuß. Protokolle und Berichte aus der Arbeit mit entflohenen Fürsorgezöglingen. Köln 1970

HEINRICH, BRIGITTE: D-Mark-Imperialismus. Deutsche Industrie und Ausbeutung der Dritten Welt. Berlin 1971

HERMAND, JOST: Pop International. Eine kritische Analyse. Frankfurt a. M. 1971

HÜBSCH, HADAYATH-ULLAH: ausgeflippt. gedichte. Neuwied und Berlin 1971

KRAHL, HANS-JÜRGEN: Konstitution und Klassenkampf. Zur historischen Dialektik von bürgerlicher Emanzipation und proletarischer Revolution. Frankfurt a. M. 1971

LOTTA CONTINUA: Nehmen wir uns die Stadt! Klassenanalyse, Organisationspapier, Kampfprogramm. Beiträge der Lotta continua zur Totalisierung der Kämpfe. München 1972

il manifesto: Notwendigkeit des kommunismus. Die Plattform von «il manifesto». Berlin 1971

il manifesto: Thesen zur Schul- und Hochschulpolitik. Berlin 1972

MARCUSE, HERBERT: Konterrevolution und Revolte. Frankfurt a. M. 1973

MASI, EDOARDA: Kritik und Selbstkritik der Neuen Linken. Berlin 1973

MEINHOF, ULRIKE MARIE: Bambule. Fürsorge – Sorge für wen. Berlin 1971

NEGT, OSKAR, ALEXANDER KLUGE: Öffentlichkeit und Erfahrung. Zur Organisationsanalyse von bürgerlicher und proletarischer Öffentlichkeit. Frankfurt a. M. 1972

REICH, WILHELM: Charakteranalyse. Frankfurt a. M. 1973

REICH, WILHELM: Die Funktion des Orgasmus. Frankfurt a. M. 1972

REICH, WILHELM: Die sexuelle Revolution. Frankfurt a. M. 1971

ROSZAK, THEODORE: Gegenkultur. Gedanken über die technokratische Gesellschaft und die Opposition der Jugend. München 1973

RUPP, HANS KARL: Außerparlamentarische Opposition in der Ära Adenauer. Köln 1970

SARTRE, JEAN-PAUL: Der Intellektuelle und die Revolution. Neuwied–Berlin 1971

SCHUMACHER, JOACHIM: Die Angst vor dem Chaos. Über die falsche Apokalypse des Bürgertums. Frankfurt a. M. 1972 (makol bibliothek)

SCHNEIDER, PETER: Lenz. Berlin 1973

SCHWENDTER, ROLF: Theorie der Subkultur. Köln 1973

SDS: Hochschuldenkschrift. Frankfurt a. M. 1972

Situationistische Internationale: Das Elend der Studenten und der Beginn einer Epoche. Düsseldorf 1970 (Projektgruppe Gegengesellschaft)

Sozialistische Projektarbeit im Berliner Schülerladen Rote Freiheit. Analysen – Protokolle – Dokumente. Frankfurt a. M. 1971

VANEIGEM, RAOUL: Handbuch der Lebenskunst für die jungen Generationen. Düsseldorf o. J. [1973]

ZAHL, PETER-PAUL: Von einem der auszog, Geld zu verdienen. Düsseldorf 1970 (Reprint Frankfurt a. M. 1975)

1974–1977

ABENDROTH, WOLFGANG: Ein Leben in der Arbeiterbewegung. Gespräche, aufgezeichnet und herausgegeben von B. Dietrich und J. Perels. Frankfurt a. M. 1976

AFFEMANN, RUDOLF: Krank an der Gesellschaft. Symptome, Diagnose, Therapie. München 1975

alternative 108' 109: Das Lächeln der Medusa. Frauenbewegung. Sprache. Psychoanalyse. Berlin 1976

BAUMANN, BOMMIE: Wie alles anfing. München 1975

BÖCKELMANN, FRANK, HERBERT NAGEL (Hg.): Subversive Aktion. Der Sinn der Organisation ist ihr Scheitern. Frankfurt a. M. 1976

BROCK, HANS MANFRED: Geschichte des ‹Linken Radikalismus› in Deutschland. Ein Versuch. Frankfurt a. M. 1976

BRÜCKNER, PETER u. a.: 1984 schon heute oder wer hat Angst vorm Verfassungsschutz? Frankfurt a. M. 1976

BRÜCKNER, PETER: Ulrike Marie Meinhof und die deutschen Verhältnisse. Berlin 1976

BRÜCKNER, PETER: «. . . und bewahr uns Gott in Deutschland vor irgendeiner Revolution!» Berlin 1975

COHN-BENDIT, DANIEL: Der große Basar. München 1975

FOUCAULT, MICHEL: Von der Subversion des Wissens. München 1974

Frauenjahrbuch '75. Frankfurt a. M. 1975

Frauenjahrbuch '76. München 1976

GOTHE, LOTHAR, RAINER KIPPE: Aufbruch. 5 Jahre Kampf des SSK: von der Projektgruppe für geflohene Fürsorgezöglinge über die Jugendhilfe zur Selbsthilfe verelendeter junger Arbeiter. Köln 1975

Häuserrat Frankfurt: Wohnungskampf in Frankfurt. München 1974

KERBS, DIETHART: Die hedonistische Linke. Wien 1974 (Reprint)

KUKUCK, MARGRETH: Student und Klassenkampf. Studentenbewegung in der BRD seit 1967. Hamburg 1974

LEBEL, JEAN-JACQUES u. a. (Hg.): La Chienlit. Dokumente zur französischen Mai-Revolte. Darmstadt 1969

LEINEWEBER, BERND, KARL-LUDWIG SCHIBEL: Die Revolution ist vorbei – wir haben gesiegt. Die community-Bewegung. Berlin 1975

LÖNNENDONKER, SIGWARD/FICHTER, TILMAN: Freie Universität Berlin. Dokumentation, Teil III 1957–1964. Auf dem Weg in den Dissens. Berlin 1974 – Teil IV 1964–1967. Die Krise. Berlin 1975

MARCUSE, HERBERT: Zeit-Messungen. Frankfurt a. M. 1975

MICHELS, PETER M.: Bericht über den politischen Widerstand in den USA. Frankfurt a. M. 1974

NEGT, OSKAR: Keine Demokratie ohne Sozialismus. Über den Zusammenhang von Politik, Geschichte und Moral. Frankfurt a. M. 1976

REICH, WILHELM: Die Massenpsychologie des Faschismus. Frankfurt a. M. 1974

SARTRE, JEAN-PAUL: Mai '68 und die Folgen. Reden, Interviews, Aufsätze. Reinbek 1974

SARTRE, JEAN-PAUL: Mai '68 und die Folgen. Reden, Interviews, Aufsätze 2. Reinbek 1975

SARTRE, JEAN-PAUL u. a.: Der Intellektuelle als Revolutionär. Reinbek 1976

Situationistische Internationale 1958–1969: Gesammelte Ausgaben des Organs der Situationistischen Internationale. Band 1 (Band 2 noch nicht erschienen). Hamburg 1976

STEFAN, VERENA: Häutungen. Autobiografische Aufzeichnungen. Gedichte, Analysen, Träume. München 1975

TRAUB, REINER, HARALD WIESER (Hg.): Gespräche mit Ernst Bloch. Frankfurt a. M. 1975

WOLFF, FRANK und EBERHARD WINDAUS (Hg.): Studentenbewegung 1967–69. Protokolle und Materialien. Frankfurt a. M. 1977